H0469862

BUR
rizzoli

tripadvisor®

ITALIA LOW COST

GUIDA ANTICRISI

per viaggiare senza pensieri
tra le meraviglie del Belpaese

Realizzazione editoriale e grafica a cura di studio pym
Mappe di Elena Lombardi

BUR rizzoli

© 2014 TripAdvisor LLC All rights reserved
© 2014 RCS Libri S.p.A., Milano

ISBN 978-88-17-07145-1

Prima edizione BUR aprile 2014

Per le fotografie si ringraziano:
TripAdvisor LLC, Albergo San Samuele, Al Giardino dell'Alloro, Alla bella Trieste, Marco Allegri (nonSoloTuristi.it), Guido Barbagelata, Teresa Bava, Silvia Benedet (www.idiaridellalambretta.com), B&B della Rocca, B&B Rosso e Nero, Marialessandra Carro (nuok.it), Casa Ilaria, Centro Storico Prestige, The Chic Fish, Corrado Ciotola, Roberta Cristofori, Simone Florena, Rebecca Frascoli, Agnese Gualdrini, Hotel Iris, La Locanda dei Poeti, Roberto Maisto (nuok.it), Manêna Hostel, Alberto Mari, Linda Martini, Claudia Morelli, Museo del Novecento, Mariano Nicodemo, Osteria del Sole, Ristorante il Fanà Cagliari, Ristorantino da Spanò, Anna Rossi, Michela Scibilia, Skyline Rooftop Bar, Tana del Gusto, Trattoria del Borgo, Trattoria La Casalinga, Wikimedia commons (Adriana Verolla, Airin, Alessio Sbarbaro, Berthold Werner, Blackcat, Bruno Barral, Chrihalb, Cristianopelagracci, Damiano Rossi, Daniela, Deblu68, Dedda71, Dipankan001, Fabio Venni, Felipecadonacolombo, Florixc, Friedrichstrasse, Frode Inge Helland, General Cucombre, Giovanni Dall'Orto, Giuseppe Incorpora, GJo, I0da_ralta, Ilario, Lupiae, Marco Plassio, Markus Bernet, Matthias Süßen, Maus-Trauden, orchidgalore, Ottavio Leoni, Paolo De Nuccio, Raffaelino, Richardfabi, Steffen Brinkmann, Tango7174, tato grasso, thebittenword.com, TheWiz83, Tiesse, Tony Harrison, Vanbasten 23, Viabonito, Walter, William Domenichini), Zia Rosetta, 3H-Happy Holiday Home.

Per conoscere il mondo BUR visita il sito **www.bur.eu**

Sommario

La guida di viaggio scritta dai viaggiatori

Questa non è una guida come le altre, perché l'autore non è un autore come gli altri. O meglio, l'autore non è nemmeno un autore, ma tanti: siete voi, i viaggiatori che ogni giorno si muovono, sperimentano, azzardano, scoprono. E condividono l'esperienza fatta – a volte bella, altre pessima, altre ancora superlativa – in modo che altri possano beneficiarne a loro volta. TripAdvisor è questo: la più grande comunità di viaggiatori del mondo, un posto dove mettere in comune conoscenze, gusti e passioni, chiedere e offrire consigli, confrontarsi e, perché no, anche protestare.
Questa guida nasce così, sulla base dello sterminato archivio di TripAdvisor ma con qualcosa in più: l'accurato lavoro di vaglio, verifica e selezione fatto da una redazione esperta che per mesi ha analizzato recensioni e informazioni, ha cercato riscontri ed elaborato contenuti extra e approfondimenti. Tutte le Top 5 e le Top 10 presenti nella guida sono state elaborate a partire dalle classifiche di TripAdvisor. Le strutture e le attrazioni selezionate dovevano soddisfare i seguenti requisiti:

1. essere classificate nei primi centocinquanta posti della graduatoria della propria categoria di TripAdvisor;
2. avere almeno cinquanta recensioni (le uniche eccezioni figurano nelle città in cui è stato impossibile trovare un numero congruo di strutture che soddisfassero questa caratteristica);
3. avere una valutazione complessiva non inferiore ai tre punti e mezzo sulla rating bar TripAdvisor.

A partire da questi dati, la redazione ha stilato classifiche che pongono l'accento sul rapporto qualità-prezzo, requisito fondamentale per far parte di *Italia low cost*, cercando allo stesso tempo di fornire per ogni città un quadro il più ampio possibile sia delle location, sia delle caratteristiche delle varie strutture.
Le scelte della redazione, invece, non seguono i criteri utilizzati per la compilazione delle classifiche, ma si basano sui giudizi personali e insindacabili di chi ha seguito la stesura del libro. Inoltre, nei capitoli dedicati alle singole città troverete molte rubriche originali pensate per offrirvi utili spunti: box di approfondimento tematico, itinerari per gite fuori porta e anche un pratico carnet con gli eventi principali cittadini mese per mese e tutte le informazioni logistiche e di trasporto.
Ecco come leggere le classifiche delle singole categorie tematiche.

Dormire

Le dieci strutture selezionate sono suddivise in due classifiche che seguono la distinzione presente sul sito di TripAdvisor: Top 5 Hotel, che racchiude i migliori alberghi cittadini per rapporto qualità-prezzo; Top 5 B&B e altro, che comprende non solo i migliori bed & breakfast, ma anche alloggi di diverso tipo come ostelli, case-vacanze e appartamenti in affitto.
La fascia prezzo è indicata sulla base di due valori: la tariffa media di una singola e quella media di una doppia. Dove la struttura non prevede singole, il primo termine si riferisce a una camera doppia uso singola.

Mangiare e bere

La Top 10 presenta un quadro quanto più variegato dell'offerta cittadina, spaziando dalle gelaterie ai ristoranti, dai caffè ai fast food.
La fascia prezzo è calcolata sulla base della spesa media a persona.

Attrazioni

La classifica proposta non sempre segue l'ordine di classifica presente su TripAdvisor. Nell'assegnazione del punteggio sono stati considerati i valori assegnati sulle rating bar di categoria TripAdvisor, il numero di recensioni, la presenza di certificati di eccellenza o altri premi, il rapporto qualità-prezzo (ove l'attrazione non sia gratuita).

Legenda dei simboli usati

- Certificato di Eccellenza TripAdvisor
- Nostro preferito
- Gratis
- Anche con i bambini
- Anche per comitive
- Cucina tipica
- Wi-fi
- Green
- Dintorni

Le informazioni presenti in questo libro sono aggiornate al mese di febbraio 2014. Ciononostante, tutti i dati presenti (orari, fascia prezzo, giorni di apertura e chiusura) sono soggetti a cambiamenti imprevedibili e indipendenti dalla nostra volontà.

Torino

Torino, città regale, luogo misterioso e leggendario, polo industriale ed economico, vive di glorie antiche e moderne. I castelli, i musei, le chiese, le piazze maestose e i murazzi con splendidi scorci sul fiume sono l'anima affascinante e intramontabile della prima capitale d'Italia.

Passeggiate per le vie di San Salvario e fermatevi a mangiare in un ristorantino etnico, sedetevi a leggere in uno dei piccoli giardini che si nascondono fra i palazzi, fate un salto al Parco del Valentino, pedalate lungo gli argini del Po e arrivate fino alla casa di Emilio Salgari. Tra una tappa e l'altra, entrate in una cioccolateria e riempitevi le tasche di gianduiotti, comprate dei grissini da sgranocchiare mentre programmate il resto della giornata. Avete solo l'imbarazzo della scelta: dalla Mole al Museo del Cinema, dal Palazzo Reale al Museo Egizio. E se avete voglia di una scampagnata le colline torinesi vi accoglieranno, anche in bicicletta.

Scopri Torino by tripadvisor

Inquadra il QR Code con il tuo smartphone per scoprire i contenuti multimediali

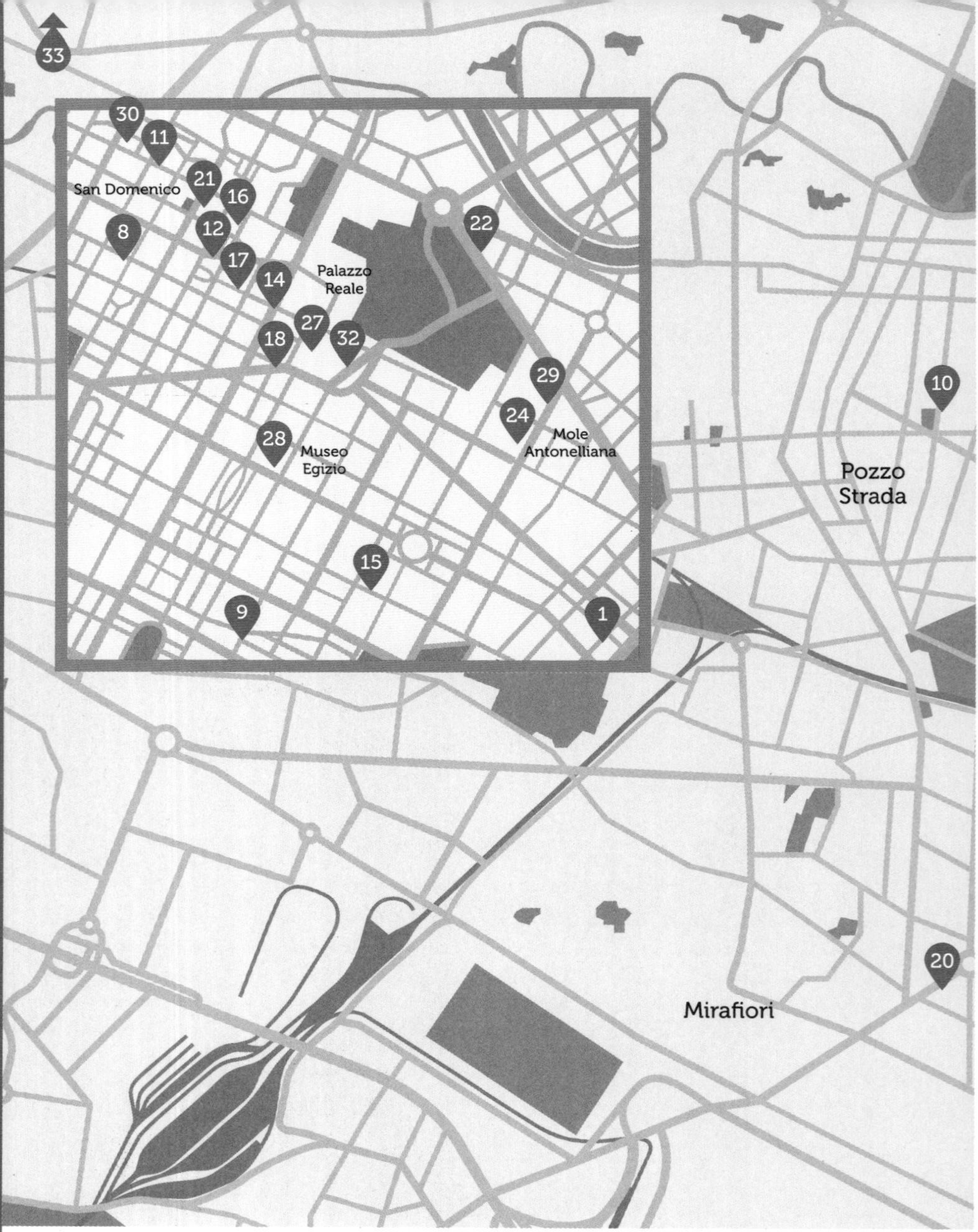

DORMIRE

1. B&B della Rocca
2. Hotel Urbani
3. Hotel Valentino du Parc
4. Hotel Residence San Paolo
5. Pacific Hotel Fortino
6. Hotel Alexandra
7. Tomato Backpackers Hotel
8. B&B Via Stampatori
9. B&B Carlo Alberto
10. Nika Bed & Breakfast
11. B&B Aprile

MANGIARE E BERE

12. Luce e Gas
13. Gelateria Popolare
14. Master Sandwich
15. Cafè Nations
16. L'Acino Restaurant
17. Corte Noa

18. Caffè Mulassano
19. Adonis Crêperie
20. Da Mimmo Pizza
21. La casa del demone
22. Soul Kitchen

VISITARE

23. Museo dell'Automobile
24. Museo Nazionale del Cinema
25. Parco del Valentino
26. Basilica di Superga
27. Piazza Castello
28. Museo Egizio
29. Mole Antonelliana
30. Santuario della Consolata
31. Gran Madre di Dio
32. Palazzo Madama
33. Juventus Stadium

Scelto dalla redazione

B&B della Rocca

© B&B della Rocca

Nel cuore del centro storico di Torino, a due passi dal Museo del Cinema, da Palazzo Reale e dal Parco del Valentino, Susanna e Flavio vi aspetteranno sulla soglia e vi accompagneranno a parcheggiare la macchina. Se avete dei bagagli pesanti, vi daranno una mano pure con le valigie (ad ogni modo niente paura: c'è l'ascensore).

Non contenti, vi prepareranno un aperitivo di benvenuto con tanto di stuzzichini nello splendido balcone che si affaccia sulla corte interna. Solo adesso sarete pronti per vedere la vostra stanza, un po' etnica e un po' moderna, con bagno privato e ingresso indipendente. Le camere sono curate in ogni particolare, dalle stuoie agli armadi laccati, dai soffitti decorati alle sedie in legno grezzo. E, quando avrete voglia di qualcosa di buono, vi basterà andare in cucina e assaggiare una delle deliziose crostatine che Susanna prepara con amore ogni mattina.

Favoloso

StefanoDB2014 | 4 gennaio 2014

In questi anni abbiamo visitato molti B&B in Italia ma anche all'estero. Possiamo dire che questo è uno dei migliori in cui abbiamo soggiornato. Il servizio è ottimo, si mangia benissimo proprio perché c'è molta scelta e i responsabili (Susanna e Flavio) sono persone piacevoli con cui parlare e trascorrere del tempo. Il posto è comodo da raggiungere con i mezzi e nei dintorni ci sono diversi ristoranti in cui consumare cibi locali.

FASCIA PREZZO €60-€125
CATEGORIA B&B

24 recensioni
n.11 di 122 B&B e pensioni

1
Via della Rocca 10
10123 Torino (Centro storico)
Tel: 348 8829485
www.bbdellarocca.it

Top 5 Alberghi

classifica ragionata basata su tripadvisor

1 | Hotel Urbani

Comodo per chi arriva in treno, l'Hotel Urbani è un tre stelle all'insegna del relax. La colazione è servita in un grazioso dehors esterno... quando il tempo lo permette.

Buon rapporto qualità-prezzo

Manuela I | 16 gennaio 2014

L'hotel ha una posizione strategica vicino alla stazione e a quindici minuti a piedi dal centro. Stanze piccole, ma pulite e silenziose. Personale cortese e affabile. Colazione abbondante, varia e di qualità.

Ottimo e centrale

Valeria r | 21 dicembre 2013

Consigliatissimo: molto centrale, vicino a Porta Nuova e alla fermata della navetta per l'aeroporto, ottimo per gli spostamenti. Abbiamo trovato un'offerta interessante, con colazione inclusa... e che colazione!

FASCIA PREZZO €50-€90 CATEGORIA ★★★

2

Via Saluzzo 7
10125 Torino (San Salvario)
Tel: 011 6699047
www.hotelurbani.it

481 recensioni
n.27 di 130 hotel

2 | Hotel Valentino du Parc

Gestione familiare e camere confortevoli per questo piccolo albergo, vicino al Parco del Valentino. E, dopo una stancante giornata tra le vie del centro, cosa c'è di meglio di un massaggio ayurvedico nella zona benessere?

Molto bello e comodo

ZioSte91 | 26 dicembre 2013

È davvero un albergo carino. Chi ci lavora è molto gentile, ospitale e preparato su ogni domanda sulla città. È semplice da raggiungere con i mezzi pubblici, sia bus sia metro, e non è caro per i servizi offerti.

Da consigliare

Farewell 73 | 11 gennaio 2014

Hotel molto buono per il rapporto qualità-prezzo e la vicinanza alla metro. Camere piccole, ma confortevoli e pulite. Colazione varia e abbondante.
Sicuramente da consigliare!

FASCIA PREZZO €50-€80 CATEGORIA ★★★

3

Via Giotto 16
10126 Torino (San Salvario)
Tel: 011 673932
www.hotelvalentinoduparc.com

83 recensioni
n.19 di 130 hotel

3 | Hotel Residence San Paolo

Per metà albergo, per metà residence: la soluzione giusta sia per chi cerca le comodità di un hotel, sia per chi desidera la tranquillità di un appartamento.

La Cadillac degli hotel a tre stelle

Christian M | 1 gennaio 2014

Staff accogliente e super disponibile, e ottimo rapporto qualità-prezzo! Le stanze sempre pulite e la cucina-armadio, anche se piccolina, è utile, ben fornita e funzionale. Wi-fi gratuito e un televisore grande davanti al letto! Massimo rispetto.

Ottima soluzione

Alessandro E10 | 19 gennaio 2014

Ottimo rapporto qualità-prezzo, camere pulitissime, calde e confortevoli per un albergo situato in una posizione strategica nei pressi del Politecnico di Torino e a poche centinaia di metri dalle fermate di tram e autobus. Ottima colazione e staff molto professionale. Fortemente consigliato.

FASCIA PREZZO €50-€70 CATEGORIA ★★★

4
Via Spalato 7
10141 Torino (Cenisia)
Tel: 011 3853953 www.sanpaolo-to.com

467 recensioni
n.21 di 130 hotel

4 | Pacific Hotel Fortino

Un quattro stelle dai prezzi bassissimi. Camere matrimoniali e superior, family room e suite con vista sul giardino interno: tutto quello che serve per una vacanza indimenticabile.

Ottima struttura vicino allo Juventus Stadium

Luca r | 19 gennaio 2014

Ho soggiornato qui una notte con mio marito. La posizione è molto buona sia per raggiungere lo stadio (motivo del soggiorno) sia il centro città. Ottima la pulizia e gli arredi, abbondante colazione, comodo parcheggio interno e cortesia dello staff.

Eccellente soggiorno! Pulito, silenzioso, fantastica colazione

Giulio B | 31 dicembre 2013

La stanza era spaziosa e pulita, il letto molto grande, il bagno completo e pulito. La colazione a buffet è un capolavoro di abbondanza, va dal dolce al salato, con dolci, crostate, marmellate, cornetti caldi, affettati, formaggi, frutta, bevande...

FASCIA PREZZO €40-€90 CATEGORIA ★★★★

5
Strada Del Fortino 36
10152 Torino (San Donato)
Tel: 011 5217757 www.pacifichotels.it

442 recensioni
n.22 di 130 hotel

5 | Hotel Alexandra

Che si vada a Torino per lavoro o per piacere, l'Hotel Alexandra è il luogo ideale in cui soggiornare. In pieno centro storico, offre soluzioni per ogni esigenza.

Eccellente

Etsacli | 29 dicembre 2013

Siamo appena tornati da un weekend in questa struttura, dove abbiamo incontrato personale sorridente, disponibile e competente; pulizia impeccabile e ottimo servizio. Utilissimo il parcheggio interno privato. Ci torneremo sicuramente!

Cortesia, cortesia e ancora cortesia

AnnaCarla S | 28 dicembre 2014

Dalla nostra camera abbiamo goduto della vista meravigliosa dei monti innevati e inoltre, dall'attico, si poteva ammirare il Monte Rosa. Pulizia delle camere eccellente, personale disponibile e gentilissimo.

FASCIA PREZZO €50-€70 CATEGORIA ★★★

6 Lungo Dora Napoli 14
10152 Torino (Auria)
Tel: 011 858327 www.hotel-alexandra.it

94 recensioni
n.42 di 130 hotel

Top 5 B&B e altro

classifica ragionata basata su tripadvisor

1 | Tomato Backpackers Hotel

Le dieci cose da vedere in città sono scritte sulla lavagna, un piccolo angolo tisane è allestito accanto all'Internet Point e le guide della città sono sistemate nella libreria del «salottino». La giusta via di mezzo tra hotel e ostello.

Assolutamente valido

Daniele F | 6 gennaio 2014

Personale giovane e disponibile, ambiente carino e moderno, piccola colazione gratuita e possibilità uso cucina... da tornarci assolutamente! Ottimo rapporto qualità-prezzo. Camere pulite e confortevoli.

Devo ritornarci!

DanyLascia | 3 gennaio 2014

Mi è piaciuto tantissimo! Moderno, accogliente e simpatico, con quel «retrogusto» un po' vintage che adoro! Hai a disposizione libri, internet, noleggio bici, mappe gratuite, giochi da tavolo e cucinotto al piano di sotto se vuoi prepararti qualcosa...

FASCIA PREZZO €20-€40 CATEGORIA OSTELLO

7 Via Pellico 11
10125 Torino (San Salvario)
Tel: 011 020 9400 www.tomato.to.it

126 recensioni
n.12 di 122 B&B e pensioni

2 | B&B Via Stampatori

In uno dei più antichi palazzi di Torino, un'esclusiva oasi di pace. Splendido il chiostro interno in cui leggere un libro circondati dagli affreschi rinascimentali.

Centralissimo, comodissimo e ottima accoglienza

MarcoRapino | 20 gennaio 2014

Posizione: centralissima. Palazzo: d'epoca, senza ascensore (tre piani). Stanze: tutte restaurate e di colore bianco. Letto: materasso comodo. Bagno: ampio con doccia (a eccezione di quello con vasca idromassaggio). Colazione: c'è tutto.

Centrale, confortevole, di lusso

DanielaAlfonsi | 7 gennaio 2014

Il B&B si trova lungo una traversa di via Garibaldi a cinque minuti a piedi da piazza Castello. È situato al secondo piano di un palazzo rinascimentale con doppio cortile affrescato. Ogni camera è provvista di bagno ed è arredata con gusto. I proprietari sono molto gentili e pieni di consigli utili.

FASCIA PREZZO €50-€100 CATEGORIA B&B

8
Via Stampatori 4
10122 Torino (Centro storico)
Tel: 339 2581330 www.viastampatori.com

114 recensioni
n.1 di 122 B&B e pensioni

3 | B&B Carlo Alberto

Difficile trovare un B&B così raffinato e signorile: due camere matrimoniali con tappeti e tende damascate si affacciano su un ampio soggiorno in cui rilassarsi dopo una giornata a spasso per la città.

Consigliatissimo

Irene3474 | 12 gennaio 2014

Il B&B è collocato in una posizione centralissima, lungo una strada pedonale, ed è veramente molto comodo per chi, come noi, ama muoversi a piedi per visitare le tante attrazioni che Torino offre.

Non avrei potuto trovare di meglio

Antoleo65 | 16 gennaio 2014

Ho trovato lusso, pulizia, gentilezza, disponibilità, il tutto a un prezzo decisamente conveniente... Cosa cercare di meglio per trascorrere una serena vacanza? Se mi dovesse capitare di tornare a Torino, non avrei nessun dubbio e andrei nuovamente dal signor Carlo... Complimenti!

FASCIA PREZZO €55-€85 CATEGORIA B&B

9
Via Carlo Alberto 41
10123 Torino (Centro storico)
Tel: 011 8600056 www.carloalberto-torino.it

72 recensioni
n.3 di 122 B&B e pensioni

4 | Nika Bed & Breakfast

Più che un B&B, da Nika troverete veri e propri appartamenti: soggiorno, camera matrimoniale, bagno e tutto quello che serve per cucinare. Per non parlare delle tariffe: assolutamente concorrenziali.

Tre giorni a Torino

Denis S | 4 gennaio 2014

Appartamenti moderni e confortevoli, completi di qualsiasi accessorio. Vicino alla metro (a poche fermate dal centro) e supermarket a due passi. Siamo stati davvero bene, da consigliare! Personale gentilissimo e molto disponibile. Parcheggio interno.

Uno dei B&B più accoglienti d'Italia

Michele V | 2 gennaio 2014

Io viaggio molto e devo dire che questo B&B mi ha stupito. La location, l'appartamento, l'arredamento, la pulizia... tutto è perfetto. Ma la cosa che fa la differenza è la gentilezza dei due titolari, madre e figlio. Se andate a Torino, rivolgetevi a loro.

FASCIA PREZZO €45-€75 CATEGORIA B&B E APPARTAMENTI

10
Via Sant'Antonino 53
10139 Torino (Pozzo Strada)
Tel: 347 8446417 / 334 5819517
www.nikabedandbreakfast.com

47 recensioni
n.2 di 122 B&B e pensioni

5 | B&B Aprile

Ogni dettaglio è pensato per creare un'atmosfera calda e accogliente: letti e materassi fatti a mano, biancheria in morbido lino, parquet d'epoca in ogni stanza.

Familiarità e allegria

Alle 1982 | 8 gennaio 2014

Il posto caratteristico, le camere accoglienti, calde e originali, ma soprattutto la disponibilità, la simpatia e l'energia della nostra ospite, Cristina, hanno fatto sì che, nei due giorni della nostra prima volta a Torino, rientrare al B&B Aprile ci sembrasse come tornare a casa.

Comfort, pulizia, fascino, coccole e simpatia

Cristina G | 9 dicembre 2013

Comfort, pulizia, fascino, coccole e simpatia: se avessi il dono della sintesi potrei riassumere così la mia valutazione su questo B&B nel centro storico di Torino. Vero gioiello posizionato tra il Santuario della Consolata e l'antico e celebre caffè Al Bicerin.

FASCIA PREZZO €60-€90 CATEGORIA B&B

11
Via delle Orfane 19
10122 Torino (Centro storico)
Tel: 011 4360114 www.aprile.to.it

173 recensioni
n.4 di 122 B&B e pensioni

Scelto dalla redazione

| Luce e Gas

In pieno Quadrilatero romano, India, Thailandia, Indonesia e Piemonte si incontrano in un interessante mix di sapori. Un grande Buddha veglia sull'arioso salone principale, incorniciato da imponenti colonne e arazzi orientaleggianti. Se non avete prenotato, non preoccupatevi: nei due ampi piani del **Luce e Gas** ci sarà sicuramente un posticino per voi!
Ideale per un tête-à-tête romantico, ma anche per un'allegra cena in compagnia, in questo ristorante il divertimento è garantito. La musica non manca mai e i cocktail sono talmente buoni che avvicinarsi al bancone a volte è davvero un'impresa. Un consiglio? Provate di tutto un po'. Partite dalla battuta di fassone al coltello, proseguite con il risotto alla salsiccia di Bra sfumato al Barolo e terminate con i bocconcini di pollo al curry. Se non siete ancora sazi, ordinate il Segreto di Toulouse, un budino di riso con marmellata di agrumi e scorze candite.
Se invece volete restare sul classico... cosa c'è di meglio di una pizza?

Serata piacevole avvolti da un'atmosfera rilassante

Andrearip | 3 gennaio 2014

Appena entrati, l'occhio viene subito catturato da un arredamento di gusto in stile orientale. Il personale, gentilissimo, ci ha fatto accomodare al tavolo, dove ha prontamente servito un aperitivo di benvenuto accompagnato da frittelle molto buone!

FASCIA PREZZO €10-€35
CATEGORIA RISTORANTE
CHIUSO LUNEDÌ SERA

152 recensioni
n.834 di 2.224 ristoranti

12
Via 4 Marzo 12/c
10122 Torino (Centro storico)
Tel: 011 4365483 www.luceegas.it

Top 10 Locali
classifica ragionata basata su tripadvisor

1 | Gelateria Popolare

Le gelaterie a Torino sono numerose, ma la Popolare vanta senza dubbio il miglior rapporto qualità-prezzo. Ingredienti equo-solidali in una zona multietnica.

Fantastico gelato
Pryanka_B | 24 dicembre 2013

Gelateria buonissima come, in realtà, tutte le gelaterie di Torino, ma per di più economica! €1,5 per una coppetta di due gusti e la panna (artigianale) è in omaggio!

Il migliore di tutti
Marco B | 18 gennaio 2014

Indescrivibile la bontà e la convenienza di questa gelateria: il gelato è artigianale, buonissimo, solo con frutta di stagione, economicissimo e incredibilmente grande. La migliore di Torino, senza appello.

FASCIA PREZZO €1-€10 **CATEGORIA** GELATERIA
APERTO TUTTI I GIORNI

13 Via Borgo Dora 3
10152 Torino (Aurora)
Tel: 348 6708713 www.gelateriapopolare.com

178 recensioni
n.15 di 2.224 ristoranti

2 | Master Sandwich

Come resistere a un appetitoso sandwich farcito con salsa tonnata o salsiccia di Bra? Per evitare la lunga coda all'ingresso, ordinate con un sms.

Panino super, prezzo pure
Roberto E. | 21 gennaio 2014

Ottima panineria vicina a piazza Castello. I panini che si possono scegliere sono cinquanta, e costano €3,5 l'uno. Ampia varietà negli abbinamenti: ce ne sono di leggeri, ma anche di piccanti e buonissimi.

Buonissimo e conveniente
Cissy83 | 13 gennaio 2014

Il locale sarà anche piccolo ma, ragazzi, che panini! Ingredienti genuini, prezzi vantaggiosi e la possibilità di personalizzare il tuo sandwich con ciò che desideri. Lo staff inoltre è molto gentile e disponibile. Cosa volete di meglio?

FASCIA PREZZO €3,5-€5 **CATEGORIA** FAST FOOD
APERTO TUTTI I GIORNI

14 Via Palazzo di Città 6
10122 Torino (Centro storico)
Tel: 347 8498137

179 recensioni
n.3 di 2.224 ristoranti

3 | Cafè Nations

Un aperitivo pantagruelico a €10: cocktail extra large, sfiziosi stuzzichini, un primo piatto caldo e, per chiudere in bellezza, biscotti e cremosi dolci al cucchiaio.

Apericena con il sapore di casa

Teresa G | 14 gennaio 2014

L'accoglienza è davvero cordiale, il buffet molto ben fornito e i piatti buoni. I dolci, soprattutto il tiramisù, sono ottimi e l'idea di portare al tavolo un vassoio con diversi assaggi mi piace molto!

Abbondante buffet

Ggsca 76 | 12 gennaio 2014

Localino carino con uno stile un po' rétro, è un ottimo posto dove fare un abbondante apericena. I piatti sono composti da ingredienti abbastanza semplici, ma freschi. Proprietario affabile e genuino.

FASCIA PREZZO €5-€15 **CATEGORIA** BAR E RISTORANTE
DA LUNEDÌ A MERCOLEDÌ 6.30-18.30, DA GIOVEDÌ A SABATO 6.30-24. CHIUSO DOMENICA

15
Via Giovanni Giolitti 19
10123 Torino (Centro storico)
Tel: 011 8126659
www.facebook.com/CafeNations

104 recensioni
n.7 di 2.224 ristoranti

4 | L'Acino Restaurant

In una delle stradine più suggestive della Torino medievale, accanto alla chiesa di San Domenico, il signor Angelo accontenta anche i palati più esigenti con ricette tradizionali della cucina piemontese e ottimi vini d'annata.

Muuu! Lo stinco

Antonio G | 21 gennaio 2014

Stinco magnifico e non solo. Tagliatelle con salsiccia di Bra e stracotto sono i piatti forti del locale. Il ristorante, carino, pulito, ben arredato e con un'ottima cantina, è situato nel centro storico. Qualità e prezzi ottimi. Lo consiglio ai viaggiatori di tutte le età.

Meravigliosi

Tapluli | 20 gennaio 2014

Nadia e Angelo sono deliziosi. Il cibo è semplice e curato, piemontese doc. Il posto è piccolo, pulito e accogliente. La carta dei vini è consistente, per tutti i palati e tutte le tasche. C'è sempre qualche delizia extra-carta. L'altra sera le lumache erano da urlo!

FASCIA PREZZO €25-€35 **CATEGORIA** RISTORANTE
CHIUSO DOMENICA

16
Via San Domenico 2/a
10122 Torino (Centro storico)
Tel: 011 5217077

829 recensioni
n.19 di 2.224 ristoranti

5 | Corte Noa

Ristorantino intimo e accogliente dove gustare le specialità sarde a prezzi più che onesti. Piatti semplici e aperitivi a base di formaggi, salumi e cannonau.

Buono e simpatico

Evolvz | 15 gennaio 2014

Abbiamo mangiato splendidamente e l'oste ci ha fatto morire dal ridere per la sua simpatia (un po' di calore nei locali torinesi non fa male...). Trattoria «alla buona» ma di alta qualità, ottimo posto dove gustare specialità sarde.

Esperienza positiva

Giuseppe V. | 15 gennaio 2014

Ambiente piccolo ma carino; menu sardo con varie specialità tra cui il prosciutto isolano, i primi molto buoni e stupenda la lonza al cannonau; buoni anche il pane e il vino al calice. Su tutto spicca la cortesia e la capacità del simpatico proprietario di mettere i clienti a proprio agio.

FASCIA PREZZO €15-€30 **CATEGORIA** TRATTORIA SARDA
CHIUSO LUNEDÌ

17 Via Palazzo di Città 22/d
10122 Torino (Centro storico)
Tel: 011 5828062

81 recensioni
n.98 di 2.224 ristoranti

Zoom

San Salvario: dal kebab al tartufo

Il bello del Borgo di San Salvario è che una semplice passeggiata può trasformarsi in un'esperienza multietnica di gusto. Inutile parlare di una sola specialità, perché ce ne sono mille. Dai prelibati dolcetti delle **torrefazioni** ai formaggi delle **botteghe casearie**, dalle morbide focacce dei **panettieri** alla carne dei **macellai** (piemontesi come islamici). Per un pranzo veloce da consumare camminando, ottimo il kebab di Horas. Per un pasto più completo, fermatevi invece in una delle tante **trattorie** a conduzione familiare della zona. Da Carmen e Da Giusti, la cucina è quella della tradizione piemontese: agnolotti, fettuccine con il tartufo d'Alba, panissa e, per chi ama i sapori decisi, la bagna cauda, una salsa a base di aglio, olio e acciughe.
Le serate sono all'insegna del divertimento nei **pub**, nei **caffè** e nei **lounge bar** alla moda, ideali per aperitivi e movimentati dopo cena con musica dal vivo. Imperdibili le **rhumerie**, in cui sorseggiare liquori da tutto il mondo. Per scoprire questo e molto altro, addentratevi nelle vie interne e fatevi guidare dall'istinto!

© Marco Plassio / Wikimedia commons

Torino | **La sinagoga di San Salvario**

6 | Caffè Mulassano

Quando era in città, Erminio Macario ci veniva tutti i pomeriggi, si sedeva davanti alla vetrina e osservava i passanti. Qui, nel 1926, la signora Angela Demichelis Nebiolo inventò il tramezzino. Una tappa imprescindibile per chiunque visiti Torino.

Ottima cioccolata calda

Wolfarth | 18 gennaio 2014

Piccolo locale storico, ma di grande fascino, nel centro di Torino, in piazza Castello. Si può gustare sicuramente una delle migliori cioccolate calde non solo di Torino, ma che io abbia mai assaggiato. Famosi anche i suoi tramezzini...

Un grande amore

Manuelita C | 5 gennaio 2014

Mulassano è un posto davvero unico, dalla cornice aristocratica e bellissima, «abitato» da persone che, con grande amore, ne curano bevande e pietanze. L'Italia è ancora così, a volte e per fortuna: un grande Paese.

FASCIA PREZZO €2-€15 **CATEGORIA** CAFFÈ
CHIUSO MERCOLEDÌ

18 Piazza Castello 15
10123 Torino (Centro storico)
Tel: 011 547990 www.caffemulassano.com

209 recensioni
n.30 di 2.224 ristoranti

Special Price

Vino sfuso al litro

Chi ha detto che alle cene bisogna presentarsi con un costoso vino d'annata?
Un'alternativa che salva il portafoglio senza rinunciare alla qualità esiste, e a Torino è a portata di mano: i buoni vini non sono esclusiva delle enoteche, così come l'etichetta non sempre dice tutto. Negli ultimi anni sta infatti prendendo sempre più piede la vendita del vino sfuso. In botteghe e negozi specializzati, il vino viene imbottigliato sul momento in contenitori di vetro o di plastica, a seconda delle preferenze, e pagato al litro. L'importante è lavare bene la bottiglia prima e dopo l'utilizzo e, soprattutto, finirla entro pochi giorni dall'apertura!
Tra i molti negozietti presenti in città, quello che non dovete assolutamente perdere è il **Vinologo** (una sede in corso Belgio 171, l'altra in via Montevecchio 12), il locale che ha lanciato la «moda» del vino sfuso quasi dieci anni fa. Non sono da meno il **Depepe** (via Cagliari 3), **Da Dimitri** (corso Raffaello 19) o **Da Franco** (via Baretti 32), che sarà ben felice di descrivervi le note agrumate delle sue pregiate bevande!

© Dipankan001 / Wikimedia commons

Calice di vino

7 | Adonis Crêperie

Il sidro viene servito in tazze di terracotta, la farina è macinata a pietra e il menu cambia ogni settimana. A colazione, pranzo e cena... è sempre il momento giusto per una buona crêpe!

Sublime

Lorena71 | 9 gennaio 2014

Tutto è fantastico: il locale intimo, la gentilezza del personale, le crêpes dolci e salate: vere delizie, originali, nella versione classica o di grano saraceno.

Semplicemente fantastico

Michel N | 7 gennaio 2014

Ottimo locale che serve crêpes di vario genere, dolci e salate. Ingredienti di qualità e ben accostati, davvero da non perdere. Da provare il sidro bretone. Il posto è un po' piccolo, consiglio di evitare le ore di punta per godersi anche un po' di tranquillità.

FASCIA PREZZO €10-€20 **CATEGORIA** CREPERIA
CHIUSO DOMENICA SERA E LUNEDÌ A PRANZO

19
Largo Saluzzo 25/e
10125 Torino (San Salvario)
Tel: 011 0769491 www.adoniscreperie.com

160 recensioni
n.8 di 2.224 ristoranti

8 | Da Mimmo Pizza

Da Mimmo tutto è fatto in casa. La sua pizza gratinata (al mattone o al tegamino) è la più conosciuta di Torino. Ottimi anche la farinata e gli antipastini di pesce.

La simpatia e la bontà

Paola R | 28 dicembre 2013

La pizza è buonissima, ricca di ingredienti, cotta in modo sempre impeccabile. Degni di nota anche gli antipasti. I dolci fatti dalle manine di una delle titolari sono a dir poco superlativi. Lo stra-consiglio!

Una pizza che sa stupire

Icio86 | 13 gennaio 2014

In un mondo di pizzerie standard, questo locale riesce a distinguersi con un tocco di inventiva e unicità. La pizza, già buona di per sé, è infatti arricchita dal gratin che le conferisce un gusto particolare e piacevole. Altra chicca, poi, sono i dessert fatti in casa.

FASCIA PREZZO €9-€15 **CATEGORIA** PIZZERIA
CHIUSO MERCOLEDÌ

20
Corso Siracusa 160
10137 Torino (Santa Rita)
Tel: 011 3093068 www.pizzeriadamimmo.com

109 recensioni
n.44 di 2.224 ristoranti

9 | La casa del demone

Per chi non si accontenta dei soliti ristoranti: scheletri, pipistrelli e mostri di ogni tipo vi sorprenderanno nelle sale di questa grill house argentina. Spulciate il sito internet per scoprire le succulenti offerte speciali.

Carne... in ambiente dark

Quodlibey | 20 gennaio 2014

Abbiamo mangiato una grigliata eccellente di varie carni di manzo. Cotte benissimo e servite con una patata alla brace e top di zola. Il tutto di eccellente qualità e cottura. Situato nella zona del Quadrilatero, merita davvero una visita. Prezzi ottimi.

Unico!

Elena f | 15 gennaio 2014

Questo ristorante è veramente unico e originale! L'ambientazione è fantastica, in ogni angolo si trovano dettagli horror suggestivi, i tavoli sono a forma di bara con uno scheletro all'interno, e in bagno si trova una bella sorpresa!

FASCIA PREZZO €15-€30 **CATEGORIA** RISTORANTE ARGENTINO
APERTO TUTTE LE SERE

21 Via San Domenico 3/b
10100 Torino (Centro storico)
Tel: 011 4367864 www.lacasadeldemone.com

212 recensioni
n.90 di 2.224 ristoranti

10 | Soul Kitchen

Soul Kitchen ha aperto da poco, ma ha già conquistato molti fan. Cucina vegana di alta qualità, che farà innamorare anche gli irriducibili del brasato.

Non sembra di essere a Torino

Emanuelagaschi | 4 gennaio 2014

È un ristorante vegano, ma non triste e spoglio come tanti altri. Si mangia molto bene, e anche chi non ha mai provato questo tipo di cucina ne sarà soddisfatto. L'ambiente è accogliente, i vini buoni, i dolci anche.

Il migliore per i veg(etari)ani

LukeSkybiker | 30 gennaio 2014

Se dovessi mai aprire un ristorante, sarebbe così: arredi tra il rétro e il design, sempre avvolgenti e caldi; personale estremamente gentile e professionale, porzioni più che abbondanti, presentazione da cinque stelle, sapori bilanciati e ricchi.

FASCIA PREZZO €20-€35 **CATEGORIA** RISTORANTE VEGANO
APERTO DA MARTEDÌ A SABATO. CHIUSO DOMENICA E LUNEDÌ

22 Via Santa Giulia 2
10124 Torino (Centro storico)
Tel: 011 884700
www.facebook.com/SolulKitchenVeganRawFood

64 recensioni
n.26 di 2.224 ristoranti

da Torino Low Cost

≈ Il buon aperitivo dei Bagni Municipali ≈

Una volta l'immobile ospitava i bagni pubblici di zona. Per anni questi storici bagni sono rimasti chiusi, ma oggi sono una delle più attive Case del Quartiere della città, un vero centro propulsore per San Salvario, che ospita associazioni, corsi, iniziative e un frequentatissimo bar. Tutto offerto a prezzi accessibili. E si può entrare anche senza dover consumare per forza, ma anche solo per sedersi in cortile a leggere il giornale.

Atmosfera

Lo spazio bar si estende in una colorata saletta, nel dehors coperto e, con la bella stagione, nel grande cortile. È un posto perfetto dove venire con i bambini, che nella bella stagione possono correre e divertirsi con i tanti giochi a disposizione. E quando arriva il caldo hanno anche le piscinette dove rinfrescarsi dal calore cittadino. Intanto i genitori si rilassano in un ambiente colorato e simpatico, incontrando gente di ogni tipo e partecipando a iniziative spesso interessanti e «pop». Al venerdì sera ci sono sempre concerti e spettacoli gratuiti, d'estate c'è una folta programmazione di eventi all'aperto. Insomma, la Casa è uno dei posti migliori della città, che offrono servizi e benessere.

Specialità

All'interno della Casa c'è il bar Bagni Municipali, che propone tutte le sere un aperitivo sano: sul tavolone ci sono tante verdure e cereali, come per esempio il riso Basmati con verdure, l'insalata di fagioli e tonno, gli sformati di verdure. L'aperitivo è a base di prodotti etici a filiera corta (la verdura è di Moncalieri), sfusi (riso, pasta e couscous arrivano dall'ecobottega Verdessenza); si punta al gusto bio, a chilometro 0 e anche etnico, grazie alle ricette dei cuochi che arrivano da varie parti del globo. Quindi girate al largo se per voi l'aperitivo è sinonimo di pizzette e salatini. La birra alla spina è Menabrea, i cocktail sono ben fatti, i vini in bottiglia e quelli sfusi sono buoni, in particolare il nebbiolo. E per i bambini, il venerdì e il sabato, c'è l'Aperitivo Piccolo, un aperitivo baby-friendly particolarmente attento ai gusti dei più piccoli.

INFO

Bagni Municipali alla Casa del Quartiere
Via Oddino Morgari 14
10125 Torino (San Salvario)
Tel: 393 4591027 www.bagnimunicipali.org

FASCIA PREZZO €4-€10
APERTO TUTTI I GIORNI DA MATTINA A NOTTE

Scelto dalla redazione

Museo dell'Automobile

© Tony Harrison / Wikimedia commons

Nel 1932 Cesare Goria Gatti e Roberto Biscaretti di Ruffia, uno dei fondatori della Fiat, nonché primo presidente dell'Automobile Club di Torino, ebbero una straordinaria intuizione: perché non dar vita a un museo in cui esporre le più belle auto della storia? Ovviamente con un occhio di riguardo per le vetture italiane, Fiat e Ferrari in primis.
Fu così che il 3 novembre del 1960 venne inaugurato il **Museo dell'Automobile**, unico nel suo genere, con una delle collezioni più rare al mondo: quasi duecento auto originali, dalla metà dell'Ottocento ai giorni nostri, provenienti da qualsiasi parte del pianeta.
Oggi, dopo la ristrutturazione del 2005, il museo ha una marcia in più: tecnologia e percorsi interattivi, musica, filmati e mostre temporanee... ce n'è per tutti i gusti.
Insomma, allacciate bene le cinture di sicurezza e lanciatevi in questo viaggio emozionante, tappa obbligata per chiunque visiti Torino, la città dell'automobile per eccellenza.

Super museo!
Mariacristina m | 16 gennaio 2014

La visita al Museo dell'Auto è assolutamente da non perdere. Io l'ho già visitato più volte, per accompagnare amici di passaggio a Torino, e posso dire che ogni volta resto a bocca aperta! L'allestimento è decisamente innovativo, nulla a che vedere con il museo precedente, una banale esposizione di auto in fila per data di produzione.

TARIFFA €6-€8
ORARI LUNEDÌ 10-14, MARTEDÌ 14-19, DA MERCOLEDÌ A GIOVEDÌ E DOMENICA 10-19, VENERDÌ E SABATO 10-21

1.011 recensioni
n.4 di 119 attrazioni

23
Corso Unità d'Italia 40
10126 Torino (Lingotto)
Tel: 011 677666 www.museoauto.it

Top 10 Attrazioni

classifica ragionata basata su tripadvisor®

1 | Museo Nazionale del Cinema

Prendetevi mezza giornata e godetevi il Museo del Cinema: la storia della settima arte in un viaggio unico ed emozionante all'interno della Mole Antonelliana.

Un posto speciale

Gaiaincerpi | 17 gennaio 2014

È un posto magico che fa tornare indietro nel tempo. Divertente e appassionante. Per chi ama il cinema, è l'occasione per ricordare e saperne qualcosa di più. Ottimo sia per famiglie sia per ragazzi in gruppo.

Bellissimo

Stefy_p3 | 10 gennaio 2014

Un excursus dalle origini del cinema ai giorni nostri, passando per i volti noti di ieri e di oggi. Per gli amanti del cinema, ma anche per chi ha bambini e vuole condividere con loro un pezzetto di Storia. Veramente bello.

TARIFFA €7-€9

ORARI DA MARTEDÌ A VENERDÌ E DOMENICA 9-20, SABATO 9-23. CHIUSO LUNEDÌ

TRAVELLERS' CHOICE 2013

24 Via Montebello 20
10124 Torino (Centro storico)
Tel: 011 8138511 www.museocinema.it

1.959 recensioni
n.7 di 119 attrazioni

2 | Parco del Valentino

Passeggiate lungo i viali alberati, visitate la Rocca, il borgo medievale e il castello, sedetevi all'ombra nel giardino roccioso... Non è certo un caso se il Parco del Valentino è uno dei più famosi d'Italia.

Oasi nella città

AdrianoDC | 14 gennaio 2014

Il parco è una piccola oasi nella città dove potersi rilassare facendo una piacevole passeggiata. È molto ben tenuto e animato dalla presenza di vari animali. Molto suggestivo anche il borgo medievale.

Bellissima passeggiata

Andmr69 | 7 gennaio 2014

Una piacevole passeggiata in riva al Po tra il verde e gli scoiattoli che arrivano a prenderti il cibo dalle mani. Molto rilassante e decisamente frequentato nei giorni di festa.

TARIFFA GRATUITO

TRAVELLERS' CHOICE 2013

25 Corso Massimo D'Azeglio
10125 Torino (San Salvario)

549 recensioni
n.11 di 119 attrazioni

3 | Basilica di Superga

Ogni 4 maggio i tifosi granata si recano qui in «pellegrinaggio» per ricordare la squadra del Grande Torino. Prendete il trenino a cremagliera che sale lungo la collina di Superga per raggiungere la splendida chiesa barocca. La vista è mozzafiato.

Mozzafiato

Mikaelabi | 19 gennaio 2014

Vista completa sulla splendida Torino... sconsigliabile andarci quando c'è nebbia, si rischia di non godere appieno di tutto quello che offre questo meraviglioso posto!

Semplicemente magica

AngelicaQuaglietta | 8 gennaio 2014

La basilica è bellissima, sia all'esterno sia all'interno, vi si trovano anche le tombe dei Savoia. Il paesaggio è suggestivo, nelle giornate di sole si scorge tutta la città.

TARIFFA TOMBE REALI E APPARTAMENTO REALE: €4-€5. CUPOLA: €2-€3

ORARI CONSULTARE IL SITO

26 Strada della Basilica di Superga 73
10132 Torino (Superga)
Tel: 011 8997456 www.basilicadisuperga.com

702 recensioni
n.15 di 119 attrazioni

4 | Piazza Castello

L'Ottocento sabaudo rivive in questa magica e suggestiva piazza circondata da portici e palazzi storici. Le vie limitrofe sono da sempre il cuore della vita cittadina.

Il cuore di Torino

Pulcinoinnamorato | 10 gennaio 2014

Bellissima piazza da ogni angolazione. Per colazione o pausa pomeridiana andate da Baratti e Milano, per mangiare i tramezzini più buoni andate al Caffè Mulassano.

Un teatro all'aperto

Silvana G | 15 gennaio 2014

Piazza Castello è il cuore pulsante della prima capitale d'Italia e, come allora, continua a esserlo e ad affascinare. La definirei come un grande teatro all'aperto, senza sipario, dove si può trovare una straordinaria scenografia.

TARIFFA GRATUITO

27 Piazza Castello
10123 Torino (Centro storico)

433 recensioni
n.10 di 119 attrazioni

5 | Museo Egizio

L'antico Egitto non è mai stato così vicino. Re Ramesse II e la principessa Redit siedono sul trono mentre la leonina dea Sekhmet accoglie imperiosa i visitatori.

Splendido museo, secondo solo a quello del Cairo

Theperez | 22 gennaio 2014

Magnifico museo, nulla a che vedere con la sezione egizia del tanto blasonato Louvre, e merita di essere considerato il secondo museo sugli egizi solamente dopo quello del Cairo. Da visitare!

Imperdibile

Enovago | 7 gennaio 2014

Bello e curato, il Museo Egizio è ricchissimo di reperti preziosi. Consiglio di prenotare la visita guidata che, oltre a permettervi di vivere al meglio l'esperienza, consente di saltare la fila che a volte è veramente lunghissima.

TARIFFA €3,5-€7

ORARI DA MARTEDÌ A DOMENICA 8.30-19.30. CHIUSO LUNEDÌ

tripadvisor TRAVELLERS' CHOICE 2013

28 Via Accademia delle Scienze 6
10123 Torino (Centro storico)
Tel: 011 5617776 www.museoegizio.it

1.961 recensioni
n.13 di 119 attrazioni

Zoom

Templari, fantasmi e magia nera

Torino è una città misteriosa, ricca di segreti e leggende che si legano indissolubilmente con la sua storia. I suoi palazzi hanno ospitato personaggi come Nostradamus, Cagliostro, Saint-Germain, Fulcanelli, Paracelso e, nel Cinquecento, fu il luogo d'incontro di tutti gli alchimisti d'Europa, convinti che sotto il Palazzo Reale si nascondessero le Grotte Alchemiche.

Se siete attratti dalle tinte fosche del gotico, ecco un breve percorso che non vi farà rimpiangere i racconti di Edgar Allan Poe

Partite da **piazza San Carlo** e raggiungete **Palazzo Trucchi di Levaldigi**, in via Alfieri: se osserverete per qualche istante l'ingresso, capirete subito perché è soprannominato «portone del diavolo» (secondo la leggenda, il palazzo sarebbe ancora infestato dai fantasmi di una ballerina e di un soldato). Andate poi a **Palazzo Barolo**, in via Delle Orfane 7, tutt'oggi abitato dallo spettro di Elena Matilde Provana di Druent. Concludete il tour in **piazza Statuto**, uno dei tre vertici della magia nera mondiale (gli altri due sono Londra e San Francisco).

Torino | **Piazza San Carlo**

© Vanbasten 23 / Wikimedia commons

6 | Mole Antonelliana

Il simbolo di Torino è l'edificio più alto del Centro storico. Prendete l'ascensore panoramico e godetevi la spettacolare salita fino al «tempietto»: da lì vi sembrerà di abbracciare tutta la città con uno sguardo.

Non abbiamo nulla da invidiare agli altri Paesi

Leon R. | 4 febbraio 2014

Bellissima struttura, ci vengo spesso. È ben valorizzata ma si potrebbe pubblicizzare di più! Penso che Torino, con i suoi numerosi monumenti, non abbia da invidiare niente e nessuno.

Monumento imponente

GigiVeronesi | 19 gennaio 2014

È un riferimento per il viaggiatore, che la può osservare da numerosi punti passeggiando per la città, e un luogo incantevole una volta raggiunto e ammirato il suo interno. Consiglio vivamente di visitare questo luogo, un autentico monumento.

TARIFFA ASCENSORE PANORAMICO: €4-€6
ORARI DA MARTEDÌ A VENERDÌ E DOMENICA 10-20, SABATO 10-23. CHIUSO LUNEDÌ

29
Via Montebello
10124 Torino (Centro storico)
Tel: 011 8138560
www.museocinema.it/mole.php

1.149 recensioni
n.8 di 119 attrazioni

Special Price

Tutto il Piemonte in una Card

La **Torino+Piemonte Card** garantisce l'ingresso gratuito in oltre centonovanta siti della regione e del suo capoluogo: musei, mostre, monumenti, castelli, fortezze e residenze reali, oltre ai principali servizi turistici di Torino (ascensore della Mole, treno a cremagliera per Superga e autobus per Venaria Reale compresi).
Per acquistarla è sufficiente rivolgersi all'Ufficio del Turismo oppure ai centri convenzionati (info su www.turismotorino.org/card). Queste alcune delle soluzioni acquistabili:

- **2 giorni**: valida 48 ore per un adulto e un minore di 12 anni, €25
- **3 giorni**: valida 72 ore per un adulto e per un minore di 12 anni, €29
- **5 giorni**: valida 120 ore per un adulto e per un minore di 12 anni, €34
- **Junior**: valida 48 ore per un minore di 18 anni, €22
- **Plus**: in abbinamento alla Card, un mini-abbonamento ai mezzi pubblici urbani e suburbani (a partire da €16,5, validità due o tre giorni)

© Felipecadonacolombo / Wikimedia commons

Torino

7 | Santuario della Consolata

Questo capolavoro barocco è una delle chiese più amate dai torinesi. Non accontentatevi di ammirare la facciata: lo sfarzo dell'interno non vi lascerà indifferenti.

Un santuario stupendo
Mariopao | 3 febbraio 2014

Non molto lontano dal Duomo vale la pena di fare due passi per visitare questo santuario. È uno splendore di statue, dipinti e ornamenti dorati. Incantevole e, se poco affollato, invita alla meditazione.

Bellissima
Miliardi77 | 22 dicembre 2013

È sempre meraviglioso andare in visita al Santuario, posto di grande fascino e serenità, dove ci si può separare per qualche attimo dalla vita frenetica e, soprattutto, entrare in contatto con la propria anima...

TARIFFA GRATUITO
ORARI APERTO TUTTI I GIORNI 6.30-19.30
VARIAZIONI DI ORARIO IN OCCASIONE DI CELEBRAZIONI LITURGICHE

30
Via Maria Adelaide
10122 Torino (Centro storico)
Tel: 011 4836111 www.laconsolata.org

228 recensioni
n.1 di 119 attrazioni

8 | Gran Madre di Dio

Si dice che il «Pantheon» dei torinesi sorga sull'antico tempio di Osiride e che tra le due statue del sagrato («la Fede» e «la Religione») sia sepolto il Sacro Graal. Ancora più misterioso e affascinante di sera.

La grande madre
Luigi Alberto G | 6 gennaio 2014

Raro esempio di basilica a pianta circolare, è costruita secondo la stessa struttura del Pantheon di Roma. Proprio di fronte al fiume Po, è un'attrazione che «devi» visitare. Top!

Bellissima la notte
Ahy2014 | 14 gennaio 2014

Siamo arrivati a questa chiesa di notte ed è stato davvero bellissimo vederla da via Po, dove stavamo camminando. È veramente semplice, ma offre una splendida vista di Torino: si possono vedere piazza Vittorio e la Mole Antonelliana.

TARIFFA GRATUITO
ORARI DA LUNEDÌ A SABATO 7.30-12, 16-19; DOMENICA E FESTIVI 7.30-13, 16-19

31
Piazza Gran Madre di Dio 4
10131 Torino (Borgo Po)
Tel: 011 8193572

74 recensioni
n.32 di 119 attrazioni

9 | Palazzo Madama

Impossibile non notare la massiccia struttura di Palazzo Madama, vero e proprio puzzle artistico di epoche e stili diversi, sede del Museo Civico di Arte Antica con opere che spaziano dall'Alto Medioevo al Settecento.

Imperdibile
Elyp1977 | 31 gennaio 2014

Anche se non siete appassionati di storia o arte, questo museo è imperdibile. Dagli altari del Medioevo alle ceramiche quasi contemporanee. Bellissima la vista dalla torretta con piazza Castello ai tuoi piedi!

Elegante
Ivana R | 30 dicembre 2013

Patrimonio dell'Unesco, l'edificio è situato in piazza Castello. Suggerisco, a coloro che non amano visitare i musei, di entrarvi per percorrere almeno lo scalone di ingresso (gratuito). Ne rimarrete folgorati!

TARIFFA €8-€10
ORARI DA MARTEDÌ A SABATO 10-18, DOMENICA 10-19. CHIUSO LUNEDÌ

32
Piazza Castello
10122 Torino (Centro storico)
Tel: 011 4433501 www.palazzomadamatorino.it

280 recensioni
n.16 di 119 attrazioni

10 | Juventus Stadium

Lo scintillante Juventus Stadium è il primo stadio italiano di proprietà di un club. Nuovissimo e all'avanguardia, è luogo di culto per i fan della Vecchia Signora.

Unico
Mimmo D | 27 gennaio 2014

Struttura magnifica in ogni suo dettaglio, mai visto nulla del genere, emozionante davvero... tantissimi i servizi: dalle foto, al trucco, ai giochi con premi... fino ad arrivare alla ludoteca per i più piccoli.

Che emozione!
Andrea-diletta | 19 gennaio 2014

Visitare dal vivo lo Stadium è un'emozione unica! Il tour permette la visita anche all'interno dello spogliatoio... spettacolare! Anche il museo è davvero bello e curato nei dettagli. Forza Juve!

TARIFFA MUSEO: €10-€12. VISITA GUIDATA: €15-€18
ORARI MUSEO: DA MERCOLEDÌ A VENERDÌ E LUNEDÌ 10.30-18
DA SABATO A DOMENICA E FESTIVI 10.30-19.30. CHIUSO MARTEDÌ
VISITA GUIDATA: CONSULTARE IL SITO

33
Corso Gaetano Scirea 50
10151 Torino (Vallette)
www.juventus.com

1.069 recensioni
n.3 di 119 attrazioni

La «riserva naturalistica» di Torino

Se amate stare all'aria aperta, ma non volete rinunciare alla cultura, quello che state cercando è una gita sulle colline di Torino.

Il primo percorso si snoda in città: non avrete quindi bisogno della macchina, ma soltanto di un pranzo al sacco.

Il punto di partenza è la suggestiva **piazza Vittorio Veneto**, da cui imboccherete il ponte Umberto I. La Gran Madre di Dio vi darà il benvenuto a **Borgo Po**, al di là del fiume: a questo punto prendete via Villa della Regina che vi condurrà in poco tempo alla splendida dimora omonima. Da poco ristrutturata dopo mezzo secolo di degrado, **villa della Regina** possiede un verdeggiante giardino all'italiana, con tanto di grotte e specchi d'acqua. Residenza preferita della regina Anna d'Orléans, è un sontuoso palazzo secentesco, vero gioiello barocco finalmente ritornato all'antico splendore.

Proseguite poi fino al **parco di Villa Genero**, che circonda la villa, dove troverete fontane di acqua potabile: a questo punto, stendetevi sul prato e godetevi un po' di relax (è il posto ideale per un pic-nic).

A stomaco pieno, sarete pronti per salire sul **Monte dei Cappuccini** (che in realtà è una bassa collina), su cui spicca la **chiesa di Santa Maria del Monte**, con il convento attiguo, il **Museo della Montagna** e l'**osservatorio della Vedetta Alpina**. Da qui si può ammirare uno dei più suggestivi panorami della città, in particolare nelle notti invernali, quando le installazioni per «Luci d'artista» tingono di blu il centro storico.

Per chi invece ha più tempo a disposizione e desidera addentrarsi nell'entroterra torinese, tappa obbligata è il **Parco del Po**, una vasta area protetta che si estende tra le province di Torino, Cuneo e Vercelli e che offre un singolare mix di ambienti naturali, superbe dimore sabaude, castelli medievali e chiese barocche.

I possibili percorsi sono moltissimi e tutti ugualmente interessanti, sia quelli che si snodano tra laghi e bacini naturali, sia quelli che accarezzano il dolce territorio collinare. Non dovete far altro che visitare il sito www.parcotorinese.it e scegliere la gita che fa al caso vostro. Poi, mettetevi un paio di scarpe comode, prendete uno zaino e lasciatevi i rumori della città alle spalle!

© GJo / Wikimedia commons

Torino | **Monte dei Cappuccini e chiesa di Santa Maria del Monte**

Consigli di viaggio

Agenda

Marzo-aprile

Se con le pulizie di primavera avete finalmente gettato via tutti quei mobili fuori moda da cui non riuscivate a separarvi, all'**Expocasa** di Torino troverete sicuramente dei validi rimpiazzi. Da anni è infatti una delle più importanti fiere d'arredamento e soluzioni per la casa d'Italia: una settimana in cui i migliori marchi di design espongono i loro prodotti al grande pubblico in tre grandi padiglioni.

Expocasa, Torino Lingotto Fiere, via Nizza 294, 10126 Torino (Lingotto)

Maggio

In maggio Torino diventa la capitale dell'editoria, grazie al **Salone internazionale del Libro**, il più importante evento italiano di questo tipo. 1.200 editori prendono casa per una settimana nei quattro padiglioni del Lingotto per esporre le loro ultime novità e organizzare incontri con gli autori. Negli ultimi anni, però, la letteratura è uscita dalla Fiera per invadere tutta la città grazie a **Salone Off**: una lunga serie di eventi, presentazioni e letture che fanno compagnia agli appassionati dalla mattina fino a notte fonda.

Salone internazionale del Libro, Torino Lingotto Fiere, via Nizza 294, 10126 Torino (Lingotto)

Salone Off, location varie

Giugno

Il mese si apre con uno dei più importanti festival internazionali dedicati al cinema ambientale, **CinemAmbiente**. Oltre alle proiezioni ufficiali al Cinema Massimo, vengono organizzati in tutta la città esposizioni, dibattiti, spettacoli e concerti all'insegna dell'ecosostenibilità.
Tutto il mese è invece all'insegna del teatro sperimentale, grazie al **Festival delle Colline**. Attivo da quasi vent'anni, si propone di valorizzare e diffondere i linguaggi più innovativi, tanto che il motto degli organizzatori è: «Indagate e trasformate i linguaggi teatrali per cambiare il mondo!».

CinemAmbiente, Cinema Massimo, via Verdi 18, 10100 Torino (Centro storico)

Festival delle Colline, Casa Teatro Ragazzi e Giovani, corso Galileo Ferraris 266, 10100 Torino (Vallette)

Luglio

Traffic è un festival musicale gratuito che dal 2004 anima l'estate torinese. «Cambiamento» è la sua parola d'ordine: ogni anno il numero di serate, la sede e i contenuti sono diversi dall'edizione precedente. Oltre ai concerti, vengono organizzate mostre, presentazioni di libri, conferenze e proiezioni cinematografiche. Rispetto agli inizi, il festival sta progressivamente mutando assetto: invece delle star della musica italiana e mondiale, la programmazione concede sempre più spazio ad artisti di nicchia.

Traffic, location varie

Ottobre-novembre

Tra ottobre e novembre si svolge il **Piemonte Share Festival**. La manifestazione si propone di indagare le interazioni tra arte contemporanea e tecnologia ed è un appuntamento fisso dell'autunno torinese dal 2005. Mostre, rassegne video, conferenze di approfondimento, simposi, workshop e performance accompagnano i torinesi per quasi un mese.

Piemonte Share Festival, Accademia Albertina di Belle Arti, via dell'Accademia Albertina 6, 10123 Torino (Centro storico) e location varie

Novembre

Segnate sul calendario gli appuntamenti da non perdere, perché in novembre sono parecchi! Il primo è il **Torino Film Festival**, che da oltre trent'anni sostiene il cinema indipendente con concorsi e sezioni non competitive. Il secondo è **Artissima**, una fiera internazionale di arte contemporanea da cinquantamila visitatori l'anno, che riesce a soddisfare allo stesso tempo amatori e addetti ai lavori. E, dopo tutta questa cultura, non c'è niente di meglio di un po' di svago: in piazza San Carlo è tempo di **Cioccolatò**, la «dolce» kermesse che l'ultima settimana di novembre premia il miglior gianduiotto di Torino.

Torino Film Festival, location varie

Artissima, Torino Lingotto Fiere, via Nizza 294, 10126 Torino (Lingotto)

Cioccolatò, piazza San Carlo, 10123 Torino (Centro storico)

Dicembre

È passato ormai più di un decennio, ma le **Luci d'Artista** non hanno smesso di illuminare le piazze e le vie di Torino. Ogni anno viene aggiunta una nuova installazione, che si somma a quelle degli anni precedenti. Se le altre città d'Italia propongono sempre le stesse luminarie natalizie, banali alberelli e stelle che penzolano sulle teste dei passanti, Torino fa di più. Le *Cosmometrie*, il *Tappeto Volante*, il *Regno dei fiori*, i *Piccoli Spiriti Blu* e il *Volo dei numeri* simboleggiano un'arte «universale», fruibile da ogni tipo di pubblico. Da non perdere, poi, il tradizionale **Mercatino di Natale** a Borgo Dora, con moltissime bancarelle

Luci d'artista, location varie

Mercatino di Natale, Borgo Dora, 10152 Torino

Arrivare e partire

Aerei

L'aeroporto **Sandro Pertini** di Caselle, situato a una decina di chilometri dal centro città, offre la possibilita di voli low cost con le compagnie AirOne, Volotea e Ryanair. Il collegamento con le principali citta italiane è garantito da Meridiana e Alitalia. Per raggiungere l'aeroporto in macchina, è sufficiente percorrere la tangenziale e seguire le indicazioni. Se invece arrivate in treno, dalla stazione di Dora Gtt parte un treno ogni mezz'ora che in una ventina di minuti vi porta in aeroporto (tariffa €3, comprensivo di una corsa urbana). In alternativa c'è l'autobus della ditta Sadem, che parte ogni 15/30 minuti e prevede fermate presso le stazioni ferroviarie di Porta Nuova e Porta Susa (tariffa €6,50; tempo di percorrenza 45/50 minuti).

Aeroporto di Caselle Sandro Pertini, tel: 011 5676361, www.aeroportoditorino.it

Treni

Le due stazioni ferroviarie principali sono **Porta Nuova** e **Porta Susa**. Porta Nuova collega Torino alle principali città italiane ed europee (soprattutto francesi e spagnole). È la stazione di testa del nodo ferroviario torinese, da cui si diramano le linee per Milano, Genova, Bologna e Modane (da cui transitano i Tgv per Parigi e Lione). Porta Susa, stazione avveniristica oggetto di un graduale potenziamento nel corso degli anni, copre le linee regionali e interregionali, ma anche la linea ad alta velocità Milano-Torino (durata del viaggio 50 minuti) e Roma-Torino (4 ore).

Stazione Porta Nuova, corso Vittorio Emanuele II 53, 10123 Torino (San Salvario)

Stazione Porta Susa, piazza XVIII Dicembre 8, 10122 Torino (Lingotto)

Auto

Che si arrivi dalla Valle d'Aosta (A5), dalla Lombardia (A4 e A21), dalla Liguria (A26-A21 e A6), dalla Francia (A32) o dal resto del Piemonte, ogni autostrada confluisce nella tangenziale di Torino, che conduce al centro urbano. Una volta giunti in città, tenete presente che ci sono diverse zone a traffico limitato (Ztl). I dettagli sulle varie Ztl, che si differenziano per modalità, sono consultabili sul sito del Comune di Torino (www.comune.torino.it). Per chi effettua una prenotazione in un albergo del centro è possibile entrare nella Ztl all'arrivo e uscirne alla partenza anche nelle fasce orarie di limitazione al traffico, compilando un modulo presso la reception dell'albergo. Inoltre, tutto il centro è «Zona Blu», dove le auto possono parcheggiare a pagamento con costi orari variabili: i ticket di sosta si possono acquistare presso i distributori automatici o le rivendite autorizzate (bar, tabacchi, edicole).

Muoversi

Metropolitana e passante ferroviario

La metropolitana di Torino è completamente automatica. Collega l'area urbana della città da ovest a sud, da Collegno al Lingotto, passando per le stazioni di Porta Nuova e Porta Susa. Le linee sono due: la 1 va dal parcheggio di interscambio di Fermi al cuore della città, mentre la 2 serve l'asse nordest-sudovest. Il lunedì il servizio è attivo dalle 5.30 alle 22, dal martedì al giovedì dalle 5.30 alle 00.30, il venerdì e il sabato fino all'1.30, domenica e festivi fino all'1. Il biglietto è quello urbano (€1,50).
Lo stesso biglietto è valido anche per il passante ferroviario, una linea di treni sotterranea che attraversa la città, dalla stazione di Torino Stura a quella di Torino Lingotto, estendendosi per quasi 13 km nel territorio comunale. Il passante attraversa i quartieri della Falchera, del Rebaudengo, della Borgata Vittoria, di San Donato, dell'Aurora, del Centro storico, della Crocetta e del Lingotto.

Infra.To, tel: 011 5592711, www.infrato.it

Mezzi di superficie

Il trasporto pubblico a Torino è gestito da Gtt (Gruppo Torinese Trasporti). Sono 8 le linee di tram e oltre 80 quelle di autobus, che iniziano a circolare alle 5 del mattino per terminare il servizio alle 24. Ci sono varie tipologie di biglietto: da quello ordinario urbano (€1,50, con validità 90 minuti su tutti i mezzi di superficie e un ingresso in metropolitana) a quello giornaliero (€5, valido 24 ore), al biglietto integrato (€3 valido su ferrovie, metropolitana, tram e bus), oltre ad abbonamenti vari. I biglietti possono essere acquistati nelle edicole, nelle tabaccherie e in alcuni esercizi pubblici. Se siete alla fermata di un autobus o tram e volete sapere quando passerà il vostro mezzo, potete inviare un sms al numero 339 9949990 indicando il numero della fermata in cui vi trovate.
Se volete visitare il centro storico ma non avete voglia di camminare, la linea 7 è una simpatica alternativa alle classiche passeggiate in piazza. Progettata come «museo in movimento», prevede un percorso circolare lungo i viali perimetrali e attraverso il centro (capolinea in piazza Castello), utilizzando i normali biglietti e abbonamenti urbani.

Gtt, tel: 800 01915, www.gtt.to.it

Taxi

A Torino i taxi non sono esattamente low cost ma, se ai mezzi pubblici preferite la macchina, potete cercare un taxi libero nelle numerose piazzole di sosta o chiamare uno di questi numeri:

- **Pronto Taxi**, tel: 011 5737
- **Radio Taxi Torino**, tel: 011 5730

Milano

Milano è un luogo sofisticato e cosmopolita, che celebra contemporaneamente senso degli affari e patrimonio culturale. Ma tra le vie del centro così come nei quartieri periferici si può riscoprire la tradizione e trovare angolini nascosti, locali storici, piccoli bar all'aperto tranquilli e riservati.

Ci sono trattorie rimaste uguali a se stesse da trent'anni, e andarci è un piacere proprio per questo. Altre che nascono per autentica passione culinaria, e riescono a trasmetterla al primo assaggio. A Milano non troverete solo locali trendy, elitari lounge bar, franchising della ristorazione fatti in serie e la Milano da bere che vi immaginate, ma anche ristorantini gestiti con calore in un'atmosfera familiare, locali che offrono una serata di piacevole, goloso divertimento, senza rubarvi i soldi dal portafoglio.

Scopri Milano by tripadvisor

Inquadra il QR Code con il tuo smartphone per scoprire i contenuti multimediali

Milano

DORMIRE

1. Ostello Bello
2. Hotel XXII Marzo
3. Hotel Florence
4. Hotel La Residenza
5. Piccolo Hotel
6. Hotel Mirage
7. B&B Belcanto
8. Porta Garibaldi B&B
9. Milano Bella B&B
10. Cocoon
11. Milano B&B

MANGIARE E BERE

12. Dongiò
13. Poporoya
14. Nerino Dieci Trattoria
15. La gelateria della musica
16. Pizza Am
17. C'era una volta una piada

18. Warsà
19. Luini Panzerotti
20. Sapori Solari
21. Pasticceria Castelnuovo
22. Pravda

VISITARE

23. Museo del Novecento
24. Duomo
25. Cenacolo vinciano
26. Cimitero Monumentale
27. Basilica di Sant'Ambrogio
28. Pinacoteca di Brera
29. Stadio Giuseppe Meazza
30. Parco Sempione
31. Chiesa di San Maurizio al Monastero Maggiore
32. Teatro alla Scala
33. Museo Poldi Pezzoli

Scelto dalla redazione

Ostello Bello

© Guido Barbagelata

L'Italia, si sa, non è Paese per ostelli, e Milano non fa eccezione. Fino a qualche tempo fa cercare una camera a prezzi abbordabili era un'impresa disperata. Ora invece la soluzione c'è e si chiama **Ostello Bello**.

Il rispetto per il portafoglio è solo uno dei punti di forza di questa struttura. La posizione è perfetta (potrete raggiungere a piedi tutte le principali attrazioni turistiche), la colazione è inclusa nel prezzo, l'aria condizionata è disponibile in tutte le stanze, così come il wi-fi. Senza dimenticare il bagno in camera: sono pochi gli ostelli a poterselo permettere.

Ostello Bello però è molto più di una pensione: durante l'orario di aperitivo la colorata *common room* diventa un bar a tutti gli effetti, frequentatissimo da turisti come da milanesi.

Forse è merito dell'atmosfera rilassata, della frequentazione cosmopolita o dello staff giovane e dinamico, ma alloggiare all'**Ostello Bello** è sempre un'esperienza entusiasmante.

Miglior ostello d'Europa!

Andrehrab | 9 gennaio 2014

Ottima posizione, accanto al Duomo di Milano, la struttura è incredibile. Siamo stati accolti con un drink di benvenuto. La camera e il bagno sono eccellenti! L'ostello è molto ben frequentato. Inclusi nel prezzo anche wi-fi e colazione.

FASCIA PREZZO €28-€80

CATEGORIA OSTELLO

167 recensioni

n.1 di 103 altre sistemazioni

1

Via Medici 4
20123 Milano (Centro storico)
Tel: 02 36582721
www.ostellobello.com

Dormire

Milano

Top 5 Alberghi

classifica ragionata basata su tripadvisor

1 | Hotel XXII Marzo

Un albergo a conduzione familiare adatto a tutte le tasche. Menzione speciale per la posizione: venti minuti a piedi dal Duomo, in un quartiere elegante.

Il posto perfetto per godersi Milano

Yshvartsmn | 12 gennaio 2014

Questo hotel è meraviglioso, con un'atmosfera molto cordiale e familiare. Colazione eccellente. L'hotel si trova a circa venti minuti a piedi dal Duomo. Lo consiglio a tutti.

Ottimo hotel, personale gentilissimo

Annalisa R | 7 gennaio 2014

Per una visita a Milano di qualche giorno non posso che consigliare questo albergo. Silenzioso, pulitissimo camere spaziose e accoglienti con tutto il nécessaire per il bagno.

FASCIA PREZZO €45-€80 CATEGORIA ★★

2

Piazza Santa Maria del Suffragio 3
20129 Milano (Porta Vittoria)
Tel: 02 70107064 www.hotel22marzo.com

232 recensioni
n.35 di 433 hotel

2 | Hotel Florence

A poche fermate di metropolitana dal Duomo e comodissimo per il Politecnico, l'Hotel Florence è un tre stelle di livello superiore alla media della città.

E diamogli subito la quarta stella

Ale b | 13 gennaio 2014

Ottimo hotel a quattrocento metri dalla stazione della metropolitana Loreto. Personale gentile, ottima pulizia, camera spaziosa con grande balconcino e colazione abbondante. Ci ritornerò di sicuro.

Ci torno sempre volentieri

Elisa V | 1 gennaio 2014

Ci torno sempre volentieri, è uno dei pochi alberghi dove ti senti a casa. Camere accoglienti, rapporto con il cliente attento e discreto. Il mio albergo preferito quando vengo a Milano.

FASCIA PREZZO €50-€100 CATEGORIA ★★★

3

Piazza Aspromonte 22
20131 Milano (Loreto)
Tel: 02 2361125 www.hotelflorence.it

163 recensioni
n.75 di 433 hotel

3 | Hotel La Residenza

Ecco un albergo che ha fatto della sostenibilità ecologica il suo fiore all'occhiello. Risparmio energetico, materiali riciclati e ampia scelta di piatti biologici.

Alla prossima!

Federica B | 29 dicembre 2013

Posizione tranquilla e vicina alla fermata della metro, buonissimi prezzi, cibo biologico, pulizia ottima e personale accogliente, gentile e educato! Lo consiglio!

Funzionale ed economico

Fulvio m | 1 gennaio 2014

La gestione familiare, cosa rara in una grande citta, è molto attenta all'ospite, gentile e pronta a dare consigli su itinerari e trattorie. La camera, seppur non molto ampia, era pulitissima e con tutto l'occorrente. La colazione, abbondante e ben presentata, oltre al prezzo decisamente onesto mi ha spinto a consigliare questa struttura.

FASCIA PREZZO €47-€85 CATEGORIA ★★★

4

Via Vittorio Scialoia 3
20161 Milano (Niguarda)
Tel: 02 6461646 www.residenzahotel.it

351 recensioni
n.66 di 433 hotel

4 | Piccolo Hotel

Albergo a conduzione familiare, semplice e curato. Posizione strategica per raggiungere il polo espositivo Fiera Milano City. Possibilità di parcheggio.

Piacevole Capodanno 2014

Walter F | 7 gennaio 2014

Siamo stati molto bene, il personale è davvero cordiale, ci ha dato buoni consigli! Le stanze sono carine, confortevoli e soprattutto calde! La colazione è abbondante. Lo consigliamo vivamente!

Ottima soluzione e rapporto qualità-prezzo

AnTravel30 | 1 gennaio 2014

Posizione strategica, buon prezzo, stanza pulita, tutti i servizi (dal wi-fi gratis alla colazione sia dolce sia salata) e cortesia/disponibilità da parte del personale.

FASCIA PREZZO €70-€180 CATEGORIA ★★★

5

Via Piero della Francesca 60
20154 Milano (Sempione)
Tel: 02 33601775 www.piccolohotelmilano.org

81 recensioni
n.78 di 433 hotel

5 | Hotel Mirage

Quattro stelle dai prezzi accessibili. Pavimento in parquet e atmosfera raffinata. Facilmente raggiungibile dall'autostrada, è l'ideale per i soggiorni di lavoro.

Fantastica esperienza
Antaeus G | 29 dicembre 2013
L'albergo è posizionato in un punto strategico. Tutto è impeccabile, la colazione, la reception, la pulizia, il silenzio, ma soprattutto il personale attento alle tue esigenze. Complimenti!

Molto comodo, pulito e professionale
Marcello P. | 20 dicembre 2013
Stanze comode e funzionali. Igiene e pulizia al primo posto, più una discreta cucina e personale efficiente e gentile.

FASCIA PREZZO €70-€190 CATEGORIA ★★★★

6
Viale Certosa 104
20156 Milano (Certosa)
Tel: 02 39210471 www.hotelmirage-milano.com

388 recensioni
n.28 di 433 hotel

Top 5 B&B e altro
classifica ragionata basata su tripadvisor

1 | B&B Belcanto

Non sembra di essere nel quartiere universitario di Milano, tanto è tranquillo il B&B Belcanto. Villino d'epoca, giardino e... camere arredate ispirandosi alle più famose opere liriche: *La bohème, Madama Butterfly, La rondine* e *Tosca*.

Comfort e classe
Cavaldonato | 19 novembre 2013
Una stanza pulitissima, moderna, ma di classe. Sito in un quartiere vicino al centro e ottimamente servito dai mezzi. L'accoglienza di Roberto, gentile, garbata, piacevole. Sarà per me un punto di riferimento.

Bellissimo!
BR1C59 | 15 novembre 2013
Pulitissimo. Le stanze hanno il nome delle opere di Puccini. Colazione ottima. Il padrone di casa è gentilissimo e disponibile. Trovo gli standard di questo B&B superiori a molti hotel con il vantaggio di un'atmosfera calda e piacevole.

FASCIA PREZZO €55-€120 CATEGORIA B&B

7
Via Beato Angelico 13
20133 Milano (Città Studi)
Tel: 347 6699602 www.belcantobeb.com

107 recensioni
n.5 di 154 B&B e pensioni

2 | Porta Garibaldi B&B

Più che un B&B, il Porta Garibaldi è un vero e proprio appartamento. A metà strada tra gli scintillanti grattacieli di Porta Nuova e i locali alla moda di corso Como.

All you can eat B&B

CriSorbi S | 8 dicembre 2013

È stata una bellissima esperienza, che sicuramente ripeteremo. L'arredamento è curatissimo e stare qui è come sentirsi a casa, ma con le «coccole» che a casa non avresti mai. Una scoperta meravigliosa, questo B&B!

L'eccellenza dei B&B a Milano

Cernuz | 27 novembre 2013

Semplicemente fantastico, pulito, moderno, ottimo rapporto qualità-prezzo. Zona centralissima, a due passi da corso Como e Brera. Silenzioso, forse il migliore che io abbia provato a Milano.

FASCIA PREZZO €80-€130 CATEGORIA B&B

8

Viale Pasubio 8
20154 Milano (Porta Garibaldi)
Tel: 02 29061419 www.portagaribaldi.it

92 recensioni
n.4 di 154 B&B e pensioni

3 | Milano Bella B&B

Un caratteristico palazzo di ringhiera a due passi da corso Buenos Aires, una delle vie dello shopping più famose in città. Vi sentirete a vostro agio come a casa.

Piccolo splendido appartamento

Eplgh | 17 dicembre 2013

Martin è un padrone di casa molto accogliente. Le camere sono perfettamente pulite, letti comodi, bagno grande e bello. Veloce connessione wi-fi e la colazione è ottima.

Perfetto B&B Milano

Siennagirl | 17 novembre 2013

La camera era molto confortevole e il B&B è vicino alla metropolitana. Le colazioni di Martin sono ottime, favolosi cornetti caldi, panini freschi, yogurt, frutta, caffè e succhi di frutta. Consigliamo vivamente questa sistemazione.

FASCIA PREZZO €80-€140 CATEGORIA B&B

9

Via Lazzaro Spallanzani 16
20129 Milano (Porta Venezia)
Tel: 333 8148487 www.bbmilanobella.com

64 recensioni
n.10 di 154 B&B e pensioni

4 | Cocoon

Cura per i dettagli e posizione strategica nel quartiere più cool: ecco i due punti di forza di Cocoon. Le camere si aprono su uno splendido giardino segreto.

Semplicemente di qualità

Panik_uk | 1 gennaio 2014

Il B&B è all'interno di un edificio storico meravigliosamente restaurato, che unisce design moderno ad alta qualità. La zona è eccellente, vicina a molti ristoranti, bar, trattorie e negozi. Cocoon è sicuramente la mia prima scelta quando vengo a Milano.

Un nido colorato e accogliente

Vanilla 1973 | 26 gennaio 2014

Davvero un'esperienza molto positiva: ci è stata data la massima disponibilità, e abbiamo trovato grande cortesia senza traccia di invadenza; ottima e abbondante la colazione, piacevole da gustare con vista sul giardino nella tranquillità più assoluta.

FASCIA PREZZO €80-€115 CATEGORIA B&B

10

Via Voghera 7
20144 Milano (Solari)
Tel: 02 8322769 www.cocoonbb.com

83 recensioni
n.11 di 154 B&B e pensioni

5 | Milano B&B

Duomo a cinque minuti a piedi, Castello Sforzesco e Navigli a quindici. Se avete poco tempo per visitare la città il Milano B&B è una scelta privilegiata.

Posto molto interessante. Ottima posizione

Addrake | 7 gennaio 2014

Molto pulito, posizione fantastica a cinque minuti a piedi dal Duomo e su una bella strada per lo shopping. Il proprietario è gentile e cordiale.

Torneremo a trovare la signora Camilla!

Borgoalvaticano | 14 novembre 2013

Ci siamo trovate benissimo in questo B&B nel centro di Milano con camere interne quindi silenziose. Camilla ci ha messo subito a nostro agio facendoci trovare una colazione per noi vegane.. devo dire tutto molto piacevole, location ottima! Lo consigliamo a tutti!

FASCIA PREZZO €80-€160 CATEGORIA B&B

11

Via Torino 51
20123 Milano (Centro storico)
Tel: 348 4100696
www.milano-bedandbreakfast.it

64 recensioni
n.48 di 154 B&B e pension

Scelto dalla redazione

| Dongiò

© The Chic Fish

Un locale storico della città, sempre frequentatissimo da tavolate di tutti i tipi. Siamo a Milano, e voi penserete subito a risotto con lo zafferano, ossobuco, mondeghili...
Macché: il **Dongiò** è una tipica trattoria calabrese che soddisfa da decenni l'ingordigia dei meneghini in un ambiente piacevole e familiare.
I primi sono a dir poco straordinari: pasta fresca con condimenti della cucina regionale, dalla 'nduja ai capperi al peperoncino alla cipolla di Tropea; ottimi i secondi, con tagliate, il sorprendente pollo all'aragonese e l'imperdibile selezione di formaggi, capocollo e burrata su tutti. Menzione a parte meritano i dolci, tutti fatti in casa: gelati (amaretto e pistacchio con cioccolato e peperoncino), tiramisù, torte.
Anche la cantina, abbastanza ricca, conferma il rapporto qualità-prezzo che fa di questo locale una tappa immancabile delle cene milanesi: uscirete con il sorriso e a pancia piena.

Molto buono, accogliente e prezzi ok

TaylorWhite | 12 gennaio 2014

Decisamente quello che ci si aspetta da un ristorante di cucina tipica: pochi piatti selezionati, tutto fatto in casa con grande abilità, gentilezza e ospitalità. Eccezionali i primi con pasta fatta in casa e sughi calabresi ma anche i secondi e i dolci. Insomma, non delude e si ha l'impressione di grande cura nelle cose che si mangiano.

FASCIA PREZZO €20-€40
CATEGORIA TRATTORIA CALABRESE
CHIUSO DOMENICA, SABATO A PRANZO

302 recensioni
n.406 di 4.746 ristoranti

12

Via Bernardino Corio 3
20135 Milano (Porta Romana)
Tel: 02 5511372

Top 10 Locali
classifica ragionata basata su tripadvisor

1 | Poporoya

Dimenticatevi i soliti ristoranti giapponesi: atmosfera spartana, prezzi contenuti e piatti squisiti. Uno spicchio di Sol Levante a due passi da Porta Venezia.

Giapponese autentico
Giovanni C | 13 gennaio 2014

Poporoya è un locale molto piccolo, che non accetta prenotazioni. Ma non fatevi ingannare, vi stupirà! In breve, Poporoya è un must per gli amanti della cucina giapponese.

Il vero giapponese
Troomagnon | 9 gennaio 2014

Ottimo pesce, favoloso chirashi, è diventato una tappa obbligata per la cucina giapponese. Prezzi contenuti, si mangia bene e di qualità.

FASCIA PREZZO €17-€25 **CATEGORIA** RISTORANTE GIAPPONESE
CHIUSO DOMENICA, LUNEDÌ A PRANZO

13 Via Bartolomeo Eustachi 17
20129 Milano (Porta Venezia)
Tel: 02 29406797 www.poporoyamilano.com

558 recensioni
n.20 di 4.746 ristoranti

2 | Nerino Dieci Trattoria

Se siete alla ricerca di prezzi accessibili e piatti di qualità in pieno centro la risposta è Nerino Dieci. Staff accogliente ma discreto, come vuole la tradizione milanese.

Accogliente
LuciaDMi | 11 gennaio 2014

Accogliente... buono... divertente... tonno ai pistacchi delizioso... amaro offerto... qualità ottima... prezzo nella norma milanese... ma ben compensato dalla qualità... Staff super accogliente...

Top...
Dago81 | 10 gennaio 2014

Il cibo è squisito, pesce sempre fresco, carne strepitosa, piatti abbondanti e presentazione impeccabile. Prezzo assolutamente ridicolo se paragonato alla location, al servizio e alla qualità eccellente. Bravissimi! Da considerare la lievitazione dei prezzi (tipica della zona) in occasione di fiere/eventi.

FASCIA PREZZO €15-€40 **CATEGORIA** TRATTORIA
CHIUSO DOMENICA, SABATO A PRANZO

14 Via Nerino 10
20123 Milano (Centro storico)
Tel: 02 39831019 www.nerinodieci.it

985 recensioni
n.4 di 4.746 ristoranti

3 | La gelateria della musica

«Cremose sinfonie di gusti» recita l'insegna. Accostamenti particolari, inusuali e perfetti come una buona canzone jazz. Il gelato migliore della città.

Sublime
Stefinia78 | 12 gennaio 2014

Adoro questo gelato, cremoso, gusto intenso e sempre originalissimo. Un sacco di gusti nuovi e innovativi dal sapore eccezionale e unico. Il mio preferito è l'inimitabile pistacchio di Bronte! Da pura sicula lo consiglio a tutti!

Mai mangiato niente di simile
Luciana R | 10 gennaio 2014

Un gelato così non l'avevo mai mangiato a Milano. Ricorda davvero il gelato siciliano, il gusto ricotta è spettacolare! Da riprovare assolutamente!

FASCIA PREZZO €2-€10 **CATEGORIA** GELATERIA
CHIUSO LUNEDÌ

15
Via Giovanni Enrico Pestalozzi 4
20143 Milano (Navigli)
Tel: 02 38235911
www.lagelateriadellamusica.it

1.221 recensioni
n.2 di 4.746 ristoranti

4 | Pizza Am

Dedicato agli amanti della pizza napoletana. Il menu è coraggioso: soltanto sei tipi di pizza, ma così buoni che vorrete assaggiarli tutti. Aperitivo offerto dalla casa.

Buona e leggera
Raffina10 | 13 gennaio 2014

Rispetto ad altre pizzerie napoletane, ho trovato la pizza molto buona, saporita e soprattutto leggera. Il locale è piccolo e caotico, ma il servizio è veloce e il personale molto gentile.

Una delle pizze migliori di Milano
R3MO | 13 gennaio 2014

La pizza è ottima, le materie prime di altissima qualità ed è una vera signora pizza. Ci tornerò il prima possibile. È la prima volta che, mangiando una pizza, siamo stati tutti concordi nel dire che era davvero buonissima.

FASCIA PREZZO €10-€20 **CATEGORIA** PIZZERIA
CHIUSO LUNEDÌ, DOMENICA A PRANZO

16
Corso di Porta Romana 83
20122 Milano (Porta Romana)
Tel: 02 5510579 www.pizzaam.it

444 recensioni
n.32 di 4.746 ristoranti

5 | C'era una volta una piada

Per chi non ha tempo per una cena al ristorante ma non vuole rinunciare alla qualità. Ingredienti freschi, porzioni abbondanti, arredamento curato e servizio impeccabile: cosa desiderare di più?

Piada pazzesca!

Francesca a | 11 gennaio 2014

Locale super carino e diverso dal solito. Arredamento particolare e tanti posti a sedere. Piadine di tutti tipi e giganti, prezzo onestissimo! Ideale per pranzi o cene veloci!

Per una cena non programmata

Ghi8ni | 6 gennaio 2014

Ambiente intimo, servizio originale, ottima scelta di piadine e ingredienti di qualità! Molto consigliato.

FASCIA PREZZO €3,5-€10 **CATEGORIA** PIADINERIA

APERTO TUTTI I GIORNI

17

Viale Coni Zugna 37
20144 Milano (Solari)
Tel: 392 3194236
www.ceraunavoltaunapiada.it

288 recensioni
n.21 di 4.746 ristoranti

Zoom

Aperitivo sui Navigli

Anche se non sono più gli anni della Milano da bere, il rito dell'aperitivo è ancora una vera e propria istituzione. Chiamare buffet quello che viene allestito in ogni bar a partire dalle 18 è riduttivo: non soltanto pizzette e patatine, ma vassoi di pasta, pollo arrosto, spezzatini e molto altro. Scegliete un locale qualsiasi e ordinate un negroni: ora non dovete far altro che alzarvi di tanto in tanto, e la cena è servita.

In nessun quartiere questo è vero come sui Navigli. I due canali navigabili della città sono il cuore pulsante dei weekend meneghini, uno strano mix di atmosfere alla Vecchia Milano e locali alla moda. Andando di bar in bar, non dimenticate però di sostare sui ponti di pietra e di sollevare lo sguardo ai palazzi che si specchiano nell'acqua: scoprirete una Milano sconosciuta proprio nel suo quartiere più famoso. Un solo consiglio: date un'occhiata ai prezzi sul menu prima di ordinare, molti bar applicano un sovrapprezzo durante l'orario di aperitivo.

Milano | **Navigli**

© TripAdvisor

6 | Warsà

Per chi ama sperimentare sapori inusuali, il Warsa è una tappa obbligata. Specialità eritree e vini sudafricani in un ambiente caldo e accogliente.

Ci tornerò sicuramente!

Alice M | 12 gennaio 2014

Il personale è cordiale e gentile. Tutto squisito e mangiare con le mani ha reso l'esperienza ancora più interessante. Consiglio di prenotare, perché il locale è piccolino.

Africa a Milano

Gunster D | 29 dicembre 2013

Grazioso locale etnico che offre porzioni abbondanti a prezzi onestissimi, che permette di scoprire sapori nuovi e provare un'esperienza diversa dal solito. Consiglio di tenersi un posto nello stomaco per il pollo con le uova offerto come ultima portata, missione dura ma... ne vale la pena!

FASCIA PREZZO €20-€30 **CATEGORIA** RISTORANTE AFRICANO
CHIUSO MERCOLEDÌ

18
Via Melzo 16
20129 Milano (Porta Venezia)
Tel: 02 201673 www.ristorantewarsa.it

475 recensioni
n.42 di 4.746 ristoranti

Special Price

A buon mercato

Fare la spesa a volte può diventare un incubo: prezzi alti, alimenti di qualità scadente e file infinite alla cassa. Quanto basta per scoraggiare anche i più pazienti.
Chi vive a Milano però sa che esistono moltissime alternative al centro commerciale, sessantotto per la precisione. Tanti sono i mercati rionali che ogni settimana vengono allestiti in città. Impossibile non averne uno vicino a casa (o all'albergo). Potrete trovare un po' di tutto, dalla frutta di stagione ai saponi per il bagno, dai vestiti usati alla verdura fresca. E poi carne di prima scelta, scarpe e merceria... Tutto rigorosamente low cost.

Tra i più famosi:

- via Fauché (Sempione)
- viale Papiniano (Solari)
- via Benedetto Marcello (Porta Venezia)
- via Garigliano (Isola)
- via Calvi (Porta Vittoria)

Anche il centro ha il suo mercato: in via San Marco il lunedì e il giovedì mattina.

Milano | **Mercato di viale Papiniano**

7 | Luini Panzerotti

Panzerotti e molto altro. Un piccolo forno a due passi dal Duomo che è entrato nella storia della città. Non lasciatevi scoraggiare dalla coda all'ingresso.

Una sosta... sostanziosa!
Solomz | 13 gennaio 2014

Durante un giro a Milano ho provato il famoso panzerotto di Luini e... come non adorarlo! Abbiamo scelto quello classico, pomodoro e mozzarella, eccezionale!

Da non perdere!
Snupy007 | 11 gennaio 2014

Assolutamente imperdibile sia se si è di passaggio a Milano, sia se ci si va abitualmente! Consiglio i panzerotti al forno perché sono meno pesanti rispetto a quelli fritti.

FASCIA PREZZO €2,5-€6 **CATEGORIA** STREET FOOD
CHIUSO DOMENICA, LUNEDÌ POMERIGGIO

19 Via Santa Radegonda 16
20121 Milano (Centro storico)
Tel: 02 86461917 www.luini.it

2.256 recensioni
n.150 di 4.746 ristoranti

8 | Sapori Solari

Non troverete il menu in questo locale a metà tra ristorante e salumeria: ogni portata vi verrà spiegata e raccontata da Giuseppe, molto più di un semplice gestore ma un vero e proprio padrone di casa. Un viaggio nell'universo del gusto.

Ottimo
Ombrac14 | 10 gennaio 2014

Piccolo ma molto accogliente, sapori incantevoli. Il proprietario ha una cortesia unica, qualità e ambiente vincono su tutto. Tornerò sicuramente e lo pubblicizzerò volentieri.

Il Divin Convivio...
Piter24 | 26 dicembre 2013

Chi è stato nel paradiso di Sapori Solari ha di certo apprezzato lo «stile verace» con cui Giuseppe esprime se stesso, caratterizzando e interpretando a modo suo gli eccellenti prodotti, che trasformano serate normali in splendide serate conviviali!

FASCIA PREZZO €5-€20 **CATEGORIA** SALUMERIA
CHIUSO DOMENICA

20 Via Andrea Solari 48
20144 Milano (Solari)
Tel: 347 7559993 www.saporisolari.wordpress.com

274 recensioni
n. 77 di 4.746 ristoranti

9 | Pasticceria Castelnuovo

Lorenteggio non è comodo da raggiungere, ma alla pasticceria Castelnuovo potrete gustare dolci di qualità superiore. Cosa sarà mai una mezz'oretta di bus?

La migliore!

Antonella L | 12 gennaio 2014

Praticamente la migliore. Non c'è paragone con le altre: è la nostra pasticceria da sempre! E soprattutto aspetto il periodo di carnevale per abbuffarmi delle deliziose chiacchiere al forno che solo loro sanno fare!

Numero uno

Cipo l | 6 gennaio 2014

C'è poco da dire: rimani la numero uno... Ogni volta che assaporo una tua creazione, che sia pasticceria mignon, che siano torte cassate o il cioccolato, chiudo gli occhi e scordo per qualche minuto tutti i problemi!

FASCIA PREZZO €3-€20 **CATEGORIA** PASTICCERIA
CHIUSO LUNEDÌ

21 Via dei Tulipani 18
20146 Milano (Lorenteggio)
Tel: 02 48950168 www.pasticceriacastelnuovo.it

589 recensioni
n.1 di 4.746 ristoranti

10 | Pravda

Dopo cena, niente di meglio di un buon drink: «Pravda» in russo significa «verità», e la verità è che qui si possono provare i cocktail migliori della città. Ordinate qualunque cosa a base di vodka: non ve ne pentirete.

Cocktail e... basta!

Massimoq439 | 16 gennaio 2014

Il Pravda è un locale piccolo, dove la sostanza si tocca con mano. Non si viene per fare i fighetti milanesi, ma per godersi un buon cocktail. Alcuni originali e creati direttamente qui. Da provare il «bruschettino».

Cocktail per tutti i gusti

Caterina2912 | 8 gennaio 2014

Locale piccolissimo e molto affollato. Nel compenso c'è veramente una grandissima varietà di vodka da non sapere che cocktail scegliere!

FASCIA PREZZO €7-€15 **CATEGORIA** COCKTAIL BAR
APERTO TUTTE LE SERE

22 Via Carlo Vittadini 6
20136 Milano (Porta Romana)
www.myspace.com/pravdamilano

54 recensioni
n.44 di 4.746 ristoranti

da *Milano Low Cost*

≈ Cena alla Cascina Cuccagna ≈

Nella primavera del 2012 ha aperto il ristorante della Cuccagna. Avete due opzioni: potete mangiare tranquillamente seduti ai tavoli nel ristorante interno, oppure, a ogni ora, potete scegliere qualche piatto pronto dal banco gastronomia, da consumare anche all'aperto. In entrambi i casi si tratta di un ottimo posto dove godersi un pasto, anche con i bambini (un'esperienza rara, a Milano).

Atmosfera

Sedie vintage, tavoli di legno, soffitti altissimi, pareti scrostate: l'ambiente è insieme rurale e chic. E poi c'è il lusso estremo di stare all'aperto, nel giardino e nei cortili interni di questa fantastica cascina settecentesca dove c'è anche un'ottima bottega bio. Nei fine settimana l'associazione Baramapà organizza spesso interessanti attività (teatro, giardinaggio...) che terranno occupati i vostri pargoli, mentre voi vi godrete la vostra birra leggendo pacificamente il giornale sulla sdraio. Ci sono tavolini bassi e giochi per i bambini, wi-fi e sdraio per i grandi.

Specialità

Pochi piatti, ma tutti molto studiati, sempre stagionali e preparati con ingredienti in gran parte biologici e a chilometro 0. I maniaci delle materie prime troveranno soddisfazione nel poter controllare, sul sito, la provenienza di tutti gli ingredienti. Il menu spazia dalle lasagne alle erbette di campo, le sarde in saor con barba di frate, fino alla bistecca di fassona con verdura. Pasta, pane e dolci sono tutti fatti in casa. Le porzioni sono mignon: non si esce con la pancia piena, ma con le papille gustative sollazzate da sapori originali e genuini. Chi ha un budget limitato può scegliere qualche piatto pronto al bar: focacce farcite, olive, acciughe sott'olio, insalate, ottime torte. Anche qui le porzioni sono piccine, ma tutto è di qualità e il lusso di mangiare in santa pace all'aperto è impagabile. Soluzione geniale per chi ha bambini: il menu offre addirittura il passato di verdura per i poppanti e i must dei piccoli come le tagliatelle al sugo.

INFO

Un posto a Milano
Via Cuccagna 2
20135 Milano (Porta Romana)
Tel: 02 5457785 www.unpostoamilano.it

FASCIA PREZZO RISTORANTE €20-€30
FASCIA PREZZO GASTRONOMIA €2-€10
CHIUSO LUNEDÌ

LETTO SU

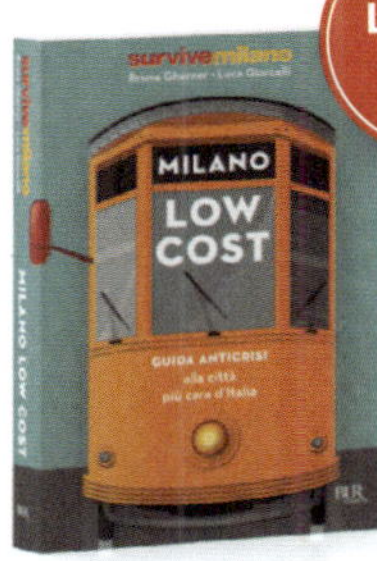

Scelto dalla redazione

❤ | Museo del Novecento

© Museo del Novecento

Certo non stiamo parlando della Tate di Londra o del Guggenheim di New York, ma il **Museo del Novecento** merita lo stesso una visita più che approfondita (e a prezzi assolutamente low: €5 il biglietto intero, €3 quello ridotto; per chi ha meno di 25 anni l'ingresso è gratis).
Appena entrati, vi troverete davanti allo splendido *Quarto Stato* di Pellizza da Volpedo e incontrerete, sala dopo sala, tutti gli artisti fondamentali del secolo scorso: Boccioni, Sironi, De Chirico, Vedova, Manzoni, Fontana... E poi Klee, Mondrian, Kandinskij, Picasso. All'appello non manca nessuno.
Quando arriverete all'ultimo piano vi aspetterà un regalo inatteso: un'imponente vetrata si apre sul Duomo, con le guglie talmente vicine che vi sembrerà di poterle sfiorare.
Moderno, allestito con cura e situato in un edificio storico ben rinnovato, il **Museo del Novecento** è una cartolina della Milano che guarda al futuro senza dimenticare il passato.

Tanto Novecento e Futurismo

AndyZero | 7 gennaio 2014

Da consigliare non solo agli appassionati di arte moderna, ma anche ai curiosi che desiderano una full immersion in un secolo di correnti artistiche italiane. Il Futurismo ha davvero molto spazio, con Boccioni assoluto protagonista. Il percorso è davvero suggestivo, e dalle ultime sale si può godere un fantastico panorama su piazza Duomo.

TARIFFA €3-€5
ORARI LUNEDÌ 14.30-19.30,
GIOVEDÌ E SABATO 9.30-22.30,
MARTEDÌ MERCOLEDÌ VENERDÌ
E DOMENICA 9.30-19.30

372 recensioni
n.28 di 354 attrazioni

23
Via Marconi 1
20122 Milano (Centro storico)
Tel: 02 88444061
www.museodelnovecento.org

Visitare

Milano

Top 10 Attrazioni

classifica ragionata basata su tripadvisor

1 | Duomo

Il simbolo di Milano è una delle cattedrali più grandi del mondo. Imperdibile il panorama dalle terrazze. Le Alpi non vi saranno mai sembrate così vicine.

Gioiello d'Italia

Elena1983ta | 13 gennaio 2014

Senza dubbio un gioiello splendente tra le meraviglie italiane. Salire in cima e osservare le due facce della città: l'ultramoderna e trafficata città della moda che si fonde con i piccoli e tranquilli vicoli storici dai comignoli fumanti... Mi piace da morire!

Lode alla «Bella Madunina»

Nonnadiclaragata | 12 gennaio 2014

Mi è piaciuto molto, sia all'esterno sia all'interno. Le decorazioni sono notevoli, le guglie danno slancio e sfidano il cielo. La statua della Madonnina sembra vegliare sulla città e sulla sua elegante piazza sempre in fermento. Vero simbolo di Milano

TARIFFA ACCESSO ALLA CATTEDRALE: GRATUITO. TERRAZZE: €3,5-€12
ORARI CATTEDRALE: TUTTI I GIORNI 7-19. TERRAZZE: TUTTI I GIORNI 9-19

TRAVELLERS' CHOICE 2013

24 Piazza del Duomo
20121 Milano (Centro storico)
www.duomomilano.it

6.808 recensioni
n.2 di 354 attrazioni

2 | Cenacolo vinciano

Non servono presentazioni all'*Ultima cena* di Leonardo da Vinci, uno degli affreschi più famosi del mondo. Fondamentale invece sapere che per ammirarla è necessario prenotare con buon anticipo.

Viva Leonardo

Filippo P | 14 gennaio 2014

Una grande emozione, sia per la grandezza inaspettata del dipinto sia per tutto quello che richiama alla mente. Peccato che la visita duri solo quindici minuti, sembra un'inezia quando sei dentro.

Che splendore!

Giluio b | 6 gennaio 2014

È veramente emozionante stare davanti a un'opera così maestosa, tanto antica ma così moderna. Solo il nostro grande Leonardo poteva concepire un affresco simile.

TARIFFA €3,25-€6,5 ESCLUSE SPESE DI PRENOTAZIONE
ORARI DA MARTEDÌ A DOMENICA 8.15-19. CHIUSO LUNEDÌ

25 Piazza Santa Maria delle Grazie 2
20123 Milano (Centro storico)
Tel: 02 92800360 www.cenacolovinciano.net

2.253 recensioni
n.3 di 354 attrazioni

3 | Cimitero Monumentale

Ogni città ha il suo cimitero «turistico», e Milano non fa eccezione. Neoclassico e imponente, il Monumentale ospita fra gli altri Manzoni e Toscanini.

Strepitoso

Daniele Z | 1 gennaio 2014

Sicuramente con il Duomo è la cosa più bella da vedere a Milano. Girare all'interno di questa opera d'arte mi ha lasciato a bocca aperta. Sculture di ogni genere create da grandi artisti, ben curato. Una chicca, ritengo sia d'obbligo visitarlo se si va a Milano.

Insolito tour

Filippo G | 20 gennaio 2014

Chissà perché quando andiamo a Parigi o a Londra siamo tentati di visitare un cimitero famoso, e invece moltissimi milanesi non hanno mai visto il Monumentale. Ci sono tombe di personaggi famosi, i grandi di Milano e, soprattutto, delle bellissime sculture. Merita senz'altro.

TARIFFA GRATUITO

ORARI DA MARTEDÌ A DOMENICA 8-18. CHIUSO LUNEDÌ

26 Piazzale Cimitero Monumentale 1
20151 Milano (Porta Garibaldi)
Tel: 02 88465600 www.monumentale.net

606 recensioni
n.5 di 354 attrazioni

4 | Basilica di Sant'Ambrogio

La basilica dedicata al patrono della città è un magnifico esempio di romanico lombardo. Sono molti i milanesi a considerarla più bella persino del Duomo.

Sant'Ambrogio: Milano città d'arte

Esal59 | 19 gennaio 2014

La basilica di Sant'Ambrogio è uno dei buoni motivi per considerare Milano una città d'arte, alla stregua di Venezia, Roma o Firenze. Certo, occorre cercarla, ma solo attraversare a piedi la parte antica della città è una valida esperienza. Una volta entrati godrete di una pace armoniosa.

Scendi due gradini... ed entri in un altro mondo

BruceMilano | 7 gennaio 2014

Scendo due gradini ed entro in un altro mondo, la città resta alle spalle, secoli e secoli distante. La sacralità, la pace, la bellezza, la storia che ti avvolge ti fa sentire piccolo piccolo e fa pensare. Non visitare questa basilica è una perdita inimmaginabile.

TARIFFA GRATUITO

ORARI DA LUNEDÌ A SABATO 9.30-12.30, 14.30-18; DOMENICA 15-17.
VARIAZIONI DI ORARIO IN OCCASIONE DI CELEBRAZIONI LITURGICHE

27 Piazza Sant'Ambrogio 15
20123 Milano (Centro storico)
Tel: 02 86450895
www.basilicasantambrogio.it

580 recensioni
n.7 di 354 attrazioni

5 | Pinacoteca di Brera

Il museo di Milano per eccellenza. Situato all'interno dell'Accademia di Belle Arti, espone opere di Raffaello, Mantegna, Bramante, Caravaggio. Fiore all'occhiello della collezione è *Il bacio* di Hayez.

Meravigliosa
Sarius84 | 8 gennaio 2014

Da vedere assolutamente! Una pinacoteca ricchissima di quadri interessanti e di molti pittori diversi. Una delle più belle pinacoteche che abbia mai visto.

Da non perdere
Marzia2014 | 30 gennaio 2014

Se passate da Milano non mancate di visitare la Pinacoteca. Ci sono stata diverse volte e, anche se ormai conosco a memoria tutte le opere esposte, è sempre un piacere tornarci. La consiglio a tutti, anche ai più piccoli. Non è vero che l'arte è difficile è un linguaggio che si impara fin da bambini.

TARIFFA €7-€10
ORARI DA MARTEDÌ A DOMENICA 8.30-19.15. CHIUSO LUNEDÌ

28
Via Brera 28
20121 Milano (Centro storico)
Tel: 02 722631
www.brera.beniculturali.it

754 recensioni
n.14 di 354 attrazioni

Zoom

Il Quadrilatero del silenzio

Tutti conoscono il **Quadrilatero d'oro**, destinazione obbligata per gli amanti dello shopping di lusso. Passeggiare tra via Monte Napoleone e via della Spiga significa infatti immergersi in un mondo di griffe e alta moda, vetrine che si rincorrono in una cornice di grande fascino.
Pochi sanno però che a due passi dalla Mecca della moda si trova un altro «quadrilatero», quello «del silenzio». Attorno alla metropolitana di **Palestro** ci sono alcuni dei palazzi più belli della città, edifici in stile imperiale immersi in un'atmosfera senza tempo. **Villa Reale** con il suo parco «vietato agli adulti» (è possibile entrarci soltanto accompagnando un bambino), e poi **Villa Invernizzi**, conosciuta come «villa dei fenicotteri» per la colonia di fenicotteri rosa che dimora da decenni nel suo giardino affacciato su via Cappuccini. Ma è la tranquillità e l'eleganza delle strade, la cura in ogni dettaglio a fare di questo percorso un itinerario imperdibile.

© Friedrichstrasse / Wikimedia commons

Milano | **Villa Reale**

6 | Stadio Giuseppe Meazza

Non soltanto per gli amanti dello sport. Imponente e maestoso, lo stadio Meazza (o San Siro) è davvero la Scala del calcio. Possibilità di tour guidati.

Il paradiso di ogni tifoso!
AndreaGuenda | 14 gennaio 2014

È uno stadio meraviglioso, uno degli impianti calcistici più belli che ci siano. Ne ho visitati parecchi, però quando sono entrato qui, la prima volta, ho avuto un brivido molto forte: salire la scalinata, arrivare al terzo anello e vedere tutto, il campo, il resto dello stadio, penso siano sensazioni uniche.

Ragazzi, che stadio!
Semperaudere | 15 gennaio 2014

La prima volta vi entrai all'inaugurazione di Italia '90, e ricordo ancora la sensazione di imponenza, ma anche di estrema vicinanza al campo da gioco. Per chi lo ha visto solo in televisione il senso di verticalità è una sorpresa. Bellissima anche l'acustica, in particolare nel terzo anello dove il boato del pubblico rimbomba sulla copertura.

TARIFFA VISITA: €10-€14

ORARI TUTTI I GIORNI 10-17. VARIAZIONI DI ORARIO IN OCCASIONE DELLE PARTITE

29
Via privata dei Piccolomini 5
20151 Milano (San Siro)
Tel: 02 4042432 www.sansiro.net

1.001 recensioni
n.22 di 354 attrazioni

Special Price

La cultura non ha prezzo

Siete capitati a Milano in una giornata di pioggia e il vostro budget si è esaurito dopo l'ultimo giro tra le boutique del centro?
Non temete, in città esiste una nutrita schiera di musei più o meno noti da visitare senza spendere un euro. E nascondono veri e propri tesori.

- **Galleria d'arte moderna** (via Palestro 16, Centro storico) ospita opere, tra gli altri, di Hayez, Pellizza da Volpedo, Canova.
- **Casa-museo Boschi Di Stefano** (via Giorgio Jan 15, Porta Venezia), dedicata agli appassionati di arte contemporanea.
- **Gallerie d'Italia** (piazza della Scala 6, Centro storico), l'ultimo nato tra i musei cittadini. Da visitare sia per le opere esposte, sia per l'edificio che le ospita.
- **Museo astronomico di Brera** (via Brera 28, Centro storico), allestito all'interno dell'antico osservatorio.
- **Acquario civico**, all'interno di Parco Sempione (viale Gadio 2, Centro storico), tappa obbligata per i più piccoli.

Milano | **Galleria d'arte moderna**

© TripAdvisor

7 | Parco Sempione

Oasi verde in pieno centro, Parco Sempione è l'ideale per chi vuole lasciarsi alle spalle il caos della città. In estate è scenario di numerosi eventi e manifestazioni.

Il parco della pace

Ciro M | 14 gennaio 2014

Dopo una lunga passeggiata per le vie di Milano siamo arrivati al Parco Sempione, verde come non mai e tranquillo al punto giusto. Bellissima la vista da lontano dell'Arco della Pace. Comode le panchine per un momento di relax.

Il Central Park di Milano

GLV65 | 6 gennaio 2014

Il Sempione è uno dei parchi più estesi e antichi di Milano. Al suo centro ci sono la biblioteca rionale e il laghetto. A est l'Arena, a ovest la Triennale e il Teatro dell'Arte, a fianco del quale si eleva per 108 metri la Torre Branca. A nord, infine, l'Arco della Pace.

TARIFFA GRATUITO

ORARI DA OTTOBRE AD APRILE 6.30-21, MAGGIO 6.30-22, DA GIUGNO A SETTEMBRE 6.30-23.30

TRAVELLERS' CHOICE 2013

30
Piazza Sempione
20121 Milano (Centro storico)
Tel: 02 88467383

273 recensioni
n.32 di 354 attrazioni

8 | Chiesa di San Maurizio al Monastero Maggiore

Un gioiellino nascosto. Recentemente restaurati, gli affreschi rinascimentali al suo interno sono tra i più belli di Milano. Non perdete *L'arca di Noè* nel coro.

Una perla

MatteoF77 | 11 gennaio 2014

Una meraviglia: l'opera più bella e densa di Milano. Ci siamo lasciati affascinare dai racconti della signora Pina, una dei volontari che con infinita passione contribuiscono a rendere più bello questo luogo.

La Sistina di Milano

Walter_Muto | 19 gennaio 2014

Questo titolo rende l'idea del vero e proprio miracolo nascosto e poco conosciuto, sebbene si trovi in una delle vie più trafficate del centro. È un capolavoro imperdibile per chi ama l'arte e passa da Milano. Una breve guida distribuita gratuitamente regala una buona chiave di lettura per le figure principali degli affreschi.

TARIFFA GRATUITO

ORARI DA MARTEDÌ A SABATO 9.30-17.30. CHIUSO LUNEDÌ

31
Corso Magenta 15
20123 Milano (Centro storico)
Tel: 02 88445208

572 recensioni
n.1 di 354 attrazioni

9 | Teatro alla Scala

Uno dei teatri più famosi del mondo. Opera, balletto, concerti sinfonici: tutti i più grandi si sono esibiti qui. I biglietti coprono qualsiasi gamma di prezzo, dall'economico all'inaccessibile.

Soddisfa appieno le aspettative

Matteogrieco96 | 12 gennaio 2014

Il teatro è senza ombra di dubbio meraviglioso, il lampadario ricorda un po' quei saloni vecchio stile nelle regge francesi, l'acustica è fantastica, e anche i palchi sono in un'ottima posizione, infatti consentono una buona visuale da praticamente ogni punto.

Fantastico!

Giulio b | 6 gennaio 2014

Il museo, piccolo, ma ricco di oggetti e quadri da ammirare che ti riportano al vissuto degli anni passati. Pochi minuti per affacciarsi dai palchi, ma comunque abbastanza per avere un'idea della maestosità della struttura: veramente fantastica. Una visita da non lasciarsi sfuggire.

TARIFFA SPETTACOLI: €8-€200. MUSEO: €4-€6

ORARI MUSEO APERTO TUTTI I GIORNI 9-12, 13.30-17

32 Via Filodrammatici 2
20121 Milano (Centro storico)
Tel: 02 88791 www.teatroallascala.org

1.429 recensioni
n.19 di 354 attrazioni

10 | Museo Poldi Pezzoli

Non soltanto la splendida raccolta di dipinti rinascimentali, ma anche una collezione davvero ricca di arti decorative: tra le case-museo più importanti d'Europa.

Casa-museo

Mariella s | 2 gennaio 2014

Questa splendida dimora milanese situata in centro città oltre a essere un esempio di edificio storico ottocentesco contiene degli autentici tesori. È veramente un gioiello da non perdere quando si visita Milano.

Merita di essere rivisto

NadiaLG | 7 gennaio 2014

Le case-museo sono interessanti perché riflettono i gusti di una famiglia o di un collezionista. Al Poldi Pezzoli si incontrano alcuni pezzi dell'arredo originale e delle sale in ottime condizioni, come lo studio dantesco. Gustatevi le raccolte di ceramiche e gioielli, le porte, i vetri e naturalmente i quadri.

TARIFFA €7-€9

ORARI DA MERCOLEDÌ A LUNEDÌ 10-18. CHIUSO MARTEDÌ

33 Via Manzoni 12
20121 Milano (Centro storico)
Tel: 02 794889 www.museopoldipezzoli.it

226 recensioni
n.12 di 354 attrazioni

Quel ramo del lago di Como...

Volete abbandonare per un giorno la frenetica vita cittadina? Ne avete abbastanza di automobili, asfalto e palazzi?

Niente di più semplice: a poco più di un'ora da Milano troverete tutto quello che vi serve per passare una giornata (ma perché non organizzare un soggiorno più lungo?) tra incredibili paesaggi naturali, acque cristalline e borghi ricchi di storia.

Il famosissimo **lago di Como**, innanzitutto, meta di villeggiatura di attori hollywoodiani (George Clooney insegna) e turisti stranieri.

Sulle sue sponde potrete trovare cittadine di grande fascino come **Bellagio**, con le sue ville e i suoi panorami unici al mondo (dalla vetta del monte San Primo potrete ammirare allo stesso tempo la cima del Monte Bianco e la Madonnina del Duomo di Milano). Oppure **Gravedona**, uno dei centri più importanti dell'Alto Lago, dove si snoda una delle passeggiate più scenografiche di tutta la zona.

Per chi invece non intende rinunciare all'atmosfera cittadina neppure quando percorre il lungolago, la destinazione privilegiata non può che essere **Como**: racchiusa tra dolci colline, offre allo stesso tempo paesaggi naturali conturbanti, angoli affascinanti, monumenti di grande valore... e negozi delle marche più prestigiose.

Ma non c'è soltanto il **Lario** (questo l'altro nome con cui è chiamato il Lago di Como) ad allietare i weekend meneghini. Al confine tra Lombardia e Piemonte si estende infatti anche il **Lago Maggiore**. Forse più tranquillo e selvaggio rispetto al suo più conosciuto fratello, offrirà alla vostra vista un'interminabile sequenza di montagne dalla vegetazione lussureggiante, ville e castelli che vi accompagneranno fino alle terre svizzere.

Per raggiungere in macchina i due laghi «milanesi» è sufficiente prendere la cosiddetta «autostrada dei laghi» (divisa in due tronconi: A8 per il Maggiore; A9 per Como).

Numerosi anche i collegamenti ferroviari dalle principali stazioni cittadine (Cadorna Fn, Garibaldi Fs, Stazione Centrale).

© Markus Bernet / Wikimedia commons

Lago Maggiore

Consigli di viaggio

Agenda

Gennaio-febbraio, settembre-ottobre

Milano è da sempre la capitale della moda e in nessun periodo questo è vero come durante le Fashion week. Un appuntamento a cavallo tra gennaio e febbraio, e un altro tra settembre e ottobre. Showroom aperti e innumerevoli aperitivi.

Milano Fashion Week, location varie

Gennaio

L'anno si apre con la manifestazione più pazza di Milano: il **Cimento**, il tradizionale bagno nel Naviglio. Nei pressi della chiesa di San Cristoforo un manipolo di temerari si sfida a nuoto nelle acque gelide e non propriamente pulite del Naviglio Grande. Solitamente l'ultima domenica di gennaio.

Cimento, chiesa di San Cristoforo, via San Cristoforo 3, 20144 Milano (Navigli)

Febbraio-marzo

Il **Carnevale ambrosiano** non ha il fascino di quello veneziano, né la storica tradizione di quello di Viareggio. Conserva però una sua forte specificità: è l'unico carnevale che si festeggia... in ritardo. Seguendo una consuetudine che risale a Sant'Ambrogio, a Milano maschere, coriandoli e stelle filanti diventano padroni delle strade cinque giorni dopo rispetto al resto del mondo.

Carnevale ambrosiano, piazza del Duomo, 20121 Milano (Centro storico) e location varie

Marzo, settembre

Il **Miart**, la mostra internazionale di arte moderna e contemporanea, è forse l'evento nel suo genere più importante d'Italia e solitamente si svolge a fine marzo. Attenzione particolare alle novità del mercato artistico, ai suoi cambiamenti e alla sua dinamicità. Per avere info più dettagliate visitate il sito www.miart.it. Per chi invece preferisce ambienti più raccolti e meno dispersivi, l'appuntamento è per settembre: **Start Milano** è una quattro giorni dedicata alle gallerie d'arte. Inaugurazioni, vernissage ed eventi per ricordare a tutti che Milano non è solo capitale della moda e del design.

Miart, Fiera Milano City, viale Lodovico Scarampo, 20145 Milano (Fiera)

Start Milano, location varie

Aprile

A proposito di design. A inizio aprile, per una settimana intera, Milano si trasforma: al polo fieristico di Rho il **Salone internazionale del mobile** è dedicato agli addetti ai lavori; per le strade della città il design si offre a cittadini e turisti grazie al **Fuorisalone**. Sette giorni di eventi ininterrotti: vernissage, esposizioni, concerti. Preparatevi a tutto.

Salone internazionale del mobile, Polo espositivo Rho Fiera, strada Statale 33 del Sempione 28, 20145, Rho (Milano)

Fuorisalone, via Tortona, 20144 Milano (Navigli) e location varie

Giugno

Quello che sta rapidamente diventando il festival musicale più importante della città, il **Mi Ami**, raggiunge nel 2014 la decima edizione. Una tre giorni di concerti organizzati da Rockit al Circolo Magnolia. Tessera Arci obbligatoria e prezzi low cost. Solitamente si svolge la prima settimana di giugno.

Mi Ami, Circolo Magnolia, via Circonvallazione Idroscalo 41, 20090 Segrate (Milano)

Settembre

Tornati dalle vacanze, i milanesi si danno alla musica e al cinema. Il **Milano film festival**, dedicato alle produzioni indipendenti, con sede principale al Piccolo Teatro Strehler, è un'occasione per vedere film sconosciuti e originali, bere una buona birra e ascoltare qualche concerto del circuito alternativo. Il **Mito**, invece, si rivolge agli appassionati di musica «colta»: classica, sinfonica e jazz. Numerosi appuntamenti nel corso di settembre, in teatri, auditorium e piazze. Biglietti a prezzi abbordabili.

Milano film festival, Piccolo Teatro Strehler, largo Antonio Greppi 1, 20121 (Centro storico) e location varie

Mito, location varie

Ottobre

Lo **Smau**, il salone dedicato all'informatica e alle nuove tecnologie, è un appuntamento di primo piano per tutti gli appassionati di hi-tech. Workshop, convegni, esposizioni e molto altro.

Smau, Fiera Milano City, viale Lodovico Scarampo, 20145 Milano (Fiera)

Dicembre

Sono due gli appuntamenti imperdibili di dicembre. I tradizionali mercatini degli **Oh Bej! Oh Bej!** e l'**Artigianato in Fiera**, dove potrete trovare tutto ma proprio tutto quello che desiderate per i regali natalizi. Dovrete a volte sgomitare tra la folla per riuscire a vedere qualcosa, ma ne vale assolutamente la pena.

Oh Bej! Oh Bej!, Foro Bonaparte, 20122 Milano (Centro storico)

Artigianato in fiera, Polo espositivo Rho Fiera, strada Statale 33 del Sempione 28, 20145 Rho (Milano)

Arrivare e partire

Aerei

Sono tre gli aeroporti «milanesi», ognuno dei quali offre possibilità di voli low cost:

- **Milano Linate**

L'aeroporto cittadino di Milano è piccolo, ma ben servito da tratte nazionali (Alitalia vola sui principali aeroporti della Penisola). L'autobus diretto X73 collega Linate a San Babila (quindici minuti di tragitto, una corsa ogni venti minuti, dal lunedì al sabato), mentre la linea urbana 73 compie lo stesso percorso con fermate intermedie (venti minuti di tragitto, una corsa ogni dieci minuti, tutti i giorni). I biglietti costano €1,50. Per raggiungere il centro in automobile è sufficiente percorrere viale Forlanini per una decina di minuti.

Milano Linate, tel: 02 232323, www.milanolinate.eu

- **Milano Malpensa**

Il grande hub di Malpensa vola su mezza Europa (easyJet è il più importante tra i low cost che lo servono). Due compagnie private di autobus (Stie Autostradale e Air Pullman) collegano Malpensa a Stazione Centrale, Fiera Milano City e Linate (circa un'ora di tragitto, una corsa ogni dieci minuti, €10-€13 viaggio singolo, €16 andata e ritorno). Attivo anche un servizio ferroviario per le principali stazioni milanesi (quaranta minuti di tragitto, €10-€11 viaggio singolo, €15 andata e ritorno). Malpensa è facilmente raggiungibile in automobile prendendo l'autostrada A8 in direzione Varese, uscita Busto Arsizio-Malpensa.

Milano Malpensa, tel: 02 232323, www.milanolmalpensa1.eu; www.milanomalpensa2.eu

- **Orio al Serio il Caravaggio**

L'aeroporto di Bergamo (località Orio al Serio) è il paradiso dei voli low cost, nonché il principale scalo Ryanair del Nord Italia. Numerose compagnie di autobus collegano l'aeroporto a Milano (Stazione Centrale, Lambrate Fs, Rho Fiera) e a Malpensa. Per raggiungere Orio al Serio da Stazione Centrale calcolate circa un'ora di tragitto (€5 viaggio singolo, €9 andata e ritorno, una corsa ogni dieci minuti). Se sceglierete invece l'automobile dovrete prendere l'autostrada A4 in direzione Venezia e uscire a Bergamo.

Orio al Serio il Caravaggio, tel: 035 326323, www.orioaeroporto.it

Treni

La stazione principale di Milano è Stazione Centrale (M2 e M3 Centrale Fs), dalla quale potrete raggiungere la gran parte delle città italiane. I treni ad alta velocità Frecciarossa fanno invece scalo a Rogoredo (M3 Rogoredo) e Porta Garibaldi (M2 Garibaldi Fs): tra le due, la seconda è quella più comoda per il centro storico. Frecciarossa collega il capoluogo lombardo con Roma in tre ore, Napoli in quattro, Bologna e Torino in una. La città è servita da altre stazioni, attive principalmente su tragitti regionali: Cadorna (M1 e M2 Cadorna Fn) a due passi dal Castello Sforzesco; Porta Genova (M2 Porta Genova Fs), nel quartiere dei Navigli; Lambrate (M2 Lambrate Fs), nella zona universitaria di Città Studi, sono le più comode per un turista.

Auto

Milano, al centro della pianura padana, è uno dei principali snodi autostradali della penisola. In città confluiscono l'A4 (da Trieste e Venezia, oppure in direzione opposta da Torino), l'A1 (da Bologna, Roma, Napoli), l'A7 (da Genova) e l'A8 (la «Milano laghi», da Como e Varese). Le autostrade si immettono nel sistema di tangenziali cittadine (Est, Ovest, Nord) dalle quali potrete rapidamente raggiungere il centro città.

Muoversi

Metropolitana

Le linee metropolitane sono quattro (M1, chiamata comunemente «rossa», M2 «verde», M3 «gialla» e M5 «lilla», di cui sono state ultimate sette fermate; la M4 è in fase di progettazione e i lavori dovrebbero partire a breve) e consentono di raggiungere facilmente gran parte della città. A questa rete si aggiunge la linea del passante ferroviario che attraversa la città sottoterra collegandosi alle tre principali metropolitane. Il biglietto costa €1,50 per il territorio urbano, €2,55 per Rho Fiera, e vale per una sola corsa in metropolitana. Sono disponibili varie possibilità di biglietti comulativi (giornalieri, bigiornalieri, settimanali, carnet dieci corse). La metropolitana apre alle 6.30 e chiude alle 00.30.

Atm, tel: 800 808181, www.atm.it

Mezzi di superficie

A Milano ci sono mezzi di qualsiasi tipo: autobus, tram e filobus. Il biglietto è lo stesso valido per la metropolitana e permette di usufruire dei mezzi pubblici per 90 minuti. Gli orari di esercizio variano a seconda della linea ma coprono grosso modo l'arco orario compreso tra le 5.30 e l'1.30. Il venerdì e il sabato sono attive undici linee notturne, oltre agli autobust sostitutivi della metropolitana, che ne seguono il percorso.

Atm, tel: 800 808181, www.atm.it

Taxi

Le piazzole dei taxi a Milano sono tantissime. Se però non ne avete una nelle vicinanze basta una telefonata. Ecco le compagnie più importanti che servono l'area urbana:

- **Yellow Taxi,** www.026969.it, tel: 02 6969
- **Taxi Blu,** www.taxiblu.it, tel: 02 4040
- **Autoradio Taxi**, www.023585.it, tel: 02 8585

Genova

Genova, la Superba, è città «verticale», marinara, ricca di tesori nascosti, luogo dalle mille anime. Il labirinto del suo centro storico è il più esteso d'Europa, e l'imperativo per chi ci arriva la prima volta è quello di camminare «con gli occhi in su».

Solo così si potranno notare le splendide facciate dei palazzi, le madonne delle edicole, i nomi pittoreschi di ogni vicolo. Ma Genova è molto altro: dal Porto Antico di Renzo Piano ai quartieri «alti» di Castelletto e del Righi; dalle zone di mare, Quarto, Quinto, Nervi, a quelle più moderne dello shopping. Genova vi sorprenderà con i suoi sapori ricchi di storia, come i piatti di pesce e le prelibatezze da panetteria, con lo splendore senza tempo delle sue chiese e dei suoi musei. Ma soprattutto con un'atmosfera unica, che vi avvolgerà sugli scogli, così come all'acquario o nei caruggi.

Scopri Genova by tripadvisor

Inquadra il QR Code con il tuo smartphone per scoprire i contenuti multimediali

DORMIRE

1. Manêna Hostel
2. Hotel Cairoli
3. Olympia Hotel Genova
4. Hotel Chopin
5. Hotel Vittoria & Orlandini
6. Hotel Villa Pagoda
7. B&B Lercari
8. Bin & Ban Bed & Breakfast
9. B&B Quartopiano
10. Il salotto di Lucilla
11. Bed and Breakfast Domitilla

MANGIARE E BERE

12. Antica osteria di Vico Palla
13. Gran Ristoro
14. Rosmarino
15. La cremeria delle Erbe
16. Ristorante Rustichello
17. Trattoria Vegia Zena

VISITARE

18. Borobudur
19. La Funicolare
20. Taverna di Colombo
21. J'aime les Crêpes
22. Caffè degli Specchi
23. Spianata Castelletto
24. Boccadasse
25. Cattedrale di San Lorenzo
26. Torri di Porta Soprana
27. Cimitero monumentale di Staglieno
28. Passeggiata Anita Garibaldi
29. Musei di Strada Nuova
30. Galata Museo del Mare
31. Teatro Carlo Felice
32. Castello D'Albertis
33. Museo di Palazzo Reale

Scelto dalla redazione

Manêna Hostel

© Manêna Hostel

Genova, si sa, è una città «ruvida» che va scoperta lentamente e nel modo giusto. E in fondo solo un genovese è in grado di indicarvi come fare. Qualche anno fa due ragazzi innamorati della propria città l'hanno capito e hanno deciso di aprire un ostello un po' diverso dal solito.

Il **Manêna Hostel**, proprio nel cuore dei caruggi cantati da De André, è una struttura nuovissima con venticinque posti letto in tre camere (una da dodici, una da otto e una da cinque, quest'ultima prenotabile da famiglie al completo).

L'idea vincente dei due gestori è stata quella di organizzare per gli ospiti dei walking tour che hanno il merito di dimenticare le solite traiettorie turistiche e di entrare nel cuore pulsante della città: insieme a quei due, l'intrico dei vicoli si dipanerà come un gomitolo svelando il suo tesoro di profumi e scorci inaspettati. Momenti di bellezza a buon prezzo, quello che in fondo ogni viaggio che si rispetti dovrebbe offrire.

Un buon ostello!

Xadis5 | 10 gennaio 2014

L'ostello è in un'ottima posizione centrale e lo staff molto cordiale. Nel complesso è pulito ed è fornito di una cucina ben attrezzata in cui si possono preparare liberamente delle pietanze. Inoltre è possibile fare un'abbondante colazione a pochi euro. Non ha molte stanze, ma sono pulite, ben organizzate e spaziose.

FASCIA PREZZO €21-€24
CATEGORIA OSTELLO

35 recensioni
n.3 di 28 altre sistemazioni

1

Vico alla Chiesa della Maddalena 9/1
16124 Genova (Centro storico)
Tel: 010 8608890 www.manenahostel.it

Top 5 Alberghi

classifica ragionata basata su tripadvisor

1 | Hotel Cairoli

Un piccolo albergo nel cuore di quella parte di Genova che l'Unesco ha dichiarato «patrimonio dell'umanità». A due passi dalle principali attrazioni della città.

Hotel accogliente in un'ottima posizione

Cortesconta | 19 gennaio 2014

L'hotel è raggiungibile dalla stazione in meno di dieci minuti, si trova in una strada pedonale molto tranquilla e centrale, a due minuti dalla bellissima via Garibaldi. Da qui è possibile raggiungere a piedi tutti i posti di maggior interesse.

Ottimo appoggio per vedere l'Acquario e dintorni!

Martina a | 7 gennaio 2014

Hotel molto carino, personale gentile e disponibile, stanze piccole ma arredate con gusto. Ottimo appoggio per chi vuole vedere l'Acquario e tutte le attrazioni presenti, compreso il Porto Antico.

FASCIA PREZZO €60-€120 CATEGORIA ★★★

2

Via Cairoli 14/4
16124 Genova (Centro storico)
Tel: 010 24614544 www.hotelcairoligenova.com

203 recensioni
n.15 di 86 hotel

2 | Olympia Hotel Genova

Fra gli edifici liberty della via dello shopping genovese, ecco l'albergo giusto per chi vuole risparmiare senza rinunciare al privilegio di muoversi a piedi.

All'improvviso!

Elisabetta f | 11 gennaio 2014

Decido di andare a dormire in centro senza alcuna prenotazione, e mi ritrovo in questo albergo accogliente, pulito, silenzioso ed essenziale con un prezzo eccezionale. Grazie!

Ottima... qualità-prezzo!

Elly J | 19 gennaio 2014

Abbiamo soggiornato per una notte e devo dire che siamo stati benissimo: comodo, nel centro di Genova, camera pulita, calda e tranquilla... gestori gentiliss.mi compreso il cagnolino Tommy, dolcissimo... da ritornarci!

FASCIA PREZZO €60-€90 CATEGORIA ★

3

Via XX Settembre 21
16121 Genova (Centro storico)
Tel: 010 592538
www.olympiahotelgenova.com

158 recensioni
n. 6 di 86 hotel

3 | Hotel Chopin

Di un due stelle ha solo i prezzi low cost, ma le camere e gli appartamenti che offre questo grazioso hotel valgono molto di più. La cortesia del personale e la posizione strategica lo rendono l'ideale per chi vuole visitare comodamente la città.

Veramente ottimo

Andreaboni | 28 gennaio 2014

Sono stato in questo hotel per una notte. Camere pulite e ordinate, silenziose, personale molto disponibile e gentile. A cinquanta metri dalla stazione di Piazza Principe, ottimo per girare Genova a piedi. Se dovessi tornare a Genova... saprei dove andare a dormire!

Ottimo per visitare Genova a piedi

Laura27Ravenna | 6 gennaio 2014

Ho trascorso quattro notti e mi sono trovata benissimo. Non conoscevo Genova, volevo visitarla con tranquillità e devo dire che la scelta è stata felice. Vicinissimo alla stazione di Piazza Principe e a due passi dalla metropolitana. Il centro si raggiunge a piedi in poco tempo. Ottimo rapporto qualità-prezzo.

FASCIA PREZZO €50-€70 CATEGORIA ★★

4
Via Andrea Doria 22 rosso
16126 Genova (Centro storico)
Tel: 010 255287 www.hotelchopingenova.it

44 recensioni
n.10 di 86 hotel

4 | Hotel Vittoria & Orlandini

Vintage, pulito e centrale sono le tre parole d'ordine di questo piccolo albergo a conduzione familiare. Tenete d'occhio la «Promozione Acquario».

Ottimo

Fabio P | 10 gennaio 2014

La posizione è comodissima e vicina sia al centro sia all'Acquario. La struttura è un po' datata ma, allo stesso tempo, è ben tenuta e molto pulita. I proprietari e il personale sono gentili e disponibili. Accettano anche piccoli animali domestici. La colazione è ottima, abbondante e per tutti i gusti, sia dolce sia salata.

Gentili, ospitali, puliti

Alessandro0100 | 4 dicembre 2013

Ci siamo trovati molto bene. Le stanze erano pulite e il bagno era molto spazioso. Anche la colazione non era male, abbondante e variegata. Ciò che ci ha colpito di più è stata la gentilezza, la cortesia e l'ospitalità dei proprietari; inoltre si trova a tre minuti dalla stazione e dalla fermata della metro.

FASCIA PREZZO €50-€70 CATEGORIA ★★★

5
Via Balbi 33
16126 Genova (Centro storico)
Tel: 010 261923 www.vittoriaorlandini.com

159 recensioni
n.14 di 86 hotel

5 | Hotel Villa Pagoda

Nel cuore di Nervi, uno dei quartieri più suggestivi di Genova, una romantica villa immersa nel verde del parco dove addormentarsi cullati dal rumore delle onde.

Romantik Hotel
Ben w | 3 gennaio 2014

Entrare in questo hotel significa assaporare il profumo di un'antica passione ma anche lasciarsi condurre indietro nel tempo da pareti, pavimenti e arredi che sono un esempio di vita raffinata ed eccentrica, luogo di incontri illustri e sede di lussuose feste patrizie. Un tipico rifugio d'amore.

Così romantico!
Ricjl | 18 dicembre 2013

Ho portato la mia futura sposa in questa magica villa per un weekend e penso che rimarrà uno dei momenti indimenticabili della nostra vita. Grazie di tutto allo splendido staff per la cortesia e la disponbilità. Villa Pagoda è elegante, discreta e sprigiona un fascino non comune.

FASCIA PREZZO €90-€130 CATEGORIA ★★★★

6 Via Capolungo 15
16167 Genova (Nervi)
Tel: 010 3726161 www.villapagoda.it

163 recensioni
n.11 di 86 hotel

Top 5 B&B e altro
classifica ragionata basata su tripadvisor

1 | B&B Lercari

A cento metri dal belvedere di Castelletto, uno dei punti panoramici più suggestivi di tutta Genova, il B&B Lercari vi coccolerà con la focaccia calda a colazione e le tisane rilassanti a disposizione in ogni camera.

Tutto fantastico
Stefania M | 16 gennaio 2014

Stefania e Pino sono accoglienti e gentili, e mi hanno dato tutte le indicazioni per i giorni passati a Genova. Mi hanno coccolata con l'aperitivo di benvenuto e una colazione come poche.

Come a casa di amici. .
Fibbit73 | 15 gennaio 2014

È stato come stare a casa di amici. La struttura è accogliente e nuovissima, e si trova a poca distanza dal centro e dal Porto Antico. Spettacolari le colazioni ricche di ogni prelibatezza.

FASCIA PREZZO €65-€100 CATEGORIA B&B

7 Via Caffaro 8b/4
16124 Genova (Castelletto)
Tel: 338 4319838

88 recensioni
n.1 di 110 B&B e pensioni

2 | Bin & Ban Bed & Breakfast

Nel cuore del centralissimo quartiere di Castelletto, stanze spaziose e una terrazza con vista mozzafiato dove fare colazione immersi nel profumo delle piante di limone.

Un luogo perfetto

Fiorella S | 24 dicembre 2013

Questo B&B è stupendo per accoglienza, gentilezza, panorama, colazione, stile e pulizia. Se avete intenzione di conoscere e visitare Genova, non potete non scegliere Bin & Ban.

Un vero gioiello vicino alla stazione di Brignole

Carminu87 | 19 dicembre 2013

Questo B&B è un vero gioiello. Alla cortesia, gentilezza e ospitalità della padrona di casa si somma la bellezza della vista panoramica del centro città, la pulizia delle stanze e la varietà della colazione; non da ultimo il rapporto qualità-prezzo.

FASCIA PREZZO €40-€100 **CATEGORIA** B&B

8

Via Felice Romani 18
16122 Genova (Castelletto)
Tel: 010 8312806 www.bineban.it

57 recensioni
n.7 di 110 B&B e pensioni

3 | B&B Quartopiano

Cosa c'è di meglio di una colazione appena sfornata in un palazzo storico di grande fascino? Possibilità di scelta tra semplici camere e veri e propri appartamenti.

Un gioiellino!

Luvi1976 | 4 gennaio 2014

Il B&B si trova al quarto piano (senza scale) di un antico palazzo. La zona è centralissima, l'arredamento è davvero molto curato, la pulizia ottima, così come la colazione. Stare nella suite è come stare in un piccolo appartamento, con tutti i comfort. La signora Emiliana poi è gentilissima, disponibile senza essere invadente.

Un'ottima e romantica soluzione

MarcoBS | 19 novembre 2013

Una volta raggiunto l'appartamento, che comprende tre camere disposte alle spalle di un grande salone con terrazza, si viene accolti dalla proprietaria, che è disponibile a fornire tutte le informazioni e i consigli per visitare la città. Splendide le camere, dotate di tutti i comfort, elegante e funzionale il bagno.

FASCIA PREZZO €90-€170 **CATEGORIA** B&B E APPARTAMENTI

9

Piazza Pellicceria 2/4
16123 Genova (Centro storico)
Tel: 010 8566850 www.quarto-piano.it

65 recensioni
n.11 di 110 B&B e pensioni

4 | Il salotto di Lucilla

Circondate dal verde e dal silenzio, le camere Ribes, Mirtillo e Uva spina sono arredate con gusto squisito, ciascuna con servizi privati. Sentirsi a casa a pochi passi dal centro.

Magnifica struttura
Casapariolina | 2 dicembre 2013

I proprietari sono cortesi e attenti, disponibili per qualunque cosa di cui tu abbia bisogno; la colazione è eccezionale come loro. Tornerò sicuramente qui, senza alcun dubbio, la prossima volta che sarò dalle parti di Genova.

Davvero grazioso
TuristiAcasoAL | 14 ottobre 2013

Un piccolo B&B con poche stanze, graziose, pulite e accoglienti, all'interno di un bel palazzo. Le stanze sono luminose e ben curate con bagno in camera. la colazione è in comune con gli altri ospiti ed è preparata con cura dalla padrona di casa, con dolci di ogni tipo: un momento davvero piacevole.

FASCIA PREZZO €85-€140 CATEGORIA B&B

10
Passo Palestro 3
16122 Genova (Castelletto)
Tel: 010 882391 www.ilsalottodilucilla.com

64 recensioni
n.10 di 110 B&B e pensioni

5 | Bed and Breakfast Domitilla

Situato nel maestoso palazzo liberty dell'ex albergo Miramare, questo lussuoso Bed & Breakfast sorprende per la vista mozzafiato e l'ampiezza delle camere.

Molto bello
Beatrice151963 | 9 dicembre 2013

Posto molto bello. La proprietaria mette a disposizione un appartamento incantevole, con due stanze da letto e due bagni, con affaccio meraviglioso e all'interno di uno stabile lussuoso. Ideale per famiglie. La signora è gentile e disponibile. Pulizia ottima e colazione abbondante.

Una vera perla
Grivola | 20 gennaio 2014

La camera era molto luminosa, pulita e confortevole; la colazione in stile continentale era abbondante, con pane, dolci, affettati, formaggi, yogurt, succhi di frutta e caffè. Le proprietarie erano molto cordiali e parlavano inglese. C'è un parcheggio privato e sicuro sul retro dell'edificio.

FASCIA PREZZO €70-€90 CATEGORIA B&B

11
Via Pagano Doria 1
16126 Genova (Castelletto)
Tel: 349 3601648 www.bebdomitillagenova.it

77 recensioni
n.9 di 110 B&B e pensioni

Scelto dalla redazione

Antica osteria di Vico Palla

© ALberto Mari

Può capitare, a Genova, di ordinare un antipasto dal nome bizzarro e trovarsi davanti una scultura: state facendo la conoscenza del cappon magro, uno dei piatti più antichi e preziosi della cucina locale. Inizialmente pasto tipico dei pescatori, questa prelibatezza a base di pesce e verdure è diventata una vera delizia per gli occhi nel periodo barocco.

All'**Antica osteria di Vico Palla** mangerete il miglior cappon magro in circolazione, e da lì sarà un susseguirsi di sorprese: scoprirete il latte brusco, il brandacujun, la cima e i testaroli, gusterete una grigliata di pesce freschissimo, decifrerete i proverbi genovesi che decorano le tradizionali tovagliette di «carta da macellaio», vi farete rabboccare infinite volte il cestino della focaccia e annaffierete il tutto con un buon bianco della zona.

Anche abbandonare l'osteria sarà una sorpresa: vi troverete nel cuore del Porto Antico, avrete la pancia piena e il cuore leggero, perché avrete pure speso poco.

Cucina tipica al Porto Antico

Giamb0 | 23 gennaio 2014

In un angolo molto caratteristico (il quartiere del Porto Antico), una buona cucina ligure tradizionale. Ambiente rustico, spazi sfruttati al massimo, servizio efficiente: non potrebbe essere diversamente, visto l'abituale affollamento a pranzo e a cena (prenotazione indispensabile).

FASCIA PREZZO €30-€60
CATEGORIA TRATTORIA
CHIUSO LUNEDÌ

840 recensioni
n.150 di 1.199 ristoranti

12

Vico Palla 15 rosso
16128 Genova (Porto Antico)
Tel: 010 2466575
www.anticaosteriavicopalla.com

Top 10 Locali

classifica ragionata basata su tripadvisor

1 | Gran Ristoro

«150 tipi di panino» recita il cartello di una delle paninoteche più antiche d'Italia. Ma in realtà la scelta è molto più vasta, potenzialmente infinita. Nel quartiere variopinto di Sottoripa, Gran Ristoro è un'istituzione da non perdere.

Paninoni

Vivimero | 16 gennaio 2014

Ottimi panini con ampia scelta di salumi particolari: arrosti, porchetta in tonnata, panino con il minestrone, misto piccante di salumi e verdure! Salsa della casa buonissima a base di funghi, maionese casalinga, brie condito. Insomma, non si può mancare!

Se non ci siete mai stati, andate!

Frencyfre88 | 7 gennaio 2014

Non esiste confronto, non c'è panino che superi in qualità e gusto quelli che potrete gustare qui. Materie prime curate e abbinamenti impeccabili. Ci siamo fatti consigliare dal proprietario e devo dire che è stata la scelta migliore!

FASCIA PREZZO €3,5-€5 **CATEGORIA** PANINOTECA
CHIUSO DOMENICA

13 Via di Sottoripa 27 rosso
16124 Genova (Sottoripa)
Tel: 010 2473127

397 recensioni
n.10 di 1.199 ristoranti

2 | Rosmarino

Alle spalle di Palazzo Ducale si nasconde questa graziosa trattoria: pesce fresco e trofie al pesto come vuole la tradizione, ma anche piatti di grande inventiva.

Il mio ristorante preferito

Maria r | 23 gennaio 2014

Il posto dove prenoto se qualcuno mi viene a trovare da fuori Genova. I piatti offrono cucina tradizionale (non solo ligure) aggiornata: le ricette della nonna preparate dai nipoti con forte personalità e senso artistico nella presentazione.

Ottimo posto per mangiar bene in centro

Ange125 | 21 gennaio 2014

Un punto di riferimento per mangiare bene in centro a Genova e non spendere molto. Felice vi accoglierà in sala con il sorriso e vi descriverà i piatti che la cucina propone. Bel locale. Buon cibo.

FASCIA PREZZO €25-€35 **CATEGORIA** TRATTORIA
CHIUSO DOMENICA

14 Salita del Fondaco 30
16123 Genova (Centro storico)
Tel: 010 2510475 www.trattoriarosmarino.it

859 recensioni
n.30 di 1.199 ristoranti

3 | La cremeria delle Erbe

Uno dei gelati più buoni di sempre, nella splendida cornice di piazza delle Erbe. Provate il «Giandughiotto» o il «Canestrello»: non li dimenticherete facilmente.

Da non perdere!
BikerGenova | 22 gennaio 2014

Inizialmente ammaliato dal Giandughiotto e dal Nocciologo al latte di capra, stregato dalla mandorla e dal pistacchio di Bronte, ho letteralmente sviluppato una dipendenza fisica, psichica e spirituale verso i gusti Sacripante e Sachertorte.

Esperienza favolosa
Ricius | 18 gennaio 2014

Appena si entra, la vista viene solleticata da tutti quei gusti di gelato, e quando si assaggiano l'emozione gustativa esplode. Siamo stati più volte a mangiare il gelato e devo dire che il cioccolato extra e il pistacchio sono i nostri preferiti.

FASCIA PREZZO €2-€24 **CATEGORIA** GELATERIA
APERTO TUTTI I GIORNI

15 Vico delle Erbe 15 rosso
16123 Genova (Centro storico)
Tel: 010 2469254

126 recensioni
n.17 di 1.199 ristoranti

4 | Ristorante Rustichello

Calamaretti e pansoti, linguine al granchio e parmigiana di acciughe. Questa e altra musica per il palato in un caratteristico ristorantino nel cuore di Genova. Visitate il sito per scoprire le gustose serate a tema.

Ottimo
Alberto V | 16 gennaio 2014

Già la prima volta ci siamo trovati bene, la seconda ancora meglio! Cibo ottimo, personale gentile e atmosfera accogliente.
A prezzi più che onesti si possono gustare specialità liguri e non solo. Al posto del pane viene servita una focaccina da svenire.

Bel posto, buon cibo
Angelo S | 13 gennaio 2014

Ristorante a due passi dalla stazione di Brignole, l'arredamento rispetta il nome del locale ma i piatti, pur riprendendo i sapori della cucina popolare genovese, hanno degli apprezzabili segni di ricercatezza.

FASCIA PREZZO €17-€35 **CATEGORIA** RISTORANTE
CHIUSO VENERDÌ

16 Via San Vincenzo 59 rosso
16121 Genova (Centro storico)
Tel: 010 588556 www.rustichellogenova.com

213 recensioni
n.34 di 1.199 ristoranti

5 | Trattoria Vegia Zena

I sapori della cucina tradizionale mettono d'accordo turisti e genovesi in questa trattoria con vista Acquario. Non perdetevi gli antipasti di pesce freschissimo.

Cullarsi a cena

DanieleEstePadova | 22 gennaio 2014

Tra i caruggi spunta come un faro la possibilità di mangiare genovese, dove la gentilezza dei proprietari e la maestria dei cuochi esaltano i gusti. Pasta, carne, pesce: c'è veramente l'imbarazzo della scelta. Comodo per la visita al Porto Antico e all'Acquario Posizione e locale completano il tutto.

Pesce fresco pietre antiche

Drwuz | 20 gennaio 2014

Siamo clienti abituali della Vegia Zena e a Genova è il nostro locale di riferimento per mangiare pesce. Ottimi gli antipasti, le linguine all'astice, la grigliata, i gamberoni. Personale gentile, veloce ed efficiente. Prezzi proporzionati alla qualità ma mai cari: da provare.

FASCIA PREZZO €20-€35 **CATEGORIA** TRATTORIA
CHIUSO LUNEDÌ

17 Vico del Serriglio 15 rosso
16124 Genova (Sottoripa)
Tel: 010 2513332 www.trattoriavegiazena.com

488 recensioni
n.49 di 1.199 ristoranti

Zoom

Il venerdì sera nei vicoli

L'immenso centro storico della città ha una caratteristica: la sua atmosfera, i suoi colori cambiano come cambia durante il giorno la luce del sole. Così, i caruggi quieti di mezzogiorno al calare della sera assumono tutto un altro aspetto, mentre una folla variopinta li invade.
Dopo l'aperitivo, che in **piazza delle Erbe** è un'istituzione, inizia la lunga notte nei vicoli, quando i caruggi sembrano esplodere. Il clima di mare aiuta anche d'inverno è possibile infatti fare il tour dei mille localini, bere una birra per strada e scambiare due parole con chi si incontra.
Da **stradone Sant'Agostino** a **piazza De Ferrari**, la città diventa uno sconfinato parco giochi, popolato da gente di ogni tipo, universitari, lavoratori, giovani famiglie: il venerdì sera Genova è in festa e riesce a regalare a ognuno la serata che cerca.
Un consiglio? Se tirate fino all'alba, bussate a una delle saracinesche mezze aperte delle focaccerie già al lavoro: fra un mugugno e l'altro un buon panettiere vi allungherà una striscia di focaccia appena sfornata, degna conclusione di una notte a Genova.

© William Domenichini / Wikimedia commons

Genova | **Piazza De Ferrari**

6 | Borobudur

Gustare portate esotiche a due passi da San Lorenzo. Scoprire le tradizionali danze indonesiane nel cuore dei caruggi. Da Borobudur è possibile, e i vicoli si tingono subito di un nuovo colore.

Atmosfera

Ale444 | 20 gennaio 2014

È uno dei ristoranti in cui amo rifugiarmi quando sento la necessità di «viaggiare» in tutta tranquillità. In una delle zone più belle del centro storico di Genova, l'atmosfera è perfetta. Piatti di una delicatezza assoluta. Coreografia indonesiana con tanto di balletto a metà serata.

Come a Bali

Tembaine | 20 gennaio 2014

Ottima cucina soprattutto per chi è conoscitore dei piatti della tradizione indonesiana e malese. Satay davvero notevole, accompagnato da una moltitudine di piatti. Sono riuscito a mangiare anche dell'ottimo roti chanai! Da provare.

FASCIA PREZZO €10-€35 **CATEGORIA** RISTORANTE INDONESIANO
CHIUSO MARTEDÌ

18 Via Canneto il Lungo 8 rosso
16123 Genova (Centro storico)
Tel: 010 2475610 www.borobudur.it

171 recensioni
n.119 di 1.199 ristoranti

Special Price

Focaccia che passione

A colazione con il cappuccino, a merenda oppure a pranzo. E poi all'aperitivo, e ancora a notte inoltrata: in città i famosi «due euro di focaccia» sono perfetti in ogni occasione. Ma trovare quella vera è fondamentale, i genovesi lo sanno e in un passaparola in perpetuo cambiamento aggiornano la lista dei panifici migliori. A volte non hanno né un nome né un sito, e vengono riconosciuti soltanto grazie al nome della via in cui si trovano. Eccone alcuni fra i migliori:

- Focacceria di via Lomellini
- «Antica Focacceria» di vico Casana
- «Farinata del teatro» di piazza Marsala
- «Le bontà del grano» in piazza del Carmine
- «Zena Zuena» in via Cesarea, ottima anche per l'aperitivo

E ora non dovete fare altro che entrare e sbizzarrirvi: focaccia semplice, con le acciughe o con le cipolle; e poi torte salate, pansoti e pasta fresca da portare a casa come gustoso souvenir.

© Alessio Sbarbaro / Wikimedia commons

Focaccia genovese

7 | La Funicolare

Il nome non ha niente di casuale: ci si arriva davvero con la funicolare, e la pizza è una delle migliori in città. Ordinate focaccia di Recco e farinata: sarà amore al primo assaggio.

La vera farinata

75matteo | 21 gennaio 2014

Porzioni abbondanti e cura delle materie prime, la focaccia al formaggio e la farinata sono sicuramente le migliori di Genova! Ricordatevi la prenotazione. Il personale è educato e cordiale.

La qualità è confermata

Amedeoserra | 7 gennaio 2014

Offre farinata, focaccia al formaggio, pizze, antipasti e dolci garantendo ottima cottura e ingredienti di pregio; si è sempre sicuri di tornare a casa contenti e di dormire bene digerendo con facilità.

FASCIA PREZZO €10-€18 **CATEGORIA** PIZZERIA
DA LUNEDÌ A SABATO APERTO A CENA. CHIUSO DOMENICA

19 Corso Magenta 29
16125 Genova (Castelletto)
Tel: 010 2513286

289 recensioni
n.75 di 1.199 ristoranti

8 | Taverna di Colombo

L'imperativo è chilometro 0, o quasi. E quel «quasi» non va al di là delle Cinque Terre. Qui potrete scoprire la vera cucina del pesce povero, un must genovese.

Adesso dico la mia

Alessandra t | 22 gennaio 2014

La cucina è tradizionale, ingredienti locali e di stagione. Il pesce è solo fresco: oggi moscardini, stocche e baccalà. Per la carne è interessante il bollito di bue grasso, una tradizione piemontese. Il vino è eccellente.

Slurp!

LiaVTB | 9 gennaio 2014

Serata fra amiche vicino casa, siamo andate alla Taverna per passare una serata piacevole e così è stato! Abbiamo assaggiato un po' di tutto e devo dire che mi è piaciuto molto, complimenti. Ottimo rapporto qualità-prezzo. A presto!

FASCIA PREZZO €15-€35 **CATEGORIA** RISTORANTE
DA LUNEDÌ A GIOVEDÌ APERTO A PRANZO, VENERDÌ A PRANZO E CENA, SABATO A CENA. CHIUSO DOMENICA

20 Vico della Scienza 6 rosso
16123 Genova (Centro storico)
Tel: 010 4225003
www.facebook.com/LaTavernaDiColombo

106 recensioni
n.29 di 1.199 ristoranti

9 | J'aime les Crêpes

Tutti i sapori della Bretagna nel cuore di Genova, di fronte alla facoltà di Architettura (che non dovete perdervi). Piatti anche per celiaci.

Unico!

Martinocecilia7 | 23 gennaio 2014

Sono un'affezionata cliente ed è semplicemente un posto unico. La qualità degli ingredienti è altissima e il menu si aggiorna di frequente: ogni volta si rinnova il piacere di mangiare e godere del clima familiare del locale. Consigliatissimo per ogni occasione!

Pausa pranzo rigenerante

Laura_Mauro | 21 gennaio 2014

Da soli o in compagnia, meglio una crêpe del solito panino! Ci sono così tante varianti che è sempre difficile scegliere. Ottimo in tutto, non può che meritare un punteggio pieno: qualità, prezzo e cortesia! Si esce dal locale con la pancia piena e un sorriso.

FASCIA PREZZO €4,5-€8 **CATEGORIA** CREPERIA
CHIUSO DOMENICA

21
Stradone Sant'Agostino 54 rosso
16123 Genova (Centro storico)
Tel: 010 2465345 www.jaimelescrepes.eu

255 recensioni
n.2 di 1.199 ristoranti

10 | Caffè degli Specchi

Da qui Dino Campana guardava la folla e si sentiva in una «grotta di porcellana». Ed è così che è rimasto questo storico caffè, un luogo senza tempo dove sedersi e osservare la città.

Genova si specchia

Emanuelaalberti2013 | 15 gennaio 2014

Ambiente al profumo di caffè buono. Facce genovesi che si incontrano con quelle dei turisti in antichi specchi. Gentili e sorridenti i camerieri. Ottimo il caffè.

Un locale storico e intrigante

Grumpy1967 | 7 gennaio 2014

Il locale è rinomato nel centro storico e non solo. Ho fatto colazione moltissime volte qui e sono sempre rimasto soddisfatto. La zona bar in alcuni orari è un po' affollata ma ci si può sempre sedere al tavolino all'interno della sala. Consigliato in particolare per l'eccentricità del posto.

FASCIA PREZZO €2-€8 **CATEGORIA** CAFFÈ
CHIUSO DOMENICA

22
Salita Pollaiuoli 43
16123 Genova (Centro storico)
Tel: 010 2468193

60 recensioni
n.150 di 1.199 ristoranti

Il porto dei bambini

Il più grande d'Italia, il secondo in Europa, l'Acquario è una tappa obbligata per chiunque visiti la città. Ma l'offerta del Porto Antico non si ferma qui: nello spazio che l'architetto Renzo Piano (anche lui genovese doc) ha saputo rubare al mare sono concentrate attrazioni in grado di far letteralmente impazzire un bambino. I pacchetti tra cui scegliere sono tantissimi, e districarsi tra tutta questa abbondanza accontentando i piccoli senza svuotare le tasche dei grandi può diventare un compito arduo.

Ecco quello che non potete perdere:

- **Acquario di Genova e il Giardino tropicale «Un battito d'ali»:** la più ricca esposizione di biodiversità acquatica in Europa con oltre settanta ecosistemi in cui immergersi (adulti €23; dai 4 ai 12 anni €15; fino ai 3 anni gratis).
- **Galata Museo del Mare sommergibile Nazario Sauro:** vedi p.89
- **Città dei bambini:** il primo e più grande centro in Italia dedicato al gioco, alla scienza e alla tecnologia per i bambini dai 2 ai 14 anni (adulti €5; dai 3 ai 12 anni €7; dai 2 ai 3 anni €5; fino ai 2 anni gratis).
- **Biosfera:** una sfera di vetro appoggiata sul mare, all'interno della quale è stato creato un ambiente tropicale con le sue specie animali (adulti €5; dai 4 ai 12 anni €3,5; fino ai 3 anni gratis).
- **Museo nazionale dell'Antartide:** l'ambiente antartico e le specie che lì sopravvivono ricreati in un viaggio espositivo (adulti €6; dai 4 ai 12 anni €3; fino ai 3 anni gratis).

Il biglietto **Acquario Village** riunisce tutte queste e altre attrazioni ancora, permettendovi di trascorrere una giornata piena, interessante e allo stesso tempo low cost: adulti €45, ragazzi dai 4 ai 12 anni €29, bimbi fino ai 3 anni gratis. Un vero e proprio mondo in un unico biglietto.

Ma le proposte non si fermano qui. Per chi volesse unire all'acquario soltanto una delle altre attrazioni del Porto Antico, sono disponibili pacchetti adatti a ogni esigenza.

- **Città dei bambini-Acquario:** adulti €25; ragazzi dai 4 ai 12 anni €19; bambini dai 24 ai 47 mesi €5; bambini fino ai 23 mesi gratis.
- **Notte con gli squali:** riservata ai ragazzini dai 7 ai 13 anni (€80). Si può dormire davanti alla vasca degli squali e scoprire come si trasforma l'acquario al calar del giorno, con tanto di visita mattutina di molte vasche. L'iniziativa si svolge una volta al mese.
- **CrocierAcquario:** oltre alla visita all'acquario, potrete godervi un'escursione in battello di mezza giornata seguendo le rotte dei mammiferi marini nel cuore del Santuario dei Cetacei. Un percorso che vi svelerà tutti i segreti degli animali e degli ambienti marini: adulti €45, ragazzi dai 13 ai 14 anni €31, dai 5 ai 12 €23, bambini di 4 anni €15. Sotto i 3 anni gratis.

Per informazioni: www.acquariodigenova.it.

Genova | Porto Antico

Scelto dalla redazione

Spianata Castelletto

© Marco Allegri / nonSoloTuristi.it

«Quando mi sarò deciso di andarci, in Paradiso, ci andrò con l'ascensore di Castelletto» scriveva Giorgio Caproni, e l'ascensore, con tanto di targa, è lì a testimoniarlo. È solo uno dei mille modi per salire nel quartiere di Castelletto (e uno dei mille mezzi pubblici di Genova, prezzo biglietto: €0,9), ma indubbiamente il più suggestivo.
Partiti dalla trafficata piazza Portello, in un minuto sbarcherete in spianata e sarete invasi dallo stupore: la città è ai vostri piedi, il mare una cornice multiforme che rispecchia i colori del cielo.
Il panorama vi permetterà di capire con un colpo d'occhio la geografia della città e le sue distanze: vi sembrerà di poter toccare con un dito via Garibaldi e l'intrico dei caruggi, punteggiato qua e là dai campanili grigi e bianchi delle chiese ricche di storia, fino al Porto Antico.
Respirate a fondo il profumo dei pini mediterranei e le risate dei bambini lasciati liberi a scorrazzare dai nonni che si scaldano le ossa sotto il sole e coglierete l'anima splendida eppure discreta di Genova con tutti e cinque i sensi.

Il tetto di Genova

LaFranca1989 | 17 gennaio 2014

È praticamente in centro, ci si può arrivare in ascensore (per altro d'epoca) prendendolo da Portello, oppure a piedi dalla salita che parte da piazza della Meridiana.
Il panorama è impagabile, domina il centro storico e si apre sul mare.
Ne consiglio la visita durante la settimana, quando è meno affollato e più vivibile. Al tramonto o alla sera la vista è ancora più suggestiva!

TARIFFA GRATUITO

271 recensioni
n.8 di 135 attrazioni

23 Belvedere Luigi Montaldo
16122 Genova (Castelletto)

Top 10 Attrazioni

classifica ragionata basata su tripadvisor

1 | Boccadasse

Le reti dei pescatori, i gabbiani sugli scogli, l'odore del mare. Questa è una delle magie di Genova: siete in piena città, ma è come essere su un'isola.

Una sintesi di arte e poesia

diabolik451 | 30 gennaio 2014

Antico borgo marinaio che sorge al di sopra di una baia. Davanti alla piccola rientranza l'immensità del mare, all'interno le case che sembrano colorate da artisti si addossano le une alle altre come a frenare, ad aver paura di quell'impareggiabile immensità che si trovano davanti.

A passeggio...

Francesca P | 23 gennaio 2014

Ottimo modo per farsi una bella passeggiata o andare sui pattini, lontano dai negozi e dai palazzoni. Una bellissima vista sul mare. Per rilassarsi un po', farsi una camminata e arrivare fino in fondo, salire in cima alla collinetta a picco sul mare e godersi una vista mozzafiato!

TARIFFA GRATUITO

24 Piazza Nettuno
16145 Genova (Albaro)

640 recensioni
n.2 di 135 attrazioni

2 | Cattedrale di San Lorenzo

Notate i particolari di fronte a un capolavoro di gotico e romanico: lo sguardo triste dei leoni, le multiformi colonnine della facciata. E poi rabbrividite: dentro c'è una miracolosa bomba inesplosa.

Maestosa

Angelo C | 28 dicembre 2013

Al centro della città, maestosa, circondata da edifici di grande valore. Costruita in stile gotico francese, ha la particolarità di avere una facciata incompleta.

Tanti stili in una chiesa

Antonio_Cristini | 27 dicembre 2013

Colonne e archi gotici che reggono una serie di archi romanici precedenti. E poi gli affreschi bizantini, il bellissimo organo a canne e la cappella rinascimentale dedicata a San Giovanni Battista.

TARIFFA CATTEDRALE: GRATUITO. MUSEO DEL TESORO: €4,5-€6
ORARI CATTEDRALE: TUTTI I GIORNI 8-12, 15-19
MUSEO DEL TESORO: DA LUNEDÌ A SABATO 9-12, 15-18. CHIUSO DOMENICA

25 Piazza San Lorenzo
16123 Genova (Centro storico)
Tel: 010 265786

321 recensioni
n.9 di 135 attrazioni

3 | Torri di Porta Soprana

Emblema della nascita della Repubblica Marinara, erano nel Medioevo l'ingresso della città. Una volta saliti in cima, il panorama mozzafiato vi sorprenderà.

Meritano una visita

Graziano g | 13 gennaio 2014

Capitati per caso, ci siamo subito introdotti in questo capolavoro del Medioevo circondato dal mondo moderno. Bel panorama della città in cima alle torri. Visita consigliata!

Ottimo hotel

Antonella D. | 15 settembre 2013

«Ben presidiata d'uomini e munita di una mirabile cinta di mura», così si legge sull'iscrizione di Porta Soprana. Salire sulle torri è come viaggiare nel tempo, in un passato lontano e per noi misterioso. Dominano i caruggi e la vita genovese.

TARIFFA €3-€4
ORARI SABATO, DOMENICA E FESTIVI 10-18. POSSIBILE CONCORDARE GIORNI E ORARI DIFFERENTI

26
Torri di Porta Soprana
16123 Genova (Centro storico)
www.associazione-portasoprana.it

45 recensioni
n.38 di 135 attrazioni

4 | Cimitero monumentale di Staglieno

Uno dei cimiteri monumentali più importanti d'Europa. Al suo interno potrete trovare personalità immortali come De André, Govi, Sanguineti e Mazzini.

Storia e raccoglimento

robisub123 | 1 febbraio 2014

Il cimitero monumentale piu' grande d'Europa: un posto dove la storia di Genova riposa tra alberi e viali. Alcune statue (come la venditrice di nocciole) fanno parte della nostra tradizione.

Monumentale

BariViaggiatore | 9 gennaio 2014

È un cimitero incredibile, immerso nel bosco, con tante tombe monumentali scolpite e decorate da grandi artisti. C'è anche quella di Mazzini!

TARIFFA GRATUITO
ORARI DA LUNEDÌ A SABATO 10-12, 14.30-18; DOMENICA 15-17

27
Piazzale Resasco
16137 Genova (Staglieno)
Tel: 010 5576874
www.staglieno.comune.genova.it

143 recensioni
n.17 di 135 attrazioni

5 | Passeggiata Anita Garibaldi

All'estremo levante di Genova, il quartiere di Nervi vi farà dimenticare di essere ancora in città. La passeggiata a picco sul mare ha ispirato poeti ed eroi, mentre gli scoiattoli dei parchi renderanno felici i più piccoli.

Stupenda vista sul mare!

Francesca P | 23 gennaio 2014

Stupenda passeggiata sul mare... primavera e autunno sono le stagioni migliori per questa camminata, soprattutto al tramonto dopo aver visitato il parco di Nervi e aver dato da mangiare agli scoiattoli!

Paesaggi mozzafiato

LaFranca1989 | 17 gennaio 2014

Da genovesi o turisti che siate, bisogna passeggiarci almeno una volta, preferibilmente al tramonto. La passeggiata si snoda su un percorso a picco sul mare, distante dal traffico della città. È un posto veramente rilassante e regala dei paesaggi mozzafiato!

TARIFFA GRATUITO

28 Passeggiata Anita Garibaldi
16167 Genova (Nervi)

549 recensioni
n.3 di 135 attrazioni

Zoom

Le alture di Genova, natura in città

Genova è per tutti terra di mare, una «lunga» città adagiata sull'acqua. Così, chi si ferma per poco tempo rischia di perdersi la meraviglia delle colline alle sue spalle. Ma il quartiere del **Righi** e il **Parco delle Mura**, raggiungibili con la funicolare della Zecca, numerosi autobus o la ferrovia a cremagliera di Granarolo, sono un vero e proprio tesoro, e chi è nato a Genova lo sa bene.
Polmone verde di oltre 870 ettari, il Parco delle Mura conta circa novecento specie di piante, oltre che animali e uccelli rapaci. I 19 chilometri di mura difensive, costruite tra il Cinquecento e il Seicento, rappresentano la seconda struttura muraria più lunga del mondo, dopo la grande muraglia cinese.
Un'escursione tra storia (i forti genovesi che incontrerete lungo il percorso hanno protetto la città per secoli) e paesaggi meravigliosi: il panorama spazia dal monte di Portofino fino a Capo Noli, dalla Val Bisagno al Monte Antola.
Il Righi e il suo parco rappresentano insomma un'occasione unica per una gita fuori porta senza lasciare la città e allo stesso tempo un modo per conoscere una delle anime segrete di Genova.

© Walter / Wikimedia commons

Genova | **La ferrovia a cremagliera**

6 | Musei di Strada Nuova

Via Garibaldi (chiamata un tempo Strada Nuova) è una vera e propria strada-museo. Palazzo Rosso, Palazzo Bianco e Palazzo Tursi vi lasceranno senza parole.

Una visita che merita
Atlanticalex | 24 novembre 2013

Visitare Palazzo Rosso, Palazzo Bianco e Palazzo Tursi è una tappa direi d'obbligo per chi visita Genova. Sia per la bellezza del contesto sia per la ricchezza delle opere esposte. Il biglietto si fa al bookshop di fronte a Palazzo Rosso.

Altissimo livello
Fredyge | 15 settembre 2013

Mi sento di consigliare la visita di questi musei. Il biglietto ne comprende tre, tutti ottimi: personale gentile e disponibile, opere d'arte di altissimo livello (Rubens, Gentileschi, Caravaggio, Van Dyck ecc.), sale restaurate di recente e molto ben tenute.

TARIFFA €7-€9. GRATUITO FINO A 18 ANNI
ORARI DA MARTEDÌ A VENERDÌ 9-19, SABATO E DOMENICA 10-19. CHIUSO LUNEDÌ

29
Via Garibaldi
16124 Genova (Centro storico)
Tel: 010 5574972 www.museidigenova.it

75 recensioni
n.28 di 135 attrazioni

Special Price

Arte senza prezzo

Il centro storico di Genova racchiude tesori inestimabili, e le chiese dei caruggi sono gioielli nascosti che aspettano solo di essere svelati. Veri musei che non richiedono alcun biglietto d'ingresso. Queste sono quelle davvero imperdibili:

- **Chiesa del Gèsù** (piazza Matteotti): interni ricchissimi, con due quadri di Rubens e un enorme organo in controfacciata di scuola fiamminga.
- **Santa Maria di Castello** (salita di Santa Maria di Castello): bellissima chiesa romanica con chiostro, nella zona in cui sorse il primo insediamento della città.
- **San Donato** (via San Donato) è l'esempio più rilevante di romanico genovese, in particolare il bellissimo campanile ottagonale.
- **Chiesa di San Matteo** (piazza San Matteo): l'angolo meglio conservato della Genova medievale. Non perdetevi lo splendido chiostro trecentesco.
- **Chiesa di San Siro**: risale al IV secolo e fu la prima cattedrale di Genova. Il suo interno è uno scrigno di tesori. Vi fu battezzato Giuseppe Mazzini.

© TripAdvisor

Genova | **Chiesa del Gesù**

7 | Galata Museo del Mare

La storia di un'umanità in viaggio per mare raccontata in ventitré sale: dalle navi a remi ai velieri, per finire con i transatlantici che raggiungevano Ellis Island.

Mare.... Genova!

Robisub123 | 20 gennaio 2014

Bello, diverso dai soliti musei, la storia del mare e quella di Genova sono da secoli intrecciate. Un divertente modo di imparare qualcosa della nostra storia e delle nostre radici. Anche i ragazzini possono divertirsi.

W la guida!

Adivarai | 19 gennaio 2014

Molto interessante e... grazie signor Pirata, abile narratore e marinaio ricco d'esperienza, abbiamo imparato davvero tante cose anche noi adulti! Senza la sua guida forse sarebbe stato tutto più noioso.

TARIFFA €10-€12

ORARI DA MARZO A OTTOBRE: APERTO TUTTI I GIORNI 10-19.30. DA NOVEMBRE A FEBBRAIO: DA MARTEDÌ A VENERDÌ 10-18; SABATO, DOMENICA E FESTIVI 10-19.30. CHIUSO LUNEDÌ

30

Calata De Mari 1
16126 Genova (Porto Antico)
Tel: 010 2345655 www.galatamuseodelmare.it

537 recensioni
n.12 di 135 attrazioni

8 | Teatro Carlo Felice

Principale teatro cittadino e uno dei più noti d'Italia, il Carlo Felice è un paradiso per gli intenditori: acustica perfetta, interni originali, programmazione di primo piano.

Un teatro da favola

Rosa p | 12 gennaio 2014

Teatro veramente bello con un'acustica meravigliosa anche in galleria e nelle ultime file. Ho visto numerose opere di lirica e diversi concerti di musica leggera. La platea è avvolta da uno scenario che ricorda una piazza antica, un'atmosfera quasi surreale.

Bellissimo teatro

Giuseppe M | 6 gennaio 2014

Teatro moderno, ma molto bello. Sembra di essere al centro di una piazza. Io ho visto *Otello* opera Verdiana. L'acustica è magnifica in ogni parte della struttura.

TARIFFA €19-€385

31

Passo Eugenio Montale 4
16121 Genova (Centro storico)
Tel: 010 5381314 www.carlofelicegenova.it

67 recensioni
n.27 di 135 attrazioni

9 | Castello D'Albertis

Lasciatevi sorprendere dal Museo delle Culture del mondo: tutti i tesori dei viaggi del capitano D'Albertis nella splendida cornice di un castello da fiaba.

Da vedere assolutamente
Adriano B | 8 gennaio 2014

Ho scoperto questa piccola meraviglia quasi per caso e ne sono rimasto estasiato! Luogo meraviglioso sulle colline sopra Genova da cui si gode un meraviglioso panorama sul porto. Per la visita è consigliabile l'uso dell'audioguida.

Da vedere
TripLowCost | 4 novembre 2013

Il castello è molto bello e tenuto benissimo. La mostra all'interno documenta i viaggi di Enrico d'Albertis per le Americhe, e ospita bellissimi oggetti da tutto il mondo... interessante e diverso dal solito!

TARIFFA €4,5-€6

ORARI DA OTTOBRE A MARZO: DA MARTEDÌ A VENERDÌ 10-17, SABATO E DOMENICA 10-18
DA APRILE A SETTEMBRE: DA MARTEDÌ A VENERDÌ 10-18, SABATO E DOMENICA 10-19
CHIUSO LUNEDÌ

32
Corso Dogali 18
16136 Genova (Castelletto)
Tel: 010 2723820 www.museidigenova.it

56 recensioni
n.19 di 135 attrazioni

10 | Museo di Palazzo Reale

Un complesso archittettonico sei-settecentesco che ha conservato intatti tutti i suoi interni, con capolavori di Van Dyck, Tintoretto e Guercino.

Reale
Stefano B | 13 gennaio 2014

Assolutamente da visitare, un luogo da sogno, saloni ampi e solari, specchi e lampadari che ci lasciano fantasticare sulle bellezze dell'epoca.

Un sogno!
Patty67Torino | 22 gennaio 2014

Palazzo bellissimo, ricco di storia, arredi originali e affreschi, vasi, consolle e specchi, lampadari meravigliosi, arazzi... ti permette di sognare e di immergerti nel Rinascimento. Riconosciuto patrimonio dell'umanità dall'Unesco.

TARIFFA €2-€4

ORARI MARTEDÌ E MERCOLEDÌ 9-13.30, DA GIOVEDÌ A DOMENICA 9-19. CHIUSO LUNEDÌ

33
Via Balbi 10
16126 Genova (Centro storico)
Tel: 010 2710236
www.palazzorealegenova.it

149 recensioni
n.14 di 135 attrazioni

Trekking di mare

I vantaggi che una città può trarre dal mare sono infiniti, e fra questi non si può dimenticare l'opportunità di avere a due passi da casa paesaggi mozzafiato, e la possibilità di fare gite in giornata adatte a tutte le esigenze.

Il pittoresco paesino di **Camogli**, a venti minuti di treno da Genova, è la base ideale per queste escursioni. Da via del Boschetto salite gli ottocento scalini che si inerpicano tra muri a secco e abitazioni, fino a raggiungere la **chiesa di San Rocco di Camogli**: lo splendido panorama sarà solo un assaggio delle meraviglie che vi aspettano. Da qui si snodano diversi sentieri che possono diventare un vero e proprio labirinto per chi non è della zona. Ecco due itinerari, scelti tra quelli meno impegnativi.

Percorso Camogli-San Rocco-Punta Chiappa: seguite l'indicazione per Punta Chiappa – meraviglioso paesino arroccato su uno scoglio – e in meno di un'ora sarete a destinazione. Oltrepassato il piazzale della chiesa di San Rocco, proseguite per la bella passeggiata di via Mortola, e dopo circa 200 metri deviate a destra scendendo la ripida scalinata. Il sentiero avanza ombreggiato fino al piccolo piazzale della chiesa di San Nicolò Capodimonte, che merita una sosta. Da qui le possibilità per raggiungere il mare sono due: continuare lungo la breve discesa che arriva a **Punta Chiappa** attraversando il pittoresco abitato di **Porto Pidocchio**, oppure percorrere la piccola stradina a sinistra della chiesa.

Percorso Camogli-Pietre Strette-San Fruttuoso di Camogli: dalla chiesa di San Rocco prendete il sentiero in direzione **Gaixella** e sarete a San Fruttuoso in poco più di due ore. Il percorso si snoda pianeggiante tra ulivi e alberi di fico per inoltrarsi poi nella rigogliosa macchia mediterranea. Continuate fino a raggiungere gli imponenti massi che vi daranno il benvenuto a **Pietre Strette**, punto di sosta attrezzato con panche, tavoli e acqua corrente: l'ideale per un pic-nic. Svoltando subito a destra, tra le rocce, vi troverete sul sentiero per **San Fruttuoso** dove incontrerete un vecchio mulino che oggi ospita un suggestivo agriturismo a strapiombo sul mare (l'**Agririfugio Morini**). L'itinerario segue poi il corso del ruscello per terminare davanti alla cinquecentesca **Torre Doria**. Da qui, scendendo la ripida scaletta, raggiungerete in pochi minuti la vostra meta: la celebre **abbazia di San Fruttuoso**. Arrivarci dall'alto è un'esperienza irripetibile: il monastero bianco sulla spiaggia affaccia direttamente sulle acque cristalline della baia.

Per il ritorno, sia da Punta Chiappa sia da San Fruttuoso, cambiate punto di vista e sceglete di rilassarvi su un comodo battello che vi permetterà di attraccare direttamente al Porto Antico di Genova.

© TripAdvisor

Camogli | L'abbazia di San Fruttuoso

Consigli di viaggio

Agenda

Marzo-aprile

La **Fiera Primavera** è la grande fiera campionaria di Genova, a ingresso gratuito. Dieci giorni da dedicare agli acquisti per la casa, il tempo libero e il mangiar bene. Con 450 espositori e oltre 800 marchi provenienti da tutta Italia e dall'estero troverete dall'arredamento all'eno-gastronomia, dall'abbigliamento al mondo dei motori. Ricchissimo il programma collaterale con spettacoli, eventi e tanto sport, da fare e da guardare. Si svolge generalmente fra marzo e aprile.

Fiera Primavera, Fiera di Genova, piazzale John Fitzgerald Kennedy 1, 16129 Genova (Foce)

Aprile

Genova festeggia il 25 aprile a Sant'Olcese con la **sagra delle fave e salame**, la sagra di tutte le sagre, una festa all'insegna dei prodotti tipici. Il paesino è facilmente raggiungibile con il pittoresco trenino di Casella (partenza sopra piazza Manin, nel quartiere di Castelletto). Ad attendervi troverete una moltitudine di ragazzi sdraiata sui prati o seduta ai tavoli disseminati per il borgo. Buon vino, buon cibo, danze e musica: il modo migliore per dare il benvenuto alla primavera.

Sagra delle fave e salame, 16010 Sant'Olcese (Genova)

Maggio

Slowfish è una rassegna eno-gastronomica all'insegna del mare e dei suoi abitanti, una delle manifestazioni ittiche più importanti d'Italia. Organizzata da Slow Food, si svolge ogni due anni nella prima metà di maggio. Fra i numerosi stand gastronomici e didattici, allevatori e produttori si raccontano e la degustazione si trasforma in un momento di conoscenza. Non perdete il «Teatro del Gusto», dove chef italiani e internazionali cucineranno in diretta sfiziosi e freschissimi piatti di pesce, le sessantotto bancarelle e il vero e proprio ristorante.

Slowfish, Porto Antico e piazza Caricamento, 16124 Genova (Centro storico)

Giugno

Se siete a Genova per la festa del patrono, **San Giovanni Battista**, il 24 giugno, non potete perdervi la notte folle che anima la città: danze, balli e fuochi d'artificio sul mare, oltre al tradizionale falò di piazza Matteotti. Sempre nello stesso mese, la città si anima degli odori e dei colori del Maghreb. Il **Suq** trasforma il Porto Antico in un ideale bazar, un teatro-mercato simbolo dello scambio e dell'incontro tra culture e tradizioni mediterranee, con più di quaranta botteghe di artigianato dal mondo e quindici cucine diverse da assaggiare.

Suq, piazza delle Feste del Porto Antico di Genova, 16124 Genova (Centro storico)

Luglio

Goaboa è un festival itinerante dove la protagonista è la musica: è dal 1998 che i suoi palchi circondati dal mare ospitano i più grandi artisti internazionali e animano la calda estate genovese. Per informazioni consultate www.goaboa.it.

Goaboa, location da definire

Ottobre-novembre

Il **Salone nautico** di Genova è tra le principali fiere mondiali dedicate alla nautica da diporto e si svolge nel mese di ottobre. Negli anni si è conquistato il ruolo di leader mondiale grazie a un numero di espositori senza pari e a un'area espositiva particolarmente suggestiva: oltre 200.000 m² di spazi a terra e 100.000 m² di mare. Nello stesso periodo Genova ospita anche il **Festival della Scienza**, una manifestazione internazionale che si tiene tra la fine di ottobre e l'inizio di novembre. È un evento che trasforma le strade, i palazzi storici e i musei cittadini nel palcoscenico per un affascinante viaggio attraverso i sentieri della ricerca scientifica. Ogni anno un ricco programma pensato per qualsiasi fascia d'età o livello di conoscenza. Mostre, laboratori, esibizioni fotografiche e artistiche, conferenze, workshop, spettacoli teatrali e proiezioni cinematografiche permettono di superare la tradizionale contrapposizione fra cultura scientifica e cultura umanistica.

Salone nautico, Fiera di Genova, piazzale John Fitzgerald Kennedy 1, 16129 Genova (Foce)

Festival della Scienza, location varie

Novembre

Cento concorrenti provenienti da tutto il mondo si sfidano a colpi di pestello nella preparazione del pesto genovese secondo le modalità tradizionali e utilizzando ingredienti autentici e genuini. Il **Campionato mondiale di pesto al mortaio** è una gara aperta a tutti: professionisti, amatori e curiosi.

Campionato mondiale di pesto al mortaio, Palazzo Ducale, piazza Matteotti 9, 16123 Genova (Centro storico)

Dicembre

Per chi ama le tradizioni l'appuntamento è il terzo sabato di dicembre. Una festa popolare che anima tutta la Città Vecchia con canti, balli e poesie. Durante il rito del **Confuego**, il sindaco brucia un ceppo d'alloro che gli viene consegnato dall'Abate del popolo: un patto di solidarietà tra cittadini e istituzioni che risale al Medioevo. Ma tanti altri sono gli eventi natalizi in giro per Genova: ricordiamo almeno il tradizionale **Mercatino di San Nicola** e le bancarelle sparse per tutti i caruggi (meravigliose quelle di via Luccoli e piazza Campetto).

Confuego, location varie

Mercatino di San Nicola, piazza Piccapietra, 16121 Genova (Centro storico)

Arrivare e partire

Aerei

L'aeroporto **Cristoforo Colombo** di Genova offre la possibilità di voli internazionali low cost con Ryanair, Vueling e Volotea e numerose compagnie di linea. È inoltre collegato con le principali città d'Italia tramite i frequenti voli Alitalia e Meridiana.

L'aeroporto genovese è raggiungibile dal centro con il Volabus (circa trenta minuti, fermate principali: stazione Principe, stazione Brignole e piazza De Ferrari). Il biglietto costa €6 e permette di effettuare una corsa sul Volabus e di viaggiare per altri 60 minuti su tutti i mezzi della rete urbana. Il servizio è attivo ogni giorno dalle 5.20 alle 23.30.

Per chi arriva in treno la stazione ferroviaria più comoda è quella di Genova Sestri Ponente Aeroporto, riservata però solo alle linee regionali. In alternativa potete prendere un taxi a tariffa fissa: €7 a persona da Principe, €8 da Brignole. Per chi volesse raggiungere il Cristoforo Colombo in macchina, l'aeroporto è direttamente collegato alla viabilità urbana e al sistema autostradale. L'uscita dell'autostrada è Genova-Aeroporto.

Aeroporto Cristoforo Colombo, tel: 010 60151, www.airport.genova.it

Treni

Le stazioni principali di Genova sono quelle di Piazza Principe (la stazione centrale) e di Brignole. Il treno ad Alta Velocità Frecciabianca collega Genova Brignole con Roma lungo la costa Tirrenica (Genova-Roma in poco più di tre ore e mezzo). Entrambe le stazioni sono poi collegate con le principali città d'Italia tramite la rete degli Intercity e dei regionali.

Auto

La città è raggiunta da diverse autostrade, provenienti da tutta Italia: la A12 (uscite a Genova Nervi o a Genova Est) per chi arriva dalla costa tirrenica del Centro Italia; la A26 che si ricollega all'A10 all'altezza di Genova Voltri; la A10 (uscite a Genova Voltri, Genova Peglia, Genova Aeroporto e Genova Ovest), verso ponente e la costa francese; la A7 (con uscita a Genova Bolzaneto oppure Genova Ovest), verso nord e la pianura padana. L'automobile non è però il mezzo consigliato per visitare la città: data la sua conformazione, muoversi potrà risultare scomodo e trovare parcheggio sarà difficile e abbastanza dispendioso. Inoltre il centro storico è pedonale e se avete un albergo nei caruggi raggiungerlo potrebbe essere un problema.

Porto

Il porto di Genova è uno dei principali e più attivi d'Europa: le compagnie di navigazione sono molte, fra le principali: Ctn Tunisia Ferries, Gnv Grandi Navi Veloci, Grimaldi Lines, Moby Lines, Tirrenia, Msc Crociere e Royal Carribean International. Per raggiungere il porto in macchina uscite a Genova Ovest e seguite le indicazioni. Se si arriva in treno la stazione più comoda è quella di Principe, a circa venti minuti a piedi di distanza e a pochi metri dalla stazione della metropolitana.

Porto di Genova, tel: 848 000030, www.porto.genova.it

Muoversi

Mezzi di superficie

Per quanto riguarda i trasporti pubblici, gestiti dall'Amt, a Genova avrete l'imbarazzo della scelta. Oltre agli autobus e ai tram, con lo stesso biglietto (€1,50 per 100 minuti) potrete avere accesso anche agli undici ascensori pubblici, alle due funicolari e ai treni regionali entro la tratta urbana: il limite a ponente è Genova Voltri, quello a levante è Genova Nervi. Con lo stesso biglietto potete prendere un autobus e un treno dentro la tratta urbana. È inoltre presente un servizio di Navebus via mare che collega Pegli con il Porto Antico di Genova, oltre a numerose piccole ferrovie come quella di Genova-Casella e quella a cremagliera di Granarolo.

Amt, tel: 010 60151, www.amt.genova.it

Metropolitana

La metropolitana di Genova ha un'unica linea, con otto fermate attive, ma i lavori di ampliamento sono ancora in corso. Per il momento la linea Brin-Brignole è utile per le sue fermate centrali (Dinegro, Principe, Darsena, San Giorgio, Sarzano/Sant'Agostino, De Ferrari, Brignole). Per accedere alla metropolitana vale lo stesso biglietto Amt utilizzabile sui mezzi di superficie.

Taxi

La Cooperativa Radio Taxi Genova è la principale compagnia genovese: i taxi sono prenotabili telefonicamente allo 010 5966 o via internet attraverso il sito www.5966.it.

Venezia

Venezia, la Regina del mare, è una città fuori dal comune, affascinante, poliedrica, turistica e chiassosa, nascosta e sonnolenta. A due passi dal costosissimo Caffè Florian potrete gustare degli sfiziosi ed economici cicchetti in uno dei tanti bacari di Rialto, perdervi tra calli e campielli e sbucare nel caos di Cannaregio.

I gondolieri vi tenteranno come sirene ammaliatrici e vi verrà voglia di acquistare una maschera di Carnevale anche se è piena estate. Il bello di Venezia è che offre tutto: cultura e svago, sregolatezza e sobrietà, divertimento e relax. Vi imbatterete in musei, palazzi del Rinascimento, osterie, teatri e molto altro ancora. L'acqua alta non deve preoccuparvi, l'importante è attrezzarsi a dovere: un paio di stivali di gomma sarà sufficiente. Anzi, è un'esperienza irripetibile ammirare piazza San Marco invasa dal mare sotto i portici del museo Correr.

Scopri Venezia by tripadvisor

Inquadra il QR Code con il tuo smartphone per scoprire i contenuti multimediali

Actv 23

DORMIRE

1. Hotel Albergo San Samuele
2. Hotel Ca' Dogaressa
3. Locanda Ca' San Polo
4. Hotel ai do Mori
5. Alla Corte Rossa
6. Hotel Dalla Mora
7. Bed and Breakfast You and Me
8. B&B Sandra
9. Locanda Ca' Le Vele
10. B&B Casa Baseggio
11. La Chicca

MANGIARE E BERE

12. Skyline Bar
13. Bacareto da Lele
14. Antico Forno
15. Gam Gam
16. Pasticceria Tonolo
17. Al Mercà

18. Osteria Alla Ciurma
19. Caffè Centrale
20. Torrefazione Marchi
21. Osteria La Zucca
22. Osteria Al Squero

VISITARE

23. Libreria Acqua Alta
24. Canal Grande
25. Basilica di San Marco
26. Palazzo Ducale
27. Collezione Peggy Guggenheim
28. Interpreti Veneziani
29. Teatro La Fenice
30. Scuola Grande di San Rocco
31. Santa Maria Gloriosa dei Frari
32. Gallerie dell'Accademia
33. Ca' d'Oro

Scelto dalla redazione

Hotel Albergo San Samuele

© Albergo San Samuele

Trovare a Venezia un albergo di buona qualità a prezzi onesti sembra una chimera e invece esiste davvero.
Tra Rialto e l'Accademia, a pochi metri da Palazzo Grassi, l'**Hotel Albergo San Samuele** è comodo e accogliente. Per non parlare poi della gentilezza e della professionalità dello staff.
La connessione wi-fi è gratuita e la maggior parte delle stanze ha il bagno privato. Ma la vera chicca dell'albergo è il viaggio in gondola proposto ai clienti: la prima gondoliera donna di Venezia, Alexandra Hai, vi accompagnerà in un magico tour della città, svelandovi tutti i segreti di quest'arte antica e venendovi a prendere direttamente in hotel (il tour è per due persone).
Purtroppo non viene servita la colazione, ma in campo Santo Stefano, a due minuti dall'albergo, ci sono moltissimi bar in cui bere un caffè e mangiare una brioche.
Verrebbe da chiedersi come un hotel con servizi del genere possa vantare soltanto una misera stella!

Piccolo gioiello

Loneostrich | 20 gennaio 2014

Vacanza fantastica. Proprio nel cuore del quartiere San Marco, Il San Samuele non è lussuoso, ma è esattamente quello di cui avevo bisogno. Un letto comodo, un bel bagno, wi-fi gratuito. Personale meraviglioso. Judith ha speso almeno 15-20 minuti per darmi suggerimenti su cosa visitare e dove mangiare. È stata soprattutto l'attenzione riservata al cliente a rendere questo soggiorno così apprezzabile.

FASCIA PREZZO €40-€160
CATEGORIA ★

256 recensioni
n.111 di 381 hotel

1
Salizada San Samuele
30124 Venezia (San Marco 3.358)
Tel: 041 5205165
www.hotelsansamuele.com

Top 5 Alberghi

classifica ragionata basata su tripadvisor

1 | Hotel Ca' Dogaressa

Marmi pregiati, comò in stile settecentesco e tessuti raffinati per un albergo d'altri tempi che non rinuncia ai comfort moderni. Fantastici affacci sul Canal Grande.

Suite sontuosa

RobertPerth | 18 gennaio 2014

Ha superato le nostre aspettative. Stanza sontuosa e pulitissima con due bagni. Colazione in camera inclusa, connessione a internet gratuita. L'hotel è facilmente raggiungibile a piedi dalla stazione ferroviaria anche con i bagagli. Consigliamo l'hotel.

L'albergo che cerchi!

Fabios8 | 1 dicembre 2013

Pulizia, cordialità, bellezza e vicinanza alla stazione a un prezzo molto accessibile! Ci siamo trovati veramente bene. Luigi persona squisita, ci ha offerto anche l'opportunità di fare colazione in camera senza costi aggiuntivi! Da passarci se dovete soggiornare a Venezia.

FASCIA PREZZO €90-€105   CATEGORIA ★★★

2 Fondamenta di Cannaregio
30121 Venezia (Cannaregio 1.018)
Tel: 041 2759441   www.cadogaressa.com

839 recensioni
n.25 di 381 hotel

2 | Locanda Ca' San Polo

Cura dei particolari, camere dai colori caldi, soffitti con travi a vista: ecco i punti di forza di Ca' San Polo. La splendida terrazza è l'ideale per una colazione da fiaba.

Continuate così... Complimenti!

Stefano D | 24 gennaio 2014

Situata nel centro storico, arredata in perfetto stile veneziano, offre stanze accoglienti e pulite a un prezzo accattivante per essere a Venezia. Accoglienza ottima e grande disponibilità. Cosa chiedere di più? Veramente consigliato.

Ottimo

Lucio I | 6 gennaio 2014

Personale molto gentile e camera molto pulita. A cinque minuti dal vaporetto che porta a San Marco e piazzale Roma. Bisogna liberare la camera entro le 10, ma si possono tranquillamente lasciare i bagagli lì e tornare a prenderli nel pomeriggio.

FASCIA PREZZO €85-€110   CATEGORIA AFFITTACAMERE

3 San Polo 2.696
30125 Venezia (San Polo)
Tel: 041 2440331   www.casanpolo.it

262 recensioni
n.65 di 381 hotel

3 | Hotel ai do Mori

Dormire in piazza San Marco senza spendere un occhio della testa non è utopia: dalla vostra stanza potrete ammirare le cupole della basilica più bella del mondo.

Semplicemente divino

Marsteve1968 | 1 gennaio 2014

Un cenone di San Silvestro che ricorderò come uno dei migliori, se non il migliore. Il menu era semplicemente divino e, al solo pensiero, mi viene l'acquolina in bocca. Il titolare e lo staff sono persone eccezionali! Grazie per la magnifica serata.

Hotel eccellente, molto vicino alla piazza!

Stepho85 | 15 gennaio 2014

Il personale è molto gentile e la camera confortevole. Alloggiavamo all'ultimo piano e non c'è un ascensore, così abbiamo dovuto prendere le scale, ma ne è valsa la pena! Molto vicino a piazza San Marco e situato in una stradina veramente deliziosa. Vale ogni euro!

FASCIA PREZZO €70-€85 CATEGORIA ★

4

Calle Larga San Marco
30124 Venezia (San Marco 658)
Tel: 041 5204817 www.hotelaidomori.com

390 recensioni
n.93 di 381 hotel

4 | Alla Corte Rossa

A due passi dalla Basilica dei Frari, un hotel elegante e raffinato che ama coccolare i suoi clienti. Colazione in camera da gustare ammirando il Canale Briati.

Caldo e accogliente!

Vallysing | 21 gennaio 2014

Camere pulite, calde e accoglienti! Colazione a scelta servita in camera all'ora desiderata. Ringraziamo ancora il proprietario per la sua cordialità! Non ha esitato a stilarci degli itinerari per visitare Venezia, con tanto di mappa da lui fornita! Noi siamo stati benissimo e lo consigliamo vivamente!

Piccolo hotel perfetto

Marius1122 | 24 gennaio 2014

Piccolo B&B in una posizione perfetta. La colazione era, a mio parere, ragionevole. In aggiunta, abbiamo comprato un po' di formaggio e salame in un supermercato locale, poiché siamo grandi mangiatori. L'unico inconveniente è la mancanza di una connessione a internet.

FASCIA PREZZO €80-€180 CATEGORIA AFFITTACAMERE

5

Fondamenta Rossa
30123 Venezia (Dorsoduro 2.518)
Tel: 041 717423 www.allacorterossa.com

103 recensioni
n.100 di 381 hotel

5 | Hotel Dalla Mora

Conduzione familiare e prezzi economici per questo piccolo albergo a due passi dalla stazione. Se possibile, prenotate una camera con vista sul canale: atmosfera romantica assicurata.

Viaggiare da soli a Venezia

Jjlup | 27 dicembre 2013

Tutto perfetto. Il proprietario è stato molto gentile, mi ha fatto sentire come a casa e ha reso il mio soggiorno confortevole. La colazione, in tipico stile europeo, era più di quanto mi aspettassi. È stata una bella vacanza.

Incantevole piccolo hotel

Izeenat | 28 novembre 2013

Le camere sono dotate di tutto il necessario. Letto molto comodo, finestre affacciate sui canali e connessione wi-fi gratuita. Il personale dell'hotel è molto gentile e disponibile. Ci sono alcuni ristoranti molto vicini e non eccessivamente costosi.

FASCIA PREZZO €75-€110 CATEGORIA ★

6 Salizada San Pantalon
30135 Venezia (Santa Croce 42)
Tel: 041 710703 www.hoteldallamora.it

304 recensioni
n.78 di 381 hotel

Top 5 B&B e altro

classifica ragionata basata su tripadvisor

1 | Bed and Breakfast You and Me

B&B ricercato e accogliente a prezzi concorrenziali. Il luogo giusto per un weekend di coppia nella città più romantica del mondo.

B&B eccezionale e accogliente

Four_maccas | 1 gennaio 2014

La posizione è eccellente ed è molto bello. Camere grandi e arredate con gusto. Stefania è veramente deliziosa, ci ha fornito un sacco di mappe e ottimi consigli su dove mangiare. La colazione prevedeva un abbondante buffet. Ci tornerei subito.

B&B incantevole

David B | 18 dicembre 2013

Camera molto pulita e moderna, con finestre per ascoltare i suoni della città. Abbondante colazione continentale. Posizione eccezionale, a pochi passi dal ponte di Rialto. Ci siamo così divertiti che stiamo programmando un altro viaggio per il 2015.

FASCIA PREZZO €60-€140 CATEGORIA B&B

7 Calle de la Madoneta
30125 Venezia (San Polo 1.459/a)
Tel: 346 5768385 www.bbyouandme.com

95 recensioni
n.4 di 411 B&B e pensioni

2 | B&B Sandra

Una stanza che dà sul campiello, l'altra sul canale, e una mansarda da cui ammirare uno splendido scorcio dei tetti di Venezia. Atmosfera genuina e familiare.

Che vacanza meravigliosa!

Anne C | 20 gennaio 2014

Sandra e Leonardo ci hanno accolto con grande calore e gentilezza. La colazione era buona da morire! La camera molto spaziosa, con un letto confortevole e un terrazzo assolato. Facile accesso al resto della città. Ci siamo trovati benissimo e ci torneremo.

Ottimi padroni di casa, soggiorno confortevole!

TravellerfromChch | 2 gennaio 2014

Il B&B è in una buona posizione, tranquilla e poco distante da tutte le maggiori attrazioni di Venezia. Sandra e Leonardo sono disponibili e cordiali e ci hanno fatto sentire a casa. Lo consigliamo vivamente.

FASCIA PREZZO €75-€150 CATEGORIA B&B

8 Cannaregio 2.452
30121 Venezia (Cannaregio)
Tel: 333 8266814 www.bbalessandra.com

276 recensioni
n.6 di 411 B&B e pensioni

3 | Locanda Ca' Le Vele

Fermata del vaporetto a due passi e gusto tipicamente veneziano negli arredi (a prezzi accessibili): travi a vista, lampadari di murano e stoffe damascate.

Incantevole

Jcantwell | 29 dicembre 2013

La camera era assolutamente bella, con vista su un canale! Il personale e i proprietari sono stati meravigliosi! Ne è valsa la pena, siamo stati in grado di arrivare dappertutto a piedi dalla sua posizione fantastica!

Ci tornerei volentieri!

Smoothberries | 12 gennaio 2014

Prezzo molto ragionevole, e ci è piaciuto molto. Camera pulita, ordinata e confortevole. Era semplice, ma proprio quello di cui avevamo bisogno per una giornata di visite turistiche. Il personale era cordiale e disponibile. Davvero consigliato!

FASCIA PREZZO €60-€160 CATEGORIA B&B

9 Calle de le Vele
30121 Venezia (Cannaregio 3.969)
Tel: 041 2413960 www.locandalevele.com

250 recensioni
n.3 di 138 altre sistemazioni

4 | B&B Casa Baseggio

Circondata dal verde di un ex convento francescano, Casa Baseggio è un'oasi di tranquillità. Attorno al B&B potrete scoprire la Venezia autentica: calli silenziose e bacari tradizionali. Colazione servita in camera o in terrazza.

Il luogo di soggiorno migliore

Caulky | 3 dicembre 2013

Marco e Alessandro ci hanno fatto sentire i benvenuti. La camera e le strutture sono eccellenti. La posizione è perfetta per una colazione sul balcone soleggiato, affacciato su un tranquillo cortile. Avremmo voluto fermarci di più.

Eccellente

Olivier n | 18 dicembre 2013

Calma, vicinanza, scambi... Abbiamo fatto dei begli incontri. La camera è molto pulita; frigo, bollitore e il resto sono attenzioni non trascurabili. Grazie Marco e Alessandro per la vostra accoglienza, la vostra presenza, i vostri consigli attenti.

FASCIA PREZZO €90-€110 CATEGORIA B&B

10 Corte Nova
30121 Venezia (Cannaregio 3.560)
Tel: 348 3432069 www.casabaseggio.it

135 recensioni
n.4 di 138 altre sistemazioni

5 | La Chicca

Tra San Marco e la Giudecca potrete trovare alcuni degli angoli più caratteristici della città: è qui che vi accoglieranno Massimo e Sabrina, proprietari di questo piccolo B&B, leggermente più caro rispetto alla media, ma elegante e di charme.

Superare le aspettative!

Yan1708 | 12 dicembre 2013

Questo B&B è a soli 2 minuti a piedi dal ponte dell'Accademia. La camera era enorme e molto bella. Il bagno era grande, con vasca da bagno (l'ideale alla fine di una giornata a Venezia). La colazione era buona: yogurt, brioche, frutta e cereali.

Che bel posto

SusyEsal | 22 novembre 2013

Soggiorno romanticissimo, camere di altri tempi, colazione buonissima che ci è stata portata in camera. E poi tutto molto pulito. Comoda anche la posizione: non conosco benissimo Venezia, ma da qui siamo riusciti a muoverci abbastanza tranquillamente. Ci ritornerei volentieri.

FASCIA PREZZO €70-€200 CATEGORIA B&B

11 Calle Franchi
30123 Venezia (Dorsoduro 644)
Tel: 041 5225535 www.lachicca-venezia.com

120 recensioni
n.8 di 411 B&B e pensioni

Scelto dalla redazione

Skyline Bar

© Skyline Rooftop Bar

Lo **Skyline**, uno dei tre lounge bar dell'Hilton Molino Stucky, ha una terrazza panoramica da togliere il fiato. Perciò, rilassatevi e ordinate un buon cocktail. Accomodatevi a bordo piscina e fatevi viziare dal personale, cordiale e premuroso. I posti a sedere sono veramente pochi, ma non scoraggiatevi! Aspettate che si liberi un tavolo e chiedete al barman di prepararvi qualcosa fuori listino.

Per trascorrere ore indimenticabili non c'è posto più azzeccato. Suggestivo, elegante e romantico, dallo **Skyline** si può ammirare Venezia in tutta la sua magia. Ancora meglio se ci andate al tramonto!

Non fatevi ingannare dal lusso dei salottini interni (arredati con gusto): prendere un aperitivo a €7 in una location del genere è un vero affare.

Comodissima la navetta gratuita che parte dalle Zattere e vi lascia direttamente all'ingresso dell'hotel.

Una vista stupenda della Giudecca!

RexDarlin | 15 gennaio 2014

Questo è uno dei miei locali preferiti per i cocktail. Un posto perfetto per guardare il tramonto sul canale della Giudecca senza turisti. Il servizio è ottimo, e il menu stagionale delle bevande è eccellente. Sedetevi fuori per una vista migliore.

FASCIA PREZZO €7-€15
CATEGORIA COCKTAIL BAR
DA DICEMBRE AD APRILE CHIUSO LUNEDÌ

190 recensioni
n.156 di 1.150 ristoranti

12

Giudecca 810
30133 Venezia (Giudecca)
Tel: 041 2723311
www.molinostuckyhilton.it

Top 10 Locali

classifica ragionata basata su tripadvisor

1 | Bacareto da Lele

Non pensate di sedervi al tavolo o prenotare: da Lele si sta rigorosamente in piedi. Un tipico bacaro veneziano a prezzi stracciati. L'«ombra» di vino è obbligatoria.

Ti senti un veneziano

Otmar F | 26 gennaio 2014

Fantastico posto! Con quattro soldi mangi, in un'atmosfera veramente familiare e amichevole. Entri e ti sembra di conoscere tutti. Ottimi panini, buon vino. Avanti così. Assolutamente da non perdere.

Fantastico!

Chiara f | 23 gennaio 2014

Offre panini gustosissimi e vini dal sapore autentico. Qualità e prezzi imbattibili. È sempre affollatissimo e l'atmosfera è cordiale e allegra. Si mangia in piedi, assaporando l'atmosfera di Venezia!

FASCIA PREZZO €2-€10 **CATEGORIA** BAR
APERTO TUTTI I GIORNI

13 Campo Dei Tolentini
30135 Venezia (Santa Croce 183)

446 recensioni
n.2 di 1.150 ristoranti

2 | Antico Forno

Se siete stanchi delle solite pizzerie, l'Antico Forno è il posto che fa per voi. Tende bianche e rosse, pareti di legno e fiaschi di birra, in original venetian style.

Le recensioni erano tutte vere!

Laura G | 27 gennaio 2014

Una pizza gustosa, calda e leggera. Un piacere per il palato, spendendo pochissimo. Si mangia appoggiati al bancone, o si porta via e si mangia per strada. Wi-fi gratuito e personale cordialissimo.

Pizza al volo, dietro Rialto

Alessia P | 27 gennaio 2014

Bottega piccola e si mangia in piedi. Pizza buonissima e ricchissima. Ottimo rapporto qualità-prezzo. Consiglio la pizza alta con pomodoro, aglio e basilico. Simpatico e gentile il ragazzo dietro il bancone. Andateci!

FASCIA PREZZO €3-€15 **CATEGORIA** PIZZERIA
APERTO TUTTI I GIORNI

14 San Polo 973
30125 Venezia (San Polo)
Tel: 041 5204110

742 recensioni
n.6 di 1.150 ristoranti

3 | Gam Gam

Nel cuore del ghetto ebraico, una cucina kosher con i fiocchi, adatta a tutte le tasche. In questo magico ristorantino a due passi dal ponte delle Guglie, nutrirete il vostro corpo e la vostra anima.

Kosher a Venezia

Claudio f | 29 gennaio 2014

Tipico ristorante kosher, molto tranquillo, situato nel quartiere ebraico. Propone piatti tipici della tradizione mediorientale, talvolta rivisitati in chiave moderna. Il personale è molto gentile e disponibile a spiegare pazientemente la composizione dei piatti.

Non perderti questo!

Lisa K | 22 gennaio 2014

Grande varietà, cibo fresco e delizioso, porzioni generose. Il servizio è molto buono. La sorpresa più grande è stata che i prezzi sono inferiori ai ristoranti non kosher. Consigliamo vivamente questo posto se siete in zona, ne vale la pena!

FASCIA PREZZO €15-€25 **CATEGORIA** RISTORANTE EBRAICO
APERTO TUTTI I GIORNI

15
Ghetto Vecchio
30121 Venezia (Cannaregio 1.122)
Tel: 041 2759256 www.gamgamkosher.com

669 recensioni
n.69 di 1.150 ristoranti

4 | Pasticceria Tonolo

Imperdibile la focaccia con mandorle e zucchero a velo, in assoluto la migliore della zona. Ma se volete viziarvi ed è periodo di carnevale, concedetevi anche un galano e una frittella con crema chantilly. Non ve ne pentirete.

Colazione super!

Twins93 | 10 gennaio 2014

Siamo arrivati un po' tardi, erano circa le 11 di mattina, ma siamo comunque riusciti a fare colazione! Cappuccino e paste/tortine una vera delizia! Buonissimo anche il caffè al ginseng! Prezzi davvero bassi! Consigliato!

Paste ottime, frittelle eccellenti

Saradenic | 9 gennaio 2014

Tappa obbligatoria per chi viene a visitare Venezia, ma anche per chi lavora, vive e studia in questa città. Paste e pasticcini ottimi. Se capitate nei giorni di carnevale dovete assaggiare le frittelle veneziane o alla crema: sublimi. Consigliata vivamente.

FASCIA PREZZO €5-€10 **CATEGORIA** PASTICCERIA
CHIUSO LUNEDÌ

16
Calle de San Pantalon
30123 Venezia (Dorsoduro 3.764)
Tel: 041 5237209

96 recensioni
n.5 di 112 shopping

5 | Al Mercà

Regola numero uno: mai arrivare dopo l'aperitivo. Alle nove di sera i proprietari, due giovani veneziani doc, abbassano la saracinesca. Perfetto per uno spritz in compagnia sulle note di Bob Marley o Peter Tosh.

Per uno spuntino veloce, ma ottimo

Andrea R | 7 gennaio 2014

In zona Rialto, vicino al mercato, troverete questa piccolissima bottega con una vetrinetta colma di panini (cicchetti) e buona selezione di vini. Sosta da non perdere!

Fantastico

Oscar M | 1 gennaio 2014

Posto minuscolo, ma molto bello e suggestivo! L'ottima scelta di vini la rende una tappa obbligata! Ottimi anche i mini panini con affettati e formaggi artigianali! Consigliato!

FASCIA PREZZO €3.5-€10 **CATEGORIA** BAR
CHIUSO DOMENICA

17
San Polo 213
30125 Venezia (San Polo)
Tel: 393 9924781

145 recensioni
n.24 di 1.150 ristoranti

Zoom

Bacaro Tour

Una volta, i «bacari» erano i vignaioli che arrivavano a Venezia con un barile di vino e degli spuntini da vendere a San Marco. Il bicchiere si chiamava «ombra» perché i commercianti proteggevano il vino dal sole mettendolo all'ombra del campanile.
Oggi il Bacaro Tour è invece un'istituzione: andare di bar in bar ordinando in ciascuno bicchieri (o caraffe) di «spriss». Il tutto accompagnato dai famosissimi «cicchetti» veneziani: polpettine al tonno, croccanti moeche, calamari fritti, cozze gratinate e chi più ne ha più ne metta.
L'oste non mancherà di illustrarvi le specialità del suo locale: **Da Fiore** il cremosissimo baccalà mantecato, alle **Do Spade** le sarde in saor, alla **Vedova** la polpetta di carne appena sfornata, il crostino con le alici sulla barca del **Timon**.
Andare per bacari è un modo alternativo di visitare Venezia, scoprendone il lato meno caotico e turistico. Ce ne sono a centinaia, soprattutto a Rialto. Provarli tutti è impossibile, ma se vi piacciono le atmosfere autentiche e genuine (e a prezzi contenuti: per un cicchetto il prezzo medio è €1,5)... siete decisamente nella città giusta!

© Michela Scibilia

Cicchetti veneziani

6 | Osteria Alla Ciurma

A due passi dal ponte di Rialto, l'Osteria Alla Ciurma attira ogni giorno decine e decine di clienti con le sue specialità di pesce e carne. Per gli amanti dei cicchetti, al banco ci sono panini e crostini a volontà!

Aperitivo: voto 10!

FranciFru | 25 gennaio 2014

Tappa meravigliosa per un aperitivo! Locale bellissimo, crostini buonissimi, gestori simpaticissimi. Se si va a Venezia, bisogna assolutamente fare l'aperitivo alla Ciurma! A presto!

Ottimo per un aperitivo

Ansife | 13 gennaio 2014

Posto caratteristico di Venezia vicino al ponte di Rialto, piccolissimo ma molto accogliente. Trovi delle stuzzicherie davvero buone. È un po' affollato, ma decisamente meritevole di un passaggio per cena.

FASCIA PREZZO €3-€30 **CATEGORIA** BAR E OSTERIA
CHIUSO DOMENICA

18
Calle Galeazza
30124 Venezia (San Polo 406/a)
Tel: 340 6863561

211 recensioni
n.4 di 1.150 ristoranti

Special Price

Mercato di pesce al minuto

Quando si parla di pesce, per di più a Venezia, che non è certo una città low cost, il primo pensiero va al portafoglio. Le pescherie sono infatti off limits, ma la soluzione per chi non vuole spendere un occhio della testa c'è: il **mercato di Rialto**.

Frequentato ogni giorno da migliaia di veneziani, è il cuore pulsante della città. I prezzi variano leggermente da un banchetto all'altro ma sono di gran lunga i più convenienti di tutto il centro. Come quasi qualsiasi cosa a Venezia, anche il mercato di Rialto è diventato una meta turistica a tutti gli effetti, con gli schiamazzi dei venditori che attirano centinaia di curiosi ogni giorno. E poi quella dei pescatori veneziani è una vera arte, con tanto di editto datato 1173. Oggi le regole sono un po' cambiate, ma il concetto è lo stesso: una vetrina all'ingrosso sotto la **Loggia Grande** e la **Loggia Piccola**.

Arrivare al mercato del pesce è molto semplice. Si trova in **campo della Pescaria**, a San Polo ed è aperto dal martedì al sabato dalle 6 alle 13.

© Michela Scibilia

Venezia | **Mercato di Rialto**

7 | Caffè Centrale

In un affascinante mix di design e tradizione, lasciatevi conquistare dall'ottima scelta di vini e dal ricchissimo menu. La location è mozzafiato: un antico palazzo del Cinquecento, a un minuto da piazza San Marco. Anche take away.

Fantastico!

BrunellaBl | 27 gennaio 2014

Locale molto affascinante, buon connubio tra antico e moderno, servizio caloroso e professionale, cucina ricercata e gustosa. Personale gentilissimo e buon rapporto qualità-prezzo, soprattutto per Venezia. Non vedo l'ora di ritornarci!

Meraviglioso

Roberta M | 10 gennaio 2014

Un posto così ricorda New York. Bello, curato, pulito, e offre piatti eccezionali. Sono tutti molto amichevoli senza, però, compromettere la professionalità. Abbiamo mangiato benissimo e i prezzi sono nella media. I nostri migliori complimenti.

FASCIA PREZZO €15-€50 **CATEGORIA** RISTORANTE
APERTO TUTTI I GIORNI

19
Piscina Frezzeria
30124 Venezia (San Marco 1.659/b)
Tel: 041 8876642 www.caffecentralevenezia.com

206 recensioni
n.44 di 1.150 ristoranti

8 | Torrefazione Marchi

La goldoniana *Bottega del caffè* rivive nei sacchi di juta e nelle tazzine fumanti che la famiglia Marchi serve ai suoi clienti dal 1930. Quale modo migliore di iniziare la giornata?

Per gli amanti del caffè

Niobe114 | 14 gennaio 2014

Il profumo vi indicherà la strada per arrivare a questa bottega storica di Venezia. Ottimo caffè da bere rigorosamente in piedi. Consiglio: acquistate del caffè da portare a casa, vi ricorderà l'aroma di Venezia!

Caffè di qualità al giusto prezzo

Fanraai | 26 gennaio 2014

Novanta centesimi per un caffè di ottima qualità, uno dei migliori della città. Logico che questa caffetteria sia affollata a qualsiasi ora del giorno. Consiglio di provare anche il tiramisù, molto buono.

FASCIA PREZZO €1-€10 **CATEGORIA** CAFFÈ
APERTO TUTTI I GIORNI

20
Rio Terrà San Leonardo
30121 Venezia (Cannaregio 1.337)
Tel: 041 716371 www.torrefazionemarchi.it

241 recensioni
n.3 di 1.150 ristoranti

9 | Osteria La Zucca

Il flan di zucca e burro fuso è una leccornia a cui i veneziani non sanno più rinunciare. Per non parlare dello sformato di patate e broccoli e del coniglio al prosecco! La prenotazione è caldamente consigliata.

Ci siamo capitati per caso...

Mirkolonetti | 27 gennaio 2014

Siamo stati molto ma molto fortunati. Abbiamo mangiato tagliatelle al ragù, zuppa di zucca e legumi, e verdure. Tutto molto buono, gustoso e ricercato. Spero di riuscire a tornarci per assaggiare altre pietanze.

Per un'occasione speciale

Coffeegirl33 | 23 gennaio 2014

Abbiamo visitato La Zucca in ottobre. C'è voluto un po' per trovarla (ed è richiesta la prenotazione), ma è assolutamente fantastica. La Zucca è valsa lo sforzo supplementare e la spesa.

FASCIA PREZZO €30-€40 **CATEGORIA** RISTORANTE
CHIUSO DOMENICA

21
Calle del Tintor
30135 Venezia (Santa Croce 1.762)
Tel: 041 5241570 www.lazucca.it

946 recensioni
n.42 di 1.150 ristoranti

10 | Osteria Al Squero

Lo «squero» è il cantiere dove si riparano le gondole. E quello di San Trovaso, proprio davanti a questa osteria, è uno degli ultimissimi ancora attivi. Sedersi ad ammirarlo è un'esperienza ancora più magica con un buon bicchiere di vino.

Location carina, tipica

Virildo | 12 gennaio 2014

Locale davvero carino, in linea con gli altri bacari tipici di Venezia. Spritz buoni. Prezzi più che onesti e ambiente cordiale. Lo consiglio!

Assolutamente da provare!

Fedibbi | 17 gennaio 2014

Ho visitato diverse osterie, ma questa è decisamente la migliore a Venezia! Vini di gran qualità, locale non turistico e prezzi giusti. Qualità eccezionale, alcuni dei migliori cicchetti della città.

FASCIA PREZZO €2-€15 **CATEGORIA** BAR
APERTO TUTTI I GIORNI

22
Dorsoduro 943/944
30123 Venezia (Dorsoduro)
Tel: 335 6007513 www.osterialsquero.it

143 recensioni
n.12 di 1.150 ristoranti

da *Venezia Low Cost*

≈ Il signor Pistacchi ≈

Una piccola e modesta bottega, occupata totalmente dal banco frigo e dal laboratorio. Qui il signor Pistacchi (si chiama proprio così) crea i suoi gelati super-artigianali. Un must.
Negli ultimi anni abbiamo assaggiato molti gelati di rinomate catene nazionali, alcuni di buona qualità. Abbiamo, però, una sorta di pregiudizio: per noi le cose sono genuine solo quando possiamo chiamare per nome chi ha creato il prodotto dagli ingredienti di base. Quindi, per quanto riguarda i gelati a Venezia, il punto di riferimento è Carlo Pistacchi: la sua è una vera passione per l'alta qualità delle materie prime e la sperimentazione.
Nella bottega di Pistacchi, a due passi dalla stazione, si possono trovare i classici fiordilatte, nocciola e cioccolato (ma fatto con la cioccolata vera), poi, a seconda dell'ispirazione: fragola, pera, fico ma anche finocchio, carciofo, sedano, asparago oppure zenzero, tè verde, fagioli azuki, wasabi, cannella, malto o cardamomo, tutti preparati a partire da materie prime fresche, frullate o centrifugate.
Gli ingredienti seguono il ritmo delle stagioni e provengono spesso dalla laguna veneta; a volte si tratta di prodotti biologici, come per esempio il cacao boliviano utilizzato per la sua splendida granita al cioccolato (da abbinare con quella alla pesca), fatta solo di acqua, zucchero, farina di carruba (o di guar) per addensare e, naturalmente, cacao. Sembra impossibile in questi tempi di etichette piene di sigle incomprensibili. Da provare anche le granite di limone o arancio. Attenzione: in estate i gelati di Pistacchi si sciolgono velocemente. Sono gelati veri, i suoi.

INFO

Gelateria Alaska
Calle Larga dei Bari (Rio Marin)
30135 Venezia (Santa Croce 1.159)
Tel: 041 715211

FASCIA PREZZO €1,4-€3
DA DICEMBRE A GENNAIO CHIUSO LUNEDÌ

Scelto dalla redazione

♥ | Libreria Acqua Alta

© Rebecca Frascoli

Solo uno stravagante amante dei libri come il signor Luigi poteva dar vita a una libreria del genere: qui dovete togliervi dalla testa l'idea di trovare subito quello che cercate! Fumetti, romanzi, enciclopedie, manuali, stampe storiche e testi stranieri sono ammassati in scaffali, gondole, vasche da bagno, tavoli e panchine. Preparatevi a spulciare in ogni angolo, perché non si sa mai... dove meno ve lo aspettate, potrebbe esserci un'introvabile prima edizione del vostro autore preferito.
Il motto del proprietario è che i libri servono a tutto: per esempio, se li mettete uno sopra l'altro ecco a voi una comoda sedia. E perché non una scala? Magari quella del cortile interno del negozio.
Se riuscite a resistere all'impulso di comprare tutti i volumi che vi capitano tra le mani, sappiate che in questa stravagante libreria si vende anche un souvenir piuttosto originale: i preservativi di Casanova!

Il paese delle meraviglie!

Vallysing | 21 gennaio 2014

Un posto unico! Libri di ogni tipo, organizzati per genere, e disposti nelle barche e vasche da bagno. Milioni di libri custoditi e sorvegliati dai gatti, che girano liberi per la libreria! E poi l'angolo esterno con la scala fatta di libri su cui si può salire e godere di una bella vista su un canale con un grazioso ponticello! Simpaticissima l'uscita di sicurezza con una porta che si apre direttamente sull'acqua!

ORARI APERTO TUTTI I GIORNI 9-20

156 recensioni
n.20 di 205 attrazioni

23

Calle Longa Santa Maria Formosa
30122 Venezia (Castello 5.176/b)
Tel: 041 2960841

Top 10 Attrazioni
classifica ragionata basata su tripadvisor

1 | Canal Grande

Percorrere in vaporetto il Canal Grande è un'esperienza unica al mondo: i palazzi veneziani offrono la propria facciata migliore soltanto a chi li ammira dall'acqua.

Superlativo
Sara s | 29 gennaio 2014

Luoghi incantevoli e suggestivi. Particolarmente romantici di notte e col calar della sera. Ci si stupisce di come siano stati progettati.

Venezia è tutta bella!
Carmi P | 18 gennaio 2014

Sono stata a Venezia solo una volta e conto di ritornarci. Che dire, è una favola... Ogni vicolo, ogni stradina, ogni gondola sembrano raccontare una storia fantastica. Si respira un'aria di magia indescrivibile.
Da vedere!

TARIFFA VAPORETTO: €6,5

7.037 recensioni
n.2 di 205 attrazioni

24 Canal Grande
Venezia

2 | Basilica di San Marco

Sontuosa, superba, regale: una cattedrale bizantina trasportata in Italia. Se volete evitare la coda all'ingresso (sempre infinita) ricordatevi di prenotare.

Unica al mondo!
Roberto a | 27 gennaio 2014

Celebra la grandezza della Serenissima ed è letteralmente foderata d'oro, gemme e pietre preziose, frutto di tanti bottini di guerra del vincitore. Siete a Venezia... investite in cultura.

Seconda solo a San Pietro
Mabo65 | 22 gennaio 2014

È una grande e affascinante basilica dagli incantevoli soffitti d'oro. Da vedere la Pala d'oro, il museo interno e la loggia esterna. Dopo la basilica di San Pietro a Roma, penso sia una delle più belle chiese d'Italia!

TARIFFA BASILICA: GRATUITO. PALA D'ORO: €1-€1,5. TESORO: €1,5-€3
ORARI BASILICA, PALA D'ORO E TESORO: DA LUNEDÌ A SABATO 9.45-17
DOMENICA E FESTIVI DA APRILE A OTTOBRE 13-17.30, DA NOVEMBRE A MARZO 13-16.30

TRAVELLERS CHOICE 2013

4.345 recensioni
n.10 di 205 attrazioni

25 Piazza San Marco
31024 Venezia (San Marco 328)
Tel: 041 2708311 www.basilicasanmarco.it

3 | Palazzo Ducale

C'è stato un tempo in cui Venezia era la Regina del Mediterraneo, e Palazzo Ducale è qui per testimoniarlo. Il biglietto è un po' caro ma consente l'ingresso anche al museo Correr, al museo archeologico e alle sale della biblioteca Marciana.

Assolutamente da vedere!

Alessandro P | 23 gennaio 2014

Palazzo meraviglioso. L'ingresso non è molto economico ma è assolutamente da vedere! Sale magnifiche, tele meravigliose di Tintoretto, Veronese... Tappa obbligatoria per chi visita Venezia!

Massima architettura gotica veneziana

Fanraai | 27 gennaio 2014

Si ammira in tutto il suo splendore dalla laguna. Gli elementi più importanti sono la Scala d'oro, la Sala del Maggior Consiglio, e il famosissimo ponte dei Sospiri, che collega il palazzo alle prigioni. Queste sono le cose da vedere per una visita essenziale.

TARIFFA €10-€16

ORARI DA APRILE A OTTOBRE 8.30-19. DA NOVEMBRE A MARZO 8.30-17.30

26
Piazza San Marco
30124 Venezia (San Marco 1)
Tel: 041 2715911
www.palazzoducale.visitmuve.it

3.739 recensioni
n.5 di 205 attrazioni

4 | Collezione Peggy Guggenheim

Se amate l'arte contemporanea, questa casa-museo è il posto che fa per voi. Da Picasso a Pollock, passando per Magritte e Dalí: nessun nome manca all'appello.

Tappa obbligatoria: bellezza disarmante

Lililiru | 20 gennaio 2014

È una delle perle di Venezia. Raccoglie alcuni meravigliosi pezzi di arte contemporanea: Pollock, Ernst, Magritte, Calder, Boccioni, Picasso, e molti altri. Non includerne una visita sarebbe una gravissima perdita!

Meritevole

Antonella B | 7 gennaio 2014

È un museo da vedere per chi ama artisti del '900. È tutto ben organizzato, e consente scatti fotografici, ovviamente senza flash. A Venezia c'è tanto da vedere ma, se potete, non perdetevi questo museo che non richiede tanto tempo.

TARIFFA €8-€14

ORARI DA MERCOLEDÌ A LUNEDÌ 10-18. CHIUSO MARTEDÌ

TRAVELLERS' CHOICE 2013

27
Palazzo Venier dei Leoni
30123 Venezia (Dorsoduro 704)
Tel: 041 2405411
www.guggenheim-venice.it

1.733 recensioni
n.13 di 205 attrazioni

5 | Interpreti Veneziani

Ascoltare il meglio della musica barocca senza spendere una fortuna. L'interpretazione è sempre all'altezza, la location assolutamente suggestiva.

Bravissimi!
Amovjaggjare | 6 gennaio 2014

Non sono un'amante della musica classica, ma gli Interpreti Veneziani sono riusciti a rendere ancora più magica l'atmosfera che solo Venezia riesce a creare. Molto bravi e simpatici. A marzo tornerò ad ascoltarli.

Uno spettacolo indimenticabile!
Fabritrip1 | 3 gennaio 2014

Nella chiesa di San Vidal abbiamo assistito a un bellissimo concerto. Ottima esecuzione. Era la prima volta che sentivo dal vivo gli Interpreti Veneziani e sono rimasto piacevolmente sorpreso ed entusiasta.

TARIFFA €22-€27
ORARI CONSULTARE IL CALENDARIO DELLA STAGIONE CONCERTISTICA

28 Chiesa di San Vidal
30124 Venezia (San Marco 2.862/b)
Tel: 041 2770561 www.interpretiveneziani.com

406 recensioni
n.1 di 205 attrazioni

Zoom

Per non perdere la bussola

Orientarsi a Venezia è un'impresa quasi impossibile. Vi troverete davanti a un reticolato di calli strette e tortuose, canali che interrompono all'improvviso la strada e muraglie di turisti che impediscono il passaggio.

Ma c'è una difficoltà in più: i **numeri civici** seguono una logica molto particolare. Non sono infatti associati a una singola via, ma seguono una divisione per sestieri. Vi troverete di volta in volta a cercare il 2.345 Dorsoduro, oppure il 5.820 Castello, il 1.200 San Marco e così via...

Esiste però qualche trucchetto: ricordatevi il nome di una chiesa vicina alla vostra destinazione, tenete sempre a mente dove si trova il Canal Grande rispetto a voi e, soprattutto, cercate le **frecce** affisse ai palazzi. Ce ne sono in tutta la città e indicano la strada da percorrere per raggiungere i punti di maggior interesse (San Marco, Rialto...) e utilità (stazione, piazzale Roma).

E dove non arrivano i metodi tradizionali, ci pensa la tecnologia: il comune mette infatti a disposizione una pratica **mappa interattiva** (www2.comune.venezia.it/mappaviabilita).

© Michela Scibilia

Venezia | **Indicazioni stradali in una calle**

6 | Teatro La Fenice

Eleganza è la parola d'ordine. Sale sontuose, arredi spettacolari e un palcoscenico da mille e una notte sono custodi di una tradizione lirica senza eguali.

Magnifico teatro
Stefano_Tartaria | 26 gennaio 2014

Visita assolutamente consigliata. Il biglietto include anche un'audioguida, che fornisce informazioni sulla storia e sullo stile artistico-architettonico del celebre teatro veneziano.

Che gran teatro!
Mabo65 | 22 gennaio 2014

Questo teatro è meraviglioso! È tutto visitabile, e ci si può fermare quanto si vuole. Se si ha la possibilità di assistere alle prove, meglio ancora. Andate a vederlo, ne vale proprio la pena.

TARIFFA VISITA: €5-€7
ORARI APERTO TUTTI I GIORNI 9.30-18
VARIAZIONI DI ORARIO PER RAGIONI ARTISTICHE O TECNICHE

29
Campo San Fantin
30124 Venezia (San Marco 1.965)
Tel: 041 786511 www.teatrolafenice.it

1.050 recensioni
n.7 di 205 attrazioni

Special Price

Ponti e ponticelli

Se è da giorni che visitate musei e palazzi e le vostre finanze iniziano a scarseggiare, una bella passeggiata per i ponti di Venezia è quello che vi serve! Ce ne sono quasi quattrocento, perlopiù di pietra, ognuno con una storia da raccontare. Ecco i più caratteristici:

- **Ponte di Rialto**: non ha bisogno di presentazioni il primo ponte costruito sul Canal Grande.
- **Ponte dei Pugni**, dove la fazione di San Pietro e quella di San Niccolò dei Mendicoli si prendevano a pugni.
- **Ponte delle Tette**: le prostitute, affacciandosi dai loro appartamenti, mostravano il seno ai clienti appostati sul ponte.
- **Ponte dei Sospiri**: secondo la leggenda, chiamato così per i sospiri dei condannati che lo attraversavano mentre venivano condotti in prigione.
- **Ponte dell'Accademia**: non è uno dei più belli, ma da qui il panorama è romantico e suggestivo.
- **Ponte della Costituzione**: l'ultimo ponte costruito sul Canal Grande (2008), progettato dal famoso «archistar» Calatrava, ha sollevato numerose polemiche e diviso i veneziani.

© Paolo De Nuccio / Wikimedia commons

Venezia | **Ponte dei Sospiri**

7 | Scuola Grande di San Rocco

La «Cappella Sistina della laguna». Le tele di Tintoretto e i soffitti decorati sono un trionfo di luce e colore. Concerti di musica sacra nelle principali feste liturgiche.

Teleri pazzeschi!

Pavlov_813 | 18 gennaio 2014

La Scuola Grande di San Rocco è uno dei capolavori di Venezia. I giganteschi affreschi su tela vi rimarrano scolpiti nella memoria, con i loro colori e le loro forme. La sala superiore è una delle cose più belle che io abbia mai visto, ti scalda davvero.

Da vedere

55gio | 4 gennaio 2014

Biglietto di entrata €10, che abbiamo speso molto volentieri. Si possono ammirare e apprezzare le qualità straordinarie del Tintoretto: qui trovate la sua più grande raccolta di opere. La sala superiore lascia senza parole, è da vedere.

TARIFFA €8-€10
ORARI APERTO TUTTI I GIORNI 9.30-17.30

30
San Polo 3.054
30125 Venezia (San Polo)
Tel: 041 5234864 www.scuolagrandesanrocco.it

463 recensioni
n.4 di 205 attrazioni

8 | Santa Maria Gloriosa dei Frari

Un prodigio di pittura e scultura che domina campo dei Frari. Le navate tardogotiche, il coro ligneo e le pale di Tiziano sono una vera gioia per gli occhi.

Affascinante e mistica

Maria Teresa D | 14 gennaio 2014

Bellissima chiesa in un angolo molto suggestivo di Venezia, lontano dalle orde di turisti. Il suo interno è solenne, ma ciò che ci ha fatto innamorare di questa chiesa è la pala del Tiziano. Vale la pena visitarla!

Tiziano e Bellini

PunkAtena | 14 gennaio 2014

Questa chiesa mi è rimasta particolarmente impressa, in particolare le pale del Bellini e di Tiziano. Splendido il coro con dettagli intarsiati, veramente notevoli. Anche il monumento al Canova è molto suggestivo.

TARIFFA €1,5-€3
ORARI DA LUNEDÌ A SABATO 9-18, DOMENICA E FESTIVI 13-18

31
San Polo 3.072
30125 Venezia (San Polo)
Tel: 041 2728611 www.basilicadeifrari.it

787 recensioni
n.6 di 205 attrazioni

9 | Gallerie dell'Accademia

Per gli amanti della pittura veneta l'Accademia può diventare un vero paradiso. Prenotate online i biglietti in modo da evitare la lunghissima coda all'ingresso.

Belle, belle, belle
Barbara O | 27 gennaio 2014

Una serie di opere molto belle e ben esposte. Da visitare assolutamente! E con lo stesso biglietto si può visitare anche Palazzo Grimani.

Imprescindibile per chi ama la pittura rinascimentale
FedeRicamas | 3 gennaio 2014

Fonte inesauribile di meraviglia, soprattutto se si ama la pittura rinascimentale veneta, con le magnifiche opere del Bellini, Cima da Conegliano, Vittore Carpaccio, Giorgione, Veronese.

TARIFFA €6-€9
ORARI DA MARTEDÌ A DOMENICA 8.15-19.15, LUNEDÌ 8.15-14

32 Campo della Carità
30123 Venezia (Dorsoduro 1.050)
Tel: 041 5200345 www.gallerieaccademia.org

307 recensioni
n.48 di 205 attrazioni

10 | Ca' d'Oro

L'oro che anticamente ricopriva la facciata ora non c'è più, ma il palazzo è ancora una delle più incantevoli dimore gotiche che si affacciano sul Canal Grande. Attualmente ospita una galleria d'arte con opere di Tiziano e Van Dyck.

Vista sul Canal Grande
Webtitle | 29 ottobre 2013

È un'esperienza straordinaria vedere la scala di un palazzo sul Canal Grande. Ci sono gallerie con splendide opere d'arte, terrazze con vista sul canale, e un cortile interno incredibile.

Un palazzo davvero d'oro
Filetto63 | 7 dicembre 2013

Lo consiglio vivamente: non solo le opere sono stupende, ma lo stesso percorso museale è ben riuscito. Il barone Franchetti lo ha restaurato e trasformato in uno scrigno d'arte che oggi milioni di persone possono ammirare. Bellissima la facciata.

TARIFFA €3-€6
ORARI DA MARTEDÌ A DOMENICA 8.15-19.15, LUNEDÌ 8.15-14

33 Cannaregio 3.932
30121 Venezia (Cannaregio)
Tel: 041 5222349 www.cadoro.org

104 recensioni
n.70 di 205 attrazioni

L'arcipelago dimenticato

Intorno a Venezia ci sono decine e decine di isolette deliziose, vere oasi di pace in mezzo alla laguna.

Una delle più grandi è **Murano**, che vanta una produzione artistica unica al mondo. Il suo vetro soffiato, esportato ovunque, è uno dei simboli per eccellenza dell'artigianato veneto. Non lasciatevi tentare dal museo del vetro: piuttosto di spendere €8 per sole quattro sale, entrate in una bottega o in una fabbrica. Sono molte le dimostrazioni che i «mastri vetrai» organizzano ogni giorno nelle loro fornaci. Fino a qualche anno fa vi si poteva assistere gratuitamente, ma oggi sono perlopiù a pagamento (restano però più economiche del museo).

Terminata la visita prendete il vaporetto e in una ventina di minuti sarete a **Burano**. Le case sono basse e coloratissime, gialle, verdi, blu e rosse. Gli abitanti non hanno perso l'abitudine di sedersi sulla soglia a osservare i passanti e i panni vengono ancora stesi sui fili tesi tra le finestre. In quest'isola non regna soltanto il silenzio, ma anche il merletto. Nella boutique della signora Lidia potete acquistare tovaglie, fazzoletti, servizi per la colazione, lenzuola, copriletti, camicie da notte, abbigliamento da donna e da bambino, e addirittura... segnalibri. Tutto rigorosamente fatto a mano!

Se vi avanza ancora qualche ora, fate una capatina a **Torcello**: da Burano ci vogliono solo cinque minuti in vaporetto! Per gli amanti della natura «selvaggia» questo è il luogo ideale: percorrendo i sentierini che si fanno spazio fra la vegetazione potrete immergervi nella tranquillità dell'isola. Le mete turistiche non sono molte, ma tutte magiche e affascinanti. Partite dalla Locanda Cipriani, dove alloggiarono la regina Elisabetta II d'Inghliterra, il principe Carlo e lady Diana, Maria Callas ed Ernest Hemingway, e proseguite alla volta della chiesa di Santa Fosca, fino ad arrivare alla cattedrale di Santa Maria Assunta, la costruzione monumentale più antica della laguna. Con soli €3 potrete visitarla e rifarvi gli occhi con il mosaico del *Giudizio Universale*, capolavoro dell'arte bizantina.

© Frode Inge Helland / Wikimedia commons

Venezia | **Burano**

Consigli di viaggio

Agenda

Gennaio

La mattina del 1° gennaio, sulla spiaggia Blue Moon del Lido di Venezia, adulti e bambini si incontrano per scambiarsi gli **auguri di buon anno**. Per i più piccoli viene organizzato uno spettacolo di bolle giganti, mentre gli ibernisti, promotori dell'evento, fanno il bagno nell'Adriatico sulle note di Strauss. Ad aspettarli ci sono il tradizionale pentolone di cotechino e lenticchie e un buon bicchiere di vino. Un modo alternativo per iniziare l'anno nuovo!

Auguri di Capodanno, Arena del Blue Moon, 30126 Lido di Venezia

Febbraio-marzo

Tutti hanno sentito parlare del **carnevale di Venezia**, ma quello che molti non sanno è che è possibile noleggiare un tipico costume in stile settecentesco e farsi truccare il viso per la modica cifra di €10-€15, acquistare maschere da ritagliare e colorare a piacimento e... dulcis in fundo, partecipare a una delle mille feste al buio organizzate nei palazzi signorili. Da non perdere il **volo dell'angelo** dal campanile di San Marco alla piazza (solitamente la prima domenica del periodo di carnevale) e la **processione delle Marie** (solitamente il primo sabato).

Carnevale di Venezia, location varie

Maggio-giugno

La **Festa dell'Ascensione**, più conosciuta in dialetto veneziano come Festa della Sensa, vanta una tradizione millenaria. Un corteo di imbarcazioni sfila nelle acque della laguna con in testa la «Serenissima» da cui il sindaco e le altre autorità locali celebrano il rito dello sposalizio con il mare lanciando un anello in acqua. Nella chiesa di San Nicolò di Lido viene poi officiata la funzione religiosa. A seguire un mercatino, le competizioni di voga e altre manifestazioni.

Festa dell'Ascensione, chiesa di San Nicolò, Riviera San Nicolò 26, 30126 Lido di Venezia e location varie

Luglio

Non importa se fa caldo e l'umidità non lascia tregua. Il 19 e il 20 luglio i veneziani festeggiano **Il Redentore**, ricordando la fine della pestilenza del 1557. Al tramonto le imbarcazioni, addobbate e illuminate, affluiscono nel Bacino di San Marco e nel Canale della Giudecca. Poco prima di mezzanotte, ha inizio lo spettacolo pirotecnico: i fuochi d'artificio si specchiano nell'acqua e si riflettono su palazzi, chiese e campanili dando vita a uno spettacolo emozionante.

Il Redentore, location varie

Agosto-settembre

I paparazzi sono dappertutto. Le star calpestano il red carpet del Palazzo del Cinema al Lido di Venezia. Lo staff è schierato. La **Mostra Internazionale d'Arte Cinematografica** si svolge ogni anno l'ultima settimana di agosto o la prima di settembre. Chi si aggiudicherà il Leone d'Oro? Certo, non sarà l'Oscar, ma è pur sempre uno dei più importanti riconoscimenti della critica cinematografica, al pari della Palma d'Oro di Cannes e dell'Orso d'Oro di Berlino. Alberghi lussuosissimi si preparano a ospitare gli attori più glamour e i fan vanno a caccia di autografi. Il Festival del Cinema è l'Eldorado di Venezia.

Mostra Internazionale d'Arte Cinematografica, Palazzo del Cinema, Lungomare Marconi, 30126 Lido di Venezia

Settembre

A Venezia l'estate si chiude con la **Regata Storica**, la data più importante del calendario delle gare di Voga. Decine e decine di gondolieri in costume trasportano sulle loro variopinte barche di foggia cinquecentesca il doge, la dogaressa e le più alte cariche della magistratura veneziana. Fedele rievocazione del glorioso passato della Serenissima, la Regata termina con le competizioni di Voga: imbarcazioni di ogni tipo sfrecciano sul Canal Grande fino a palazzo Ca' Foscari, dove tagliano il traguardo segnato da un palco galleggiante.

Regata Storica, location varie

Dicembre

Dicembre è il mese della musica. Nel Salone Capitolare della Scuola Grande di San Teodoro in Rialto, l'orchestra dei **Musici Veneziani** rende omaggio al grande maestro Antonio Vivaldi e alla musica barocca con una serie di concerti a cadenza settimanale. La scenografia dei costumi e dei gioielli è settecentesca: parrucche cotonate, corsetti e gonne a sbuffo sono il degno corredo di artisti eccellenti.

I Musici Veneziani, Scuola Grande di San Teodoro, San Marco 4.810, 30124 Venezia (San Marco)

Maggio-novembre

Per chi ama l'architettura, la danza, la musica e il teatro la **Biennale** è un appuntamento da non perdere. Esposizioni e padiglioni pluridisciplinari d'avanguardia ospitano creazioni artistiche internazionali sparpagliate per la città (anche se la sede storica e tuttora principale è quella dei giardini della Biennale). Le due più importanti sono la Biennale d'arte e quella d'architettura che si svolgono ogni due anni, alternandosi.

La Biennale, giardini della Biennale, viale dei giardini pubblici, 30122 Venezia (Castello) e location varie

Tutto l'anno

Il casinò di Venezia è il più antico del mondo. La sua sede più rinomata, Ca' Vendramin Calergi, è uno splendido palazzo rinascimentale che si affaccia sul Canal Grande. Vi si disputano il **Campionato italiano di Chemin de fer** e il **Torneo della Roulette francese**. Se alloggiate a Venezia, avete diritto al coupon d'ingresso omaggio.

Casinò di Venezia, Palazzo Ca' Vendramin, Cannaregio 2.040, 30121 Venezia (Cannaregio)

Arrivare e partire

Aerei

I due aeroporti «veneziani» sono entrambi serviti da compagnie low cost:

- Marco Polo

Dal **Marco Polo** di Venezia partono voli internazionali con le compagnie low cost Volotea, easyJet e Aer Lingus. Meridiana e Alitalia coprono invece solo le tratte nazionali. Se arrivate in treno, dalla stazione S. Lucia raggiungete a piedi piazzale Roma (5 minuti) e prendete uno dei due autobus per l'aeroporto: Atvo Air Terminal o Actv n. 5. Anche la stazione di Venezia Mestre dispone di due linee: Atvo fly bus e Actv n. 15. I biglietti Actv sono acquistabili negli appositi box, mentre i ticket dell'Atvo si comprano anche a bordo. In alternativa, potete prendere il motoscafo da Venezia, Murano o dal Lido.

Aeroporto Marco Polo tel: 041 2606111, www.veniceairport.it

- Antonio Canova

Il piccolo aeroporto **Antonio Canova** di Treviso, facilmente raggiungibile sia in macchina sia con i mezzi pubblici, è uno dei principali scali di Ryanair del nordest.

Aeroporto Antonio Canova, tel: 0422 315111, www.trevisoairport.it

Treni

Venezia ha due stazioni ferroviarie: Santa Lucia (l'unica sulle isole del centro storico) e Mestre (sulla terraferma), che funge da nodo nevralgico per l'intero sistema di trasporti del nordest. I treni Frecciarossa, Frecciargento e Frecciabianca collegano in poche ore Venezia a Roma, Firenze, Bologna e Milano. I regionali e gli intercity consentono di raggiungere comodamente anche le destinazioni minori.

Auto e parcheggi

Per raggiungere Venezia in macchina ci sono varie autostrade: da Trieste o Torino la A4, da Belluno la A27 e da Bologna la A1 o la A13. È possibile arrivare anche con le strade statali: da Roma la SS 309 lungo la costa adriatica (Romea), da Trieste la SS 14 (Triestina), da Treviso la SS 13 (Terraglio), da Padova la SS 11 (Brentana-Torino). L'ultimo tratto da percorrere è il lunghissimo ponte della Libertà. Inutile precisare che a Venezia non possono circolare né biciclette né veicoli a motore. Potete però lasciare l'auto in uno dei tanti parcheggi alle porte del centro (ma non sono per niente economici):

- Piazzale Roma (ci sono vari parcheggi che consentono l'accesso diretto alla citttà)
- Autorimessa comunale Asm: tariffa giornaliera €26
- Garage S. Marco: tariffa giornaliera €30
- Park S. Andrea: solo per soste veloci (€4,50 ogni due ore)
- Autopark Doge: tariffa giornaliera €38
- Autorimessa Toderini: tariffa giornaliera €18

Porto

La storia di Venezia è indissolubilmente legata al mare. Il porto, punto d'incontro delle principali linee di trasporto europee, è il gateway per eccellenza per il commercio da e per l'Asia. Venezia è anche il più importante home port del Mediterraneo per le navi da crociera (terminal 103 107/108, 117, Isonzo 1 e 2). Il terminal 123 è riservato ai traghetti per la Grecia, mentre l'ottavo terminal, nell'area di S. Basilio e S. Marta, è dedicato ai mega yacht, alle navi veloci e a quelle da crociera di medie dimensioni.

Porto di Venezia, tel: 041 5334111, www.port.venice.it

Muoversi

Vaporetto

Il trasporto pubblico d'aqua Actv si ramifica in quattro linee principali: la linea centro città (1 e 2), le linee GiraCittà (3, 41.1, 41.2, 51.1 51.2, 6), le linee lagunari (12, 13, 14, 19, 21) e la linea stagionale, attiva nei periodi di maggior afflusso turistico e in occasione di festività o manifestazioni. Da mezzanotte alle 5 del mattino circola la linea notturna N. Le tariffe delle corse singole non sono per nulla economiche (€4-€7), perciò è preferibile usufruire di biglietti a tempo (ticket validi da 12 ore a 7 giorni) oppure richiedere la Carta Venezia. L'attivazione costa da €10 a €40, ma se pensate di tornare a Venezia è l'unico modo per spendere solo €1,3 a viaggio.

Actv, tel: 041 2424, www.actv.it

Taxi

I taxi veneziani sono caratteristici motoscafi. Potrete trovarli a Tronchetto, piazzale Roma, Ferrovia, Rialto e S. Zaccaria (Danieli). Se arrivate e non c'è nemmeno una barca disponibile, basta fare una telefonata. Ecco i numeri da contattare: 041 716286 (Ferrovia), 041 716922 (piazzale Roma), 041 5230575 (Rialto), 041 5229750 (San Marco). Ma occhio ai prezzi: €13 prezzo minimo, €1,80 al minuto, €8 sovrapprezzo notturno.

Trieste

Trieste è una città di atmosfere magiche, nascosta nell'estremo oriente del Nord Italia e affacciata su un golfo spettacolare. Per le sue vie verrete colti da suggestioni di ogni tipo, incantandovi di fronte alle statue degli illustri scrittori che hanno fatto grande questa città: Joyce che ammira il Canal Grande, Saba con la sua inseparabile coppola, fino ad arrivare a Italo Svevo, tronfio e impettito.

Passo dopo passo, Trieste si svelerà di fronte a voi, mostrandovi i suoi mille volti: dalla colonia romana al protettorato asburgico, dall'anima balcanica a quella profondamente italiana. Le antiche tradizioni, vive ancora oggi, si mescolano con gli aspetti più moderni, che rendono Trieste un avamposto scientifico per tutto il Paese. Pranzando in una splendida osmiza, perdendovi tra le stradine del centro o passeggiando per uno dei bellissimi sentieri del Carso, Trieste vi conquisterà grazie alla sua identità unica, e non vorrete più andare via.

Scopri Trieste by tripadvisor
Inquadra il QR Code con il tuo smartphone per scoprire i contenuti multimediali

ARG
ITA
ATI
FRA

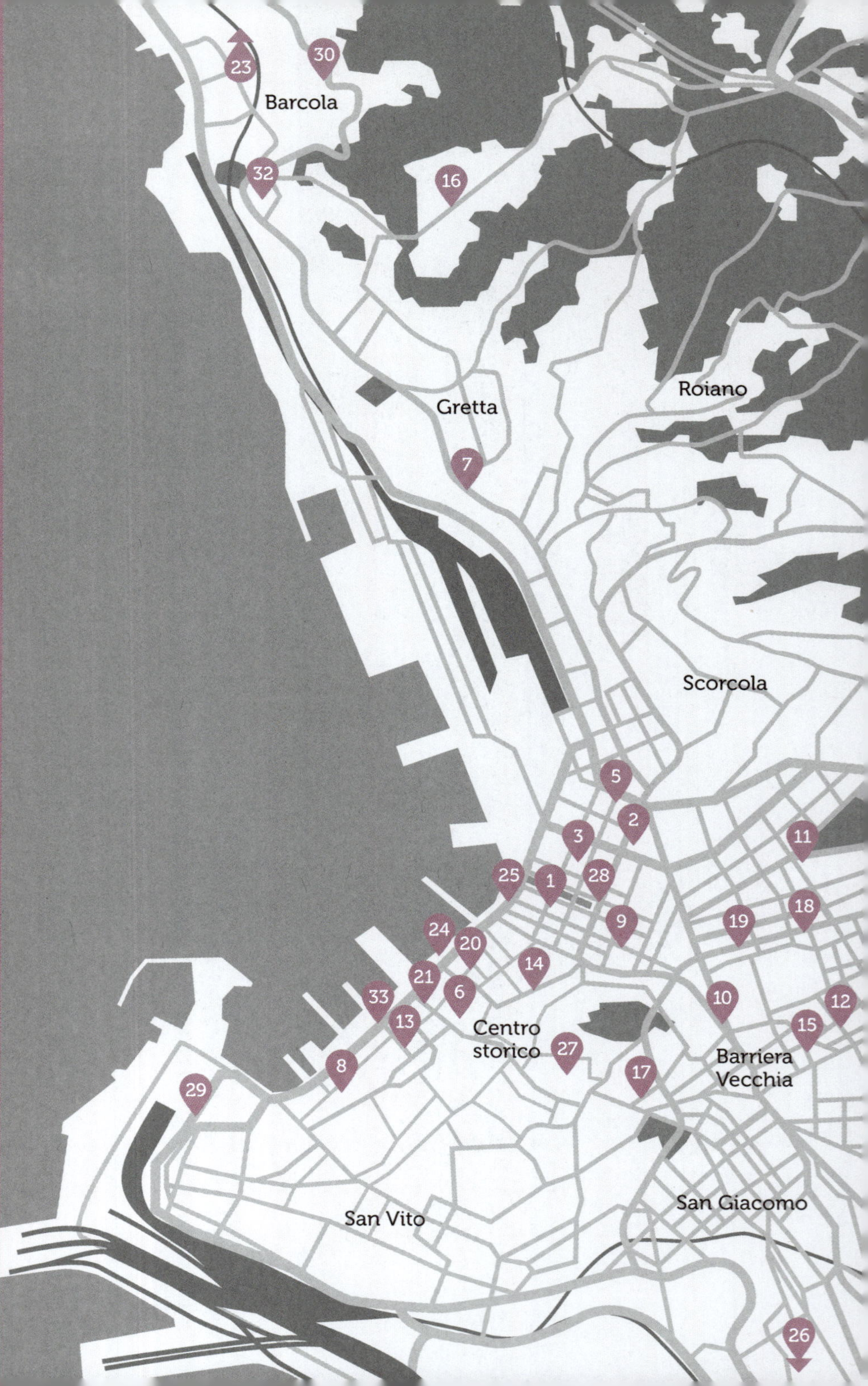
Barcola
Gretta
Roiano
Scorcola
Centro storico
Barriera Vecchia
San Giacomo
San Vito
23
30
32
16
7
5
2
3
11
25
1
28
9
19
18
24
20
14
21
6
33
13
10
12
15
27
17
8
29
26

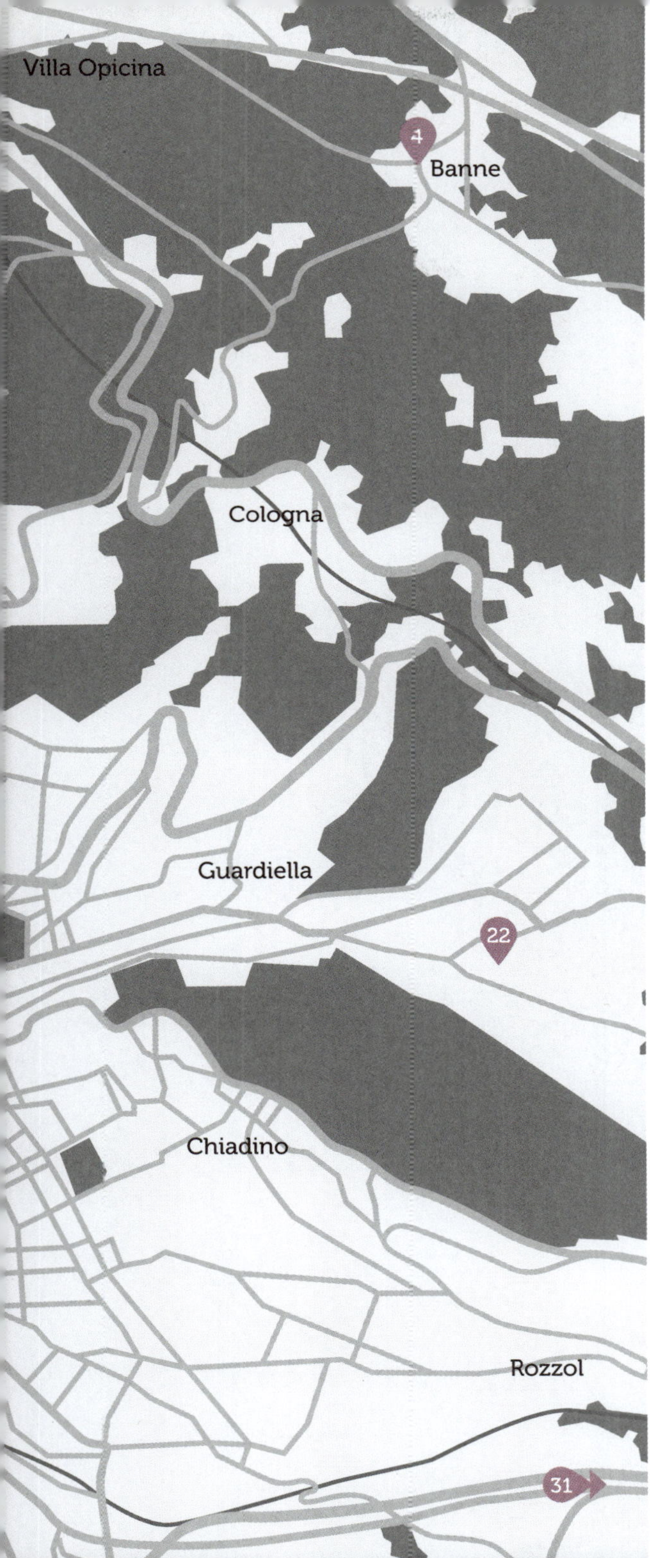

DORMIRE

1. Al Ponterosso
2. Albergo alla posta
3. Nuovo Albergo Centro
4. Alla Valle di Banne
5. Colombia hotel
6. Hotel James Joyce
7. Villa Fausta B&B
8. Svevo & Joyce
9. Residenza le 6A
10. B&B Zenzero e Cannella
11. House 5 Room Design

MANGIARE E BERE

12. Alla bella Trieste
13. Siora Rosa
14. Gelato Marco
15. Buffet Bier Stube
16. Al Toscano
17. Antipastoteca di mare «Alla Voliga»
18. TNT Pub
19. Osteria de Scarpon
20. Kapuziner Keller
21. Pasticceria Penso
22. Antica trattoria Suban

VISITARE

23. Science Centre Immaginario Scientifico
24. Piazza dell'Unità d'Italia
25. Molo Audace
26. Museo della risiera di San Sabba
27. Cattedrale di San Giusto
28. Canal Grande
29. Museo ferroviario di Trieste Campo Marzio
30. Barcola
31. Foiba di Basovizza
32. Faro della Vittoria
33. Museo Revoltella

Scelto dalla redazione

Al Ponterosso

© Tiesse / Wikimedia commons

Trieste è una città misteriosa e la ricetta per visitarla nel migliore dei modi comprende almeno due preziosi ingredienti: qualcuno del luogo che sia disposto a darvi le dritte necessarie per godervela al meglio e una base che sia in posizione strategica.
Il bed & breakfast **Al Ponterosso** è tutto questo e anche qualcosa in più. Situato nella suggestiva piazzetta Ponterosso, dispone di ampie e pulitissime camere che si affacciano sullo splendido Canal Grande e il palazzo che lo ospita non è altro che l'antica dimora del celebre scrittore James Joyce.
Ogni stanza dispone di un bagno privato e, al vostro arrivo, troverete fiori freschi, un bollitore e un'ampia scelta di tisane e camomille. Il messaggio è chiaro: sentitevi a casa vostra.
Ogni mattina la proprietaria vi servirà una ricca colazione e, preparandovi le uova strapazzate, vi darà consigli impagabili per fare in modo che anche voi vi innamoriate di Trieste come lei.

Tante coccole

Fiordilo | 28 dicembre 2013

Ci siamo fermati per sei giorni (la settimana di Natale) e il tempo è volato... di notte si dorme meravigliosamente e al mattino c'è sempre la tavola imbandita per farti iniziare al meglio la giornata.
Ma al di là della meticolosa pulizia degli ambienti e delle piacevolissime e abbondanti colazioni, ci siamo sentiti davvero coccolati fino alla fine dalla gentilezza di queste persone davvero speciali (e un po' ti dispiace andare via...).

FASCIA PREZZO €40-€80
CATEGORIA B&B

46 recensioni
n.19 di 88 B&B e pensioni

1
Piazza Ponterosso 3
34121 Trieste (Centro storico)
Tel: 040 2600312
www.alponterosso.it

Top 5 Alberghi

classifica ragionata basata su tripadvisor

1 | Albergo alla posta

Atmosfere d'altri tempi per un hotel che coniuga tradizione e modernità. Cosa c'è di meglio di una buona colazione davanti a un caminetto scoppiettante mentre fuori piove?

Il buon tempo antico

Giorgio616182 | 14 gennaio 2014

Camera essenziale, pulita, con vista su piazza Oberdan e palazzi... alla De Chirico di fronte! Ambiente caldo, c'è pure il caminetto e il personale è premuroso e cordiale.

Consigliato

Bobten | 7 gennaio 2014

Siamo stati in questo albergo per alcuni giorni ai primi di gennaio 2014. Location buona (circa dieci minuti a piedi dal centro). Ottima cordialità e disponibilità del personale a tutti i livelli. Colazione ottima.

FASCIA PREZZO €70-€130 CATEGORIA ★★★

2
Piazza Oberdan 1
34133 Trieste (Centro storico)
Tel: 040 365208 www.albergopostatrieste.it

235 recensioni
n.12 di 52 hotel

2 | Nuovo Albergo Centro

A due passi dal centro, l'albergo ideale per chi vuole visitare la città con un occhio al portafoglio. Non perdetevi la ricca colazione a buffet e il bookcrossing!

Ottimo rapporto qualità-prezzo

Valentina d | 13 gennaio 2014

Confermo tutte le recensioni degli altri utenti: è pulitissimo, vicino al centro e vicino alla stazione, personale cortese
Per noi è ormai da diversi anni il punto di riferimento.

Ottimo

Giovanni F F | 13 dicembre 2013

Personale molto gentile e disponibile.
Molto pulito. Tutto funzionale e nessuna sorpresa. Ho visto colazioni più complete, ma per essere un due stelle direi che ci siamo.
Rapporto qualità-prezzo ottimo.

FASCIA PREZZO €50-€70 CATEGORIA ★★

3
Via Roma 13
34132 Trieste (Centro storico)
Tel: 040 3478790 www.hotelcentrotrieste.it

161 recensioni
n.15 di 52 hotel

3 | Alla Valle di Banne

Immerso nel verde del Carso triestino (ma a pochi chilometri dal centro), un'oasi di tranquillità dall'atmosfera casalinga. Cinque mountain bike e un magazzino per le riparazioni lo rendono l'ideale per gli amanti di cicloturismo.

Bella vacanza!

Stefania P | 10 gennaio 2014

Abbiamo soggiornato per tre notti in questo hotel a pochi minuti di strada da Trieste. Utilissimo il parcheggio interno e molto buone le cene, in cui abbiamo provato la jota e i ćevapčići, piatti tipici di Trieste. Giusto rapporto qualità-prezzo.

Vacanze confortevoli e allegre

Marzia N | 2 gennaio 2014

Piccolo e pulito albergo a dieci minuti di macchina da Trieste. Marco è gentile e simpatico e Marina un'ottima padrona di casa. La colazione è stratosferica: un buffet ricco di ogni delizia! La zona gioco accanto alla reception è stata molto gradita alle nostre bambine. Le stanze sono comode e spaziose.

FASCIA PREZZO €50-€75 CATEGORIA ★★★

4

Località Banne 25
34151 Trieste (Banne)
Tel: 040 211089 www.allavalledibanne.it

141 recensioni
n.9 di 52 hotel

4 | Colombia hotel

La posizione è il punto di forza di questo hotel dalle camere semplici ma curate. Stazione, centro città, le principali zone della movida triestina: tutto è facilmente raggiungibile a piedi.

Ottimo albergo

Spazio R | 15 gennaio 2014

Avevamo una camera tripla molto ampia, silenziosissima nonostante fossimo fronte strada. Pulitissima con cambio biancheria giornaliera. Colazione buona.
Lo consigliamo vivamente!

Piacevole soggiorno

Alessia B | 3 gennaio 2014

L'hotel Colombia mi è piaciuto moltissimo. Arredamento con opere moderne in reception, stanze molto spaziose e silenziose. Ottima la tisaneria in reception. Il personale è stato di aiuto per il parcheggio e info turistiche.

FASCIA PREZZO €70-€120 CATEGORIA ★★★

5

Via Geppa 18
34132 Trieste (Centro storico)
Tel: 040 369333 / 040 369191
www.hotelcolombia.it

123 recensioni
n.17 di 52 hotel

5 | Hotel James Joyce

Un edificio del 1770 nel cuore del centro storico. Visitate il sito prima di prenotare: potrebbero esserci vantaggiose offerte che sembrano studiate proprio per voi.

Ottima soluzione a prezzi contenuti

Beatrice B | 29 dicembre 2013

La location è centralissima, seppur leggermente defilata rispetto alla strada principale, dunque tranquilla e al contempo facile da raggiungere. Le camere sono curate e molto ben pulite.

Un buon hotel al centro della città

G0gghi | 25 novembre 2013

Ottima la posizione al centro della città. Buon rapporto qualità-prezzo. La nostra stanza tripla all'ultimo piano era molto spaziosa e comoda. Colazione ottima e abbondante. Hotel comunque consigliato al 100% anche per la gentilezza del personale alla reception.

FASCIA PREZZO €60-€140 CATEGORIA ★★★

6
Via dei Cavazzeni 7
34121 Trieste (Centro storico)
Tel: 040 302065 www.hoteljamesjoyce.com

73 recensioni
n.19 di 52 hotel

Top 5 B&B e altro

classifica ragionata basata su tripadvisor

1 | Villa Fausta B&B

Una villa immersa nel verde dove trovare la quiete. Davanti alla ricca colazione, non mancate di chiedere consiglio a Nicoletta e Sergio: sapranno indicarvi tutto il meglio di Trieste.

Fantastico weekend

SempreInGiroTraLala | 28 dicembre 2013

Accoglienza calorosa (grazie anche ai due bellissimi cagnoni Brutus e Pupa) e soggiorno piacevole e tranquillo. La Villa è a due passi dal centro, che è facilmente raggiungibile grazie ai mezzi pubblici.

In famiglia

Holger 4004 | 13 gennaio 2014

L'atmosfera era molto amichevole e familiare, i padroni di casa gentili e disponibili. Le camere silenziose e belle. C'erano anche due grandi cani. Il tocco in più: è possibile lasciare l'auto proprio davanti alla villa.

FASCIA PREZZO €50-€80 CATEGORIA B&B

7
Salita di Gretta 5
34136 Trieste (Gretta)
Tel: 040 415252 www.villafausta-trieste.com

63 recensioni
n.6 di 88 B&B e pensioni

2 | Svevo & Joyce

Grazie all'arredamento vintage e ricercato, vi sembrerà di tornare all'epoca di Svevo e di Joyce. Non temete però: i comfort moderni sono assicurati.

Un weekend romantico

PanderUD | 22 dicembre 2013

L'arredamento delle stanze e dei bagni è curato nel dettaglio. I proprietari sono una giovane coppia che si fa in quattro per soddisfare ogni esigenza. Torneremo sicuramente! Grazie mille.

Coccolati come a casa

Maria Rosa B | 11 dicembre 2013

Per gentilezza e accoglienza dei gestori Giulia e Sandro, merita il massimo dei voti. Colazioni abbondanti, arredamento particolare completano l'opera, creando un'atmosfera calda e accogliente. Un bacio a Giulia e Sandro da Gaia: grazie!

FASCIA PREZZO €40-€65 CATEGORIA B&B

8

Via Belpoggio 4
34123 Trieste (Centro storico)
Tel: 340 6231891
www.svevoejoyce.it

95 recensioni
n.13 di 88 B&B e pensioni

3 | Residenza le 6A

Per i letterati in pellegrinaggio: ogni camera è dedicata a un personaggio femminile narrato da Svevo e la sala comune è ricca di libri a disposizione degli ospiti.

Location bellissima

Giopino | 24 dicembre 2013

Struttura meravigliosa, gestita splendidamente, raffinata ed elegante, ci torno sempre volentieri. Da provare assolutamente: è il posto ideale dove soggiornare in questa bellissima città.

Accogliente ed elegante

Marco C | 20 dicembre 2013

Un elegante salotto nel cuore di Trieste, con un gusto raffinato per i particolari. Siamo stati accolti con grande gentilezza e tanti consigli utili.

FASCIA PREZZO €60-€80 CATEGORIA B&B

9

Via Santa Caterina da Siena 7
34122 Trieste (Centro storico)
Tel: 040 6726715 www.residenzale6a.it

58 recensioni
n.22 di 88 B&B e pensioni

4 | B&B Zenzero e Cannella

Tutti gli ingredienti per una vacanza da re: camere accoglienti con parquet, doppi vetri insonorizzati e Sky. Ricordatevi di uscire per dare un'occhiata alla città!

Carinissimo!
Michilupi | 2 gennaio 2014

Il B&B è piccolino, composto da tre camere doppie e una saletta comune in cui viene servita la colazione, ma le camere sono spaziose ed è tutto molto ben curato e pulitissimo. La posizione è ottima c'è un parcheggio a pagamento (€12 al giorno) a pochi minuti e, seguendo corso Italia, si arriva in centro in una decina di minuti.

Decisamente da consigliare
Fabio L | 16 dicembre 2013

B&B decisamente da consigliare: il gestore è una persona gentilissima, disponibile, pronto a dare tutte le informazioni e i consigli necessari, gentilissima anche la signora Martha che ci ha accolti all'arrivo; locali accoglienti e pulitissimi; buona la colazione per quantità e varietà; eccellente la posizione; ottimo il rapporto qualità-prezzo.

FASCIA PREZZO €45-€70 CATEGORIA B&B

10 Largo Barriera Vecchia 15
34129 Trieste (Barriera Vecchia)
Tel: 345 5673624 www.zenzerocannella.it

58 recensioni
n.25 di 88 B&B e pensioni

5 | House 5 Room Design

Una grande e bellissima casa nel centro di Trieste trasformata in un B&B di design di gusto minimal chic. Per un soggiorno all'insegna dell'eleganza e del relax.

Ottima posizione e cortesia
MarkoKovac | 26 dicembre 2013

Sono rimasto piacevolmente sorpreso dall'House 5 Room Design. Ben progettato, moderno, piacevole, pulito, buon rapporto qualità-prezzo e personale disponibile. Se dovessi andare ancora a Trieste, ci tornerò sicuramente!

Ottima esperienza
Massimo C | 18 dicembre 2013

Camera pulita, confortevole, spaziosa e silenziosa. Colazione ricca e personale estremamente cortese e attento.
Ubicato a pochi passi dal centro e a pochi metri da una splendida zona pedonale ricca di negozi, è comodo anche per chi arriva in auto in quanto offre molte opportunità di parcheggio nelle vicinanze.

FASCIA PREZZO €60-€120 CATEGORIA B&B

11 Via Giulia 5
34126 Trieste (Guardiella)
Tel: 040 0644872 www.house5.it

89 recensioni
n.27 di 88 B&B e pensioni

Scelto dalla redazione

Alla bella Trieste

© Alla bella Trieste

È dal 1955 che la famiglia Radin gestisce questa tipica *stube* austriaca che è entrata da tempo nel cuore dei triestini. Ai fondatori, ormai diventati nonni, si unisce oggi la nuova generazione: i sapori della tradizione vengono così rivisitati con il giusto pizzico di innovazione.
Allo stesso modo, alle vecchie foto appese che raccontano la storia del locale e alla caldaia sempre fumante pronta per i bolliti, si affiancano i due schermi Hd per seguire le partite di campionato. In questa osteria, interamente rivestita in legno chiaro con le botti a vista, gusterete una cucina che rispecchia la storia della città: dai piatti di origine austro-ungarica, come il gulasch, a quelli balcanici e sloveni. Ma Trieste è anche città di mare e qui potrete assaggiare ottimi piatti di pesce della tradizione istriana e dalmata.
Non dimenticate di accompagnare le prelibatezze che si susseguiranno sulla vostra tavola con una delle gustose birre alla spina o un vino sfuso della casa: il prosecco è imperdibile.

Trieste... da mangiare

Janfresko | 31 dicembre 2013

Un posto per tutti i gusti e le tasche. Entro e l'atmosfera già mi predispone favorevolmente; l'ambiente da osteria è perfetto, curato ma rustico e con quel «che» di casalingo che in un'osteria triestina è d'obbligo. Che dire: tutto di ottima qualità, fatto in casa e preparato con cura (gli gnocchi sono favolosi). Direi che non c'è bisogno di altri commenti. Un dettaglio: il locale è piccolo quindi è meglio prenotare...

FASCIA PREZZO €15-€40
CATEGORIA OSTERIA E BIRRERIA
CHIUSO DOMENICA

20 recensioni
n.107 di 576 ristoranti

12
Via Massimo D'Azeglio 19
34129 Trieste (Barriera Vecchia)
Tel: 040 761979
www.osteriabellatrieste.com

Top 10 Locali

classifica ragionata basata su tripadvisor

1 | Siora Rosa

Bolliti, trippe, cotechini e succulenti panini: i sapori di Trieste e la tradizione austroungarica si uniscono in questa graziosa trattoria a due passi da Piazza dell'Unità.

Sentirsi a casa

Superila | 1 gennaio 2014

Consigliato da una signora triestina molto gentile mentre camminavamo in centro... ottimo consiglio! Semplice e casereccio. Ambiente piccolo, familiare e spartano, sembra di mangiare la cucina di mamma! Da ritornare!

Tappa consigliata per chi visita Trieste

Alessandrac_73 | 3 gennaio 2014

Locale vintage molto accogliente. Atmosfera gradevole con personale cortese e simpatico. Piatti semplici ma curati e assolutamente buoni. Ottima la birra artigianale. Il tutto a un prezzo ragionevole. È una tappa da non mancare!

FASCIA PREZZO €15-€30 **CATEGORIA** TRATTORIA
CHIUSO MARTEDÌ

13
Piazza Hortis 3
34100 Trieste (Centro storico)
Tel: 040 301460

297 recensioni
n.62 di 576 ristoranti

2 | Gelato Marco

Solo panna, frutta fresca e prodotti genuini. E il laboratorio a vista vi garantisce che il miglior gelato artigianale di Trieste ha un unico segreto: la sua bontà.

Il miglior gelato a Trieste

Audreyinholiday | 11 gennaio 2014

Questa gelateria mi è stata consigliata da amici triestini e si è confermata una scelta impeccabile. Gustoso il gelato, servito a palline. Personale cortese, locale pulito e ordinato.

Super Marco & staff

Kyppe | 21 dicembre 2013

Marco è sempre super cordiale e disponibile, idem per tutto lo staff... e il gelato? Se c'è sempre la fila ci sarà un perché! Buonissimo! Raccomandatissimo!

FASCIA PREZZO €2-€5 **CATEGORIA** GELATERIA
CHIUSO LUNEDÌ

14
Via Malcanton 16/a
34121 Trieste (Centro storico)
Tel: 392 0788230 www.gelatomarco.com

164 recensioni
n.3 di 576 ristoranti

3 | Buffet Bier Stube

Chi non vorrebbe bere boccali di birra mentre il proprietario spiega i segreti della cucina locale? Ecco, sappiate che in questa accogliente osteria è possibile.

Spettacolare
Giulia B | 12 gennaio 2014

Un locale piccolo ma accogliente. Abbiamo mangiato un antipasto di pesce eccezionale e anche i primi erano molto buoni. Ve lo consiglio!

Ottima mangiata
Marco D | 30 dicembre 2013

Locale molto accogliente, gestori simpatici e disponibili. Il menu raccoglie una serie di piatti tipici: dallo stinco di maiale servito con contorno allo gnocco boemo con gulasch... tutto ottimo e porzioni abbondanti! Qualità-prezzo ottima.

FASCIA PREZZO €15-€20 **CATEGORIA** OSTERIA E BIRRERIA
CHIUSO MARTEDÌ

15
Via Ugo Foscolo 3
34131 Trieste (Barriera Vecchia)
Tel: 342 7186941
www.facebook.com/BuffetBierStube

115 recensioni
n.12 di 576 ristoranti

4 | Al Toscano

Il piatto forte è la fiorentina cotta alla brace, e poi dolci artigianali e ottimo vino toscano. Se è estate, chiedete un tavolo nel fresco giardino: non ve ne pentirete.

Fantastico
Giovanni P | 9 gennaio 2014

Posto ottimo sia per una cena tra amici, sia per una cenetta romantica. A mio avviso il miglior ristorante di Trieste.
Continuerò a tornarci ogni volta che posso!

Per gli amanti della griglia
Alfonso P | 19 gennaio 2014

Si tratta di uno dei migliori ristoranti della città, dove si può gustare la mitica fiorentina, ma non solo. Ottimi salumi e formaggi, tanti piatti alla brace da mangiare in un ambiente molto confortevole e con personale cordiale. Da non perdere i dolci.

FASCIA PREZZO €30-€40 **CATEGORIA** RISTORANTE TOSCANO
CHIUSO MERCOLEDÌ

16
Via Bonomea 114
34136 Trieste (Gretta)
Tel: 040 425057 www.altoscano.it

150 recensioni
n.11 di 576 ristoranti

5 | Antipastoteca di mare «Alla Voliga»

Li chiamano «assaggioni di mare» e dentro ci trovate di tutto: dai frutti di mare alla polenta, dal pesce al «pan brustolà con l'aio». E poi zuppe, pasticci, grigliate: un sacco di buone ragioni per passare di qui.

Mangiato benissimo
818Tina | 16 gennaio 2014

Mi avevano parlato bene di questo posto, e devo dire che la bontà di quello che abbiamo mangiato è stata oltre le aspettative. E, per gli amanti della buona musica, sottolineo che anche la musica in sottofondo era di uno «spessore» non da poco... sarà mica perché il titolare assomiglia spudoratamente al cantante degli Who?

Evviva il pesce azzurro!
Nedda_Morellato | 19 gennaio 2014

«Ogni animale sta bene nel suo habitat», con questa frase ci ha salutati oggi Roby, il «paron» de La Voliga, e noi lì siamo stati proprio bene: ambiente tranquillo, informale, prezzi chiari e conto senza sorprese. Un'osteria tradizionale che non concede nulla alle mode, ma proprio per questo ha mantenuto intatta la sua genuinità.

FASCIA PREZZO €15-€25 **CATEGORIA** TRATTORIA
CHIUSO DOMENICA SERA E LUNEDÌ

17 Via della Fornace 1
34131 Trieste (Barriera Vecchia)
Tel: 040 309606 www.antipastotecadimare.it

373 recensioni
n.21 di 576 ristoranti

Zoom

La Barcolana

L'anima marinara di Trieste emerge ogni anno a fine stagione, la seconda domenica di ottobre, in un enorme evento dalla difficile definizione: la Barcolana. Una competizione che è anche una festa, un raduno per appassionati e professionisti, ma soprattutto una celebrazione della città e del suo spirito.

Nata a **Barcola** nel 1969, negli anni Ottanta diventa internazionale e oggi è la più grande regata del mondo: ogni anno duemila barche a vela di ogni forma e dimensione si assiepano su un'unica linea di partenza e affollano il golfo di Trieste, il punto più settentrionale del mare Adriatico. La conformazione del territorio fa sì che la competizione si svolga in una sorta di stadio a cielo aperto: dagli spiazzi dell'altopiano carsico il pubblico si accalca per godersi lo spettacolo.

Ma la Barcolana non è solo vela, è anche un tripudio di spettacoli e musica. Tantissimi gli stand dove poter gustare vini del Carso, birra, spritz e prodotti tipici ballando sulle note suonate dagli artisti del posto.

Trieste | **La Barcolana**

© TheWiz83 / Wikimedia commons

6 | TNT Pub

Un pub-paninoteca sorto in una ex sala da ballo del 1900. Una scelta infinita di hamburger e un servizio sempre all'altezza: «fatevi viziare» scrivono i gestori e voi non potrete che accettare.

I migliori panini

Wavvy | 16 gennaio 2014

Il panino che ho mangiato al TNT lo porterò sempre nel cuore. Enorme già quello di dimensioni normali, c'è anche la possibilità di richiederne uno XL. La farcitura è sempre fresca e buona, e il pane si scioglie in bocca.

Sempre ottimo

Alex D | 30 dicembre 2013

Frequento questo locale dai lontani anni Novanta, fin da prima della ristrutturazione. Uno dei migliori pub della città, da consigliare agli amanti della buona birra. Servizio educato e solerte, prezzi commisurati. I panini sono buonissimi.

FASCIA PREZZO €10-€15 **CATEGORIA** PUB E PANINOTECA
APERTO TUTTI I GIORNI

18 Via della Ginnastica 46/a
34125 Trieste (Barriera Vecchia)
Tel: 040 661116 www.tntpub.com

114 recensioni
n.25 di 576 ristoranti

Special Price

Osmiza: segui la frasca

Vi capiterà di vedere, lungo le strade principali del Carso, dei mazzi di rami, delle frasche esposte insieme a una freccia un po' scolorita dal vento. In quei momenti non dovete far altro che fermare la macchina e seguire queste bizzarre indicazioni. State per scoprire il magico mondo delle osmize.

La parola deriva da un termine sloveno che vuol dire «otto», quanti erano in origine i giorni di apertura di questi particolari «locali»: fattorie di contadini che in alcuni mesi hanno più vino e cibo del necessario, tanto che possono trasformare le loro tenute in temporanei agriturismi.

Seguendo le strade indicate dalle frasche arriverete in meravigliose terrazze sul mare, fornite provvisoriamente di tavoli e panche di legno: l'atmosfera è goliardica e il vino scorre a fiumi. Gusterete i salumi e i formaggi tipici di questa terra, avrete sotto di voi il golfo di Trieste a fare da cornice e, spendendo una cifra davvero ridicola, pranzerete in un'atmosfera unica, che renderà la vostra vacanza sul Carso indimenticabile.

© Silvia Benedet / www.idiaridellalambretta.com

Trieste | **La frasca che indica l'osmiza**

7 | Osteria de Scarpon

I migliori piatti a base di pesce che la tradizione triestina vi può offrire li troverete in questa oasi di mare, a due passi dal centro. Indispensabile prenotare.

Osteria tipica di pesce
Fraben88 | 6 gennaio 2014

Una piacevole sorpresa! Invitati da nostri parenti triestini abbiamo scoperto un posto veramente alla mano, ma con un servizio veloce e cortese. Pesce veramente squisito e locale molto frequentato.

Primi di pesce eccezionali
Mdmwasthere | 2 gennaio 2014

Clima da osteria, cucina da ristorante di gran classe... Mangiato risotto al nero di seppia e spaghetti all'amatriciana di gamberi... letteralmente da leccarsi i baffi... Porzioni abbondanti.

FASCIA PREZZO €20-€30 **CATEGORIA** OSTERIA
APERTO TUTTI I GIORNI

19 Via della Ginnastica 20
34125 Trieste (Barriera Vecchia)
Tel: 040 367674 www.osteriadescarpon.it

270 recensioni
n.64 di 576 ristoranti

8 | Kapuziner Keller

Un angolo di Austria nel cuore di Trieste: qui camerieri dai tipici costumi bavaresi vi serviranno il meglio della cucina (e della birra) mitteleuropea.

Mitteleuropa
Gianni C | 7 gennaio 2014

Ottima birra bavarese e buone salsicce. Bell'atmosfera mitteleuropea nel cuore di Trieste. Il servizio è celere. Lo considero un buon ristorante: da provare se si passa da Trieste.

Viaggio in Bavaria
Daroma11 | 2 gennaio 2014

Adatto anche a famiglie con ragazzi e bambini, come noi. Ambiente assolutamente serio e familiare, senza eccessi da birreria. Ottimo cibo, servizio squisito, prezzi contenuti. In centro. Lo consiglio a chi soggiorna a Trieste.

FASCIA PREZZO €10-€20 **CATEGORIA** RISTORANTE E BIRRERIA BAVARESE
CHIUSO DOMENICA

20 Via Pozzo del Mare 1
34121 Trieste (Centro storico)
Tel: 040 307997 www.kapuzinerkellertrieste.it

141 recensioni
n.61 di 576 ristoranti

9 | Pasticceria Penso

Sacher, strudel, crostate, krapfen alla crema o alla marmellata. A colazione o a merenda, ogni occasione è buona per addolcire la vostra giornata triestina.

Wow!

Buongustaio76 | 11 gennaio 2014

Fanno solo paste, e nessun caffè o altro. Ma che paste... sublimi! Meravigliose. Perfetto bilanciamento di ingredienti e qualità. Consigliatissimo.

Sempre Penso

Pasmilano123 | 1 gennaio 2014

Antica. Classica. Ottima. Gentile. Semplice. Fornita. Centrale. Che dire?! Posti così sono ormai rari. La signora è straordinaria, come i suoi pasticceri che si intravedono nel laboratorio...

FASCIA PREZZO €1-€20 **CATEGORIA** PASTICCERIA
CHIUSO LUNEDÌ

21 Via Diaz 11
34124 Trieste (Centro storico)
Tel: 040 301530
www.facebook.com/pasticceriapenso

69 recensioni
n.2 di 576 ristoranti

---

10 | Antica trattoria Suban

Quattro generazioni di ristoratori e una qualità immutabile. È dal 1865 che la famiglia Suban inonda con i suoi profumi le vie di Trieste, e a voi non resta altro che seguirli!

Pranzo in famiglia

Franz89RG | 25 gennaio 2014

Gentilezza e qualità sono davvero ottimi. I piatti tipici della casa sono buonissimi (li consiglio), posto molto raffinato e personale molto disponibile!

Suban resta Suban!

FTMW73 | 24 gennaio 2014

È da trent'anni che frequento questo ristorante e oggi più che mai devo dire che Suban resta Suban. Ottima qualità dei prodotti, servizio eccellente e prezzo indiscutibile.

FASCIA PREZZO €20-€40 **CATEGORIA** TRATTORIA
LUNEDÌ, MERCOLEDÌ E GIOVEDÌ APERTO A CENA, SABATO E DOMENICA A PRANZO E CENA
CHIUSO MARTEDÌ

22 Via Emilio Comici 2/d
34128 Trieste (Guardiella)
Tel: 040 54368 www.suban.it

277 recensioni
n.10 di 576 ristoranti

Storia, letteratura e panorami mozzafiato

Una delle passeggiate più belle e suggestive che si affacciano sul golfo di Trieste è sicuramente quella che collega **Sistiana a Duino**. Il sentiero, letteralmente a picco sul mare, prende il nome dal poeta Rainer Maria Rilke, che fu ospite al castello di Duino all'inizio del secolo scorso, come già lo fu Dante prima di lui.

Il punto di partenza è **Sistiana**, là dove inizia la strada che porta al mare. Se siete in macchina potete comodamente parcheggiare nello slargo presso l'ufficio informazioni turistiche Aiat.

Poi non dovrete far altro che prendere il sentiero che, a destra, costeggia la ripida scogliera e poi si inoltra nel bosco. Continuando la passeggiata arriverete al **collegio del Mondo Unito**, arrampicato in una posizione mozzafiato a strapiombo sul mare.

Avrete di fronte a voi il **castello di Duino**, dimora storica dei principi della Torre e Tasso (Thurn und Taxis). Johann Strauss, Mark Twain, Paul Valéry, Gabriele D'Annunzio sono solo alcune delle personalità che nella storia hanno frequentato questo castello da fiaba. La costruzione sorge su uno sperone di roccia carsica a precipizio sul mare, e offre uno strabiliante panorama sul golfo di Trieste. Dal 2003 è aperto al pubblico ed è visitabile tutti i giorni, tranne il martedì, dalle 9.30 alle 17.30.

Il percorso turistico si snoda lungo stanze e saloni ricchi di opere d'arte, mentre le terrazze sono ornate da distese multicolori di fiori di ogni specie che giocano con i colori del mare e della macchia mediterranea.

Attraverso il grande parco, impreziosito dai suoi viali romantici, pieni di statue e reperti archeologici, si accede anche al bunker costruito durante la seconda guerra mondiale: grazie a delicati lavori di recupero e di restauro conservativo, questo rifugio è stato trasformato in un suggestivo mini-museo con cimeli d'epoca esposti in una grande sala scavata a diciotto metri di profondità.

Un viaggio nei meandri della storia con l'immensità del mare a fare da cornice, una passeggiata che può soddisfare i turisti più diversi: famiglie con bambini o coppie di innamorati, viaggiatori solitari e amici in cerca di un po' di tranquillità.

© Teresa Bava

Castello di Duino

Scelto dalla redazione

| Science Centre Immaginario Scientifico

© Airin / Wikimedia commons

Trieste è un polo scientifico all'avanguardia, in Italia come in Europa, e il **Science Centre Immaginario Scientifico**, situato nella splendida baia di Grignano, è qui per ricordarcelo.
In grado di sorprendere e istruire grandi e piccini, è un museo interattivo e multimediale, dove ogni cosa è progettata perché il visitatore possa interagire con gli oggetti esposti: uno spazio in cui la scienza deve essere vissuta innanzitutto come esperienza personale e dove la parola d'ordine è «vietato non toccare».
Tre sezioni principali lo caratterizzano: «Fenomena», con postazioni interattive e organizzato in percorsi tematici; «Kaleido», uno spazio multimediale con musiche e maxischermi; «Cosmo», un planetario con simulazioni di albe e tramonti.
Non perdetevi le attività del weekend pensate per i più piccoli, da «Scienziati della Domenica» a «Compleannis» (feste di compleanno su misura), fino ad arrivare a «Notte immaginaria», un'intera notte tra le sale del museo.

Da vedere

Alessandra G | 8 novembre 2013

Ci sono stata con mia figlia di dodici anni, che ne è rimasta affascinata (e anch'io, a dire il vero). È divertente, istruttivo e interessante. I ragazzi che vi lavorano sono di una gentilezza e di una disponibilità inconsuete nei musei.

TARIFFA KALEIDO: GRATUITO; FENOMENA: €4,5-€6,5; COSMO: €2,5-€3,5

ORARI DA GENNAIO A MAGGIO E DA OTTOBRE A DICEMBRE: DOMENICA 10-20
DA GIUGNO A SETTEMBRE: SABATO E DOMENICA 15-20

28 recensioni
n.22 di 73 attrazioni

23
Riva Massimiliano e Carlotta 15
34014 Grignano (Trieste)
Tel: 040 224424
www.immaginarioscientifico.it

Top 10 Attrazioni

classifica ragionata basata su tripadvisor

1 | Piazza dell'Unità d'Italia

Una delle piazze più belle d'Italia, allungata sul mare come se volesse abbracciarlo. Gli splendidi localini e le suggestive luci blu che la illuminano dal basso la avvolgono di un fascino misterioso e senza tempo.

Davvero notevole

Sergio F | 17 gennaio 2014

L'emozione deriva dal contrasto tra l'elemento naturale, il mare libero e selvaggio, e uno spazio ampio ed elegante, con palazzi gravidi di secoli di storia. Mai banale, mai frivola, sempre e solo intensa. Luogo importante e godibilissimo.

Di una bellezza mozzafiato

Danielacucciola | 19 gennaio 2014

Sembra davvero di stare in un salotto austriaco: pulita, ordinata, con i suoi palazzi stile impero e la splendida vista sulle rive... molto suggestiva la sera con le luci! Ci si può sedere al Bar degli Specchi, locale storico di Trieste, e immaginare di veder passare la carrozza imperiale!

TARIFFA GRATUITO

24 Piazza dell'Unità d'Italia
34121 Trieste (Centro storico)

888 recensioni
n.1 di 73 attrazioni

2 | Molo Audace

Costruito sul relitto di una nave affondata nel porto di Trieste nel Settecento, l'incantevole molo Audace rappresenta uno dei punti più suggestivi della città.

L'identità di Trieste

Pierreboy | 30 gennaio 2014

È proprio da questo molo che si respira la vera identità di Trieste, città di una bellezza straordinaria. Ogni volta che vengo a Trieste mi fermo in questo lembo di terra che si adagia sul mare e ammiro la meravigliosa piazza dell'Unità, il lungomare e il porto.

Passeggiando in mezzo al mare

Gianni C | 7 gennaio 2014

Antico molo sorto nel luogo di affondamento del fiore all'occhiello della marina imperiale austriaca è ora diventato una piacevole promenade abbracciata dal mare che consente di godere di inaspettate prospettive.

TARIFFA GRATUITO

25 Riva Tre novembre
34121 Trieste (Centro storico)

46 recensioni
n.8 di 73 attrazioni

3 | Museo della risiera di San Sabba

In origine era uno stabilimento per la pilatura del riso. Poi, con l'orrore del nazismo, è stato trasformato in un campo di prigionia. Oggi è monumento nazionale e luogo imprescindibile della memoria.

Da visitare per non dimenticare un atroce passato

Viaggiatore2013 | 7 gennaio 2014

È difficile scrivere una recensione su questo luogo che è stato sede di tante atrocità. Dico solo che va visitato, e va visitato in silenzio, soffermandosi su ogni singola testimonianza che viene offerta nel museo.

Per ricordare e non dimenticare

Elisa B | 17 gennaio 2014

Non so come iniziare, non so cosa dire. Mi viene solo in mente la canzone *Auschwitz* e la triste malinconia che mi ha sempre invaso quando l'ascolto o la insegno ai miei ragazzi a scuola. Ecco, quello che vi posso dire è che qui la musica diventa corpo, silenzio, angoscia.

TARIFFA GRATUITO. VISITE GUIDATE €3

ORARI TUTTI I GIORNI 9-19

26 Via Giovanni Palatucci 5
34148 Trieste (Servola)
Tel: 040 826202 www.risierasansabba.it

211 recensioni
n.3 di 73 attrazioni

4 | Cattedrale di San Giusto

Questa antica cattedrale romanica, con il suo enorme rosone di pietra carsica e i mosaici bizantini, domina la città di Trieste dalla cima del colle di San Giusto. La sua bellezza vi ripagherà della fatica di arrivare lassù.

Da vedere

Martina n | 12 gennaio 2014

Bellissimo sito romanico, ricco di atmosfera medievale. La location in cima alla collina di Trieste lo rende unico anche dal punto di vista del panorama.

Un Duomo da ricordare

Xbeca | 28 gennaio 2014

Il Duomo è un po' il paradigma della storia di tutta la città. Nasce sulle rovine di un tempio romano. Vi sono tracce di una basilica paleocristiana e poi, via via, la costruzione si è trasformata annettendone altre. Da notare anche la posizione.

TARIFFA GRATUITO

ORARI CONSULTARE IL SITO

27 Piazza della Cattedrale 1
34121 Trieste (Centro storico)
Tel: 040 309666 www.sangiustomartire.it

52 recensioni
n.12 di 73 attrazioni

5 | Canal Grande

Chi l'ha detto che il Canal Grande c'è solo a Venezia? La variante triestina si trova tra Piazza dell'Unità d'Italia e la stazione, con tanto di statua di Joyce che si affaccia dal ponte rosso. Non perdete il mercato domenicale!

Uno spaccato veneziano

Martina n | 12 gennaio 2014

Venezia a Trieste?
Sorprendente, magico e molto romantico, soprattutto di sera, con le luci dei locali che si rispecchiano nell'acqua.

Un canale a sorpresa accanto al centro

Davidik | 23 dicembre 2013

Questo canale appare a sorpresa mentre si cammina per il centro pedonale di Trieste. Ad un certo punto si sbuca su questo braccio di mare, alla cui fine troneggia una bella chiesa in stile classico un bellissimo scorcio scenografico in mezzo alle strade della città. Da vedere.

TARIFFA GRATUITO

28 Via Gioacchino Rossini
34121 Trieste (Centro storico)

71 recensioni
n.27 di 73 attrazioni

6 | Museo ferroviario di Trieste Campo Marzio

Nella vecchia stazione di Campo Marzio, questo museo ricostruisce l'affascinante storia delle strade ferrate attraverso plastici e reperti d'epoca di ogni tipo.

Interessante

Susatrieste | 15 gennaio 2014

Per gli amanti dei treni storici è veramente emozionante. Situato vicino al mare, ottimo anche per una bella passeggiata.

Visita

Nazgul_2013 | 24 dicembre 2013

Il museo è molto bello, ma manca dei fondi necessari per mantenerlo in maniera adeguata, peccato: il made in Italy colpisce ancora, come nel caso di altri musei. Merita comunque una visita, prima che sparisca.

TARIFFA €3-€5

ORARI APERTO MERCOLEDÌ, SABATO E DOMENICA 9-13

29 Via Giulio Cesare 1
34123 Trieste (San Vito)
Tel: 040 3794185 www.museoferroviariotrieste.it

42 recensioni
n.11 di 73 attrazioni

7 | Barcola

Piccola frazione della città, Barcola è il mare dei triestini. Ma la sua vera anima sboccia lontana dal periodo estivo, quando il suo lungomare in porfido non è gremito dalla folla e si rimane da soli di fronte al mare.

Barcola magica

Zatop | 26 gennaio 2014

Si chiama Barcola la passeggiata lungomare che costeggia la strada statale che, dal Castello di Miramare, arriva alle porte di Trieste. I triestini la adorano, ci vanno sia d'inverno, quando soffia forte la bora e il mare è spumeggiante, sia d'estate.

La Barcola

Monica V | 30 dicembre 2013

È una zona della città, la riviera, usata anche per prendere il sole dai triestini. Dicono che sia ancora più bella a ottobre, quando si svolge la regata velica che rende il golfo un'immensa distesa di vele spiegate al vento.

TARIFFA GRATUITO

30 Barcola (Trieste)

98 recensioni
n.16 di 73 attrazioni

8 | Foiba di Basovizza

Sulle alture del Carso triestino, un monumento per non dimenticare le migliaia di persone che nel drammatico 1945 persero la vita in queste voragini naturali. Una visita istruttiva per confrontarsi con la Storia.

Monumento a un olocausto taciuto fino al 2004

Roby e Ele Z | 5 gennaio 2014

Sulle alture del Carso triestino si presenta questo monumento che tutti dovrebbero visitare. Questo sacrario rappresenta il dolore patito dal popolo giuliano.

Da vedere

Tasso 67 | 3 gennaio 2014

Dire che è un luogo molto bello da visitare non è molto appropriato essendo un posto dove sono state imprigionate e uccise tante persone. Rende però l'idea di cosa può provocare la cattiveria dell'uomo. Se andate a Trieste, è da vedere sicuramente.

TARIFFA GRATUITO

31 Strada statale 14
34012 Basovizza (Trieste)
Tel: 040 365343 www.foibadibasovizza.it

71 recensioni
n.10 di 73 attrazioni

9 | Faro della Vittoria

Il Carso alle spalle e solo il mare davanti. Il faro, guida per i naviganti e monumento ai marinai caduti nella prima guerra mondiale, è ancora oggi un luogo di indescrivibile fascino.

Da valorizzare!

Stefania P | 5 gennaio 2014

Il faro è veramente bello e imponente. Peccato che l'interno sia chiuso perché sarebbe molto interessante e offrirebbe sicuramente una vista eccezionale su Trieste. Da valorizzare!

Monumento bello e appartato

Davidik | 3 gennaio 2014

Il faro è una bella costruzione che svetta sul lungomare che porta al castello di Miramare. Purtroppo non è molto visibile dalla strada, ma quando lo trovi risulta elegante e slanciato.

TARIFFA GRATUITO

32 Strada del Friuli 114
34136 Trieste (Gretta)

47 recensioni
n.21 di 73 attrazioni

10 | Museo Revoltella

L'antico si sposa con il moderno in questo museo di arte contemporanea allestito nello storico palazzo del barone Revoltella. Ottimo per un pomeriggio di pioggia all'insegna della cultura.

Palazzo baronale

Fabiora33170 | 3 gennaio 2014

Splendido esempio di palazzo ottocentesco mitteleuropeo con arredi d'epoca. Interessante e particolarmente ben ordinata la pinacoteca con quadri di pittori triestini che meriterebbero maggiore diffusione per le loro opere.

Bel museo per scoprire meglio Trieste

Margheritamilano | 7 gennaio 2014

La visita a questo interessante museo costituisce uno spunto per conoscere meglio Trieste, a cominciare dal personaggio di Revoltella a cui è intitolato per proseguire con numerosi poco conosciuti, ma validissimi artisti triestini.

TARIFFA €7-€5
ORARI DA MERCOLEDÌ A LUNEDÌ 10-19. CHIUSO MARTEDÌ

33 Via Diaz 27
34123 Trieste (Centro storico)
Tel: 040 6754350 www.museorevoltella.it

112 recensioni
n.6 di 73 attrazioni

Consigli di viaggio

Agenda

Gennaio

Organizzato da 25 anni dall'associazione Alpe Adria Cinema, il **Trieste Film Festival** è un punto di riferimento internazionale per quanto riguarda le produzioni dell'Europa centro-orientale. Ogni anno, verso metà gennaio, un programma ricco e vario comprende selezioni ufficiali e concorsi collaterali.

Trieste Film Festival, Sala Tripcovich, largo Città di Santos 1, 34135 Trieste (Centro storico) e Teatro Miela, piazza Duca degli Abruzzi 3, 34132 Trieste (Centro storico)

Maggio

La prima domenica di maggio si corre a Trieste la **Bavisela**, ovvero la maratona d'Europa, un percorso di 42 km che collega Gradisca d'Isonzo a Trieste. Oltre a questa prestigiosa competizione internazionale, si corre anche la cosiddetta mezza maratona o maratonina (21 km) e una maratona non competitiva (10 km circa), che dal castello di Miramare raggiunge piazza dell'Unità d'Italia. Durante la Bavisela (che in dialetto triestino significa «alito di vento») le strade di accesso alla città sono chiuse per buona parte della giornata e tutta Trieste si anima di concerti, competizioni sportive di alto livello, stand espositivi e fuochi d'artificio.

La Bavisela, location varie

Giugno

L'inizio dell'estate si anima con **Triskell**, festival internazionale di musica e cultura celtica organizzato dall'Associazione Uther Pendrogan. Per una decina di giorni, oltre ai concerti, il Boschetto del Ferdinandeo è teatro di attività culturali, conferenze, workshop, dimostrazioni e animazioni varie.

Triskell Festival, Boschetto del Ferdinandeo, largo Caduti di Nasiriya, 34142 Trieste (Rozzol)

Luglio

Da una decina d'anni, il primo sabato di luglio, Trieste festeggia l'arrivo degli sconti con la **Notte dei Saldi**. Nelle vie e nelle piazze del centro, chiuse al traffico, i negozi rimangono aperti fino a notte fonda, ma ci sono concerti e attrazioni in tutta la città, con iniziative per adulti e per bambini. Appuntamento fisso della notte dello shopping è la musica di RadioPuntoZero, all'angolo fra via Roma e corso Italia.

Notte dei Saldi, location varie

Agosto

La settimana centrale di agosto è dominata da **Barcolissima**, la tradizionale festa nella pineta di Barcola con musica dal vivo, intrattenimenti vari, stand con specialità gastronomiche e il concorso per eleggere la «Nonna di Trieste». Gli spettacoli musicali serali sono a ingresso gratuito.

Barcolissima, piazzale Benedetto Croce, 34136 Trieste (Barcola)

Ottobre

La seconda domenica di ottobre l'anima marinara di Trieste trova la sua massima espressione nell'evento più atteso dell'anno: la **Barcolana** (vedi box a p.135), la regata velica più affollata del mondo, la cui prima edizione risale al 1969. Barche a vela di ogni forma e dimensione gareggiano nel golfo di Trieste, il punto più a nord del Mar Adriatico. La regata ha un respiro mondiale ed è la gara con il maggior numero di partecipanti: circa 25.000 velisti e un pubblico di oltre 300.000 persone. Fuori dall'acqua, la festa continua al Villaggio Barcolana, con incontri e intrattenimenti.

Barcolana, rive e piazza dell'Unità d'Italia, 34136 Trieste (Centro storico)

Ottobre-novembre

Tra fine ottobre e inizio novembre, protagonista è **Science Plus Fiction**, manifestazione dedicata ai mondi del fantastico, dei linguaggi sperimentali e delle nuove tecnologie per il cinema, la televisione e le arti visive in genere. Una kermesse internazionale che ogni anno per circa cinque giorni porta aria di fantascienza nel capoluogo giuliano: cult movie e anteprime, grandi nomi del cinema e giovani talenti, retrospettive, classici e rarità.

Science Plus Fiction, sala Tripcovich, largo Città di Santos 1, 34135 Trieste (Centro storico) e Teatro Miela, piazza Duca degli Abruzzi 3, 34132 Trieste (Centro storico)

Dicembre

A dicembre si respira ovviamente aria di Natale: il **mercatino** in piazza Sant'Antonio per circa un mese vede le numerose casette di legno vendere articoli di tutti i generi. Il 6 dicembre è invece il giorno della storica **Fiera di San Nicolò**, in viale XX Settembre, dedicata soprattutto ai bambini che ricevono dolci in regalo.

Mercatini di Natale, piazza Sant'Antonio, 34122 Trieste (Centro storico)

Fiera di San Nicolò, viale XX Settembre 34125 Trieste (Guardiella)

Arrivare e partire

Aerei

L'aeroporto internazionale Friuli Venezia Giulia si trova a Ronchi dei Legionari (in provincia di Gorizia), a circa 40 km da Trieste, ed è collegato con voli diretti (di linea e charter) a varie città italiane ed europee. È anche scalo della compagnia low cost Ryanair.

Per raggiungere l'aeroporto da Trieste dovete prendere un autobus navetta Apt (linea 51) dalla stazione ferroviaria. Il biglietto costa €3,8.

In auto si può percorrere l'autostrada A4 direzione Venezia (uscita Redipuglia), oppure la strada statale 14 (via Monfalcone, Duino, Sistiana). La durata del tragitto è di circa 1 ora. La corsa in taxi dal centro di Trieste costa invece €58.

Aeroporto Internazionale Friuli Venezia Giulia, tel: 0481 773224, www.aeroporto.fvg.it

Treni

La stazione più importante della città è Trieste Centrale, da cui passa un importante asse ferroviario che collega l'Italia al centro Europa e ai Balcani. Da qui si possono raggiungere anche le maggiori città del nostro Paese (di solito è previsto un cambio a Venezia-Mestre). La Stazione Centrale si trova in piazza Libertà, facilmente raggiungibile dal centro cittadino.

Stazione Trieste Centrale, piazza Libertà 8, 34132 Trieste

Auto

La principale via d'accesso «italiana» alla città è l'autostrada A4, che collega Trieste con Venezia, Milano e Torino. Dall'autostrada, dovete prendere l'uscita Sistiana, e poi la SS 14 «Costiera» (una bellissima strada panoramica), oppure la SS 202 (attraversa l'altopiano, ma non arriva direttamente in centro). Provenendo dall'Istria passate il confine di Stato di Rabuiese (Muggia) e seguite la SS 15 «Via Flavia», che porta in centro città; dalla Slovenia, il confine di Stato è a Fernetti: immettetevi sulla SS 58 «Carniola», attraversate il paese di Opicina e scendete lungo la strada nuova.

Porto

Il porto di Trieste è il secondo per traffico in Italia, dopo quello di Genova. Ha dei buoni collegamenti con la Turchia (Istanbul e Mersin), con l'Albania (Durres) e con la Grecia (Igoumenitsa, Patrasso e Corfù). Inoltre ci sono tratte stagionali con le città della costa istriana e con le località balneari di Grado e Lignano.

Porto di Trieste, via Karl Ludwig Von Bruck 3, 34144 Trieste, tel: 040 6731, www.porto.trieste.it

Muoversi

Mezzi di superficie

Sono 52 le linee di autobus che servono la città, gestite da Trieste Trasporti. I biglietti urbani costano €1,3 (con validità di 60 minuti) o €1,55 (con validità 75 minuti).

L'antico tram che collega Opicina con il centro città, classificato come linea 2, presenta un percorso urbano nel centro di Trieste (a livello del mare) e una tratta interurbana di collegamento con la frazione di Villa Opicina sull'altopiano del Carso. Il tram è gestito sempre da Trieste Trasporti e i biglietti sono gli stessi degli autobus urbani.

Trieste Trasporti, tel: 800 016675; www.triestetrasporti.it

Taxi

Le compagnie di taxi sono due, operanti entrambe 24 ore su 24:

- **Radio Taxi** tel: 040 307730, www.radiotaxitrieste.it
- **Taxi Alabarda** tel: 040 390039, www.taxitrieste.it

Bologna

Cultura, storia e gastronomia: così si può definire Bologna, città medievale, sede della più antica università d'Europa e capitale degli amanti della buona tavola.

Quella che si respira a Bologna è un'atmosfera fatta di tradizioni che si perdono nel tempo e di vivacità culturale, il tutto intessuto dalla cordialità dei suoi abitanti. Una città da scoprire senza fretta, girovagando nel centro storico con i suoi maestosi palazzi, perdendosi sotto i portici e nelle viuzze punteggiate di botteghe e di trattorie dove gustare cibi genuini. E poi le sue torri, dalla cui cima si possono vedere i colli che la cingono come in un abbraccio.
Ma Bologna è anche moderna, giovane e aperta: animata dagli studenti che frequentano la sua famosa università, offre locali e attrazioni per tutte le tasche.

Scopri Bologna by tripadvisor

Inquadra il QR Code con il tuo smartphone per scoprire i contenuti multimediali

DORMIRE

1. Casa Ilaria
2. Grand Hotel Elite
3. Hotel Imperial
4. Hotel Paradise
5. Hotel Touring
6. Albergo Garisenda
7. B&B Santo Stefano
8. Il B di Bologna
9. Casa Munay
10. Le Stanze del Carro
11. Residenza Ariosto

MANGIARE E BERE

12. Osteria del Sole
13. Trattoria di Via Serra
14. Delizie e Sapori al 148
15. Cinque 50
16. I matti della polenta
17. Osteria Satyricon

18. Pars
19. Pizzartist
20. Cremeria Funivia
21. Delogo
22. Il Caffè della Corte

VISITARE

23. MAMbo
24. Basilica di Santo Stefano
25. Compianto sul Cristo morto
26. Piazza Maggiore
27. Museo per la Memoria di Ustica
28. Palazzo dell'Archiginnasio
29. Santuario della Madonna di San Luca
30. Basilica di San Petronio
31. Pinacoteca Nazionale di Bologna
32. Torri degli Asinelli e Garisenda
33. Basilica di San Domenico

Scelto dalla redazione

Casa Ilaria

© Casa Ilaria

Di fronte al Teatro dell'Opera, in pieno centro, ecco un B&B dove sentirsi veramente a casa.
Ospitato in un palazzo d'epoca che, pur essendo in una zona vivace (a due passi c'è l'università, con il viavai degli studenti e una grande concentrazione di locali dove trascorrere la serata), **Casa Ilaria** si trova in una viuzza riparata dal rumore e dal traffico.
Un luogo riservato, dove riposare bene: l'ideale per chi ama andare a letto a notte inoltrata per poi svegliarsi tardi la mattina e fare colazione all'ora che desidera.
La cucina, poi, è il fiore all'occhiello di **Casa Ilaria**: chi vuole approfondire la conoscenza della gastronomia locale può anche cimentarsi nella preparazione della sfoglia a mano e, ovviamente, in quella del ragù alla bolognese: è possibile prenotare minicorsi di cucina, cooking party e tour enogastronomici per la città.
In fondo i piaceri della tavola sono sempre il miglior benvenuto per chi arriva in una nuova città.

Una conferma!

Lalla1977 | 18 dicembre 2013

Abbiamo pernottato una sola notte in questo curatissimo B&B, all'interno di un palazzo d'epoca centralissimo e molto silenzioso, nonostante la fantastica vita notturna della città. La camera era dotata di ampi servizi interni, luminosa e caldissima. La colazione abbondante e varia, con dolci fatti in casa, cornetti e pancakes ancora caldi. Complimenti tutti meritatissimi, e fatti, oltretutto, da una «collega»!

FASCIA PREZZO €69-€99
CATEGORIA B&B

100 recensioni
n.18 di 178 B&B e pensioni

1
Largo Respighi 8
40126 Bologna (Centro storico)
Tel: 051 4124760 www.casailaria.com

Top 5 Alberghi

classifica ragionata basata su tripadvisor

1 | Grand Hotel Elite

Un albergo classico, per chi ama le atmosfere d'altri tempi senza rinunciare ai comfort moderni. È sufficiente una breve passeggiata per raggiungere il centro.

Ideale

Michele S | 14 gennaio 2014

La camera era molto bella e pulita. Il personale gentile sia alla reception sia al ristorante annesso all'Hotel Elite. È presente anche una palestra, ma per questioni di tempo non ho potuto sfruttarla. Ottimo rapporto qualità-prezzo.

Centrale, pratico, accessibile

CasthotelsIschia | 22 gennaio 2014

Ottima posizione in una zona centrale di Bologna e ben raggiungibile in auto. Reception professionale e preparata. La camera era davvero bella e addirittura dotata di un angolino bar molto carino. Bagno ottimo e buona pulizia. Il prezzo lo rende accessibile. Insomma... consigliato!

FASCIA PREZZO €45-€65 CATEGORIA ★★★★

2

Via Aurelio Saffi 36
40131 Bologna (Porto)
Tel: 051 6491432 www.hotelelite.it

488 recensioni
n.35 di 106 hotel

2 | Hotel Imperial

In posizione tranquilla, fuori dal viavai cittadino, l'Hotel Imperial è moderno e attrezzatissimo. Tra i suoi punti forti, la ricca colazione a buffet.

Rapporto qualità-prezzo senza pari!

Bidobliz | 6 dicembre 2013

Le camere sono accoglienti e la pulizia è ottima. La colazione abbondante. Il personale è discreto e gentile. Rapporto qualità-prezzo assolutamente imbattibile!

Economico, ma di qualità superiore

RobertaP415 | 1 dicembre 2013

L'ospitalità e la disponibilità dello staff sono state ottime fin dall'arrivo. Camera accogliente e pulita. Colazione a buffet abbondante e assortita. Ottimo rapporto qualità-prezzo.

FASCIA PREZZO €40-€68 CATEGORIA ★★★

3

Via del Gomito 16
40127 Bologna (Fiera)
Tel: 051 327183 www.hotelimperialbologna.com

405 recensioni
n.25 di 106 hotel

3 | Hotel Paradise

Potete scegliere tra camere e miniappartamenti in una posizione comoda per chi arriva in treno. La colazione è ricca e varia, anche con prodotti senza glutine.

Un'ottima scelta

Rossyr85 | 2 gennaio 2014

Non posso che definirmi soddisfatta! La posizione è comodissima per raggiungere a piedi il centro storico e non troppo distante dalla stazione. La stanza era piccola, ma dotata di tutti i comfort, il personale dell'hotel gentilissimo e disponibile per ogni esigenza.

Calda atmosfera di casa

Stemian2006 | 5 dicembre 2013

È il nostro preferito perché accogliente e curato nei minimi particolari, ci fa sentire a casa. Camere spaziose e pulite, con un piacevole profumo di incenso. Ottima la prima colazione con dolci fatti in casa. Personale sempre disponibile e pronto a soddisfare ogni richiesta con un sorriso!

FASCIA PREZZO €49-€120 CATEGORIA ★★★

4
Vicolo Cattani 7
40126 Bologna (Centro storico)
Tel: 051 231792 www.hotelparadisebologna.it

487 recensioni
n.7 di 106 hotel

4 | Hotel Touring

La professionalità data dall'esperienza: è da cinquant'anni che l'Hotel Touring è gestito dalla stessa famiglia. Un buon punto di partenza per visitare la città.

Grande ospitalità

Vincenzo P | 11 dicembre 2013

Sono rimasto favorevolmente colpito, il personale è fantastico... La struttura è arredata con cura e gli ambienti sono accoglienti e puliti. Ottima la posizione e spettacolare il panorama che si può ammirare dalla terrazza. Consigliatissimo, ci tornerò.

Cortesia e comodità

Stefano g | 23 gennaio 2014

L'hotel è bello, vicino al centro; la camera grande e comoda, con ampio bagno. Autorimessa convenzionata a circa cinquecento metri. Soprattutto, personale gentilissimo e disponibile. Albergo silenzioso, con un bel terrazzo sui tetti rossi della città. Un giudizio largamente positivo.

FASCIA PREZZO €70-€90 CATEGORIA ★★★

5
Via De' Mattuiani 1/2
40124 Bologna (Centro storico)
Tel: 051 584305 www.hoteltouring.it

632 recensioni
n.13 di 106 hotel

5 | Albergo Garisenda

Piccolo, a gestione familiare e in un palazzo prestigioso. Richiedete le camere affacciate sulle due torri più famose di Bologna: non ve ne pentirete.

Ottima posizione

Graziella M | 8 gennaio 2014

Hotel in pieno centro, camere ampie e pulite, lavandino in camera con bagni in comune, ma pulitissimi. I proprietari sono molto gentili e cordiali, la colazione è buona: c'è un piccolo buffet e la signora prepara un buon cappuccino. Vi forniscono informazioni e indicazioni.

Sempre un soggiorno delizioso

Dagnini21 | 27 dicembre 2013

La camera era spaziosa e pulitissima e il prezzo un affare. Un cappuccino e una brioche al mattino, il modo perfetto per iniziare la giornata. È sempre molto confortevole, accogliente, e ben tenuto. La posizione è molto comoda, proprio nel cuore della città vecchia.

FASCIA PREZZO €47-€85 CATEGORIA ★★

6
Via Rizzoli 9 / Galleria del Leone 1
40125 Bologna (Centro storico)
Tel: 051 224369 www.albergogarisenda.com

58 recensioni
n.36 di 106 hotel

Top 5 B&B e altro

classifica ragionata basata su tripadvisor

1 | B&B Santo Stefano

In pieno centro, elegante e raffinato, il Santo Stefano è un B&B di charme che saprà come conquistarvi. Uno sfizio da togliersi almeno per una notte.

B&B perfetto

Bibiane827 | 22 gennaio 2014

Ogni cosa era perfetta, ci siamo sentiti come a casa. La colazione era eccellente e il signor Giovanni è stato molto gentile e disponibile. Torneremo al B&B Santo Stefano.

Atmosfera familiare a pochi passi dal centro

Valentina u | 19 gennaio 2014

Confortevole, pulito e in posizione centrale. Camera grande, arredata con gusto e con tutti i comfort. Apprezzabile anche la colazione, equiparabile a quella che si trova negli hotel. Nota positiva anche sul padrone di casa: accogliente e molto disponibile.

FASCIA PREZZO €75-€95 CATEGORIA B&B

7
Via Santo Stefano 84
40125 Bologna (Centro storico)
Tel: 392 2646471
www.bedandbreakfastsantostefano.com

83 recensioni
n.4 di 178 B&B e pensioni

2 | Il B di Bologna

La «B» dell'insegna sta per Bed, Breakfast, Bello, Buono (oltre che per Bologna, ovviamente). Comodità della posizione, cura dei dettagli e alimenti a chilometro 0 sono soltanto alcuni dei suoi punti di forza.

Come a casa

Peperitapatty | 5 dicembre 2013

Cercavo una sistemazione che mi facesse sentire come a casa e l'ho trovata. Camera calda e accogliente, colazione buona e abbondante, comodo servizio navetta per la fiera. Molto disponibili i proprietari, anche nel consigliare dove trascorrere la serata in questa città così ricca di attrattive.

Ritorno al B di Bologna

Pia R | 22 dicembre 2013

Trattamento da hotel di alta categoria, colazione varia e abbondante. Nonostante abbia prenotato una camera standard, mi hanno dato una superior luminosa e spaziosissima, con una delle viste più belle di Bologna. Televisore con Sky. Inutile dire che non vediamo l'ora di tornare al B!

FASCIA PREZZO €70-€100 CATEGORIA AFFITTACAMERE

8
P.zza XX Settembre 5
40126 Bologna (Porto)
Tel: 345 8054860 www.ilbdibologna.com

52 recensioni
n.27 di 178 B&B e pensioni

3 | Casa Munay

In una residenza di inizio Novecento, una pensione arredata con mobili d'epoca di grande fascino. Ricca colazione e, per rilassarsi, un bel giardino alberato.

La mia famiglia a Bologna

AriAriBi | 9 dicembre 2013

Una meravigliosa villa ristrutturata in maniera impeccabile e arredata con estremo gusto. Stanze ampie e pulite, e possibilità di parcheggiare all'interno. Io non ho dubbi: quando torno a Bologna vado a Casa Munay. Andateci e non ve ne pentirete.

Sentirsi bene

LilianaTrento | 15 gennaio 2014

Gli arredi, l'atmosfera, la gentilezza e la disponibilità di Beatrice fanno di Casa Munay un paradiso. Appena entrati si respira un'aria diversa, accogliente e familiare, e la città, fuori, scompare. Peccato essersi fermati solo una notte.

FASCIA PREZZO €45-€150 CATEGORIA PENSIONE

9
Via Angelo Venturoli 3
40138 Bologna (San Vitale)
Tel: 051 343100 www.casamunay.it

92 recensioni
n.28 di 178 B&B e pensioni

4 | Le Stanze del Carro

Tre camere e due appartamenti in una struttura a pochi passi dall'università. Il servizio di bici a noleggio vi farà scoprire la città da una prospettiva privilegiata.

Ottima accoglienza
Marco L | 24 dicembre 2013

Stanza molto grande, calda e accogliente; tutto molto pulito, anche il bagno. Posizione eccezionale a due passi dalle torri. Il personale ha soddisfatto tutte le nostre richieste, anche quelle che non gli spettavano. Insomma... complimenti!

Accogliente B&B a Bologna
VermontJess2013 | 13 novembre 2013

Camera enorme, bel patio esterno per godersi un caffè o un bicchiere di vino. Posizione comoda per ristoranti e negozi. Non fatevi scoraggiare dall'esterno dell'edificio, l'interno è accogliente e confortevole. Nel complesso molto piacevole.

FASCIA PREZZO €47-€90 CATEGORIA B&B

10 Via del Carro 11
40126 Bologna (San Vitale)
Tel: 051 7162926 www.lestanzedelcarro.it

44 recensioni
n.67 di 178 B&B e pensioni

5 | Residenza Ariosto

Monolocali e bilocali nuovi e completamente attrezzati in un palazzo d'epoca tra i portici cittadini. L'ideale per chi desidera riservatezza e autonomia.

Ottimo rapporto qualità-prezzo
Buggiaggio | 5 dicembre 2013

Ho soggiornato nella Residenza Ariosto qualche tempo fa per lavoro (una notte soltanto) e mi sono trovata bene: il monolocale era ampio, pulito e confortevole e il personale attento e gentile. Il fatto di essere in pieno centro, poi, è un plus non indifferente. Ci tornerò.

Bellissimo
Lukepm | 8 gennaio 2014

Appartamento in pieno centro a Bologna davvero bello e curato, e soprattutto pulitissimo! Con tutti i comfort. Il personale è stato davvero cordiale e simpatico, sicuramente da consigliare a tutti!

FASCIA PREZZO €74-€150 CATEGORIA RESIDENCE

11 Via Marsala 11
40126 Bologna (Centro storico)
Tel: 051 0952779 www.residenzaariosto.it

54 recensioni
n.3 di 39 a tre sistemazioni

Scelto dalla redazione

Osteria del Sole

Inoltratevi nelle stradine del «Quadrilatero» delle antiche botteghe, a due passi da piazza Maggiore, e in vicolo Ranocchi scorgerete un'insegna un po' rétro che dice semplicemente «vino»: ecco, siete arrivati a destinazione.
L'esistenza dell'**Osteria del Sole** è documentata a partire dal 1465, e l'atmosfera qui è davvero quella di una storica mescita di vino. L'ambiente è spartano, un po' buio, con tavoloni dove bere un bicchiere e fare due chiacchiere con chi è seduto accanto o, volendo, anche giocare a briscola.
Fate come si usa da queste parti: andate nelle botteghe e nelle bancarelle della zona, comprate prosciutto, mortadella, formaggio, pane, e portate il tutto all'**Osteria del Sole**, dove potrete scartocciare la vostra spesa e gustarvela ordinando solo da bere.
Magari nelle ore di punta aspetterete un po' prima di trovare un posto a sedere, ma ne vale la pena: il calore e l'allegria che regnano qui sono impagabili.

Uno dei luoghi più belli di Bologna

660TizP | 16 gennaio 2014

Che dire della più antica e caratteristica osteria di Bologna? Atmosfera insuperabile, gestori splendidi, ottima scelta di vini e una sola eccezionale regola: il cibo si porta da casa. Quando vengono a trovarmi amici da fuori, l'Osteria del Sole è tappa obbligata... Andateci, tenendo presente che nei fine settimana il locale scoppia letteralmente di gente. Chiuso la domenica.

FASCIA PREZZO €2-€15
CATEGORIA OSTERIA
CHIUSO DOMENICA

150 recensioni
n.51 di 1.049 ristoranti

12
Vicolo Ranocchi 1/d
40124 Bologna (Centro storico)
Tel: 347 9680171
www.osteriadelsole.it

Top 10 Locali

classifica ragionata basata su tripadvisor

1 | Trattoria di Via Serra

Piatti tradizionali preparati con materie prime di piccoli produttori locali accompagnati da un vino sincero: una trattoria che non delude mai le aspettative.

Posticino meraviglioso

ZannaC | 18 gennaio 2014

Locale molto bello, atmosfera accogliente. Tutto meraviglioso. Presentazione dei piatti curata e vini locali buoni. Proprietario molto gentile. Ottimo rapporto qualità-prezzo.

Genuina qualità

Caccius | 20 gennaio 2014

Sono rimasto folgorato. Tutto eccellente, preparato con ingredienti locali di qualità, e altrettanto ben spiegato dal personale. State sicuri che troverete delle proposte che uniscono sapientemente la tradizione con la creatività. Veramente complimenti!

FASCIA PREZZO €20-€30 **CATEGORIA** TRATTORIA

MERCOLEDÌ E GIOVEDÌ APERTO SOLO A CENA. CHIUSO LUNEDÌ E MARTEDÌ

13 Via Luigi Serra 9/b
40129 Bologna (Bolognina)
Tel: 051 6312330 www.trattoriadiviaserra.it

251 recensioni
n.9 di 1.049 ristoranti

2 | Delizie e Sapori al 148

Piade, crescioni e crêpes di ogni tipo e a prezzi popolari. Il locale è piccolo, con pochi tavoli, ma accogliente. Aperto fino a tardi la sera, per la gioia dei nottambuli.

Davvero ottimo. Andate sul sicuro

Smartale84 | 19 gennaio 2014

Piadina spettacolare! Il locale è piccolino e con pochi posti a sedere, ma d'altra parte non è un ristorante. Il titolare è davvero cordiale e educato. Straconsigliato!

Piadinaaa

Manetoto | 20 gennaio 2014

Per lavoro mi reco spesso a Bologna, e andare a mangiare una piadina da Delizie e Sapori è diventata un'abitudine a cui non rinuncio. Continuate così.

FASCIA PREZZO €4-€5 **CATEGORIA** PIADINERIA

CHIUSO MARTEDÌ

14 Via Murri 148/b
40137 Bologna (Murri)
Tel: 347 2286874

86 recensioni
n.19 di 1.049 ristoranti

3 | Cinque 50

Il suo motto è: «Mangiare e bere a prezzi onesti». Tutti i piatti sono preparati al momento e in porzioni abbondanti. Non soltanto la tipica cucina emiliana.

Ottima cena

Alessia105 | 16 gennaio 2014

Piacevole accoglienza e ottimo cibo. Tutto buono come fatto in casa. Ottimo rapporto qualità-prezzo. Consigliato!

Simpatia e fantasia

Andreaesissy | 19 gennaio 2014

Arredamento ricercato e curato. Si viene accolti in maniera calorosa e gentile. Tutti i piatti sono gustosi e le porzioni abbondanti. Ma la parte più piacevole è l'ordinazione, con il signor Roberto che illustra i piatti con passione. Assolutamente da provare!

FASCIA PREZZO €10-€25 **CATEGORIA** RISTORANTE
CHIUSO DOMENICA

15

Via Goito 9/2
40126 Bologna (Centro storico)
Tel: 051 222832 www.cinque50.com

331 recensioni
n.28 di 1.049 ristoranti

4 | I matti della polenta

Protagonista è la polenta «alla spina», fritta o grigliata, da accompagnare con lo stracchino o con sughi vari. E poi piadine, tigelle, crescentine: in questo locale gusterete gli autentici sapori casalinghi, preparati con cura e creatività.

Lo adoro!

15Marti | 15 gennaio 2014

La polenta è fantastica e il locale è troppo carino. Nelle giornate storte vado a prendermi un porzione di polenta fritta e tutto si aggiusta. I proprietari hanno avuto un'idea geniale!

Senza parole (mitico)

GiGLies | 21 gennaio 2014

Chi ama la polenta penso non possa trovare posto migliore. Menu semplice, vario e decisamente di qualità! Ho preso il menu e ho spuntato quello che ho consumato, proponendomi di tornare fino a quando non avrò assaggiato tutto! Da non perdere!

FASCIA PREZZO €3-€12 **CATEGORIA** POLENTERIA
APERTO TUTTI I GIORNI. CHIUSO A LUGLIO E AGOSTO

16

Via Sant'Isaia 84/a
40123 Bologna (Centro storico)
Tel: 051 0391646 www.imattidellapolenta.it

143 recensioni
n.22 di 1.049 ristoranti

5 | Osteria Satyricon

Se volete assaggiare i veri tortellini bolognesi fatti a mano, in brodo rigorosamente di cappone, siete arrivati nel posto giusto. Ma c'è anche molto di più, in cucina e in sala, con serate a tema a base di cibo e musica.

Accogliente

Federica g | 26 dicembre 2013

Locale accogliente e arredamento particolare, dal tavolo fatto con tappi di sughero alle lampade create con bottiglie di vetro riciclate. Cibo molto ricercato e buono, dolci spettacolari. Tutto a un prezzo davvero accessibile. Ci ritornerò sicuramente.

Ottima esperienza

Albigesio1976 | 7 gennaio 2014

La cucina è molto buona e variegata, e le pietanze sono preparate con ingredienti freschi. Il prezzo, finalmente in un ristorante a Bologna, è adeguato alla qualità e all'elaborazione del piatto.

FASCIA PREZZO €15-€30 **CATEGORIA** TRATTORIA
APERTO TUTTE LE SERE

17
Via delle Armi 3
40141 Bologna (Murri)
Tel: 051 444320 www.osteriasatyricon.com

360 recensioni
n.23 di 1.049 ristoranti

Zoom

Di bottega in bottega

Volete fare un tuffo in un'atmosfera senza tempo, trasportati da profumi, sapori e tradizioni? Provate ad andare nel cosiddetto **Quadrilatero**, il centro del centro di Bologna, il suo nucleo più antico, che ancora oggi offre il piacere di passeggiare tra antiche botteghe e locali dove sorseggiare un aperitivo facendo due chiacchiere con i residenti, affabili e cordiali come solo i bolognesi sanno essere.

Partendo da piazza Maggiore dirigetevi sotto gli archi di Palazzo dei Banchi ed entrate in questo dedalo formato da alcune strade che nei nomi evocano le antiche corporazioni delle arti e dei mestieri: **via Drapperie, via degli Orefici, via Caprarie, via Clavature, via Pescherie Vecchie**... Perdetevi nelle viuzze, negli stretti passaggi, nei piccoli cortili e scoprirete salumerie, banchi di frutta e verdura, panifici, negozi con gastronomia tipica e altre attività artigianali: sono botteghe nelle quali le famiglie si sono tramandate il mestiere da generazioni e dove, spesso, sono stati conservati gli arredi e l'architettura storica.

Bologna | **Quadrilatero**

© Ilario / Wikimedia commons

6 | Pars

Un angolo di Iran a Bologna: in un ambiente familiare ma ricercato nei dettagli, sarete immersi nei sapori, nei profumi e nei colori di questa terra affascinante.

Meraviglioso
Untizio | 22 gennaio 2014

Locale nuovo, pulito e curato, con parcheggio enorme a due passi. Tutto estremamente buono, delicato, e saporito allo stesso tempo! Consigliato, è davvero difficile trovare un servizio così di questi tempi. Torneremo sicuramente!

Una perla!
Barbara-MZ100 | 20 gennaio 2014

Superiore alle aspettative! Accoglienza deliziosa, cibo preparato da una mano sapiente, sapori equilibrati e delicati. Una vera esperienza! Un grazie enorme a tutta la famiglia.

FASCIA PREZZO €20-30 **CATEGORIA** RISTORANTE PERSIANO
CHIUSO GIOVEDÌ

18 Via Pietro Lianori 16/a
40100 Bologna (Bolognina)
Tel: 051 6312284 www.ristorantepars.it

150 recensioni
n.12 di 1.049 ristoranti

Special Price

Slow Market

I bolognesi, il sabato, amano pranzare fuori. Nel vero senso della parola: l'appuntamento è al **Mercato della Terra** promosso da Slow Food, nel cortile della Cineteca (piazzetta Pier Paolo Pasolini, entrata da via Azzo Gardino 65), dove una quarantina di contadini del territorio vende a prezzi equi i prodotti stagionali a chilometro 0.
Dalla verdura alla frutta, dal pane al latte e allo yogurt, ma anche uova e carne, formaggi e salumi, vino e birra, miele e marmellate, fiori e pasta fresca: si può fare la spesa da portare a casa ma anche comprare e mangiare sul posto ai tavoli sistemati tra le bancarelle.
Il Mercato della Terra, ormai una consuetudine dal 2009, svolge anche un'importante funzione di rivitalizzazione dell'area che comprende la Cineteca di Bologna, il Museo d'Arte Moderna di Bologna MAMbo, il Dipartimento di Scienze della Comunicazione dell'Università di Bologna e il Parco 11 settembre ex Manifattura Tabacchi.
Un luogo di aggregazione sociale, dove incontrare gli amici, conoscere persone nuove, fare la spesa e mangiare, senza svuotare il portafoglio.

© thebittenword.com / Wikimedia commons

Bologna | **Il Mercato della Terra**

7 | Pizzartist

Pizzartist è aperto da poco, ma ha già conquistato i bolognesi. Solo pizza al taglio, buona, leggera e farcita in mille modi. Venduta rigorosamente a peso.

Buonissima!

Colocolocolo | 23 gennaio 2014

Pizza spaventosamente buona. Bella, sottile, digeribile e gustosa. Squisiti anche gli ingredienti usati. Non proprio economica, però ne vale davvero la pena.

Pizza al taglio in pieno centro storico

Sorriso73 | 15 gennaio 2014

Offre delle ottime pizze al taglio, la scelta è varia e i prezzi nella media. Il personale è giovane e cordiale. Il locale è piuttosto piccolino, ma a Bologna è tra i migliori di questa categoria. Lo consiglio.

FASCIA PREZZO €2-€10 **CATEGORIA** STREET FOOD
CHIUSO DOMENICA

19 Via Marsala 35/a
40126 Bologna (Centro storico)
Tel: 051 5872755 www.facebook.com/Pizzartist

152 recensioni
n.2 di 1.049 ristoranti

8 | Cremeria Funivia

Due negozi, uno in zona Saragozza e l'altro in pieno centro storico, dove gustare il miglior gelato artigianale di Bologna, preparato con ingredienti naturali.

Il miglior gelato di Bologna

Stellyna25 | 12 novembre 2013

Chi lo assaggia una volta non lo scorda più! Frequento da anni questa gelateria e non mi stanca mai. Il gelato è davvero il più buono di Bologna!

Il gelato migliore

Joker61 | 26 dicembre 2013

Ritengo il suo gelato e le granite il top a Bologna. Servizio ottimo e qualità costante. Una rovina per la mia dieta!

FASCIA PREZZO €2-€20 **CATEGORIA** GELATERIA
CHIUSO LUNEDÌ

20 Via Porrettana 158/4d e piazza Cavour 1/d
40135 Bologna (Centro storico)
e 40124 Bologna (Saragozza)
Tel: 051 6145062 www.cremeriafunivia.com

143 recensioni
n.21 di 1.049 ristoranti

9 | Delogo

Un ristorante piccolo e ospitale, dove assaggiare la tipica cucina greca. Porzioni abbondanti e cibi freschi, a prezzi abbordabili. E se siete vegetariani non temete: la scelta di polpette di formaggi e di verdure è ampia e gustosa.

Ottimo

Marco C | 19 gennaio 2014

Buonissime le polpette, le sfogliatine, il formaggio, lo spezzatino... Insomma, tutto. Personale gentile e alla mano, ed è pure economico! Consigliato.

Ottima cucina e prezzo modico

Andreacorradini | 5 gennaio 2014

Il locale è nuovo e carino, arredato in modo semplice e accogliente. Lo stile è quello di una bella trattoria. Le porzioni sono abbondanti. Meglio prenotare, visto che si sta spargendo la voce...

FASCIA PREZZO €15-€20 **CATEGORIA** RISTORANTE GRECO
APERTO TUTTI I GIORNI

21
Via Zaccherini Alvisi 19/d
40138 Bologna (San Vitale)
Tel: 051 245734 www.ristorantedelogo.com

156 recensioni
n.37 di 1.049 ristoranti

10 | Il Caffè della Corte

Il Caffè della Corte è sempre l'ideale: colazione, brunch o aperitivo. Ogni momento è perfetto per questa oasi di pace nella suggestiva piazza Santo Stefano.

I miei quaranta

Mschilardi | 11 gennaio 2014

Serata con gli amici per i miei quarant'anni. Ottima organizzazione per adulti e bambini. Posto incantevole. Personale cortese e disponibile.

Provare per credere

Francesco M | 7 gennaio 2014

Ottimo servizio. Accoglienza meravigliosa, torta squisita e personale davvero molto simpatico. Tornerò con grande piacere.

FASCIA PREZZO €5-€30 **CATEGORIA** CAFFÈ
APERTO TUTTI I GIORNI

22
Corte Isolani 5/b
40125 Bologna (Centro storico)
Tel: 051 261555 www.ilcaffedellacorte.it

46 recensioni
n.44 di 1.049 ristoranti

Due ruote, una città

Un modo alternativo, economico ed ecologico per conoscere la città e i suoi dintorni è noleggiare una bicicletta. Se amate scoprire il territorio con calma e assaporare ogni momento della visita, Bologna offre alcuni interessanti percorsi per ciclisti, permettendovi di pedalare tra le antiche vie del centro lungo i portici, con i loro negozi e le vecchie osterie, oppure andare alla scoperta delle immediate periferie e delle località più vicine.

La città vanta infatti una rete ciclabile di ben 134 chilometri, suddivisa in dodici itinerari (per informazioni, dettagli e cartine, visitate il sito **www.comune.bologna.it/trasporti**, al link «Muoversi a piedi e in bici», oppure **www.bolognawelcome.com/attivita**, al link «Piste per ciclisti», dove troverete anche gli indirizzi per il noleggio e l'assistenza).

È sicuramente consigliabile l'itinerario 1 «**Casalecchio**», che si svolge in gran parte in aree verdi lontane dal traffico cittadino. È un percorso ciclabile continuo che collega le zone Andrea Costa e Porto alla cerchia dei viali e al centro storico, sviluppandosi a partire dalla **Grada del Reno** (intersezione viale Vicini con via Sabotino) e toccando la **Certosa**, lo **Stadio** e le aree verdi di **Villa Serena** e della **Filanda**. La pista si separa poi dalla strada principale e costeggia il **Canale di Reno**, all'ombra di alberi rigogliosi. Infine, nei pressi di via Panfi, l'itinerario esce dal territorio comunale di Bologna per entrare nella rete ciclabile di **Casalecchio di Reno**, con diramazioni verso il centro del paese e il **Parco Talon**.

Ogni percorso è dotato di segnaletica che fornisce le informazioni utili per orientarsi e, per quanto riguarda il centro storico, dove non c'è una vera e propria pista ciclabile, un sistema di pannelli consiglia gli itinerari su strada più adatti alle due ruote, dando la preferenza alle strade meno trafficate.

Il costo del noleggio di una bicicletta per ventiquattro ore è più o meno di €10; per l'assistenza tenete presente la rete di riparatori «**Gli amici della bici**», convenzionata con il Comune, che mette a disposizione, tra le altre cose, l'uso gratuito di una pompa per il gonfiaggio delle gomme. Per l'elenco dei punti convenzionati è sufficiente visitare nuovamente il sito del Comune.

Bologna

© Steffen Brinkmann / Wikimedia commons

Scelto dalla redazione

MAMbo

© Anna Rossi

Dopo aver riempito la pancia con tagliatelle e tortellini, anche la mente ha bisogno di nutrirsi. Qui, nel cuore del distretto culturale della Manifattura delle Arti (che, grazie ai lavori di recupero e di riqualificazione, è diventata una delle zone più suggestive e più curate dell'area urbana), il piatto forte è il **MAMbo** (Museo d'Arte Moderna di Bologna), ospitato nel vecchio panificio comunale datato 1915.

Consacrato alla ricerca e all'innovazione, oltre a esporre la sua collezione permanente (soprattutto opere di Giorgio Morandi, ma anche di Guttuso, Pistoletto e altri maestri internazionali di avanguardia), il museo percorre la storia dell'arte dal secondo dopoguerra a oggi attraverso mostre temporanee e altri eventi, pensati per avvicinare il pubblico (anche i bambini) alla scena contemporanea.

Dalle 19 si può poi passare dalle sale espositive all'**Ex Forno del Pane**, il bar-ristorante del museo arredato con materiali di riciclo, per un ricco aperitivo.

Veramente interessante

LindaG488 | 27 novembre 2013

Bella la collezione permanente e interessanti le mostre temporanee: io ho visitato «La grande magia», davvero stimolante e particolare, con iniziative anche per i bambini. E, dopo la visita, l'aperitivo al bar del Mambo, frequentatissimo, è un momento molto piacevole.

TARIFFA €4-€6

ORARI MARTEDÌ, MERCOLEDÌ E VENERDÌ 12-18. GIOVEDÌ, SABATO, DOMENICA E FESTIVI 12-20. CHIUSO LUNEDÌ

70 recensioni

n.55 di 122 attrazioni

23

Via Don Minzoni 14
40121 Bologna (Porto)
Tel: 051 6496611
www.mambo-bologna.org

Top 10 Attrazioni

classifica ragionata basata su tripadvisor

1 | Basilica di Santo Stefano

Affacciata sulla splendida piazza omonima, in realtà è un complesso di edifici sacri collegati l'uno all'altro. Ecco perché viene chiamata anche «Sette chiese».

Bellissimo!
Anty2008 | 20 gennaio 2014

Nel centro di Bologna c'è questo stupendo complesso religioso che sorprenderà per l'atmosfera di pace e di misticismo che lo circonda. È assolutamente da visitare: non si può venire a Bologna e non andarci.

Un must per tutti
Bartvandijk1 | 22 gennaio 2014

L'Abbazia di Santo Stefano è un must. Arte religiosa dal IV secolo fino al XIX. Architettura e pittura. Se dovessi scegliere un sito da rivisitare, sarebbe Santo Stefano.

TARIFFA GRATUITO
ORARI TUTTI I GIORNI 7.30-12.30, 15.30-19

24
Via Santo Stefano 24
40125 Bologna (Centro storico)
Tel: 051 223256

603 recensioni
n.2 di 122 attrazioni

2 | Compianto sul Cristo morto

Conservato nel santuario barocco di Santa Maria della Vita, questo gruppo scultoreo emoziona chiunque lo guardi: un «urlo di pietra», come lo definì D'Annunzio.

Splendido
Santis651 | 17 gennaio 2014

Il *Compianto* è una splendida opera d'arte, contemplarlo fa venire i brividi, ti coinvolge tanto da sentire il dolore che emana dal volto e dai gesti dei personaggi.

Incredibile
CarloCortesi66 | 10 gennaio 2014

Si resta senza fiato davanti al *Compianto*. È un'opera semplice e magnifica, drammatica e commovente. Si trova all'interno della piccola e bella chiesa della Vita, nel cuore del mercato vecchio di Bologna.

TARIFFA GRATUITO
ORARI DA MARTEDÌ A DOMENICA 10-19. CHIUSO LUNEDÌ

25
Via Clavature 10
40124 Bologna (Centro storico)
Tel: 051 236245

110 recensioni
n.1 di 122 attrazioni

3 | Piazza Maggiore

Luogo d'incontro per eccellenza dei bolognesi fin dal Medioevo. Su piazza Maggiore si affacciano i più importanti palazzi della città ed è dominata dalla fontana di Nettuno e dalla basilica di San Petronio.

Magica
Masq10 | 20 gennaio 2014

Un'atmosfera quasi magica che ricorda periodi storici passati. La statua del Nettuno immersa nella maestosità della piazza è stupenda. Da visitare.

Una piazza completa
Gibbopato | 17 gennaio 2014

Non sembra la solita piazza centrale di una grande città: non ci sono decine di bar e ristoranti per turisti, non ci sono centinaia di negozietti di souvenir, è una piazza che vive. Al centro si può calpestare il crescentone, il grande gradone rialzato.

TARIFFA GRATUITO

26 Piazza Maggiore
40124 Bologna (Centro storico)

831 recensioni
n.7 di 122 attrazioni

4 | Museo per la Memoria di Ustica

Per non dimenticare la strage del 1980 Christian Boltanski ha ideato questa installazione permanente che circonda i resti del DC9 abbattuto. Evocativo e toccante.

Struggente... indimenticabile
DanielaF12345678 | 14 gennaio 2014

Non solo luogo della memoria di un tragico fatto storico, ma opera d'arte unica e di grande impatto emotivo. La visita merita almeno un paio d'ore, per avere il tempo di visionare i filmati nella saletta adiacente.

Semplicemente agghiacciante
Luca_C_1966 | 27 gennaio 2014

Esperienza unica in Italia e credo in poche altre parti del mondo, al Museo per la Memoria di Ustica è possibile vedere il relitto del DC9 I-TIGI. L'installazione è certamente d'effetto, forse un po' cupa, ma significativa. Non adatto ai bambini.

TARIFFA GRATUITO
ORARI DA VENERDÌ A DOMENICA 10-18

27 Via di Saliceto 3/22
40128 Bologna (Bolognina)
Tel: 051 377680 www.museomemoriaustica.it

128 recensioni
n.3 di 122 attrazioni

5 | Palazzo dell'Archiginnasio

Visitare il palazzo dell'Archiginnasio significa entrare in un'altra epoca: sede dell'università di Bologna fino al 1803, ospita oggi la bellissima Biblioteca Civica. Da non perdere il teatro anatomico in legno intagliato.

Un angolo da scoprire

Barbara-MZ100 | 20 gennaio 2014

Una vera sorpresa! Oggi Biblioteca Comunale, è stato la sede dell'università. Ricco di storia, affrescato con gli stemmi di docenti illustri, non può che affascinare il visitatore che passa nelle sue sale. Straordinaria l'aula di anatomia: unica nel suo genere, vale da sola la visita.

Un tesoro nascosto

Mariagrappa | 9 gennaio 2014

Del tutto casualmente ho scoperto questo antico edificio che custodisce un piccolo tesoro poco conosciuto dell'Università di Bologna e della storia dei suoi studenti. Stemmi, affreschi, il teatro anatomico e molto altro. Peccato che non sia correttamente pubblicizzato.

TARIFFA INGRESSO GRATUITO. TEATRO ANATOMICO: €3
ORARI CONSULTARE IL SITO WWW.BOLOGNAWELCOME.IT

28 Piazza Galvani 1
40124 Bologna (Centro storico)
Tel: 051 276811 www.archiginnasio.it

261 recensioni
n.4 di 122 attrazioni

Zoom

I portici più lunghi del mondo

Se vorrete vederli tutti dovrete avere le gambe ben allenate: nessuna città vanta tanti portici come Bologna (complessivamente coprono circa quaranta chilometri). Ed è soltanto grazie a loro che potrete visitare la città senza bagnarvi nei giorni di pioggia e comodamente protetti dal sole in quelli afosi.
La loro storia si perde nei meandri del tempo e affonda le proprie radici in epoca medievale, quando furono costruiti i primi modelli in legno, sostituiti nel corso dei secoli da quelli in laterizio o pietra.
Alcuni portici lignei tuttavia sopravvivono ancora: **casa Isolani** in strada Maggiore, **casa Grassi** in via Marsala, **casa Rampionesi** in via del Carro, **casa Azzoguidi-Rubini** in via San Niccolò, per citare solamente quelli più importanti.
Il portico più largo è quello della **basilica di Santa Maria dei Servi** in strada Maggiore, il più alto è in via Altabella (**Palazzo Arcivescovile**), il più stretto (appena 95 cm) è in **via Senzanome**, il più lungo è quello che porta al **santuario di San Luca** (3,8 km).

© Adriana Verolla / Wikimedia commons

Bologna | **Portici per San Luca**

Visitare
Bologna

6 | Santuario della Madonna di San Luca

Questo santuario barocco domina la città dall'alto di un colle boscoso. I più allenati possono raggiungerlo a piedi, percorrendo le seicento arcate di un portico lungo quattro chilometri. Il punto di partenza è Porta Saragozza.

Mens sana in corpore sano

Riccardo g | 24 gennaio 2014

Il corpo trae beneficio dall'ascesa e la mente si rilassa alla vista di tanta bellezza. Arrivati sulla sommità si gode di una magnifica vista degli Appennini e di Bologna.

Bella scarpinata

Federica G | 21 gennaio 2014

Una bella scarpinata, ma ne vale la pena. Di notte è ancora più suggestivo: ti «godi» il percorso e la vista della città e degli archi illuminati.

TARIFFA GRATUITO

ORARI DA MARZO A OTTOBRE: DA LUNEDÌ A SABATO 6.30-12.30,14.30-19; DOMENICA E FESTIVI 7-19. DA NOVEMBRE A FEBBRAIO: DA LUNEDÌ A SABATO 6.30-12.30,14.30-17; DOMENICA E FESTIVI 7-17. VARIAZIONI DI ORARIO IN OCCASIONE DI FUNZIONI RELIGIOSE

29 Via di San Luca 36
40135 Bologna (Saragozza)
Tel: 051 6142339 www.sanlucabo.org

415 recensioni
n.12 di 122 attrazioni

Special Price

La biblioteca perfetta

Se avete voglia di leggere o semplicemente sentite il bisogno di un po' di silenzio in un luogo bellissimo e ricco di storia, la **Salaborsa** è il posto giusto per voi. Ospitata all'interno di **Palazzo d'Accursio**, affacciato su piazza Maggiore e sede storica del Comune, è una biblioteca «plurimediale» (libri, giornali, riviste, mappe, video, cd, cd-rom, dvd) ad alto contenuto tecnologico: un'oasi di cultura contemporanea completamente gratuita.

Ma non solo: qui potrete ammirare, oltre alla bellezza architettonica delle sale, gli scavi archeologici venuti alla luce durante i lavori di ristrutturazione, osservabili da un pavimento di cristallo. Scorgerete i resti della basilica civile dell'antica Bononia, le corti medievali, il viridario e l'orto botanico rinascimentale.

La biblioteca Salaborsa (che comprende anche la Salaborsa Ragazzi e la Sala Adolescenti) è aperta al pubblico da martedì a venerdì fino alle 20 e sabato fino alle 19. Gli scavi sono visitabili da martedì a sabato dalle 10 alle 13.30 e dalle 15 alle 18.30. E, se preferite, potrete prenotare una visita guidata degli scavi archeologici (tenuta da uno dei bibliotecari): è gradita un'offerta libera.

© Linda Martini

Bologna | **Biblioteca Salaborsa**

7 | Basilica di San Petronio

La chiesa dedicata al santo patrono della città è la più maestosa di Bologna. E, nonostante la sua costruzione sia iniziata nel 1390, è tuttora incompiuta.

Imponente
Zerinol | 3 gennaio 2014

La basilica di San Petronio rappresenta il centro della vecchia Bologna. È sempre un piacere ammirare gli affreschi e la bellissima meridiana a pavimento ideata e costruita da Gian Domenico Cassini nel 1656.

La chiesa di Bologna
Ciceta | 3 gennaio 2014

La chiesa è molto grande e bella. Al suo interno vi sono molti dipinti di pittori famosi e per questo va visitata con attenzione. Da non perdere.

TARIFFA ACCESSO ALLA BASILICA: GRATUITO. CAPPELLA BOLOGNINI: €2
ORARI BASILICA: DA LUNEDÌ A SABATO 7.45-13, 15-18; DOMENICA 7.45-13, 15-18.45
CAPPELLA BOLOGNINI: TUTTI I GIORNI 9-13, 15-18

30
Piazza Maggiore
40124 Bologna (Centro storico)
Tel: 051 231415 www.basilicadisanpetronio.it

354 recensioni
n.18 di 122 attrazioni

8 | Pinacoteca Nazionale di Bologna

Non dovrete fare altro che perdervi nelle trenta sale che si arricchiscono di opere anno dopo anno. Il fiore all'occhiello della collezione è il Seicento bolognese.

Pura sensazione
Patto34mod | 16 gennaio 2014

Vale assolutamente una visita per allargare i propri orizzonti nei confronti di arte e cultura. La galleria propone mostre stanziali e itineranti di vari artisti a livello internazionale, con particolare attenzione al contemporaneo.

Al livello della National Gallery
105-andrea-105 | 1 gennaio 2014

Il 28 dicembre abbiamo approfittato dell'accesso gratuito ai musei statali (gestiti dal Mibac) per rivedere la pinacoteca felsinea, le cui opere non sfigurerebbero alla National Gallery.

TARIFFA €4
ORARI MARTEDÌ E MERCOLEDÌ 9-13.30. DA GIOVEDÌ A DOMENICA 14-19. CHIUSO LUNEDÌ

31
Via Belle Arti 56
40126 Bologna (Centro storico)
Tel: 051 4209411
www.pinacotecabologna.beniculturali.it

85 recensioni
n.19 di 122 attrazioni

9 | Torri degli Asinelli e Garisenda

Sono le «torri gemelle» più famose d'Italia. Solo quella degli Asinelli è visitabile: prendete fiato e salite i 498 gradini della scala interna. La vista sui tetti rossi di Bologna vi ripagherà dello sforzo.

Bellissima!

Saso2013 | 21 gennaio 2014

La cosa più bella è salire in alto e vedere la forma della città medievale che si irradia dal centro seguendo linee verticali e orizzontali! Bellissima la vista dall'alto nonostante fosse una giornata molto uggiosa. Da fare almeno una volta nella vita!

Che vista!

Andrea1988 | 20 gennaio 2014

Salire sulla Torre degli Asinelli è faticoso e anche vagamente inquietante, ma la vista dalla sommità è meravigliosa! Peccato per la giornata coperta e uggiosa... Il panorama era spettacolare già così, non oso immaginare in una giornata limpida!

TARIFFA TORRE DEGLI ASINELLI: €3
ORARI CONSULTARE IL SITO WWW.BOLOGNAWELCOME.IT

32
Piazza di Porta Ravegnana
40126 Bologna (Centro storico)
Tel: 051 6472113

768 recensioni
n.8 di 122 attrazioni

10 | Basilica di San Domenico

Per chi ama la storia dell'arte la basilica di San Domenico è un vero tesoro. Imperdibile l'arca marmorea, il coro ligneo e le decorazioni pittoriche.

Affascinante

Domenica C | 12 dicembre 2013

Sono entrata in questa basilica per pura casualità e sono rimasta affascinata dalla bellezza e dalla sacralità del luogo. È piena di storia, consiglio di visitarla!

Senza fiato

LidiaB25 | 28 gennaio 2014

La chiamano la chiesa dei miracoli e ora comprendo la ragione: è suggestiva e ricoperta da un'aria magica. Non sono una praticante fervida, ma quando capito a Bologna faccio sempre un salto qui!

TARIFFA GRATUITO
ORARI DA LUNEDÌ A SABATO 9-12, 15.30-18; DOMENICA E FESTIVI 15.30-17

33
Piazza San Domenico 13
40124 Bologna (Centro storico)
Tel: 051 6400411
www.conventosandomenico.org

142 recensioni
n.20 di 122 attrazioni

Un giro sui Colli

I Colli bolognesi sono la classica gita fuori porta di chi vive nel capoluogo emiliano, con sosta d'obbligo in trattoria. Cibo genuino, paesaggi rilassanti e inattesi tesori storici e artistici: tutto quel serve per passare una splendida domenica all'aria aperta.
Partendo da Bologna, in auto o in autobus, raggiungerete in poco tempo le alture ricoperte da vigneti e punteggiate da valli, fiumi e calanchi. Punto di partenza privilegiato per le escursioni è **Monte San Pietro**, un Comune che comprende alcuni borghi che vi resteranno senza dubbio nel cuore.
Il primo paese che incontrete è **Calderino**, il capoluogo, dove inizia la strada per **Amola** (partenza da piazza della Repubblica), frazione a 334 metri sul livello del mare. La sua chiesa trecentesca, dedicata a Santa Maria Assunta, conserva un gioiello dell'arte bolognese: la *Via Crucis* di Mauro Gandolfi, ciclo di quattordici dipinti a olio. A pochi metri dalla chiesa, vi imbatterete anche in uno strano edificio chiamato Ca' dei Ghedini, una casa-forte del XV secolo davvero ben conservata.
Percorrendo invece via Lavino in direzione sud, a circa cinque chilometri da Calderino raggiungerete **Monte San Giovanni**, circondato da poggi e ricco di boschi e vigneti. Nelle località **Venezia** e **Pradalbino** (ai confini con il Comune di Crespellano) il paesaggio è invece dominato dai tipici rilievi dell'Appennino emiliano: i calanchi, colline argillose con archi, creste e fessure. Lì troverete trattorie e agriturismi dove fermarvi per un meritato pranzo a base di prodotti locali e vino del territorio.
Il mezzo privilegiato per arrivare a Monte San Pietro partendo da Bologna è l'auto o, ancora meglio, la moto: è sufficiente seguire la strada statale 569 in direzione Bazzano e immettersi poi nella provinciale 26 Valle del Lavino in direzione Calderino-Monte San Pietro. In alternativa potete prendere l'autobus 83 dell'Atc che ferma all'autostazione di Bologna (piazza XX Settembre). L'azienda di trasporti pubblici serve anche tutti gli altri comuni sui Colli (Bazzano, Monterenzio, Sasso Marconi sono i più conosciuti). Per informazioni: www.atc.bo.it

© Roberta Cristofori

Colli bolognesi

Consigli di viaggio

Agenda

Gennaio

La più importante manifestazione che apre l'anno del polo fieristico di Bologna è dedicata all'arte contemporanea: **Artefiera** è una grande vetrina del mercato mondiale, a cui partecipano migliaia di visitatori e collezionisti. Ma l'arte non rimane confinata in Fiera, arrivando a invadere l'intera città grazie all'**Art City White Night**: fino a mezzanotte apertura straordinaria di palazzi storici, spazi urbani, gallerie d'arte, negozi, oltre a un nutrito calendario di mostre, film, iniziative ed eventi collaterali.

Artefiera, Bolognafiere, viale della Fiera 20, 40127 Bologna (Fiera)

Art City, location varie

Febbraio-marzo

Il **Carnevale** bolognese offre tantissime opportunità di divertimento, tra feste in maschera e serate a tema nei numerosi locali e discoteche della città. L'ultima domenica di Carnevale e il Martedì Grasso però sono i bambini a diventare protagonisti, con la tradizionale sfilata dei carri allegorici che attraversa le vie del centro, da piazza VIII Agosto a piazza Maggiore e ritorno.

Carnevale Nazionale dei Bambini, piazza VIII Agosto, 40126 Bologna (Centro storico) e location varie

Aprile

Bologna ama il cinema, e lo dimostra organizzando numerosi festival e rassegne dedicati alla settima arte. Uno dei più importanti, e di respiro internazionale, è il **Futurefilmfestival**, nato nel 1999: una settimana dedicata ai film di animazione tradizionale e digitale, e agli effetti speciali. Oltre alle proiezioni in diversi cinema cittadini, al FutureVillage in piazza Nettuno si tengono incontri e tavole rotonde aperte al pubblico che vedono la partecipazione dei più noti esperti italiani e internazionali del settore.

Futurefilmfestival, Palazzo Re Enzo, piazza del Nettuno 1, 40124 Bologna (Centro storico) e location varie

Maggio

Due giorni (sabato e domenica) verso fine mese, all'insegna del benessere e del divertimento con la storica camminata ludico-motoria **Strabologna**. Partenza, come da tradizione, la domenica da piazza Maggiore; tre i percorsi: breve (3,85 km), medio (6,85 km) e lungo (11,5 km).

Strabologna, piazza Maggiore, 40124 Bologna (Centro storico) e location varie

Giugno-luglio

Il Cinema Ritrovato: tra fine giugno e inizio luglio, otto giornate di proiezioni e incontri, con quattro cinema attivi da mattina a sera, oltre al maxischermo in piazza Maggiore per le proiezioni serali. Un vero paradiso per i cinefili, con un programma che spazia dai grandi classici ai film ritrovati e sconosciuti, che viene proposto ogni anno dalla Cineteca di Bologna.

Il Cinema Ritrovato, location varie

Giugno-settembre

Si apre a giugno il ricco cartellone estivo coordinato dalla sezione Cultura e Giovani del comune di Bologna: **Bè Bolognaestate** prevede concerti, spettacoli, film, mostre, performance, incontri, visite guidate che ogni anno animano i luoghi più suggestivi della città fino a settembre inoltrato.

Bè Bolognaestate, location varie

Ottobre-novembre

L'ultimo fine settimana di ottobre (o il primo di novembre) chi è a Bologna ha l'opportunità di vivere in modo divertente e alternativo la città: il **Trekking Urbano**, due o tre giorni (a seconda delle edizioni) di percorsi gratuiti per cittadini e turisti con visite guidate (in diverse lingue) alla scoperta del centro storico, oppure nel verde della collina.

Trekking Urbano, location varie

Novembre

L'autunno bolognese è sempre molto caldo: il **Bologna Jazz Festival** ogni anno presenta grandi nomi del panorama jazzistico italiano e internazionale con un ampio programma di concerti nei teatri e nei jazz club della città.

Bologna Jazz Festival, location varie

Dicembre

Fino al 26 dicembre il portico monumentale della basilica di Santa Maria dei Servi è popolato dalle bancarelle dell'**Antica Fiera di Santa Lucia**, che vendono presepi, addobbi natalizi, dolciumi e regali vari. La Fiera di Santa Lucia è una tradizione che risale addirittura al XVI secolo. Il 31, invece, la notte di San Silvestro si festeggia in piazza Maggiore con musica e il tradizionale **falò del vecchione** per accogliere con allegria l'anno nuovo.

Antica Fiera di Santa Lucia, Santa Maria dei Servi, Strada Maggiore 43, 40124 Bologna (Centro storico)

Falò del vecchione, piazza Maggiore, 40124 Bologna (Centro storico)

Arrivare e partire

Aereo

L'aeroporto internazionale Guglielmo Marconi si trova a Borgo Panigale, a 6 km dal centro di Bologna, e collega la città ai principali aeroporti italiani ed europei. È uno degli scali base di Ryanair e vi atterrano e decollano anche voli di altre compagnie low cost (come easyJet e Germanwings). L'Aerobus Blq fa la spola dalle 6 alle 23.40 tra l'aeroporto e la stazione ferroviaria Bologna Centrale. Il biglietto costa €6 e il tempo di percorrenza è di circa 20 minuti (per informazioni: www.tper.it). Per raggiungere l'aeroporto in auto, dalla città immettersi sulla tangenziale e prendere l'uscita 4 bis.

Aeroporto Guglielmo Marconi: tel: 051 6479615, www.bologna-airport.it

Treno

Il principale scalo ferroviario di Bologna è la Stazione Centrale. Grazie alla posizione geografica strategica tra il Centro e il Nord Italia, quello di Bologna è il principale nodo ferroviario italiano, e una delle stazioni dei treni ad alta velocità. Con i treni Frecciarossa e Italo dalla Stazione Centrale di Bologna si arriva in mezz'ora a Firenze, in un'ora a Milano, in un'ora e mezzo a Venezia, in 2 ore e mezzo a Roma, in 5 ore e 45 minuti a Bari. La stazione che gestisce le nove linee regionali è invece la Fer-Suburbana in via San Donato.

Bologna Centrale, piazza Medaglie d'Oro 2, 40121 Bologna (Porto)

Fer-Suburbana, via San Donato 25, 40127 Bologna (San Vitale), www.fer-online.it

Pullman

Al pari dell'aeroporto e della Stazione Centrale, l'**Autostazione** mette Bologna al centro di una vasta rete di collegamenti nazionali e internazionali. L'Autostazione è situata in piazza XX Settembre, a 200 m dalla stazione ferroviaria Bologna Centrale, ed è facilmente raggiungibile con ogni mezzo di trasporto. È il punto di arrivo e di partenza da e per i principali comuni della regione e molte città italiane (come Milano, Firenze, Roma) ed europee. Le compagnie più importanti che collegano Bologna con gli altri centri nel territorio nazionale sono Sena (www.sena.it), Eurolines (www.eurolines.it) e Baltour (www.baltour.it).

Autostazione di Bologna: piazza XX Settembre 6, 40121 Bologna (Porto), tel: 051 245400, www.autostazionebo.it

Auto

Bologna è il principale nodo autostradale italiano, il punto in cui si incrociano le due maggiori arterie italiane che collegano il Nord e il Sud del Paese: l'A1 e l'A14. Da qui si raggiungono direttamente tutte le maggiori città italiane: in direzione nord verso Milano (con deviazione a Parma per Genova), poi Venezia (A13) e il Brennero (A22); in direzione sud verso Roma fino a Reggio Calabria (A1) e verso Bari, fino a Lecce e Taranto (A14). All'uscita dell'autostrada c'è il raccordo con la tangenziale che conduce in città. Tenete presente che a Bologna è in vigore la zona a traffico limitato (Ztl) all'interno del centro storico, per cui dalle 7 alle 20, tutti i giorni, la circolazione dei veicoli a motore è limitata ai soli autorizzati. Per consentire l'accesso alle strutture alberghiere del centro, i gestori possono però comunicare al Comune le targhe dei propri clienti, in modo che risultino nella lista degli autorizzati all'ingresso e non vengano multati.

Muoversi

Autobus urbani

Tper, Trasporto Passeggeri Emilia-Romagna, è la società che riunisce le divisioni trasporti di Atc e Fer. Svolge servizio urbano nella città di Bologna e servizio suburbano ed extraurbano nei territori della provincia, con mezzi a ridotto impatto ambientale. I biglietti urbani (che devono essere acquistati prima di salire a bordo, presso le rivendite autorizzate e i distributori self-service) costano €1,30 e hanno validità di un'ora, ma sono disponibili anche il biglietto giornaliero (€5, validità 24 ore dalla convalida) e il City Pass (10 viaggi, durata 75 minuti, €12).

Tper, tel: 051 290290, www.tper.it, www.atc.bo.it

Taxi

La Cooperativa Taxisti Bolognesi (Cotabo) e il Consorzio Autonomio Taxisti (Cat) provvedono al servizio taxi in città, con mezzi adatti anche alle persone con disabilità.

- **Cotabo**, tel: 051 372727, www.cotabo.it
- **Cat**, tel: 051 4590, www.taxibologna.it

Firenze

Firenze, città di poeti e pittori, scultori e architetti, culla di ingegni sapienti e talenti sopraffini, vanta tesori artistici unici al mondo. Non c'è niente di meglio che visitare i suoi musei, le sue chiese e i suoi palazzi, o farsi rapire dal fascino del Ponte Vecchio lasciando che le acque dell'Arno raccontino l'anima antica della città.

Lanciatevi alla scoperta delle trattorie semplici e genuine, dei ristoranti dove rivivono le ricette della tradizione rustica, delle botteghe che vendono con orgoglio cantucci e vin santo. Dalla schiacciata con l'uva alla minestra di pane, dal cibreo alla frittata insaporita con fegatini e bargigli, dal peposo di manzo alla trippa, le specialità fiorentine sono in grado di deliziare anche i palati più esigenti. Soprattutto se accompagnate da un buon bicchiere di Chianti. Sapori e colori ricchi di storia vi guideranno nel pittoresco tour di questa incantevole città, dove tutto «spira grandezza, gusto, umanità, purezza».

Scopri Firenze by tripadvisor

Inquadra il QR Code con il tuo smartphone per scoprire i contenuti multimediali

DORMIRE

1. La Locanda dei Poeti
2. Hotel Crocini
3. Hotel Dalì
4. Hotel Balcony
5. Hotel Ferrucci
6. Hotel Relais Il Cestello
7. B&B Il cielo
8. Sandra B&B
9. Casa Schlatter
10. Rifredi B&B
11. Tourist House Ghiberti

MANGIARE E BERE

12. Trattoria La Casalinga
13. All'Antico Vinaio
14. Osteria delle Tre Panche
15. Gelateria La Carraia
16. Il Desco
17. Trattoria Mario

18. Bitter Bar
19. Trippaio del Porcellino
20. Gusta Pizza
21. Il Cernacchino
22. Dal Barone

VISITARE

23. Abbazia di San Miniato al Monte
24. Basilica di Santa Croce
25. Galleria degli Uffizi
26. Palazzo Vecchio
27. Piazza del Duomo
28. Giardino Bardini
29. Palazzo Pitti
30. Chiesa di Orsanmichele
31. Chiesa di Santa Maria Novella
32. Cappelle Medicee
33. Galleria dell'Accademia

Scelto dalla redazione

La Locanda dei Poeti

© La Locanda dei Poeti

Nel cuore del centro storico, Massimiliano e Martina gestiscono la **Locanda dei Poeti** con amore e professionalità. Nel loro B&B non troverete solo eleganti e spaziose stanze in cui dormire, ma anche letteratura e poesia. Dalla ricca libreria pensata per gli ospiti fino ai quadri appesi alle pareti, i versi dei più famosi poeti del mondo regnano sovrani perché, come dicono sempre i proprietari, «Firenze è la culla della cultura».

La colazione è succulenta e consente di scegliere fra tre menu diversi (anche senza glutine), a seconda delle preferenze. Per chi volesse un caffè o una bevanda calda, la cucina è sempre a disposizione, come lo spazioso frigo, ricco di bibite fresche pronte a ristorarvi dopo una passeggiata per la città. I due piani, classico con mobili dipinti a mano il primo, moderno e minimal il secondo, dispongono anche di una saletta relax. E ricordate: nella splendida biblioteca della locanda il bookcrossing è d'obbligo!

Non solo poesia

Michela D | 21 gennaio 2014

In questa locanda ho trovato la poesia! L'accoglienza è qualcosa che non è solo la somma di pulizia, ordine e accuratezza (tutte a ottimo livello). È far stare bene l'ospite e prendersi cura di lui. Insomma, questo è un posto dove è bandita la sciatteria e l'approssimazione, e si nota una cura dei particolari e una ricerca del bello che crea il contesto giusto per apprezzare una città belllisima!

FASCIA PREZZO €60-€90
CATEGORIA B&B

376 recensioni
n.19 di 482 B&B

1
Via Guelfa 74
50129 Firenze (San Marco)
Tel: 055 488701
www.locandadeipoeti.com

Top 5 Alberghi

classifica ragionata basata su tripadvisor

1 | Hotel Crocini

Venti camere con mobili in legno e pavimenti in cotto, ideali per romantici soggiorni o per una gita fra amici. Nel cuore di Firenze, un due stelle a prezzi imbattibili.

Perfetto

Antonio G | 3 dicembre 2013

Posizione centrale, cortesia del personale, pulizia delle camere, wi-fi e colazione abbondante sono i punti di forza di questa struttura. Firenze fa il resto. Spero di tornarci presto. Consigliato.

Gentilezza, tranquillità e accoglienza

Supadavegt | 5 gennaio 2014

Ci sono stato di recente con un amico e devo dire che ci siamo trovati bene! Le camere sono pulite e c'è un cortiletto interno per parcheggiare la macchina. Ultimo ma non ultimo, personale molto cordiale e disponibile!

FASCIA PREZZO €40-€80 CATEGORIA ★★

2
Corso Italia 28
50123 Firenze (Santa Maria Novella)
Tel: 055 212905 www.hotelcrocini.com

304 recensioni
n.68 di 460 hotel

2 | Hotel Dalì

Nell'antico palazzo dei marchesi Frescobaldi, Marco e Samanta sono i perfetti padroni di casa di questo piccolo albergo. Camere semplici e curate, in stile tipicamente fiorentino.

Ottimo rapporto qualità-prezzo

Sara V | 6 gennaio 2014

In posizione ottima, a un passo dal Duomo e a soli dieci minuti a piedi dalla stazione di Santa Maria Novella. Personale cordiale e disponibile. La nostra camera si affacciava su un cortile interno, ed era molto tranquilla!

Capodanno a due passi dal centro!

Goccia_pioggia | 1 gennaio 2014

Siamo stati in questo hotel la notte del 31 dicembre. Il personale è stato molto accogliente e gentile. Eravamo due coppie in una stanza con bagno privato: tutto era pulito. La caratteristica migliore di questo hotel è il fatto di essere a due passi dal centro.

FASCIA PREZZO €40-€85 CATEGORIA ★

3
Via Dell'Oriuolo 17
50122 Firenze (Sant'Ambrogio)
Tel: 055 2340706 www.hoteldali.com

422 recensioni
n.46 di 460 hotel

3 | Hotel Balcony

A due passi da Santa Maria del Fiore, l'Hotel Balcony vi servirà ricche colazioni e sfiziosi aperitivi in una splendida terrazza con vista sulla cupola del Brunelleschi.

Ospitali e davvero simpatici

Puci90 | 6 gennaio 2014

Io e il mio fidanzato abbiamo soggiornato qui cinque giorni e subito siamo stati accolti con la descrizione della città da parte dei proprietari e con moltissimi consigli riguardo ai posti in cui pranzare e cenare bene! Le camere sono pulite e in stile fiorentino e la colazione è buona!

Scelta giusta!

ArchGiuseppe | 7 gennaio 2014

Arrivo a Firenze e con grande meraviglia scopro che l'hotel è in posizione centralissima: dal terrazzo si può ammirare la cupola del Brunelleschi e in pochi passi si arriva alla stazione di Santa Maria Novella. Le stanze sono sufficientemente grandi, il bagno è pulito.

FASCIA PREZZO €50-€80 CATEGORIA ★★

4
Via dei Banchi 3 rosso
50123 Firenze (Centro storico)
Tel: 055 281742 www.hotelbalcony.com

327 recensioni
n.84 di 460 hotel

4 | Hotel Ferrucci

Se cercate un albergo raffinato ed economico, qui troverete eleganza e professionalità. Le confortevoli camere in stile liberty con soffitti affrescati vi regaleranno una vacanza da sogno!

Ero sospettoso

Gianluca B | 17 gennaio 2014

Ebbene sì, ero sospettoso... Come si possono pagare €37 a Firenze per una doppia uso singola e pure carina? Signori si può! Ottima struttura, tranquilla, pulita e piena di servizi, e stiamo parlando di un due stelle! Non trovo altre parole per consigliarvi questa struttura!

Bello e comodo

Dani57 | 8 gennaio 2014

L'hotel è situato sul Lungarno e si raggiunge il centro in un quarto d'ora con una gradevole passeggiata. Avevamo una camera da tre molto spaziosa, con soffitto affrescato e arredi di buon gusto. Il personale è molto gentile e il rapporto qualità-prezzo è fantastico, tornerò sicuramente!

FASCIA PREZZO €50-€65 CATEGORIA ★★

5
Via di Ricorboli 2
50126 Firenze (Gavinana)
Tel: 055 688660 www.hotelferruccifirenze.it

144 recensioni
n.74 di 460 hotel

5 | Hotel Relais Il Cestello

Nel suggestivo borgo di San Frediano, la signora Ilaria soddisfa ogni capriccio dei suoi clienti. Incantevoli scorci sull'Arno da tutte le camere.

Piacevole conferma!

Patrick C | 1 gennaio 2014

Scelto quasi per caso leggendo le recensioni, siamo rimasti molto soddisfatti. In posizione strategica, a quindici minuti a piedi sia dalla stazione sia dal centro città. Personale estremamente cortese e disponibile. Consigliato!

Impossibile trovare di meglio!

Liliana m | 12 dicembre 2013

Viaggio spesso per lavoro e ho girato molti alberghi di questa tipologia in Toscana, ma se devo essere sincera questo per me è stato il migliore, sia per il rapporto qualità-prezzo sia per i servizi che offre. Per non parlare della vista sull'Arno, secondo me è impossibile trovare di meglio!

FASCIA PREZZO €90-€130 CATEGORIA ★★★

6
Piazza di Cestello 9
50124 Firenze (San Frediano)
Tel: 055 280632 www.hotelrelaisilcestello.com

137 recensioni
n.83 di 460 hotel

Top 5 B&B e altro

classifica ragionata basata su tripadvisor

1 | B&B Il cielo

Al terzo piano di una palazzina d'epoca, un B&B con armadi vintage, carta da parati a fiori, poltrone gialle e nere e pareti colorate. Colazione con specialità locali.

La tua casa a Firenze

Monica M | 31 ottobre 2013

Mi sono trovata benissimo, sia per la posizione, centrale e al riparo dal traffico, sia per la gentilezza del proprietario. Ho riposato e gustato la colazione anche al di là dell'orario previsto. Raccomando questa struttura, un posto dove sentirsi a casa!

Gentilezza e attenzione al Cielo

Petronilla2013 | 15 ottobre 2013

B&B da raccomandare in una zona molto carina e logisticamente perfetta (tra la stazione e il Duomo) di Firenze. Giancarlo, il proprietario, è gentilissimo e molto attento agli ospiti. La nostra camera era carina e curata!

FASCIA PREZZO €35-€80 CATEGORIA B&B

7
Via Faenza 79
50123 Firenze (San Marco)
Tel: 055 2670217 www.ilcielo.info

246 recensioni
n.34 di 482 B&B e pensioni

2 | Sandra B&B

Un B&B oltre le aspettative a pochi minuti dal centro storico. Colazione in terrazza d'estate e davanti al camino d'inverno. Bagno privato in ogni stanza.

Capodanno a Firenze
Alice M | 7 gennaio 2014

In questo B&B ci si sente come a casa, la camera era molto pulita e spaziosa, la colazione buonissima. Sandra e Paolo sono persone gentilissime e molto disponibili, appena arrivati ci hanno dato subito indicazioni su cosa visitare. Se ricapiteremo a Firenze torneremo qui!

Vacanza a Firenze
TheMockingjay | 7 gennaio 2014

Siamo stati tre giorni a Firenze in questo B&B e ci siamo trovati molto bene. Vicino al centro, quindici minuti a piedi, e collegato bene con gli autobus. Camera spaziosa, pulita e graziosa. Carina l'idea di mettere a disposizione in camera dvd e la bottiglia d'acqua fresca ogni giorno.

FASCIA PREZZO €45-€75 CATEGORIA B&B

8 Viale Giovanni Lami 50
50134 Firenze (Fortezza)
Tel: 055 461675 www.sandrabedandbreakfast.it

158 recensioni
n.39 di 482 B&B e pensioni

3 | Casa Schlatter

Un B&B che è anche un museo: costruita dal pittore svizzero Carlo Adolfo Schlatter, questa «casa» è oggi gestita dalla pronipote Alessandra, che ogni mattina prepara squisiti dolci con i prodotti di stagione.

Consigliatissimo
Priscilla D | 14 gennaio 2014

Casa Schlatter, una magnifica scoperta. Atmosfera calda e accogliente, cura del dettaglio e pulizia. Essere circondati da così tanta bellezza non accade tutti i giorni. Risveglio con colazione preparata dalla signora Alessandra, gentile e discreta. Speriamo di tornarci presto!

Da provare
Carlo M | 10 gennaio 2014

Un posto delizioso e appartato in una zona centrale facilmente raggiungibile. Arredamento d'altri tempi pur essendo dotato di tutti i comfort. La colazione è servita nell'ampia sala impreziosita con i bellissimi quadri del pittore Schlatter. Rinnoveremo sicuramente la piacevole esperienza!

FASCIA PREZZO €85-€105 CATEGORIA B&B

9 Viale dei Mille 14
50131 Firenze (Campo di Marte)
Tel: 347 1180215 www.casaschlatter-florence.com

68 recensioni
n.15 di 482 B&B e pensioni

4 | Rifredi B&B

Un'accoglienza degna della fama toscana, silenzio d'oro la notte, colazione da leccarsi i baffi la mattina, parcheggio gratuito e autobus sotto casa. Cosa volere di più?

Inappuntabile
Domenico Anselm... S | 6 dicembre 2013

Padroni di casa gentilissimi e disponibili, la signora Elda è un'autentica miniera di informazioni. Stanza ampia e comoda così come i servizi, sempre lindi e inappuntabili. Non centralissimo, ma facilmente raggiungibile. Ottima la colazione. Possibilità di parcheggio gratuito nelle vicinanze!

100% accogliente
DogKira2010 | 30 ottobre 2013

Il B&B Rifredi è molto vicino alla stazione di Firenze-Rifredi e a pochi passi dal portone c'è la fermata dell'autobus che conduce in pochi minuti in centro. La cordialità dei gestori, la pulizia delle stanze e dei bagni, i servizi (wi-fi compreso) fanno di questo B&B un ottimo riferimento per un soggiorno a Firenze.

FASCIA PREZZO €45-€85 CATEGORIA B&B

10
Via di Rifredi 10
50134 Firenze (Rifredi)
Tel: 055 418043 www.bb-rifredi.it

111 recensioni
n.51 di 482 B&B e pension

5 | Tourist House Ghiberti

Di fronte al Duomo, cinque camere ampie e confortevoli, con sauna e jacuzzi: uno standard da hotel a quattro stelle! Prima di partire non dimenticate di fare un salto sul sito: può esserci un'offerta che fa al caso vostro.

Fantastici
Ippanariello | 13 dicembre 2013

Abbiamo soggiornato appena due notti ma ci hanno fatto venire voglia di restare di più. Il posto è centrale e le camere sono belle e fornite di ogni comfort. Lorenzo è una persona squisita, disponibile per tutte le nostre piccole richieste. Non ultima la colazione, ottima e abbondante!

Ottimo B&B a due passi dal Duomo
Barilucacz | 30 gennaio 2014

Il B&B è situato a due passi dal Duomo ed è facilmente raggiungibile dalla stazione (anche a piedi, con una passeggiata tra l'altro suggestiva). È composto di cinque camere, sala colazione, sauna e idromassaggio. Tutto compreso nel prezzo.

FASCIA PREZZO €80-€130 CATEGORIA B&B

11
Via Bufalini 1
50122 Firenze (Centro storico)
Tel: 055 284858 www.touristhouseghiberti.com

498 recensioni
n.21 di 482 B&B e pensioni

Scelto dalla redazione

Trattoria La Casalinga

© Trattoria La Casalinga

Nelle lunghe tavolate della **Trattoria La Casalinga** studenti, turisti, lavoratori in pausa pranzo e famiglie in «gita» mangiano gomito a gomito, chiacchierando e scherzando come vecchi amici.
Beppe, il cameriere «esperto», e i più giovani Fabio e David, nelle ore di punta sfrecciano con i piatti che la cuoca Graziella prepara per i suoi clienti. Il menu cambia in base ai prodotti di stagione, acquistati ogni mattina ai banchi del mercato centrale di San Lorenzo.
Impossibile uscire da qui insoddisfatti: la qualità delle pietanze e i prezzi più che onesti fanno di questa trattoria una delle più famose e affollate della zona.
Un consiglio? Partite con i crostini toscani, per il primo scegliete fra ribollita, pasta e fagioli e minestra di riso e cavolo; poi proseguite con il lesso rifatto con cipolle, l'arista con l'osso o il coniglio al forno. Innaffiate il tutto con l'ottimo vino della casa e chiudete in bellezza con la famosissima torta di mele o la schiacciata con l'uva.

Ottimo!
Esygranata | 14 gennaio 2014
Una signora del posto ci ha consigliato di entrare e siamo stati davvero soddisfatti! Abbiamo preso l'antipasto misto toscano con finocchiona, lardo, salame e crostini. Poi un primo con il sugo di salsiccia, e il peposo con patate, il tutto accompagnato dal Chianti sfuso della casa. Tutto perfetto, locale carino e curato, personale simpatico e cortese. Ottimo rapporto qualità-prezzo.

FASCIA PREZZO €20-€30
CATEGORIA TRATTORIA
CHIUSO DOMENICA

734 recensioni
n.168 di 1.808 ristoranti

12
Via dei Michelozzi 9 rosso
50125 Firenze (Santo Spirito)
Tel: 055 218624
www.trattorialacasalinga.it

Top 10 Locali

classifica ragionata basata su tripadvisor

1 | All'Antico Vinaio

La coda all'ingresso è sempre lunghissima, ma una pausa in questa piccola paninoteca è quasi obbligatoria: cosa c'è di meglio di un tagliere di formaggi e salumi accompagnato da un buon bicchiere di rosso della casa?

Top!

Angelooooooo | 27 gennaio 2014

Un panino a dir poco massiccio in grado di saziare anche uno con lo stomaco senza fondo come il mio, ma soprattutto buonissimo! Farcito con salumi e formaggi tipici della tradizione, merita senz'altro!

Un «paninone»

Paolo L | 20 gennaio 2014

Ottime schiacciate calde da riempire a piacere, con affettati molto buoni e salse di ogni tipo. Il tutto accompagnato da un bicchiere di vino.

FASCIA PREZZO €5-€15 CATEGORIA PANINOTECA
CHIUSO LUNEDÌ

13 Via dei Neri 65 rosso
50100 Firenze (Centro storico)
Tel: 055 2382723

2.953 recensioni
n.1 di 1.808 ristoranti

2 | Osteria delle Tre Panche

Sulle panche di legno di questa piccola osteria, cenare in compagnia è un obbligo piacevole quasi quanto assaggiare la braciolina fritta di vitello o la frittata al tartufo.

Letteralmente tre panche. Ma che bontà!

Lorval10 | 20 gennaio 2014

Nonostante le panche attorno a tre tavoloni, la location seppur «piccinina» è davvero graziosa e l'atmosfera che si respira è piacevole. La serata è quindi riuscita alla grande!

Sempre una garanzia

Nicola c | 16 gennaio 2014

In questo posto si mangia sempre bene e tutte le volte che capito a Firenze ci vado. Ottimi i piatti con il tartufo di San Miniato. Fantastica la braciola con l'acciugata. Il costo è ragionevolissimo se paragonato alla qualità dei piatti.

FASCIA PREZZO €35-€45 CATEGORIA OSTERIA
CHIUSO DOMENICA

14 Via Antonio Pacinotti 32 rosso
50131 Firenze (Campo di Marte)
Tel: 055 583724

129 recensioni
n.12 di 1.808 ristoranti

3 | Gelateria La Carraia

Un assortimento di gusti da far impallidire i più golosi, da quelli di frutta ai cioccolati (provate il fondente!) fino ai sapori della tradizione fiorentina: scoprite l'anima dolce di Firenze!

Ottimo!
PieRoma29 | 10 gennaio 2014

È veramente un piacere fermarsi dieci minuti e godersi un signor gelato. Uno dei migliori in assoluto in termini di qualità! Continuate così!

Gelati favolosi
Mariarita M | 13 dicembre 2013

Secondo me la migliore gelateria di Firenze! Da provare tutti i gusti, dal pistacchio alla nocciola, dalla crema fiorentina al cioccolato all'arancia, fino alla Nutella... Tutto ottimo!

FASCIA PREZZO €1-€6 **CATEGORIA** GELATERIA
APERTO TUTTI I GIORNI

15
Piazza Nazario Sauro 25 rosso
50124 Firenze (Santo Spirito)
Tel: 055 280695 www.lacarraiagroup.eu

462 recensioni
n.11 di 1.808 ristoranti

4 | Il Desco

Un bistrot in cui la cucina mediterranea contemporanea si sposa con i piatti della tradizione toscana. A due passi dal Duomo, pasta fresca, carpaccio di Chianina e torte al Brunello di Montalcino!

Bravi!
DanielaSven | 6 gennaio 2014

È un posto che merita perché gli ingredienti arrivano da una loro azienda agricola bio e vengono cucinati in maniera semplice, in modo che si possano davvero apprezzare. Anche i ragazzi sono gentilissimi.

Chicca bio
Teachervale | 14 gennaio 2014

Locale molto piccolo, ma arredato con cura; non ha una vasta scelta, ma tutti i prodotti sono biologici e particolarmente ricchi di verdure; ottimo anche il tagliere di salumi e formaggi.

FASCIA PREZZO €15-€30 **CATEGORIA** BISTROT
APERTO TUTTI I GIORNI

16
Via Cavour 27
50129 Firenze (San Marco)
Tel: 055 288330 www.ildescofirenze.it

187 recensioni
n.24 di 1.808 ristoranti

5 | Trattoria Mario

Nelle vecchie stalle del Palazzo Gattamelata, la fiorentina è la migliore della città! Il lunedì e il giovedì la specialità del giorno è la trippa, il venerdì il pesce fritto.

Mario è poesia
Giulio Z. | 22 gennaio 2014

Ho scoperto Mario oltre dieci anni fa, e ogni volta è come la prima. L'atmosfera è unica, tutto il mondo passa di qui, si ferma e viene avvolto in questo magico vortice fatto di cucina di alto livello, simpatia dei camerieri, urla scherzose dei cuochi e dei commensali.

Vera cucina fiorentina
Enrico C | 22 gennaio 2014

Si mangia in comunità: al tuo tavolo potrà sedersi un operaio in pausa pranzo, uno studente, un turista e, se si è fortunati, si entra in contatto con lo spirito dei fiorentini. I piatti sono tutti da assaggiare!

FASCIA PREZZO €10-€20 **CATEGORIA** TRATTORIA
DA LUNEDÌ A SABATO APERTO A PRANZO. CHIUSO DOMENICA E FESTIVI

17
Via Rosina 2 rosso
50123 Firenze (San Marco)
Tel: 055 218550 www.trattoria-mario.com

1.519 recensioni
n.26 di 1.808 ristoranti

Zoom

I «banchini dei trippai»

Capita che, passeggiando per Firenze, tra una via e l'altra, ci sia un chioschetto su quattro ruote: sono baracchini a conduzione familiare, dove si vende un cibo di strada che racconta la storia della Toscana e dei suoi abitanti.
Se l'attesa non vi annoia ed è l'ora del pranzo o della merenda, il consiglio è quello di assaggiare almeno il famoso **panino con il lampredotto**, ormai diventato un'istituzione. Oppure la **semelle**, un tipico panino fiorentino servito con le trippe condite a piacere con sale e pepe, salsa verde o olio piccante.
E quando il trippaio vi chiederà se lo volete bagnato rispondete di sì. Tufferà nel sugo la calotta superiore, e voi lo gusterete come fa la gente del posto, unto e gocciolante.
Il meglio lo trovate in via dei Cimatori, da uno dei lampredottai più conosciuti di Firenze: è qui che potrete gustare la semelle in inzimino, con i fagioli all'uccelletto, con i carciofi e con le patate... Da leccarsi i baffi!

© Fabio Venni / Wikimedia commons

Firenze | **Un banchino dei trippai**

6 | Bitter Bar

Nella hall del Borghese Palace Art Hotel, Gerardo e Cristian preparano squisiti drink, bizzarre combinazioni per una «cocktailterapia» che farà effetto a partire dal primo assaggio!

Incredibile, abbiamo assaggiato l'ambrosia!

Marco17_02 | 19 gennaio 2014

Ho provato qualche drink prima di una cena romantica con la mia ragazza: il Bitter ha trasformato la nostra serata! Il Cinema Paradiso e il Playa del Carmen erano squisiti, ma se avessimo potuto li avremmo assaggiati tutti!

Ottimi cocktail... e che classe!

Danilo D | 19 gennaio 2014

Locale di alto livello, anzi di classe, situato all'interno di un albergo che si affaccia in via Ghibellina. Tutti i cocktail costano €7. Quello che ho preso era davvero molto buono. Servizio eccellente e ambiente tranquillo (direi anche rilassante). Mi sono trovato bene e ci tornerò.

FASCIA PREZZO €7-€10 **CATEGORIA** COCKTAIL BAR
CHIUSO LUNEDÌ

18 Via dei Pandolfini 39 rosso
50122 Firenze (Sant'Ambrogio)
Tel: 388 9759074 www.bitterbarfirenze.it

90 recensioni
n.21 di 1.808 ristoranti

Special Price

La strada del cibo low cost

La soluzione per spendere poco e mangiare bene in pieno centro si chiama via dei Neri. Dietro Palazzo Vecchio, chiunque penserebbe che un caffè possa costare un patrimonio e che fare un salto in trattoria equivalga a cenare in un grande ristorante. Ma la verità è che questa strada è una delle più economiche della città! Altro che boutique, via dei Neri ospita osterie, panifici, pizzerie, botteghe di prodotti tipici a buon mercato e perfino una hamburgeria, che nulla ha a che vedere con i soliti fast food (la carne è rigorosamente toscana).
Per andare sul sicuro, bisogna provare almeno una delle tre chicche di questa «arteria del gusto». **Alla Prosciutteria**, dove con meno di €10 potete scegliere tra taglieri misti, torte salate, polpette e pappa al pomodoro. Da **Trippa e Zampa**, dove i primi costano €5 e i secondi €8. L'ultimo nome da segnare sul taccuino è quello di **Benvenuto**, perché a una zuppa di fagioli e alla carne alla griglia non si dice mai di no!

© Claudia Morelli

Firenze | **Via dei Neri**

7 | Trippaio del Porcellino

Da anni, la famiglia di Orazio Nencioni ha il suo chiosco in piazza del Mercato Nuovo. La rosetta tagliata in due e bagnata nel brodo, farcita con trippa e condita con sale pepe e salsa verde è il loro pezzo forte!

W il lampredotto!

Francesco S | 16 gennaio 2014

Non sapevo cosa fosse, e così ho guardato su internet: all'inizio ero un po' intimorito per quello che riguardava i tagli della bestia con cui era fatto ma poi, vista la lunghissima coda davanti al baracchino, ho deciso di provarlo... Una vera bomba

Il porcellino tra fiaba e turisti

AndreaMisuri | 15 gennaio 2014

In occasione di un suo soggiorno in città, Hans Christian Andersen scrisse la fiaba che ha per protagonista proprio il celebre «Porcellino». Il banco di Orazio è un punto di riferimento per quanti continuano a impegnarsi per salvaguardare le tradizioni!

FASCIA PREZZO €5-€8 **CATEGORIA** STREET FOOD

DA MARZO A OTTOBRE APERTO TUTTI I GIORNI. DA NOVEMBRE A FEBBRAIO CHIUSO DOMENICA

19 Piazza del Mercato Nuovo
50123 Firenze (Centro storico)
Tel: 335 8070240

84 recensioni
n.29 di 1.808 ristoranti

8 | Gusta Pizza

Prendete il numero e aspettate il vostro turno. State per gustare la pizza più buona di Firenze. Da non perdere il Calzone Maurizio e la Gustapizza!

Buono & pratico

Federica M | 19 gennaio 2014

Locale carino, comodo, soprattutto per un pranzo veloce. Il servizio semi self-service, ma con la pizza appena sfornata, è vincente. Poca attesa, pizza fumante e di qualità.

La Pizza

Crazymo88 | 12 gennaio 2014

Senza dubbio una delle migliori pizze di Firenze. A due passi da Santo Spirito, locale piccolo con una decina di tavoli comuni, in cui l'unica protagonista è la pizza. Posto ideale per una toccata e fuga: prendi, mangi e vai. Buonissimo ed economico!

FASCIA PREZZO €7-€10 **CATEGORIA** PIZZERIA

CHIUSO LUNEDÌ

20 Via Maggio 46 rosso
50125 Firenze (Santo Spirito)
Tel: 055 285068

1.157 recensioni
n. 56 di 1.808 ristoranti

9 | Il Cernacchino

Sgabelli in vetrina e qualche tavolo al piano superiore per una pausa pranzo a base di panini con salsa ai fegatini, spezzatino, cinghiale e soppressata. Vino a €1,5 al bicchiere e dolci fatti in casa.

Un gustoso pranzo...

Mariangela R | 18 gennaio 2014

Ogni panino è una sorpresa... Gustoso ed economico. Ottimo per un pranzo al volo! In più tanta cordialità e accoglienza!

Rustico e genuino

Alessandro C | 14 gennaio 2014

Buon localino rustico e genuino, a due passi da piazza della Signoria. Gestito da due sorelle garbate e gentili, prodotti tipici e genuini. Buoni sia i panini sia le zuppe e i piatti caldi.

FASCIA PREZZO €4-€10 CATEGORIA STREET FOOD
CHIUSO DOMENICA

21
Via della Condotta 38 rosso
50122 Firenze (Centro storico)
Tel: 055 294119

246 recensioni
n.72 di 1.808 ristoranti

10 | Dal Barone

Dal Barone troverete la vera schiacciata toscana, ma non solo: tutti i panini vi lasceranno a bocca aperta, come i prezzi, onestissimi, e il personale, davvero alla mano.

Estremamente soddisfatta

Silvia M | 11 gennaio 2014

Dopo un breve consulto con i gentilissimi proprietari ho optato per una schiacciata con mortadella e formaggio di Pienza. Che dire... Buonissima!

Eccellente

Silvia6709 | 22 gennaio 2014

Abbiamo preso un cheeseburger a testa e un panino con il lampredotto a metà. La qualità del cibo era veramente eccellente, il tutto condito con un filo d'olio d'oliva che esaltava il sapore delle verdure grigliate. Lo staff è simpatico e alla mano. Promosso!

FASCIA PREZZO €4-€8 CATEGORIA PANINOTECA
APERTO TUTTI I GIORNI

22
Via Borgo San Lorenzo 30
50123 Firenze (Centro storico)
Tel: 366 1479432

176 recensioni
n.34 di 1.808 ristoranti

da *Firenze Low Cost*

≈ San Lorenzo, il mercato più famoso di Firenze ≈

Il Mercato Centrale a Firenze è uno e uno solo: quello di San Lorenzo, collocato nell'omonima piazza, che per tutta la settimana si allunga fino a via dellAriento. Per una spesa conveniente in un luogo che profuma di storia.

Ad appena un anno dalla conclusione dei lavori in Sant'Ambrogio, Giuseppe Mengoni viene incaricato di costruire un nuovo mercato coperto, stavolta nel cuore di San Lorenzo, gomito a gomito con l'antichissima basilica. Il suo approccio è quasi visionario, certo anticipatore di quel linguaggio architettonico che segnerà lo sviluppo di Firenze Capitale. Nel Mercato Centrale il vetro e la ghisa aprono all'esterno uno spazio chiuso, grazie ai finestroni della navata centrale che lasciano entrare una grande quantità di luce. Uno spazio meraviglioso, che nel 2014 si farà ancora più bello concedendosi un restyling del primo piano, che diventerà il cuore slow food del mercato.

All'esterno della storica struttura è un susseguirsi di bancarelle frequentate quasi esclusivamente da turisti a caccia di souvenir: mentre questa zona è riservata perlopiù all'abbigliamento e a gadget d'ogni sorta, nella parte al coperto troverete prodotti alimentari freschi e genuini, anche a prezzi ragionevoli. Distribuito su due piani, il mercato alimentare è ricco e fornitissimo, forse più turistico rispetto ad altri, ma di certo meritevole di una visita, anche solo per un pasto veloce. È proprio qui infatti che si trova l'affollatissima osteria Da Nerbone, dove fare pausa con un panino al lampredotto accompagnato da un bicchiere di rosso, proprio come vuole la tradizione fiorentina.

Macellai, civaioli, ortolani, pescivendoli: sono solo alcuni dei commercianti presenti, pronti a illustrarvi per filo e per segno i loro prodotti. Accanto ai frutti di mare freschi e al fiorentinissimo cavolo nero, ingrediente di punta della ribollita, resterete sorpresi nel trovare banchi di frutta e prodotti esotici. La freschezza del cibo resta il tratto comune e il punto di forza della merce in vendita: che siate in cerca del pescato del giorno, della bistecca più alta o ancora di verdura di stagione, poco importa. Prodotti migliori a prezzi così concorrenziali non li troverete da nessun'altra parte.

INFO

Mercato Centrale di San Lorenzo
Piazza del Mercato Centrale
50123 Firenze (Centro storico)
Tel: 055 27681

APERTO DA LUNEDÌ A VENERDÌ 7-15,
SABATO FINO ALLE 17

LETTO SU

Scelto dalla redazione

Abbazia di San Miniato al Monte

© Richardfabi / Wikimedia commons

San Miniato al Monte non è certo la chiesa più famosa della città, ma uno dei suoi tesori nascosti, e allo stesso tempo più affascinanti.
Salite la scalinata monumentale che porta all'ingresso e fermatevi ad ammirare la splendida facciata «dipinta», uno dei capolavori dell'architettura romanica fiorentina. Una volta entrati, percorrete la maestosa navata centrale, con il presbiterio e il coro rialzati ai quali si accede tramite due rampe laterali.
Non dimenticate di scendere nella cripta, la parte più antica della chiesa, e perdetevi in quell'affascinante labirinto di colonne e volte. Se siete fortunati, potete assistere alla messa dei monaci benedettini e ascoltare i canti gregoriani, che creano un'atmosfera unica.
Per completare la visita, fate una passeggiata nel chiostro e lasciate vagare lo sguardo per il panorama mozzafiato che da piazzale Michelangelo abbraccia tutta la città.

La chiesa più amata di Firenze

Gianni5430 | 20 gennaio 2014

Un luogo che ha tutto: il più bel panorama della città, una chiesa con facciata e interno meravigliosi, una piccola farmacia con ottimi prodotti artigianali, un cimitero mistico, un parco secolare che circonda tutta l'area. San Miniato al Monte è un luogo curato, pulitissimo e non manca mai una panchina al sole o all'ombra per pensare.

TARIFFA GRATUITO
ORARI TUTTI I GIORNI 7-13, 15.30-19

1.437 recensioni
n.1 di 208 attrazioni

23

Via delle Porte Sante 34
50125 Firenze (San Niccolò)
Tel: 055 2342731
www.sanminiatoalmonte.it

Top 10 Attrazioni

classifica ragionata basata su tripadvisor®

1 | Basilica di Santa Croce

È questo il vero «mausoleo» italiano, dove riposano Galileo, Michelangelo, Machiavelli, Dante e Foscolo. Splendidi il crocifisso di Cimabue e gli affreschi di Giotto.

Numero 1

Schiops | 15 gennaio 2014

Una tappa obbligatoria per chi visita Firenze. Notevole l'impatto visivo serale e altrettanto stupendo il percorso all'interno della chiesa e dei chiostri.

Un complesso incantevole

Juanita0107 | 20 gennaio 2014

Avevo letto che la sindrome di Stendhal ha avuto origine proprio in Santa Croce e onestamente essere di fronte a un'opera del genere non lascia indifferenti. Maestosa, ricchissima di arte e soprattutto incantevoli le tombe/opere dei grandi.

TARIFFA €4-€6

ORARI DA LUNEDÌ A SABATO 9.30-17, DOMENICA E FESTIVI 14-17

24
Piazza Santa Croce 16
50122 Firenze (Santa Croce)
Tel: 055 2466105
www.santacroceopera.it

1.658 recensioni
n.10 di 208 attrazioni

2 | Galleria degli Uffizi

Considerati il Louvre di Firenze, gli Uffizi sono il museo per antonomasia. Le raccolte di dipinti del Trecento e del Rinascimento e le statue antiche sono un gioiello di inestimabile valore.

Uffizi imperdibili

Stefania S7 | 21 gennaio 2014

Gli Uffizi sono un tesoro inestimabile, custodi della Storia dell'arte vera e pura. A parer mio sono una tappa immancabile e interessante anche per coloro che non sono cultori della materia.

Opera d'arte!

CiroCinti | 21 gennaio 2014

Consigliato vivamente a tutti i turisti che passano a Firenze, ospita delle opere d'arte che solo noi italiani possiamo sfornare! Il prezzo non è nemmeno troppo alto, e per la cultura non vi è prezzo!

TARIFFA €3,25-€6,5. COSTO PRENOTAZIONE €4

ORARI DA MARTEDÌ A DOMENICA 8.15-18.50. CHIUSO LUNEDÌ

TRAVELLERS' CHOICE 2013

25
Piazzale degli Uffizi 6
50122 Firenze (Centro storico)
Tel: 055 2388651 www.uffizi.com

5.710 recensioni
n.21 di 208 attrazioni

3 | Palazzo Vecchio

Un palazzo che rappresenta da ben sette secoli il potere civile del Comune di Firenze. Nel museo sono esposte le opere di Michelangelo e Donatello... imperdibile!

Bellissimo

Giulio R | 20 gennaio 2014

Meglio non andare troppo tardi per evitare gruppi o scolaresche. La visita in media dura un'ora e il piano che suggerisco di visitare con particolare attenzione è il primo. Stanze bellissime e ottimamente conservate.

Una fortezza di bellezza

Pippi1949 | 11 gennaio 2014

Altro gioiello di Firenze, imponente e gagliardo. Domina piazza della Signoria e le altre bellezze lì presenti. All'interno il museo è molto interessante, con il chiostro, i merli, la torre...

TARIFFA PALAZZO: €8-€10. TORRE: €8-€10. PALAZZO E TORRE: €12-€15

ORARI DA OTTOBRE A MARZO: DA VENERDÌ A MERCOLEDÌ 9-19, GIOVEDÌ 9-14
DA APRILE A SETTEMBRE: DA VENERDÌ A MERCOLEDÌ 9-24, GIOVEDÌ 9-14

26
Piazza della Signoria
50122 Firenze (Sant'Ambrogio)
Tel: 055 2768325
www.museicivicifiorentini.comune.fi.it/palazzovecchio

1.434 recensioni
n.14 di 208 attrazioni

4 | Piazza del Duomo

In una sola piazza, cinque meraviglie dell'arte italiana. Il Duomo con la cupola del Brunelleschi, il Battistero, il campanile di Giotto, la cripta di Santa Reparata e il Museo dell'Opera. Resterete senza parole!

Spettacolo imperdibile

MimmoC276 | 21 gennaio 2014

Un pezzo di storia del nostro Paese nel bel mezzo della città. Il Duomo è imponente e tutto attorno c'è un bel viavai di fiorentini e turisti che rende il luogo sempre molto vivace.

L'arte nell'arte

Petrase | 21 gennaio 2014

Il centro storico di Firenze è unico al mondo, ogni strada e ogni palazzo sono un capolavoro. Ma quando si arriva in questa piazza si è letteralmente folgorati dalla maestosità del Duomo, dall'incredibile eleganza del campanile di Giotto e dal suggestivo Battistero.

TARIFFA BIGLIETTO CUMULATIVO €10

ORARI CONSULTARE IL SITO

27
Piazza del Duomo
50122 Firenze (Centro storico)
www.ilgrandemuseodelduomo.it

1.988 recensioni
n.7 di 208 attrazioni

5 | Giardino Bardini

Quattro ettari di bosco, giardino e frutteto che costeggiano le mura medievali della città sono il sogno degli amanti della natura e della storia. Incantevole la terrazza da cui si può ammirare Firenze in tutto il suo splendore.

Perché solo Boboli? Anche Bardini vale
Fu.bi 2013 | 27 dicembre 2013
Più piccolo del più famoso Boboli, il giardino Bardini offre una vista straordinaria, con una visuale da San Miniato al Monte fino a Santa Croce, al campanile di Giotto e al Palazzo Vecchio, con l'Arno ai piedi.

Un angolo incredibile di Firenze
Chicco 0574 | 14 dicembre 2013
Una sorpresa incredibile! La passeggiata in salita da via dei Bardi alla villa attraversando il giardino è mozzafiato, ma non per la fatica che si fa, ma per l'incantevole scenario e il panorama che si scopre via via che si sale, sulla città lì sotto i nostri occhi!

TARIFFA €5-€10
ORARI DA NOVEMBRE A FEBBRAIO: 8.15-16.30. MARZO: 8.15-17.30
DA APRILE A OTTOBRE: 8.15-18.30. DA GIUGNO AD AGOSTO: 8.15-19.30

28
Costa San Giorgio 2 e via dei Bardi 1 rosso
50125 Firenze (San Niccolò)
Tel: 055 294883 www.bardinipeyron.it

128 recensioni
n.27 di 208 attrazioni

Zoom

Tutte le *Ultime cene* di Firenze

Appassionati di arte sacra, Firenze è la città che fa per voi! Scegliete un itinerario alternativo ai percorsi classici, e avventuratevi nel tour dei cenacoli: affreschi e tavole monumentali che raffigurano l'*Ultima cena* sono disseminati un po' ovunque.
Nei refettori di chiese e conventi sono moltissime le rappresentazioni pittoriche con questo tema. Tutto quello che dovete fare è mettervi in marcia e farvi rapire dal fascino di queste straordinarie testimonianze di pittura religiosa... E ricordate: quasi tutte le chiese sono gratuite!
Partite dal cenacolo di **Sant'Appollonia** (via XXVII Aprile 1), continuate con quello della **basilica di Santa Croce** (piazza Santa Croce 16), e finite ammirando l'*Ultima cena* in **Santo Spirito** (piazza Santo Spirito 30).
E se non ne avete ancora abbastanza, non dimenticate i cenacoli di **Ognissanti**, **San Marco** e **Santa Maria del Carmine**. Non potrete che innamorarvi di questi tesori nascosti dell'arte fiorentina!

© Bruno Barral / Wikimedia commons

Firenze | **Basilica di Santa Croce**

Visitare

Firenze

6 | Palazzo Pitti

Palazzo Pitti vale una giornata intera: fra la Galleria Palatina con i capolavori di Tiziano e Raffaello e il meraviglioso Giardino di Boboli le ore passeranno come d'incanto!

Da visitare!

Luca A | 5 gennaio 2014

Palazzo davvero splendido, sede di mostre di altissimo livello. Spesso c'è un po' di fila, ma vale la pena aspettare. Consigliatissimo se si è in città.

Un museo da non perdere

MetaLLara | 7 gennaio 2014

Il palazzo si visita bene, è molto spazioso e ben allestito, entrambi i giardini regalano viste mozzafiato su Firenze; c'é un po' da camminare anche in salita ma ne vale la pena. Ho visto anche gli scoiattoli!

TARIFFA GALLERIA PALATINA: €4,25-€8,5; GIARDINO DI BOBOLI €3,5-€7

ORARI GALLERIA PALATINA: DA MARTEDÌ A DOMENICA 8.15-18.50. CHIUSO LUNEDÌ
GIARDINO DI BOBOLI: GRATUITO

29
Piazza Pitti
50125 Firenze (Santo Spirito)
Tel: 055 2388616
www.polomuseale.firenze.it

1.096 recensioni
n.30 di 208 attrazioni

Special Price

Firenze in bicicletta

Per apprezzare le bellezze della città c'è un metodo economico e salutare: la cara vecchia bicicletta. Noleggiarne una è semplice e veloce, ci pensa il servizio di bike sharing! Dopo esservi registrati, prelevatela da una delle apposite colonnine e iniziate a pedalare. Ecco alcuni degli itinerari più gettonati della citta:

- Il **Parco dell'Anconcella**, dove è possibile visitare le Case Matte della seconda guerra mondiale.
- Il **Parco delle Cascine**, interamente ciclabile grazie ai sentieri interni.
- Il **Parco dei Renai di Signa**, settanta ettari di laghi e isolette, in cui prendere il sole, dedicarsi al bird watching nella riserva del Wwf, affittare una barca a remi e fare una partita a calcio.
- Il percorso che va da **piazzale Ferrucci** a **piazzale Michelangelo** e sbuca nel quartiere di **San Niccolò**. Il consiglio è di proseguire fino al Giardino delle Rose e al Forte Belvedere.
- La zona di **Castello**, dove potrete gironzolare per le viuzze di campagna a caccia di ville e giardini.

Bicicletta a Firenze

© Claudia Morelli

Visitare

Firenze

7 | Chiesa di Orsanmichele

Un tempo era un granaio, poi nel Trecento è diventata una chiesa, splendida e raccolta. Non perdetevi il museo omonimo al piano superiore e i concerti pubblici di musica classica organizzati nel corso di tutto l'anno.

Una delle poche chiese non a pagamento
Daniele T | 20 gennaio 2014

Questa chiesa, nonostante le sue dimensioni ridotte, è bellissima sotto tutti i punti di vista. Il tabernacolo e la statua di Sant'Anna sono veramente stupendi.

La storia di Firenze è anche qui
Elena s | 7 gennaio 2014

Consiglio assolutamente la visita alla chiesa e al museo. Ingresso gratuito, capolavoro dell'epoca longobarda, secoli e secoli di arte e storia ancora vivi nel cuore della città. Come non visitare questo gioiellino?

TARIFFA GRATUITO
ORARI CHIESA: APERTO TUTTI I GIORNI 10-17. CHIUSO LUNEDÌ AD AGOSTO
MUSEO: LUNEDÌ 10-17

30
Via Arte della Lana
50123 Firenze (Centro storico)
Tel: 055 23885 www.polomuseale.firenze.it

161 recensioni
n.22 di 208 attrazioni

8 | Chiesa di Santa Maria Novella

La facciata di Leon Battista Alberti, il crocifisso dipinto da Giotto e quello scolpito da Brunelleschi sono soltanto tre fra gli infiniti tesori che racchiude questa chiesa.

Il simbolo della città
Diletta m | 20 gennaio 2014

Questa chiesa, da secoli bellissima dentro a una piazza che la rispecchia, è il monumento della città. Entrando dal giardino che porta al chiostro la possiamo ammirare in tutto il suo splendore...

Il chiostro grande
Greekamour | 12 gennaio 2014

Santa Maria Novella è una meraviglia architettonica che solo in Italia si può trovare. Vorrei però puntare l'attenzione sul chiostro grande, con i loggiati affrescati che riproducono momenti salienti della storia di Cristo: che sorpresa!

TARIFFA €3,5-€5
ORARI DA LUNEDÌ A GIOVEDÌ 9-17.30, VENERDÌ 11-17.30, SABATO 9-17,
DOMENICA E FESTIVI DA LUGLIO A SETTEMBRE 12-17, DA OTTOBRE A GIUGNO 13-17

31
Piazza Santa Maria Novella 18
50123 Firenze (Santa Maria Novella)
Tel: 055 219257 www.chiesasantamarianovella.it

361 recensioni
n.26 di 208 attrazioni

9 | Cappelle Medicee

La visita comincia dalla cripta, prosegue nella Sagrestia Nuova e si conclude nella Cappella dei Principi, in un tour che vi farà perdere la cognizione del tempo!

Imponenti
Michele b | 23 gennaio 2014

Marmi policromi e sculture bellissime! La costruzione è davvero imponente e rende l'idea della grandezza di chi vi è sepolto.

Sepolcri del Cinquecento
AlfredoFirenze | 18 gennaio 2014

Tombe monumentali, a cui misero mano giganti quali Buontalenti, Michelangelo, Vasari e Ammannati. Non si può che ammirarne la grandiosità, ma personalmente ciò che mi ha colpito di più sono le quattro statue allegoriche michelangiolesche (Aurora e Crepuscolo, Giorno e Notte).

TARIFFA €3-€6
ORARI TUTTI I GIORNI 8.15-18

32
Piazza Madonna degli Aldobrandini 6
50123 Firenze (Centro storico)
Tel: 055 2388602 www.cappellemedicee.it

259 recensioni
n.33 di 208 attrazioni

10 | Galleria dell'Accademia

Ammirare i capolavori dell'arte italiana in questo piccolo museo non ha prezzo. L'hanno capito bene le centinaia di turisti che fanno la fila per vedere il David di Michelangelo.

Michelangelo Buonarroti, dai Prigioni al David
Anna D. | 19 gennaio 2014

Ricca di tante belle opere, quelle che mi hanno colpito di più sono i Prigioni del Buonarroti e il famoso David. I Prigioni con il loro non finito sono veramente massicci!

Da non perdere...
Marco A | 12 gennaio 2014

Non si può venire a Firenze senza vedere il David: è un'emozione unica e irripetibile, e anche se non amate l'arte qui ci dovete passare. Prendetevi una decina di minuti solo per sostarvi davanti e ne scoprirete man mano particolari incredibili...

TARIFFA €3,25-€6,5
ORARI DA MARTEDÌ A DOMENICA 8.15-18.50. CHIUSO LUNEDÌ

TRAVELLERS' CHOICE 2013

33
Via Ricasoli 60
50122 Firenze (San Marco)
Tel: 055 294883
www.uffizi.firenze.it/musei/?m=accademia

1.148 recensioni
n.37 di 208 attrazioni

La corona verde di Firenze

«La corona che cinge Firenze è fatta di vette morbide o puntute, di facili salite dove godere il panorama e dove l'emozione è storia.» Non esistono parole migliori di quelle di D'Annunzio per descrivere il mix di natura e storia che alberga nelle colline intorno a Firenze e non c'è meta più azzeccata di questa per chi è stufo del trambusto cittadino. Dopo intere giornate passate a visitare musei e palazzi, qualche ora all'aria aperta non può certo farvi male!

Percorrendo via D'Annunzio raggiungete **Settignano**, dove vigneti e uliveti si estendono a perdita d'occhio e i resti romani dell'epoca di Settimio Severo testimoniano le antiche origini del verdeggiante paesino. Proseguite poi alla volta di Villa Capponcina, teatro del chiacchierato amore fra D'Annunzio ed Eleonora Duse, che viveva nella vicinissima Villa Porziuncola. Prima di riprendere il cammino in direzione di **Ontignano**, meraviglioso punto panoramico su Firenze, fate una capatina a Villa Viviano, dove soggiornò Mark Twain, e a Villa Tatti, un tempo proprietà di Bernard Berenson, oggi sede di un centro di studi di Storia dell'arte gestito dall'Università di Harvard.

Un'altra possibilità è la gita sulle colline che circondano **Bagno a Ripoli**, splendido borgo immerso in un paesaggio da cartolina. A una ventina di minuti a piedi, sulla collina del Bigallo, lo scenario merita almeno una breve sosta. Se intendete fermarvi per la notte, l'Antico Spedale del Bigallo, complesso medievale oggi adibito a ostello, offre riparo a viaggiatori solitari, coppie e comitive numerose. Scollinato il **Bigallo**, attraversate il paesino di **Troghi** e dirigetevi verso **Fiesole**, terra di scrittori, scultori e pittori. L'area archeologica con il Teatro Romano è uno dei più antichi siti italiani e il mercato del piccolo antiquariato è diventato uno dei momenti più attesi e apprezzati dagli appassionati

Insomma, godetevi Firenze, ma non dimenticate che siete in Toscana, una delle regioni più belle d'Italia, terra di panorami mozzafiato e cieli indimenticabili.

Firenze vista dalle colline

© saiko / Wikimedia commons

Consigli di viaggio

Agenda

Gennaio

A Firenze l'anno nuovo si apre all'insegna della moda per uomo e bambino, con **Pitti uomo e bambino**. Milano sarà pure la città più fashion d'Italia, ma il capoluogo toscano non è certo da meno. Le griffe più glamour vestono da capo a piedi giovani modelli e promettenti bambini «prodigio», in una entusiasmante quattro giorni di prêt-à-porter nella Fortezza da Basso. Appuntamento da non perdere per gli appassionati del lifestyle contemporaneo! Per chi invece preferisce fare un tuffo nel passato, il **Vintage Selection** è la mostra-mercato più importante in Europa per abiti e oggetti vintage. Ogni anno un tema diverso con esposizioni cool e partner d'eccezione.

Pitti uomo e bambino, Fortezza da Basso, viale Filippo Strozzi 1, 50129 Firenze (Fortezza)

Vintage Selection, Stazione Leopolda, viale Fratelli Rosselli 5, 50144 Firenze (Fortezza)

Febbraio

In tazza o in tavoletta, a forma di cuore o di stella, da spalmare sui biscotti o sul pane, ogni pretesto è buono per un po' di cioccolato. Se poi è abbinato a un'ottima grappa o a un calice di vino, dire di no è veramente impossibile! Alla **Fiera del cioccolato artigianale** di Firenze, oltre agli espositori dove acquistare dolci di tutti i tipi, i «maître chocolatier» della città vi mostreranno in diretta come lavorare il cioccolato; e chi riuscirà a rispondere al maggior numero di domande sulla storia del cacao si aggiudicherà un premio davvero goloso.

Fiera del cioccolato artigianale, Cioccolato fiere, via Ruggero Bardazzi 56/58, 50127 Firenze (Le Cascine)

Aprile

Alla **Mostra internazionale dell'artigianato** cultura e arte, tradizione e contemporaneità, artigianato locale e ultime frontiere dell'innovazione trasformano la Fortezza da Basso in un grande emporio internazionale. Dall'abbigliamento agli accessori, dall'arredamento all'enogastronomia, dall'argenteria agli articoli da regalo, stile classico, moderno ed etnico vengono esposti in una vetrina d'eccezione rigorosamente handmade!

Basta cambiare padiglione per partecipare all'**Art &Tourism**, la prima fiera internazionale del turismo culturale, due giorni di manifestazioni con il meglio dell'offerta culturale e turistica, convegni e laboratori di formazione.

Mostra internazionale dell'artigianato e Art&Tourism, Fortezza da Basso, viale Filippo Strozzi 1, 50129 Firenze (Fortezza)

Maggio

Dal 1979 la «Squadra del cinghiale» del Comune di Rufina, a pochi chilometri da Firenze, organizza la **Sagra del cinghiale**, che si tiene all'Arci di Montebonello l'ultima settimana di maggio. Ogni anno i cacciatori della squadra e le loro mogli cucinano questo gustoso animale in tutte le salse. Antipasti a base di salame, prosciutto e salsicce, pasta o tortellini come primo e cinghiale arrosto, in umido o alla bracconiera per secondo. Il tutto servito in piatti di plastica e innaffiato da litri di buon vino rosso!

Sagra del cinghiale, via Colognolese, 50065 Pontassieve (Firenze)

Settembre

Settembre è il mese della **Vogue's Fashion Night Out**, uno degli appuntamenti più glam dell'anno. Nel cuore modaiolo della città (da via Tornabuoni a piazza della Repubblica fino a via del Corso), feste, mostre e installazioni, boutique e negozi aperti tutta la notte sono il sogno degli amanti dello shopping sfrenato.

Vogue's Fashion Night Out, location varie

Novembre

A Firenze la Biennale non è solo arte e cultura, è una **Biennale enogastronomica**. Il calendario è ricco di spettacoli, incontri, degustazioni, aperitivi e cene, perché il cibo è sacro e i toscani vogliono rendergli omaggio per bene. Sedici giorni di sapori unici, un itinerario di gusto in cui assaggiare le leccornie della tradizione locale, dall'«oro verde» (l'olio extravergine d'oliva) ai corposi vini rossi, dalla carne ai formaggi.

Biennale enogastronomica, location varie

Novembre-dicembre

Sono più di diecimila i biglietti staccati per la **Biennale di Arte** di Firenze, uno dei pochi eventi internazionali indipendenti e autofinanziati. Nata dal desiderio di promuovere l'arte di giovani talenti emergenti, rappresenta uno straordinario luogo d'incontro culturale. Gli spettatori sono sempre più numerosi, entusiasti di iniziative didattiche, laboratori, seminari e incontri con gli artisti che per otto giorni si alternano nella Fortezza da Basso, «polo fieristico» della città.

Biennale d'Arte, Fortezza da Basso, viale Filippo Strozzi 1, 50129 Firenze (Fortezza)

Arrivare e partire

Aerei

Gli aeroporti comodamente raggiungibili da Firenze sono due, entrambi serviti da compagnie di linea e low cost:

- **Aeroporto Amerigo Vespucci (Firenze-Peretola)**

L'aeroporto **Amerigo Vespucci**, situato a pochissimi chilometri dal centro storico, è servito da numerose compagnie di linea, internazionali e nazionali, tra cui Alitalia, che collega Firenze alle principali città italiane, e da Volotea, l'unica low cost.
Potete raggiungere l'aeroporto dalla stazione di Santa Maria Novella con la navetta (Ataf/Sita, «Vola in bus») che parte da piazza della Stazione dalle 5.30 alle 23 (biglietti acquistabili a bordo, nei box Ataf o in aeroporto).
Se arrivate in auto, percorrete l'autostrada A1 e A11 e seguite le indicazioni.

Aeroporto Amerigo Vespucci, tel: 055 30615, www.aeroporto.firenze.it

- **Aeroporto Galileo Galilei (Pisa)**

Non proprio vicinissimo, ma sicuramente low cost è l'aeroporto di Pisa **Galileo Galilei**, servito dalle compagnie AirOne, EasyJet, Ryanair e Wizz Air. L'aeroporto è facilmente raggiungibile con i bus PisaMover. Il costo di una corsa Firenze Santa Maria Novella-Pisa è di €9,20 e comprende il biglietto ferroviario (€7,90) più il costo dela corsa in bus dalla Stazione di Pisa Centrale all'aeroporto.

Aeroporto Galielo Galieli, tel: 050 849111, www.pisa-airport.com

Treni

Firenze è facilmente raggiungibile in treno sia dall'Italia sia dall'estero. È servita da tre «Frecce» di Trenitalia, Rossa, Bianca e Argento, dalla compagnia Italo e dagli ordinari regionali e Intercity. Le stazioni principali della città sono:

- Santa Maria Novella (piazza della Stazione), la maggiore di Firenze, situata in pieno centro storico, da cui partono i treni ad alta velocità per Milano, Torino, Venezia e Roma. È l'unica in cui fermano i treni della compagnia Italo.
- Rifredi (via dello Steccuto), vicina all'ospedale Rifredi e al nuovo polo universitario.
- Campo Marte (via Mannelli 12), in cui fermano i treni regionali diretti a Roma.

Auto e parcheggi

Firenze è ben collegata alle città del nord e sud Italia dalle autostrade A1 Milano-Napoli e A11 Firenze mare. Altra importante arteria è la Sgp Firenze-Pisa-Livorno.

Muoversi

Mezzi di superficie

Il servizio dei trasporti pubblici è gestito principalmente dal gruppo Ataf, mentre alcune linee secondarie sono in mano alla Li-nea.
Il centro storico è servito dai bus elettrici C1, C2 e D dalle 7.30 alle 20.30. Ci sono quattro autobus notturni, di cui tre viaggiano dalle 21 all'1: l'unico che circola tutta la notte è il n. 70. I biglietti base costano €1,20 e sono validi 90 minuti, ma ci sono anche soluzioni giornaliere, per tre giorni, oppure carnet da 10/20 viaggi da 90 minuti l'uno, scontati per i possessori della Carta Agile.
Lo stesso biglietto che si usa per l'autobus, acquistabile anche con un semplice sms grazie al servizio Mobile Ticketing (testo «Ataf» al numero 4880105), è utilizzabile anche sulla tramvia T1 che collega il centro (Stazione Santa Maria Novella) con la città limitrofa di Scandicci.

Ataf, tel:800 424500 / 199 104245, www.ataf.net

Taxi

Un mezzo comodo e affidabile per muoversi a Firenze è il taxi, che si può prendere nelle apposite piazzole di sosta o dovunque ne troviate uno libero. Le compagnie della città sono due:

- **Co.ta.fi**, tel: 055 4390 / 055 4499
- **So.co.ta**, tel: 055 4798 / 055 4242

Perugia

Centro d'arte e di cultura, Perugia è un museo a cielo aperto, dove potrete respirare una storia che affonda le proprie radici ai tempi degli Etruschi. Ma non è ancorata al suo passato: vivace, moderna e internazionale, è anche la città del jazz, del cioccolato e dell'Università per Stranieri.

Perugia non è molto cara e trovare dove dormire o mangiare con budget contenuti è abbastanza semplice. Nel centro città alberghetti in antichi e affascinanti palazzi si affiancano a hotel più moderni, ma se vi allontanate di qualche chilometro nella campagna circostante non avrete che l'imbarazzo della scelta tra agriturismi e locande, dove alloggiare immersi nel silenzio e gustare i prodotti del territorio. E, dopo aver passato la giornata nei mille musei del centro, non avrete difficoltà a trovare un pub affollato di giovani di tutte le nazionalità.

Scopri Perugia by tripadvisor

Inquadra il QR Code con il tuo smartphone per scoprire i contenuti multimediali

Perugia

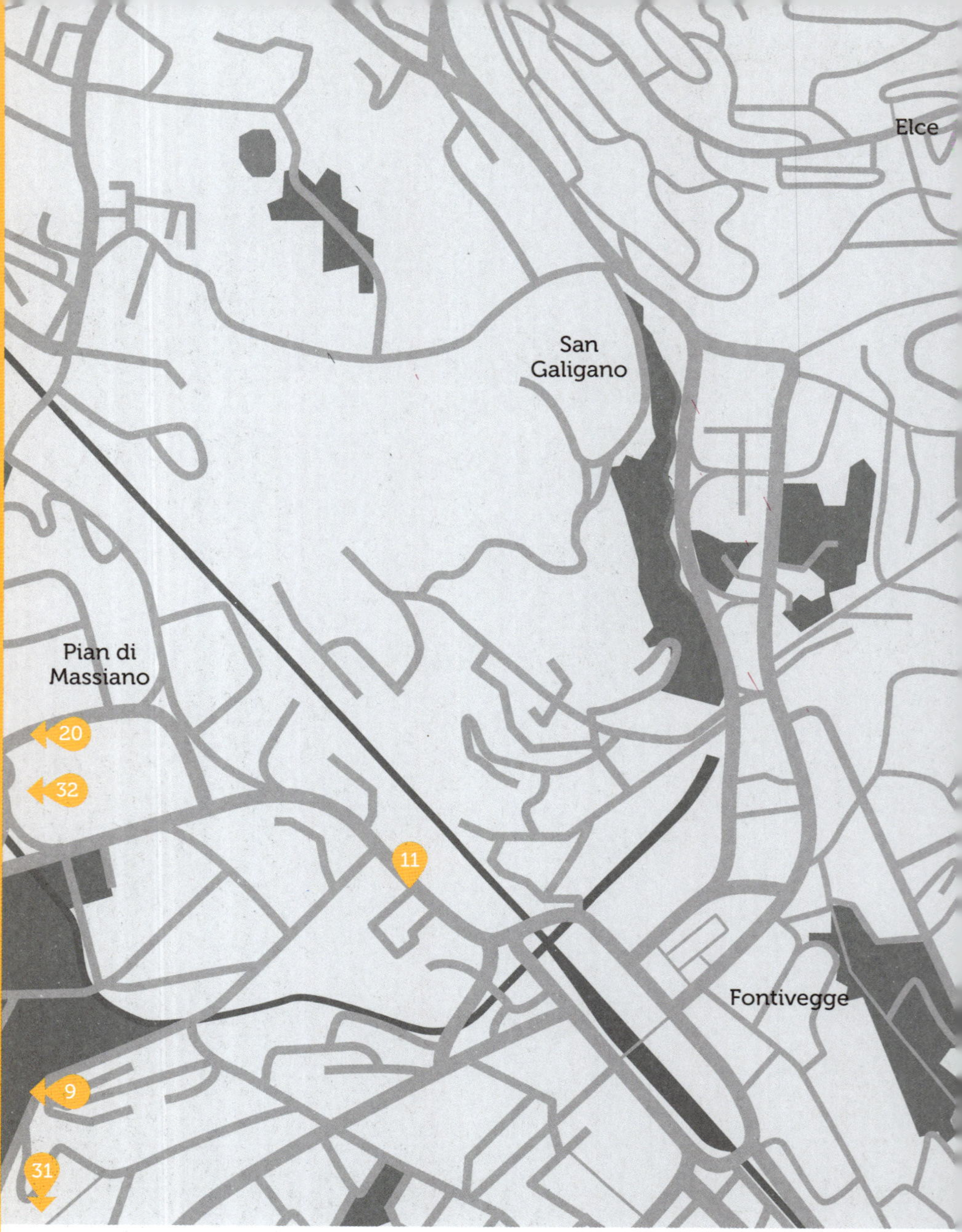

DORMIRE

1. Hotel Iris
2. Hotel Exe Perusia
3. Primavera Mini Hotel
4. Hotel Signa
5. Hotel Morlacchi
6. Etruscan Chocohotel
7. B&B San Fiorenzo
8. C'era una volta B&B
9. B&B Casale Millesoli
10. Agriturismo La Fonte
11. Spagnoli Youth Hostel

MANGIARE E BERE

12. Trattoria del Borgo
13. Ecce Bombo
14. La Bottega di Perugia
15. Osteria A Priori
16. Augusta Perusia
17. Pizzeria La Romantica

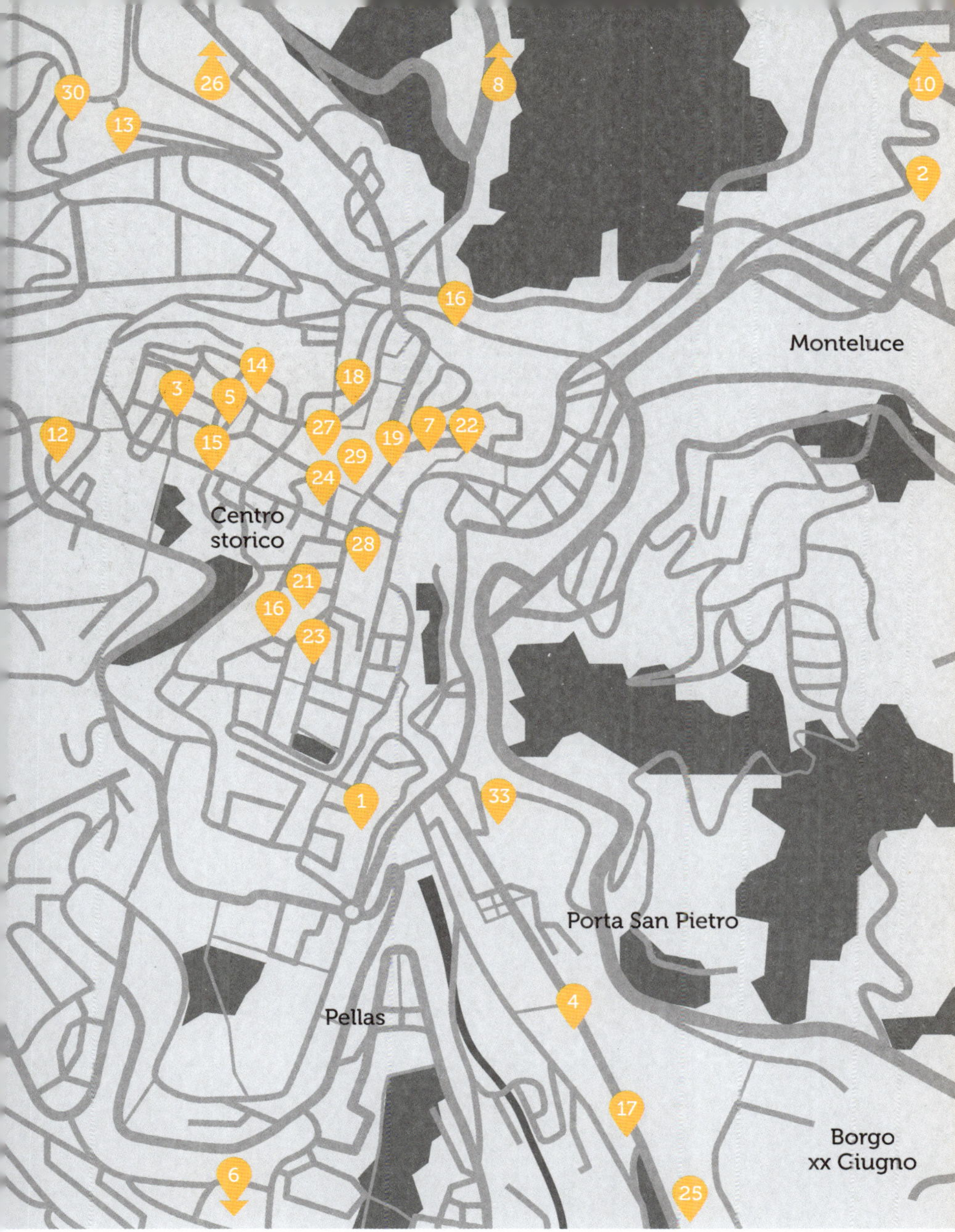

18. Locanda dell'Arco
19. La Bottega del Vino
20. Osteria dell'Olmo
21. Gelateria Gambrinus
22. La Botte

VISITARE

23. Rocca Paolina
24. Galleria Nazionale dell'Umbria
25. Basilica di San Pietro
26. Tempio di San Michele Arcangelo
27. Cattedrale di San Lorenzo
28. Collegio del Cambio
29. Piazza IV Novembre
30. Museo-Atelier Giuditta Brozzetti
31. Casa del cioccolato Perugina
32. La città della domenica
33. Museo Archeologico Nazionale dell'Umbria

Scelto dalla redazione

Hotel Iris

© Hotel Iris

Già dall'esterno, la facciata di questa villa ottocentesca fa intuire antichi splendori. Ma soltanto dopo essere entrati, capirete che l'eleganza qui è di casa e non potrete non subire il fascino decadente di ogni suo mattone.
Ora questi muri che tanto avrebbero da raccontare ospitano l'**Hotel Iris,** un albergo semplice e tranquillo, con camere spaziose dagli alti soffitti affrescati. L'arredamento, certo, è un po' spartano, ma non manca nulla, e inoltre la posizione è privilegiata (vicino alla Rocca Paolina), a pochi passi dai principali monumenti e musei cittadini.
Nelle belle giornate, poi, potrete approfittare dell'ampia terrazza panoramica per rilassarvi e godere della vista sulla città vecchia e sulle colline circostanti.
Lo staff si distingue per disponibilità e gentilezza, e vi consegnerà le chiavi del portone per poter rientrare a qualsiasi ora della notte.
E infine, fattore non trascurabile, il prezzo è davvero competitivo.

Ottimo
LarryQuerceta | 6 dicembre 2013
Vi ho pernottato una sola notte.
Mi sono trovato benissimo. Il palazzo è storico, centralissimo, le camere sono comode, spaziose e confortevoli. Anche la colazione è abbondante. Ottimo il rapporto qualità-prezzo. Merita sicuramente più stelle.
Se torno a Perugia pernotterò qui.

FASCIA PREZZO €30-€80
CATEGORIA ★★

63 recensioni
n.42 di 68 hotel

1
Via Marconi 37
06122 Perugia (Centro storico)
Tel: 075 5720259
www.hotelirispg.com

Top 5 Alberghi

classifica ragionata basata su tripadvisor

1 | Hotel EXE Perusia

Formato da un edificio moderno e una villa del XVI secolo, è un quattro stelle che non vi manderà in rovina. Da non perdere piscina e terrazza panoramica.

Perugia... dall'interno...

Cattivik_62 | 20 gennaio 2014

Ho preso al volo un'occasione dato che in bassa stagione è facile trovarne. L'hotel è a pochi minuti dal centro (vi si può arrivare facilmente a piedi). Parcheggio gratuito (che a Perugia è come cercare una fontana in pieno deserto). L'hotel è molto bello e ben arredato, pulitissimo.

Ottimo albergo

Rafsim | 13 gennaio 2014

Ho soggiornato con la mia ragazza in questa struttura e devo dire che ne siamo rimasti entusiasti, sia della gentilezza dello staff che della pulizia (eccellente) e della posizione (dieci minuti a piedi dal centro storico). Colazione abbastanza buona, ottimo rapporto qualità-prezzo.

FASCIA PREZZO €50-€85 CATEGORIA ★★★★

2 Via Eugubina 42
06122 Perugia (Monteluce)
Tel: 075 5730973 www.hotelexeperusia.com

535 recensioni
n.31 di 68 hotel

2 | Primavera Mini Hotel

Un'elegante palazzina in un viottolo pedonale del centro storico ospita questo gioiellino, che offre camere arredate con mobili antichi a tariffe onestissime.

Una piacevole sorpresa

Bene-Lari | 13 gennaio 2014

Romantico, raccolto, discreto, sui tetti di Perugia e nel cuore del centro storico, ma lontano dal chiasso. La camera era finemente arredata, nuova, caldissima, dotata addirittura di tè e croissant offerti dalla Direzione.

Sentirsi a casa

Salvatore Giova...S | 26 dicembre 2013

La migliore accoglienza mai ricevuta in una struttura alberghiera: cortesia, disponibilità, flessibilità. A tutto questo si unisce pulizia, struttura centrale e graziosa, colazione ottima e snack in camera gratuiti.

FASCIA PREZZO €40-€80 CATEGORIA ★★★

3 Via Vincioli 8
06123 Perugia (Centro storico)
Tel: 075 5721657 www.primaveraminihotel.it

152 recensioni
n.4 di 68 hotel

3 | Hotel Signa

Potrete scegliere tra semplici camere e veri e propri monolocali a due passi dal centro. Da sempre gestito dalla stessa famiglia è un due stelle di categoria superiore.

Ottimo hotel per qualità, prezzo e posizione

Marty2403 | 3 gennaio 2014

La posizione è ottima, in due minuti sei nel centro storico senza doverti spostare con l'auto. Le stanze sono tutte ben pulite e curate (se devo trovare un piccolo difetto, è il materasso un pò troppo duro).
Prezzo per il periodo sicuramente nella media, o anche al di sotto.

Ottimo hotel in ottima posizione

Fefigna | 2 gennaio 2014

Abbiamo soggiornato in questo albergo in occasione dell'ultimo dell'anno, in compagnia di un'altra coppia: a noi è stata assegnata una camera superior, mentre ai nostri amici una camera standard. Hotel pulitissimo, caldo, accogliente, la nostra camera inoltre era grande e con frigobar.
Ottima posizione sia per visitare la città, sia per visitare le zone vicine.

FASCIA PREZZO €40-€90 CATEGORIA ★★

4
Via del Grillo 9
06121 Perugia (Porta San Pietro)
Tel: 075 5724180 www.hotelsigna.it

261 recensioni
n.7 di 68 hotel

4 | Hotel Morlacchi

Un piccolo albergo in un palazzo del Seicento, dall'atmosfera intima e rassicurante. La posizione è centralissima, la colazione si paga a parte ma ne vale la pena!

Centrale e accogliente

Angela a | 10 gennaio 2014

Situato in pieno centro storico, l'albergo si distingue per la squisita accoglienza dei titolari, che danno anche ottimi consigli per itinerari turistici e culinari. Molto apprezzabile il pass auto gratuito per la zona a traffico limitato. Qualità-prezzo eccezionale.

Hotel molto soddisfacente

Giuscochiris | 1 gennaio 2014

L'hotel è in pieno centro storico, ottimo per visitare Perugia a piedi. Il personale è molto gentile e amichevole (l'albergo è a gestione familiare). Colazione buona (offrono croissant e panini, burro, marmellate, nutella, succo d'arancia, acqua e bevande calde).

FASCIA PREZZO €40-€80 CATEGORIA ★★

5
Via Leopoldo Tiberi 2
06123 Perugia (Centro storico)
Tel: 075 5720319 www.hotelmorlacchi.it

139 recensioni
n.8 di 68 hotel

5 | Etruscan Chocohotel

Dedicato ai golosi e agli eterni bambini, l'Etruscan Chocohotel è moderno e originale. Sarete letteralmente circondati dal cioccolato, di ogni tipo e forma.

Buono e particolare
Francesca a | 28 gennaio 2014

Davvero un hotel particolare, si respira ovunque aria di cioccolato. Gli arredi sono tutti in tema «cioccolato», dalle cassette postali ai piumoni del letto alle cornici delle porte. Nella hall ci sono gadget di tutti i tipi che ricordano la cioccolata. Le stanze sono ampie e pulite, personale cortese.

Semplicemente perfetto
Lascaris V | 9 gennaio 2014

Al di là dell'originalità della struttura, curata nei minimi particolari, e dell'evidente pulizia della camera (standard al piano «Gianduia»), ci tengo a sottolineare la cordialità e la disponibilità del personale della reception e della sala colazione.

FASCIA PREZZO €60-€110 CATEGORIA ★★★

6
Via Campo di Marte 134
06124 Perugia (Fontivegge)
Tel: 075 5837314 www.chocohotel.it

534 recensioni
n.17 di 68 hotel

Top 5 B&B e altro
classifica ragionata basata su tripadvisor

1 | B&B San Fiorenzo

Tre belle suite con antichi soffitti a volta e un salone padronale di grande fascino. Qui siete in pieno centro: accanto a corso Vannucci, la via dello «struscio» perugino.

Una vacanza da sogno
Ilaria C | 3 gennaio 2014

La stanza era la suite minor... una bomboniera... il profumo di pulito si sentiva appena si entrava, dotata di accesso indipendente, armadio capiente, doppi cuscini, coperte, plaid. Non mancava proprio niente!

Un viaggio diventato... di piacere
Samitaly | 23 dicembre 2013

L'hotel è assolutamente consigliabile, la suite molto confortevole e ben arredata e il personale di una gentilezza impeccabile. Sono stati tutti cortesi e non hanno lesinato consigli preziosissimi.

FASCIA PREZZO €35-€85 CATEGORIA B&B

7
Via Alessi 45
06122 Perugia (Centro storico)
Tel: 393 3869987 www.sanfiorenzo.com

74 recensioni
n.7 di 118 B&B e pensioni

2 | C'era una volta B&B

Immersi nel verde della campagna umbra, ma non lontani dalla città, vi troverete davanti a una tipica casa rurale in pietra e mattoni, che ha fatto dell'ecosostenibilità il proprio fiore all'occhiello.

Capodanno a Perugia

Monica G | 6 gennaio 2014

Camere molto curate, letti comodissimi, bagni nuovi e alto livello di pulizia. Immerso nel verde, ma a dieci minuti dal centro di Perugia. Bello svegliarsi con il canto del gallo!

Soggiorno molto piacevole

Alicemaggiolini | 29 dicembre 2013

La coppia che gestisce il B&B è adorabile, premurosa, simpatica, disponibile a dare informazioni sulla città, si fa subito amicizia. La casa è ampia, pulita e silenziosa, immersa nel verde delle colline (raggiungibile unicamente in macchina) e le camere sono arredate con gusto.

FASCIA PREZZO €35-€70 CATEGORIA B&B

8 Strada San Marino 6
06125 Perugia (Ponte Rio)
Tel: 393 9871968 www.ceraunavoltabeb.it

102 recensioni
n.16 di 118 B&B e pensioni

3 | B&B Casale Millesoli

Un angolo di verde fuori dal tempo, un caminetto acceso d'inverno e una brezza ristoratrice d'estate. L'agriturismo per chi vuole coccolarsi immerso nel verde godendosi un'accoglienza da re.

Per chi vuole evadere dalla frenesia

Pinkprincess1211 | 17 novembre 2013

Ottimo per chi cerca un periodo di relax nelle colline nei dintorni di Perugia, ottima posizione perfetta per visitare la città e le località del Trasimeno. Consigliato a chi, in vacanza, cerca la riservatezza!

Esempio di come deve essere un B&B

Mauriziello | 6 gennaio 2014

Chi cerca un posto da sogno non può evitare questo splendido casale. Immerso nel verde delle colline umbre, il Millesoli è unico. La simpatia di Valeria e Giancarlo vi rimarrà impressa per sempre! Stanze bellissime e colazione abbondante!

FASCIA PREZZO €40-€60 CATEGORIA B&B

9 Via Mugnano Poggio Montorio 64
06132 Perugia (Ca' Gentili)
Tel: 333 5930973 www.casalemillesoli.it

73 recensioni
n.12 di 118 B&B e pensioni

4 | Agriturismo La Fonte

Cinque appartamenti ricavati nella vecchia rimessa degli attrezzi e nella stalla di un casale del XVII secolo, circondato da ettari di campagna e bosco. Relax!

Relax e silenzio
Luca S | 7 gennaio 2014

Bellissima struttura immersa nelle colline attorno a Perugia. Appartamenti accoglienti e molto curati. Durante la notte non si muove una foglia e si dorme come dei ghiri! Posizione strategica per visitare i più bei borghi dell'Umbria del Nord.

Un anniversario favoloso!
Elefer 90 | 15 dicembre 2013

Paesaggio da fiaba, appartamenti confortevoli, silenzio assoluto per un completo relax. Inoltre, i titolari sono molto cortesi e disponibili: siamo stati trattati con i guanti! Così si lavora! Complimenti a questo agriturismo che consiglio vivamente a tutti.

FASCIA PREZZO €40-€80 **CATEGORIA** AGRITURISMO

10
Strada Ponte Pattoli Montebello 15
06134 Perugia (Ponte Pattoli)
Tel: 339 4051330 www.lafonte-agriturismo.it

56 recensioni
n.2 di 86 altre sistemazioni

5 | Spagnoli Youth Hostel

Una città giovane e culturalmente vivace come Perugia non può non avere un buon ostello. E questo è in una location d'eccezione: l'antico dazio doganale. A due passi troverete il capolinea del minimetrò, che porta in centro in pochi minuti.

Economico e pulito
WildZu | 14 gennaio 2014

Sono stata in questo ostello con il mio ragazzo: avevamo una camera doppia con un letto a castello e uno matrimoniale, con bagno in camera molto pulito. Spesa €24 con colazione inclusa. Il personale è molto gentile. Sala relax con biliardo e bar aperti fino a tardi.

Bella esperienza
Sofia c | 15 dicembre 2013

Sono stata in questo ostello in due occasioni e l'ho trovato molto comodo: a due passi c'è minimetrò, bar e alcuni ristorantini recenti. Il personale è davvero cordiale e disponibile. Ci ritornerò sicuramente.

FASCIA PREZZO €18-€30 **CATEGORIA** OSTELLO

11
Via Cortonese 4
06127 Perugia (Pian di Massiano)
Tel: 075 5011366 www.perugiahostel.com

59 recensioni
n.38 di 86 altre sistemazioni

Scelto dalla redazione

Trattoria del Borgo

© Trattoria del Borgo

Quando ci si siede ai tavoli della **Trattoria del Borgo** si ha più l'impressione di essere a casa di amici piuttosto che al ristorante. Se in questo piccolo locale nel cuore della città la cordialità e la simpatia dello staff sono le caratteristiche più evidenti, presto si scopre anche la sua cucina, buona e sincera.
Luigi, il titolare, è infatti un cultore delle tradizioni gastronomiche umbre che a un certo punto della sua vita ha deciso di buttarsi anima e corpo nell'arte della norcineria. I salumi che propone ai clienti sono quelli che lui stesso prepara selezionando le carni migliori e dedicando parte del suo tempo libero alla stagionatura di prosciutti, salami, lombetti, capocolli e barbozzi.
Ma il menu non si esaurisce qui: i piatti cambiano a seconda delle stagioni per utilizzare alimenti sempre freschi e genuini. Coratella d'agnello, torta al testo, tagliatelle al tartufo di Norcia... sono solo alcune delle proposte.
L'autentica cucina perugina, preparata con passione e generosità.

Ottimo! Consigliatissimi i secondi

rocha7 | 19 gennaio 2014

Tutto è preparato in casa, dalla pasta alle salsicce. Consiglio sicuramente i piatti con il tartufo, dal sapore genuino. Il taglio della carne è buonissimo. Tra gli antipasti merita una citazione il tortino di verza con guanciale croccante e aceto balsamico.
La scelta dei vini sembra curata, io ho bevuto un ottimo Sagrantino di Montefalco.
I camerieri sono simpatici.

FASCIA PREZZO €15-€20
CATEGORIA TRATTORIA
CHIUSO DOMENICA

205 recensioni
n.60 di 709 ristoranti

12
Via della Sposa 23/a
06123 Perugia (Centro storico)
Tel: 075 5720390
www.trattoriadelborgoperugia.it

Top 10 Locali

classifica ragionata basata su tripadvisor®

1 | Ecce Bombo

«Faccio cose, vedo gente»: così si definisce questo ristopub, prendendo in prestito una battuta del celebre film di Moretti. Il protagonista indiscusso del menu è l'hamburger a chilometro 0.

Buon cibo e calorosa accoglienza
Cristiano S | 20 gennaio 2014

È un locale ottimo sia per pranzi veloci sia per pasti più tranquilli. Il menu offre ottimi primi, sia ricette classiche sia piatti più elaborati. Vengono proposti anche degli ottimi hamburger. L'accoglienza è calda e il personale cortese.

Ottimo!
Siluvaine | 17 gennaio 2014

Bastano €10 per mangiare un delizioso panino con hamburger, patate e birra! Si possono scegliere gli ingredienti o provare il panino della settimana, sempre accompagnato da una ricca porzione di patatine. Birra buona, posto tranquillo e colorato.

FASCIA PREZZO €8-€15 **CATEGORIA** RISTORANTE E PUB
APERTO TUTTI I GIORNI

13
Via Innamorati 6/b
06123 Perugia (Elce)
Tel: 075 44385

135 recensioni
n.6 di 709 ristoranti

2 | La Bottega di Perugia

Piccolo locale, grandi panini: un buon numero di proposte che spazia dai salumi alle farciture vegetariane. Da accompagnare a un buon vino delle cantine locali.

Pausa di gusto
antoniograce | 20 gennaio 2014

È questo il caso in cui le recensioni trovano riscontro con la realtà. Buoni i salumi, cordiali e piacevoli i proprietari e prezzi ridicoli per la qualità che offrono... non si può non andare, tornare e ritornare.

Imperdibile!
The2Frogs | 19 gennaio 2014

Entriamo per caso in questo piccolo locale per uno spuntino di mezzogiorno e ne usciamo leccandoci i baffi! Il tagliere di salumi e formaggi è ottimo, così come il vino della casa e il prezzo!

FASCIA PREZZO €3-€15 **CATEGORIA** PANINERIA E VINERIA
CHIUSO DOMENICA

14
Piazza Francesco Morlacchi 4
06123 Perugia (Centro storico)
Tel: 075 5732965 / 340 3376278
www.labottegadiperugia.it

366 recensioni
n.1 di 709 ristoranti

3 | Osteria A Priori

Ecco un'osteria davvero multitasking: ristorante, bottega di prodotti tipici, wine bar e libreria gastronomica. Tutto a base di ingredienti «made in Umbria».

Da provare
Carmins79 | 19 gennaio 2014

Locale accogliente e arredato nei minimi particolari a due passi dal centro della città. Personale gentile e professionale. Cibo ottimo: abbiamo mangiato stringozzi al tartufo e una buonissima arista con patate. Prezzi onesti. Da provare!

Tradizione e cucina storica
Stefano C | 21 gennaio 2014

Consiglio a tutti di degustare i piatti tipici regionali preparati con cura dallo staff. Il personale è eccezionale e sempre pronto a consigliarti il vino giusto. I menu giornalieri sono ogni volta una sorpresa. È anche un punto vendita di prelibatezze Doc.

FASCIA PREZZO €20-€30 **CATEGORIA** RISTORANTE E VINERIA
CHIUSO DOMENICA

15 Via dei Priori 39
06123 Perugia (Centro storico)
Tel: 075 5727098 www.osteriaapriori.it

694 recensioni
n.7 di 709 ristoranti

4 | Augusta Perusia

Il paradiso del cioccolato: praline, tavolette, creme, cioccolata in tazza e gelati, il tutto lavorato artigianalmente. Si parte dalle antiche ricette per approdare alla sperimentazione e all'elaborazione di nuovi gusti. Una vera istituzione a Perugia.

Per gli amanti della cioccolata
Giugi8 | 1 gennaio 2014

In una fredda domenica invernale non c'è niente di meglio che godersi un bicchiere di cioccolata dal sapore genuino. Entrando ti stupisce il bancone ricco di cioccolatini colorati e deliziose confezioni regalo.

Persino Sgarbi si addolcirebbe!
Sabino_manna | 11 gennaio 2014

In pieno centro, tutti i prodotti sono di altissima fattura e qualità e giustificano un prezzo di poco sopra la media. Eccezionali i gianduiotti al pistacchio, la cioccolata bianca con liquirizia e la extra-fondente al 75%.

FASCIA PREZZO €3-€10 **CATEGORIA** CIOCCOLATERIA E GELATERIA
VIA PINTURICCHIO: DA MAGGIO A SETTEMBRE APERTO TUTTI I GIORNI; DA OTTOBRE AD APRILE CHIUSO DOMENICA. VIA BONAZZI: DA MAGGIO A SETTEMBRE CHIUSO DOMENICA; DA OTTOBRE AD APRILE CHIUSO LUNEDÌ.

16 Via Pinturicchio 2 e via Luigi Bonazzi 31
06121 Perugia (Centro storico)
Tel: 075 5734577 e 075 9660324
www.cioccolatoaugustaperusia.it

129 recensioni
n.16 di 709 ristoranti

5 | Pizzeria La Romantica

La tradizionale pizza napoletana, al metro e al piatto, declinata in ogni combinazione di ingredienti. Il locale è sempre affollato e non accetta prenotazioni dopo le 20, quindi andateci presto o preparatevi a una buona attesa.

Pizza ottima
IgnyPerugia | 28 dicembre 2013

Il personale è educato e gentile, sempre a disposizione; il locale era pieno di ragazzi giovani, ma l'ambiente rimaneva tranquillo e accogliente. La pizza era ottima e servita caldissima. Gran scelta di birre, c. ritornerò di sicuro!

Pizza!
Fabio s | 20 gennaio 2014

Ci siamo fermati per caso e per fortuna avevano posto. La pizza è molto buona, le classiche ci sono tutte, con l'aggiunta di qualche rivisitazione. Servizio curato e nel nostro caso anche veloce. Consigliato per il buon rapporto qualità-prezzo.

FASCIA PREZZO €8-€15 **CATEGORIA** PIZZERIA
APERTO SOLO LA SERA. CHIUSO LUNEDÌ

17
Borgo XX Giugno 9
06121 Perugia (Borgo XX Giugno)
Tel: 075 3721406

278 recensioni
n.18 di 709 ristoranti

Zoom

Percorsi creativi

Grazie al progetto **ArtiCity** è possibile passeggiare per le vie del centro e conoscere la nuova creatività perugina, osservando gli artigiani-designer al lavoro, conoscendo storie e personaggi e persino portandosi a casa qualcosa di originale. L'**Associazione Botteghe Artigiane del Centro Storico** organizza tre itinerari: ognuno si può percorrere autonomamente seguendo le indicazioni della mappa; oppure, su richiesta, con un automezzo per gruppi di massimo otto persone, o ancora con l'accompagnamento di una guida esperta. Questi i percorsi:

- **Itinerario della creatività**: laboratorio di ricamo, di corniceria, di tessitura e museo-laboratorio di vetrate artistiche.
- **Itinerario tra innovazione e tradizione**: laboratorio di occhiali sartoriali, laboratorio di ceramiche, laboratorio orafo, laboratorio di arredamento, legatoria d'arte, bottega del cuoio, museo-atelier di tessitura.
- **Itinerario da Monteluce a via dei Priori**: laboratorio orafo, laboratorio di ceramiche, laboratorio di occhiali sartoriali.

Per informazioni e prenotazioni: www.articity.it

© Damiano Rossi / Wikipedia commons

Laboratorio di tessitura

6 | Locanda dell'Arco

Gestita da tre giovani appassionati, la Locanda dell'Arco propone piatti della tradizione rivisitati con creatività. Ma anche mostre, musica dal vivo e degustazioni.

Ottima cucina umbra

Tarux | 12 gennaio 2014

Un locale davvero carino nel centro storico di Perugia. Bellissima atmosfera, ottimo cibo umbro. Abbiamo apprezzato i primi e gli antipasti tipici. Tutto artigianale e ingredienti freschissimi. Consigliato.

Buona locanda per pranzare

Manuele06 | 12 gennaio 2014

Abbiamo ordinato strangozzi alla contadina (con funghi e salsiccia). Molto buoni! Il locale era stranamente vuoto, ma decisamente carino e suggestivo. Lo staff, giovane, è stato molto gentile. Prezzi onesti, con sconto finale.

FASCIA PREZZO €15-€35 CATEGORIA RISTORANTE
CHIUSO DOMENICA

18

Via Ulisse Rocchi 36
06123 Perugia (Centro storico)
Tel: 075 4659377 www.locandadellarco.com

149 recensioni
n.38 di 709 ristoranti

Special Price

Risparmiare con la Card

Chi rimane a Perugia pochi giorni e vuole fare il pieno di cultura senza prosciugare il portafoglio può acquistare la **Card Perugia Città Museo** (www.perugiacittamuseo.it), con cui si può accedere liberamente ad alcuni musei convenzionati evitando code agli ingressi e usufruendo di sconti vantaggiosi per altre attrazioni, negozi, ristoranti, alberghi e mostre temporanee.
La card costa €10, è valida per un adulto più un minore di 18 anni e permette l'accesso a cinque tra i più importanti musei cittadini (tra cui la **Cappella di San Severo**, l'**Ipogeo dei Volumni**, il **Palazzo della Penna**, il **Palazzo Baldeschi al Corso**) nell'arco di 48 ore; esiste anche una versione per studenti universitari con tesserino, al costo di €6 e con validità di un mese dalla prima obliterazione.
Ma non è finita qui: esistono altri due tipi di abbonamento, quello personale (€20) e quello familiare (€35, massimo 4 persone), della validità di un anno, con i quali si può accedere a tutte le attrazioni. La card può essere acquistata presso i musei e in diverse strutture ricettive.

© Giovanni Dall'Orto / Wikimedia commons

Perugia | **Cappella di San Severo**

7 | La Bottega del Vino

Oltre quattrocento etichette di vini per accompagnare bruschette, salumi e formaggi. Ottima la musica: se siete fortunati, potrete imbattervi in jam session jazz.

Cena umbra con musica
Ma'a-LaCucinaMi | 19 gennaio 2014

A Perugia è uno dei ristoranti più buoni che ci siano, la cucina è tipicamente umbra, la scelta dei vini perfetta e il personale sempre disponibile. Il tutto è accompagnato da piacevoli concerti jazz. Se si è in gruppo è possibile prenotare una saletta riservata.

Un piccolo cuore di Perugia
Ilaria G | 25 gennaio 2014

Veramente carino! Posto intimo, cibo ottimo e ricercato. Non sembra neanche di essere a Perugia. Vista caratteristica: non vedo l'ora di tornarci!

FASCIA PREZZO €20-€25 **CATEGORIA** VINERIA
CHIUSO DOMENICA E LUNEDÌ A PRANZO

19
Via del Sole 1
06122 Perugia (Centro storico)
Tel: 075 5716181 www.labottegadelvino.net

149 recensioni
n.42 di 709 ristoranti

8 | Osteria dell'Olmo

Ingredienti di qualità, ricette della tradizione con un pizzico di innovazione, un romantico giardino e una cantina di vini pregiati: tutto quello che serve per stare bene, in ogni occasione.

Dieci più
ViaggiTIP | 18 gennaio 2014

Sono stata a cena in questo ristorante e ci tornerei di sicuro. Bello e romantico, ottimi vini e... che cibi! Suggerisco l'antipasto «caramella» e il risotto al sagrantino. Particolare e di classe il proprietario, gentile e discreto. Andateci!

Qualità e cortesia
Pestacchino | 5 gennaio 2014

Abbiamo scelto tre piatti semplici che si sono rivelati più che ottimi: zuppa di lenticchie con crostini, maccheroncini con radicchio e speck, scaloppine ai porcini, patate al forno, mousse all'arancia e al cioccolato. Vino eccezionale e porzioni abbondanti!

FASCIA PREZZO €25-€35 **CATEGORIA** RISTORANTE
APERTO TUTTI I GIORNI. CHIUSO LUNEDÌ IN INVERNO

20
Strada Olmo Stazione Ellera 8
06100 Perugia (Chiugiana)
Tel: 075 5179140 www.osteriaolmo.it

112 recensioni
n.24 di 709 ristoranti

9 | Gelateria Gambrinus

Come si può passeggiare per il centro senza i coni di Gambrinus? Trentacinque gusti di gelato artigianale, ma anche crêpe, frappè, macedonie, yogurt, brioche...

Gelato in inverno? Perché no

Lorenzo F | 9 dicembre 2013

Abbiamo assaggiato una gustosa macedonia di frutta con gelato e una coppa al cioccolato. Veramente ottimi e il servizio decisamente impeccabile. Da consigliare, senza dubbio, se si passa da Perugia.

La passione per il gelato si sente!

Gionatarag | 26 gennaio 2014

Sono stato varie volte a mangiare il gelato al Gambrinus e – devo dire – sempre in maniera molto più che soddisfacente. Il gelato è ottimo, uno dei migliori della città, e nel locale sono tutti gran lavoratori.

FASCIA PREZZO €2-€4 **CATEGORIA** GELATERIA E CAFFETTERIA
APERTO TUTTI I GIORNI

21
Via Luigi Bonazzi 3
06121 Perugia (Centro storico)
Tel: 075 573 5620 www.gelateriagambrinus.it

45 recensioni
n.73 di 709 ristoranti

10 | La Botte

Da quasi quarant'anni propone menu fissi, giro pasta e giro pizza a prezzi «da studenti». Molto popolare tra gli universitari di Perugia, vivace e affollato.

Buona sosta

Adele F | 6 gennaio 2014

Grazioso ristorante di cucina tipica. Offre un menu turistico abbastanza economico, ma anche la possibilità di ordinare alla carta tra i piatti della tradizione. Ovviamente, essendo in Umbria, fa da padrona la carne: consigliamo la grigliata mista.

Un pranzo squisito

Spearhead23 | 13 gennaio 2014

Abbiamo trovato questo ristorante quasi per caso, girando per il centro storico l'ultimo dell'anno. Incuriositi dal menu turistico ci siamo fermati a pranzare e, devo dire, ne è valsa davvero la pena! L'ambiente è caloroso, accogliente, pulito e familiare!

FASCIA PREZZO €15-€25 **CATEGORIA** RISTORANTE E PIZZERIA
CHIUSO DOMENICA

22
Via Volte della Pace 31
06122 Perugia (Centro storico)
Tel: 075 5722679 www.ristorantelabotte.com

184 recensioni
n.93 di 709 ristoranti

Assisi, la serafica

I dintorni di Perugia sono imperdibili quanto la città stessa. Meta perfetta per una gita fuori porta è sicuramente **Assisi**, che dista solo 26 chilometri e si può visitare senza problemi in una sola giornata.

La «Seraphica Civitas», come recita il motto sullo stemma cittadino, è conosciuta da tutti per essere il luogo in cui nacquero, vissero e morirono san Francesco e santa Chiara. Situata alle pendici del monte Subasio a 424 metri di altezza, Assisi è di origine romana (ne sono testimonianza monumenti come la facciata del **tempio di Minerva**, l'**Anfiteatro**, le **Mura** e il **Foro**), ma il suo aspetto – degli edifici quanto del tessuto urbano – è spiccatamente medievale. Il nucleo più antico della città è protetto da una lunga e scenografica cinta muraria con otto porte di accesso fortificate.

Ad Assisi tutto parla di Francesco, nato qui nel 1182 e proclamato santo nel 1228, ad appena due anni dalla morte. È d'obbligo quindi una visita alla **basilica di San Francesco**, patrimonio dell'Unesco, che custodisce le spoglie del santo. Nella Chiesa Inferiore, spiccano i meravigliosi affreschi di **Giotto** e della sua scuola. Anche la Chiesa Superiore, dalla facciata gotica e dagli interni illuminati dalla luce che penetra dalle vetrate, presenta cicli giotteschi. Non scordate di visitare la **basilica di Santa Chiara** e la **chiesa di San Pietro**.

E per continuare il tour nel nome di Francesco, non dovete far altro che lasciarvi la cittadina alle spalle e curiosare nei dintorni: l'**eremo delle Carceri**, immerso in un bosco di querce e lecci, il **convento di San Damiano**, l'imponente **basilica di Santa Maria degli Angeli**, costruita per proteggere il ritrovo dei primi frati francescani.

Una volta soddisfatta la vostra fame di spiritualità, lasciatevi un po' di tempo libero per una passeggiata tra le viuzze del centro storico. Molte sono infatti le trattorie dove poter gustare le specialità di Assisi: il pecorino, gli umbricelli (grossi spaghetti fatti a mano), il ciaùscolo (salame da spalmare) e la rocciata (dolce di origine medievale, ripieno di mele, nocciole, noci e uvetta).

Da Perugia, potrete raggiungere Assisi in auto percorrendo la statale 75 fino allo svincolo di Santa Maria degli Angeli. I treni partono dalla stazione di Fontivegge, mentre i pullman extraurbani da piazza Partigiani.

© Berthold Werner / Wikimedia commons

Assisi | Basilica di San Francesco

Scelto dalla redazione

Rocca Paolina

© Cristianopelagracci / Wikimedia commons

Un luogo che ne racchiude tanti altri, da scoprire uno alla volta, inoltrandosi nel ventre della città.

La **Rocca Paolina** è prima di tutto una fortezza, eretta nel Cinquecento per volere di papa Paolo III, dopo una battaglia vittoriosa contro gli stessi perugini.

Ma è anche una città nella città, dato che per edificarla si dovettero radere al suolo più di cento tra case, chiese e conventi. Percorrendo i cunicoli al suo interno vi troverete infatti nel bel mezzo delle antiche strade e piazze del borgo medievale: un'esperienza a dir poco suggestiva.

Per lungo tempo odiata dai perugini perché considerata il simbolo del dominio pontificio, oggi la **Rocca** si è riconciliata con la città, divenendo un centro di vita sociale e culturale: oltre a essere sede del Centro Espositivo, qui trovano spazio molte attività, dal mercatino natalizio alle mostre temporanee.

Una serie di scale mobili collega rapidamente la **Rocca** con corso Vannucci: anche i più pigri potranno quindi visitarla senza sforzo.

La fortezza della città

MariaV500 | 18 gennaio 2014

Nella Rocca Paolina ogni pietra parla della storia di Perugia. Questa fortezza è stata al centro delle vicende locali per molti secoli ed è quindi considerata uno dei simboli della città. Nei suoi spazi immensi si crea un effetto surreale in cui il tempo sembra rimanere sospeso. Da segnalare la presenza di scale mobili che rende la visita alla Rocca più agevole.

TARIFFA INGRESSO ALLA ROCCA GRATUITO
MUSEO €1

318 recensioni
n.7 di 58 attrazioni

23

Piazza Italia 11
06121 Perugia (Centro storico)
Tel: 075 3681405

Top 10 Attrazioni
classifica ragionata basata su tripadvisor

1 | Galleria Nazionale dell'Umbria

Una delle collezioni più ricche d'Italia per il periodo medievale e rinascimentale. Ampio spazio è riservato agli artisti umbri, primo fra tutti, ovviamente, il Perugino.

Quasi una vita tra l'arte
Stefano C | 21 gennaio 2014

Posso solo dire, con dovuta commozione, che a forza di stare vicino ai capolavori qualche volta sembra che ti parlino.... Una visita alla Galleria resta nella memoria per sempre.

Un posto da visitare assolutamente
Cluadio b | 25 gennaio 2014

Da perugino ho avuto più occasioni di visitare la galleria e posso dire che è una delle cose che un turista non deve lasciarsi scappare. Perfetta per concludere una passeggiata in centro.

TARIFFA €3,25-€6,5
ORARI DA MARTEDÌ A DOMENICA 8.30-19.30. CHIUSO LUNEDÌ

24
Corso Vannucci 19
06121 Perugia (Centro storico)
Tel: 075 58668410 www. gallerianazionaleumbria.it

73 recensioni
n.4 di 58 attrazioni

2 | Basilica di San Pietro

La basilica benedettina, fondata nel 966, è da ammirare a trecentosessanta gradi: dalla facciata al chiostro, fino ad arrivare alle opere di Vasari custodite all'interno.

Strabiliante
Gianluca P | 5 gennaio 2014

Un museo aperto al pubblico. Le navate, straordinariamente pitturate, sono poi sovrastate da altri dodici quadri su tela. Non ci sono parole.

Imperdibile
grd1153 | 2 gennaio 2014

In questa chiesa ci sono molte meraviglie: da una tela del Perugino all'organo più antico d'Italia, dalla tela più grande al coro più bello (disegnato da Raffaello Sanzio).

TARIFFA GRATUITO
ORARI TUTTI I GIORNI 7-12, 15-18
VARIAZIONI DI ORARIO IN OCCASIONE DI CELEBRAZIONI LITURGICHE

25
Borgo XX Giugno 74
06100 Perugia (Borgo XX Giugno)
Tel: 075 34060

99 recensioni
n.3 di 58 attrazioni

3 | Tempio di San Michele Arcangelo

Un luogo considerato sacro fin dalla notte dei tempi, ben prima della costruzione di questa chiesa paleocristiana (peraltro, una delle più antiche d'Italia).

Uno dei posti più belli di Perugia

Silvietta07 | 8 gennaio 2014

Luogo ameno e suggestivo, assolutamente da non perdere. Leggermente decentrato, ma ne vale la pena. Consigliamo, per tornare in centro, di percorrere la via dell'acquedotto.

Da non perdere

Dottorastra | 15 dicembre 2013

Come tutte le tracce storiche a Perugia, anche qui si respirano strati di storia millenaria, del resto il passaggio di etruschi e romani ha lasciato un segno indelebile... Bellissimo!

TARIFFA GRATUITO

ORARI TUTTI I GIORNI 9-17

26 Via del Tempio
06123 Perugia (Elce)
Tel: 075 5722624

70 recensioni
n.6 di 58 attrazioni

4 | Cattedrale di San Lorenzo

Tappa obbligatoria per chiunque visiti Perugia, l'imponente Duomo è la chiesa più grande dell'Umbria. Notevole anche l'organo a canne al suo interno.

Imperdibile

Grd1153 | 2 gennaio 2014

In questa chiesa le cui origini si perdono nel tempo e forse risalgono addirittura ai tempi apostolici (II sec), ci sono molte meraviglie: da una tela del Perugino all'organo più antico d'Italia, dalla tela più grande al coro più bello (disegnato da Raffaello Sanzio).

Una meraviglia per gli occhi e... per le orecchie

madblu | 6 gennaio 2014

Ho visitato il Duomo durante il concerto gospel del primo dell'anno: mai esperienza è stata più bella e suggestiva. Non si può passare per Perugia senza entrare in questa chiesa meravigliosa e unica.

TARIFFA ACCESSO ALLA CATTEDRALE GRATUITO. MUSEO ARCHEOLOGICO €4-€6

ORARI CATTEDRALE: DA LUNEDÌ A SABATO 7.30-12.30, 15.30-18,45; DOMENICA E FESTIVI 8-13, 16-19
MUSEO: DA MARTEDÌ A VENERDÌ 9-14; SABATO E DOMENICA 10-17. CHIUSO LUNEDÌ

27 Piazza IV Novembre
06123 Perugia (Centro storico)
Tel: 075 5723832 www.cattedrale.perugia.it

81 recensioni
n.18 di 58 attrazioni

5 | Collegio del Cambio

La sede quattrocentesca dei cambiavalute (i banchieri) è parte del bellissimo Palazzo dei Priori. Imperdibile la Sala delle Udienze, affrescata dal Perugino. Date un'occhiata anche al programma di mostre temporanee che vengono qui allestite.

Meraviglioso
LetiziaMu | 15 novembre 2013

Bellissime stanze dipinte, splendidi intarsi in legno. Piccolo ma piacevole. La visita dura poco e si rimane tutto il tempo a testa in su ammirando i soffitti.

Mostra di Perugino e Raffaello
Debora P | 16 ottobre 2013

Superbo, anche l'ambiente sembra di vivere nel Cinquecento. È per veri amanti dell'arte classica. Be', come la stessa Perugia.

TARIFFA €4,5
ORARI DA LUNEDÌ A SABATO 9-12.30, 14.30-17.30; DOMENICA E FESTIVI 9-13

28 Corso Vannucci 25
06121 Perugia (Centro storico)
Tel: 075 5728599 www.collegiodelcambio.it

43 recensioni
n.12 di 58 attrazioni

6 | Piazza IV Novembre

Piazza IV Novembre è il cuore pulsante di Perugia: sui suoi lati si affacciano la Cattedrale di San Lorenzo e il Palazzo dei Priori, mentre al centro è dominata dalla splendida Fontana Maggiore di Nicola Pisano.

Bellezza in Piazza
Filetto63 | 6 gennaio 2014

Splendida piazza dai sapori antichi, evocativa in ognuno dei monumenti che la circondano. Bellissima la Fontana Maggiore e molto bello il Palazzo dei Priori e la Cattedrale. Centro cittadino da cui iniziare la visita della bellissima città di Perugia. Anche con la pioggia il fascino rimane intatto.

Sempre affascinante...
Scazzerwoman | 6 gennaio 2014

Per essere il cuore all'aperto di Perugia, mantiene sempre il suo fascino negli anni. È sempre piacevole passeggiarci... e sostare magari su uno scalino nei pressi della fontana.

TARIFFA GRATUITO

29 Piazza IV Novembre
06123 Perugia (Centro storico)

154 recensioni
n.8 di 58 attrazioni

7 | Museo-Atelier Giuditta Brozzetti

C'è solo una parola per descrivere il Giuditta Brozzetti: sorprendente. Museo e laboratorio artigianale al tempo stesso, è situato in un antichissimo convento. Qui si realizzano tessuti con motivi della tradizione medievale e rinascimentale.

Museo insolito e molto bello

Ilsaggio79 | 6 gennaio 2014

Alla fine della visita devo dire che è stato interessante e divertente. Le spiegazioni, poi, per nulla impostate ma vivaci e appassionate, hanno fatto appassionare anche noi. Da non perdere.

Grande Marta!

Enrico P | 3 gennaio 2014

La disponibilità di Marta, la titolare, è fantastica. È stato un vero piacere ascoltare la storia di quella che è una tra le più vecchie tessiture manuali tuttora presenti in Italia. Grande Marta! Tieni duro e continua così.

TARIFFA INGRESSO GRATUITO. VISITA GUIDATA €4

ORARI DA LUNEDÌ A VENERDÌ 8.30-12.30, 15-18; SABATO E DOMENICA SOLO SU APPUNTAMENTO

30 Via Tiberio Berardi 5/6
06123 Perugia (Elce)
Tel: 075 40236 www.brozzetti.com

78 recensioni
n.1 di 58 attrazioni

8 | Casa del cioccolato Perugina

Alla sede del marchio più famoso della città, la visita culmina alla fabbrica di cioccolato, dove potrete conoscere i segreti dell'«oro nero dei Maya». Non c'è bisogno di aggiungere che potrete degustare tutto quello di cui avete voglia.

Interessante e... buona!

Rafsim | 13 gennaio 2014

Bella esperienza e tante cose interessanti del mondo della cioccolata! Una buona degustazione... e un piccolo shop per fare compere a prezzi vantaggiosi!

Nel mezzo del cammin di cioccolata

Chiagia | 2 gennaio 2014

Come descrivere l'acquolina in bocca che viene nel trovarsi di fronte quattro metri di tavolo cosparso di una selezione delle cioccolate e dei cioccolatini Perugina? Slurp, basti dire questo...

TARIFFA €3-€9

ORARI DA LUNEDÌ A VENERDÌ 9-16.15; SABATO 9-17

31 Viale San Sisto 207/c
40124 Perugia (San Sisto)
Tel: 075 5276796 www.perugina.it

183 recensioni
n.5 di 20 attività

9 | La città della domenica

Se avete portato qualche bambino in vacanza con voi, usatelo come scusa per visitare questo parco da favola immerso nella natura, popolato da animali di ogni specie. Ricordate di fare un giro sullo splendido trenino!

Da non dimenticare
Isabella965 | 22 gennaio 2014

Con le tecnologie che ci martellano e i parchi giochi ultra adrenalinici, riscoprire il divertimento fatto di semplicità che stimola la fantasia buttando l'orologio e dimenticando le file è stato meraviglioso per tutta la famiglia :-)

Un parco «fiabesco»
Luca G | 21 gennaio 2014

Un parco «fiabesco» dal sapore un po' antico. Ritornarci a distanza di tanti anni, mi ha dato il piacere della riscoperta e mi ha anche messo addosso un pizzico di nostalgia. Nel frattempo è aumentata la famiglia e ci torneremo!

TARIFFA E ORARI CONSULTARE IL SITO

32
Via col di Tenda 140
06132 Perugia
Tel: 075 500 0187 www.cittadelladomenica.it

211 recensioni
n.31 di 58 attrazioni

10 | Museo Archeologico Nazionale dell'Umbria

Nel complesso conventuale di San Domenico, sono esposte le importanti collezioni archeologiche della città, organizzate in due sezioni: etrusco-romana e preistorica.

Una bellezza unica
giorgio d | 14 gennaio 2014

All'interno del Palazzo dei Priori si entra e si torna al passato: ingresso imponente, atrio ampio, scale larghe, molto ben attrezzato, si sale al terzo piano e si scende per la visita.

Bel museo
laura1034 | 29 dicembre 2013

Abbiamo usufruito della visita guidata veramente ben condotta e organizzata. Dalla nostra ultima visita il museo è stato riorganizzato secondo criteri più moderni e i pezzi più importanti sono stati maggiormente valorizzati. Notevole l'allestimento della tomba dei Cutu.

TARIFFA €2-€4
ORARI DA MARTEDÌ A SABATO 8.30-19.30; LUNEDÌ 10-19.30

33
Piazza Giordano Bruno 10
06121 Perugia (Centro storico)
Tel: 075 5727141
www.archeopg.arti.beniculturali.it

50 recensioni
n.19 di 58 attrazioni

Consigli di viaggio

Agenda

Febbraio-marzo

Tra la fine di febbraio e i primi di marzo a Perugia è tempo di **Bagliori d'autore**, un festival letterario di sette-otto giorni che ogni anno porta a scoprire un grande autore del passato. Rappresentazioni teatrali, concerti, proiezioni cinematografiche, documentari, letture, conferenze e mostre: tutto quello che può servire per immergersi nella sua poetica e nella sua epoca. Ogni edizione vede la presenza di ospiti di rilievo.

Bagliori d'autore, location varie

Aprile-maggio

Fondato nel 2006, il **Festival Internazionale del Giornalismo** riunisce in città i protagonisti dell'informazione di tutto il mondo: incontri con lettori, studenti, professionisti e semplici interessati; tavole rotonde e conferenze. Centinaia di eventi in programma in moltissime location, distribuite in tutta Perugia.

Festival del Giornalismo, location varie

Maggio e settembre

L'appuntamento più importante del mese di maggio è il **Perugia Flower Show**, una manifestazione nata nel 2008 e che ha visto anno dopo anno aumentare l'interesse del pubblico, tanto da replicarsi anche a settembre. Espositori provenienti da tutta Italia si riuniscono ai Giardini del Frontone per presentare le loro creazioni più belle e più folli. Vivaisti, produttori e venditori di varietà botaniche antiche e riscoperte... ma anche artigiani e piccoli creatori di oggetti da giardinaggio. Insomma, qualsiasi cosa abbia a che fare con la floricoltura.

Perugia Flower Show, Giardini del Frontone, Borgo XX Giugno, 06121 Perugia (Porta San Pietro)

Luglio

Luglio è un mese da cerchiare di rosso nel calendario perugino: è infatti il favoloso periodo dell'**Umbria Jazz**, il festival più importante d'Italia per la musica jazz. Il centro storico e l'Arena di Santa Giuliana sono teatro naturale di una manifestazione multiculturale che vede la presenza di milioni di appassionati. Ma Umbria Jazz non è solo per cultori del genere, ma anche per tutti coloro vogliano godersi un periodo di sana allegria. Al ritmo di note jazz, soul, R&B, blues, gospel e salsa, la buona musica viene celebrata tutti i giorni della manifestazione nei locali del centro.

Umbria Jazz, Arena di Santa Giuliana, via Baldassarre Orsini, 06121 Perugia (Centro storico) e location varie

Luglio-settembre

Inizia a fine luglio per terminare a metà settembre **FareNight Perugia Estate**: tutti i giorni musica, teatro, arte, letteratura, danza e attività per bambini in diversi punti della città. L'evento più atteso è la Notte delle Stelle, il 10 agosto, in piazza IV Novembre, con concerti di noti artisti.

FareNight Perugia Estate, location varie

Settembre

Il **Perugia Science Festival** è una kermesse che organizza decine di eventi concentrati in tre giorni verso fine mese. Una vera maratona in cui le piazze, le strade e i luoghi più caratteristici di Perugia si animano con vari appuntamenti dedicati a scienza, arte e tecnologia.

Perugia Science Festival, location varie

Ottobre

Perugia è anche la città del cioccolato, e l'appuntamento per tutti i golosi è in autunno. **Eurochocolate** è uno dei più importanti eventi dedicati alla tradizione cioccolatiera italiana e internazionale. I produttori vendono i loro prodotti nelle vie della città in spazi espositivi attrezzati. Per una decina di giorni il centro storico è invaso da moltissimi spettacoli e iniziative culturali di ogni tipo.

Eurochocolate, location varie

Novembre

La **Fiera dei Morti** si svolge nei primi giorni del mese ed è una tradizione molto sentita dai perugini che risale al Medioevo. Centinaia di bancarelle, soprattutto a Pian di Massiano, ma anche nelle vie del centro storico, dove si può comprare di tutto.

Fiera dei Morti, Pian di Massiano, viale Tazio Nuvolari, 06125 Perugia (Pian di Massiano) e location varie

Dicembre-gennaio

Tradizione dicembrina è il **Natale alla Rocca**, mostra-mercato delle produzioni artigianali di qualità, che rimane aperta generalmente fino all'Epifania.

Natale alla Rocca, Rocca Paolina, piazza Italia 11, 06121 Perugia (Centro storico)

Arrivare e partire

Aerei

L'aeroporto **San Francesco d'Assisi** si trova a Sant'Egidio, a metà strada tra il capoluogo umbro e Assisi. Qui operano voli da e per destinazioni nazionali (Trapani, Cagliari e Olbia) ed europee (tra cui Londra, Bruxelles, Barcellona) di compagnie low cost come Ryanair e Wizz Air.
Per raggiungere Perugia dall'aeroporto, gli autobus della compagnia Umbria Mobilità effettuano collegamenti frequenti; il biglietto si può acquistare al bar dell'aeroporto (€1,90) oppure a bordo (€3).

Aeroporto Internazionale dell'Umbria-Perugia «San Francesco d'Assisi», tel: 075 592141, www.airport.umbria.it

Treni

Per chi arriva da nord, le linee che fermano a Perugia sono la Milano-Bologna-Firenze-Roma (con cambio a Terontola) e la Firenze-Terni. Arrivando da sud bisogna servirsi delle linee Roma-Ancona (con cambio a Foligno) o Roma-Firenze-Bologna-Milano (con cambio a Terontola). Le stazioni ferroviarie a Perugia sono tre. **Perugia Fontivegge** è la principale ed è parte della linea secondaria delle Fs Terontola/Cortona-Foligno. Si trova a 3 chilometri dal centro storico, a cui è collegata dal minimetrò e da diversi autobus urbani. **Perugia Ponte San Giovanni** è situata nel quartiere di Ponte San Giovanni, a pochi chilometri dall'aeroporto. **Perugia Sant'Anna** è invece la stazione della Ferrovia Centrale Umbra-Fcu e si trova in centro, vicino all'autostazione di piazza Partigiani.

Perugia Fontivegge, piazza Vittorio Veneto, 06124 Perugia (Fontivegge)

Perugia Ponte San Giovanni, via Nino Bixio, 06087 Ponte San Giovanni (Perugia)

Perugia Sant'Anna, piazzale Bellucci 16/a, 06121 Perugia (Centro storico)

Auto

Perugia è raggiungibile con l'autostrada A1. Arrivando da nord bisogna uscire a Valdichiana e imboccare il raccordo per Perugia che costeggia il lago Trasimeno. Da sud, uscire a Orte, poi prendere il raccordo Orte-Terni, quindi l'uscita per Perugia e immettersi sulla E45. Tenete però presente che il centro di Perugia è zona a traffico limitato, quindi dovrete lasciare l'auto in un parcheggio a pagamento.

Pullman

L'autostazione di piazza Partigiani è il punto di riferimento per tutti gli autobus regionali, interregionali, turistici, nonché punto di scambio delle linee urbane. Le maggiori compagnie che collegano Perugia con le altre città d'Italia sono **Sena** (www.sena.it) e **Sulga** (www.sulga.it); la **Apm Perugia** (www.umbriamobilita.it) effettua invece prevalentemente tratte regionali.

Muoversi

Mezzi di superficie

Il servizio di trasporto urbano è gestito dalla società **Apm** con autobus che raggiungono i vari quartieri e le aree esterne al centro storico. Il biglietto di corsa semplice, con validità di 70 minuti, costa €1,50 (se acquistato a bordo €2). Esistono anche il biglietto multiviaggio da 10 corse (€12,90) e il biglietto turistico con validità 24 ore (€5,40).

Umbria Mobilità, tel: 075 9637001, www.umbriamobilita.it

Minimetrò

Il **minimetrò** è un sistema di trasporto automatico su rotaia inaugurato nel 2008. Si sviluppa lungo un'unica linea per una lunghezza di 4 chilometri complessivi. Le stazioni sono segnalate dal simbolo M posto accanto agli ingressi. Il minimetrò collega la periferia ovest della città con il centro storico. Queste le fermate: Pian di Massiano (capolinea), Cortonese, Madonna Alta, Fontivegge, Case Bruciate, Stazione della Cupa, Pincetto (capolinea). Aperto dalle 7 alle 21 circa (più tardi la sera in occasioni di eventi speciali, come per esempio Eurochocolate), ha una frequenza di una corsa ogni 2 minuti e mezzo circa. Il biglietto di corsa semplice costa €1,50, ha validità di 70 minuti dalla prima convalida e dà la possibilità di viaggiare su tutta la rete urbana di Perugia gestita da Umbria Mobilità.

Minimetrò, tel: 075 5058753, www.minimetrospa.it

Percorsi pedonali meccanizzati

Le **scale mobili** costituiscono un sistema di trasporto pubblico, completamente gratuito, che consente di accedere velocemente alla parte alta del centro storico di Perugia dalla base dell'Acropoli. Sono attive da piazza Partigiani a piazza Italia, da via Pellini a via dei Priori, da piazzale Europa a piazzale Bellucci, da piazzale Bellucci a corso Cavour.

Taxi

Il servizio **Radiotaxi** di Perugia risponde al numero 075 5004888 (attivo 24 ore su 24). I principali posteggi dei taxi si trovano alla stazione ferroviaria di Fontivegge (tel: 075 5010800), in piazza Partigiani e all'aeroporto San Francesco d'Assisi.

Roma

Roma la Capitale, l'Eterna, la Sontuosa. Roma dei palazzi e dell'arte, Roma del potere e della grande storia. Roma la popolana, caciarona e festaiola. Roma della movida in Trastevere e dei turisti a San Pietro. Qui non c'è vicolo dove non si respiri un'atmosfera millenaria, non c'è piazza che non vi avvolga con calore e tenerezza.

Dalle trattorie del centro con la tovaglia a scacchi sui tavoli ai localini chic di Garbatella, i sapori di Roma sono quelli di una cucina tramandata da generazioni. Gli spaghetti cacio e pepe, la carbonara, i saltimbocca alla romana: perché il cibo è un'arte, e qui lo sanno bene. E con la stessa allegria con cui vi serviranno un piatto fumante, i romani vi accoglieranno nelle loro strade, con il naso all'insù ad ammirare le architetture barocche. Programmate bene il vostro tempo, perché una cosa è certa: non vi basterebbe una vita per vedere tutto ciò che merita di essere visto nella Città Eterna.

Scopri Roma by tripadvisor

Inquadra il QR Code con il tuo smartphone per scoprire i contenuti multimediali

Roma

DORMIRE

3. Hotel Golden
4. Hearth Hotel
5. Hotel de Monti
6. Palm Gallery Hotel
7. The Beehive
9. Rome Armony Suites
10. QuodLibet
11. Al Colonnato di San Pietro

MANGIARE E BERE

12. Zia Rosetta
14. Fa-bìo
16. Osteria Barberini
18. Gelateria Frigidarium

19. Duecentogradi
21. Pasticceria Regoli
22. Cantina e Cucina

VISITARE

23. Palazzo delle Esposizioni
24. Basilica di San Pietro
26. Le Domus Romane di Palazzo Valentini
28. Pantheon
29. Galleria Borghese
30. Fontana di Trevi
31. Musei Vaticani
33. Auditorium – Parco della Musica

DORMIRE

1. 3H - Happy Holiday Home
2. Hotel Lodi
8. B&B La Duchessa

MANGIARE E BERE

13. Osteria del Cavaliere
15. Tastevere kmzero
17. La Fata Ignorante
20. Estrobar

VISITARE

25. Abbazia di San Paolo fuori le mura
27. Colosseo
32. Villa Doria Pamphilj

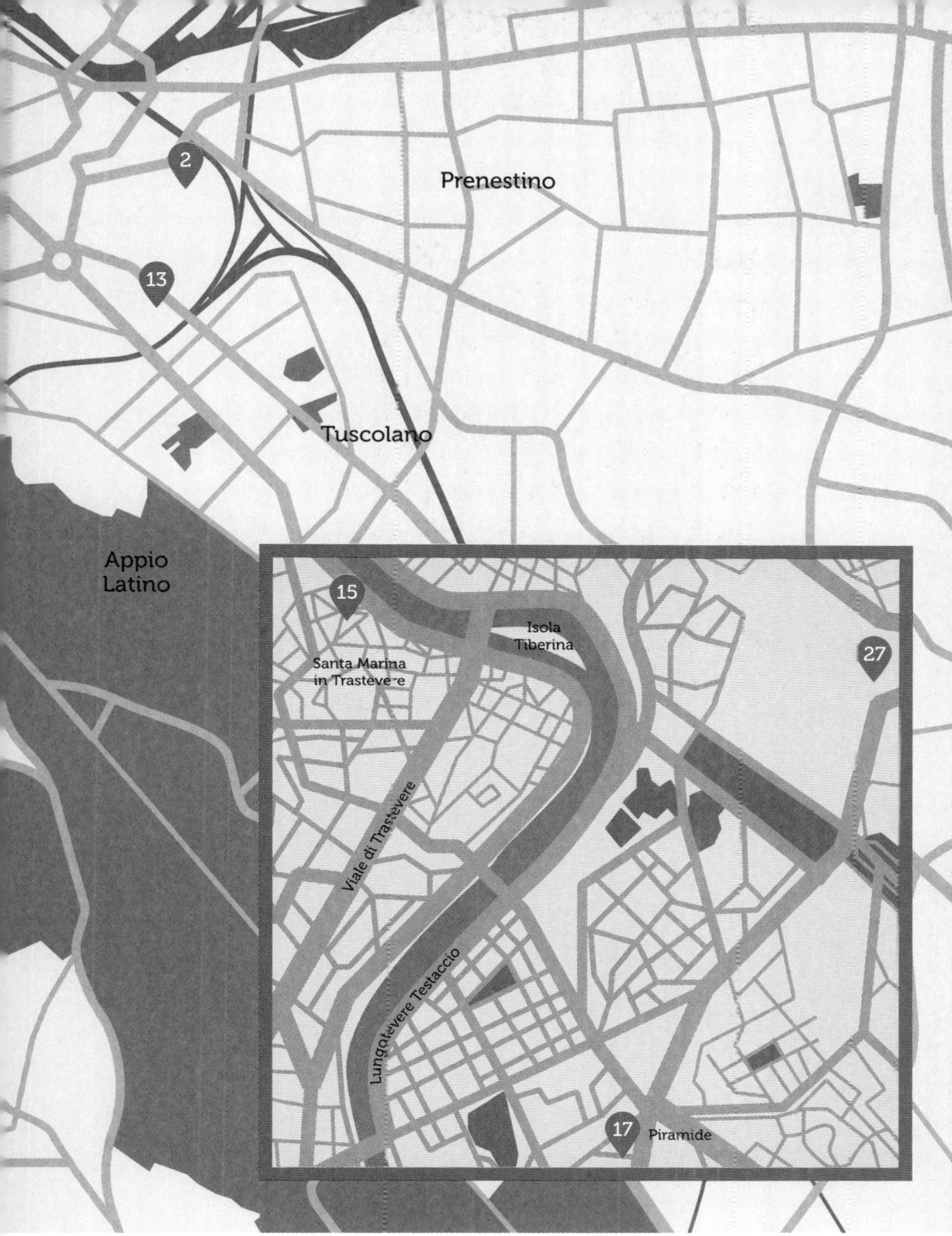
Prenestino
Tuscolano
Appio
Latino
2
13
15
27
17
Isola
Tiberina
Santa Marina
in Trastevere
Viale di Trastevere
Lungotevere Testaccio
Piramide

Scelto dalla redazione

3H - Happy Holiday Home

© 3H-Happy Holiday Home

Se non amate l'atmosfera impersonale degli alberghi, ma non siete nemmeno tipi da ostello, la casa di Alessandro è la scelta giusta per voi.
In questo delizioso appartamento nel cuore di Monteverde troverete ospitalità, comfort e totale autonomia, secondo la formula delle case-vacanze.
Se poi arrivate a Roma in treno, Alessandro vi verrà a prendere in stazione per portarvi a casa, dove vi consegnerà, insieme alle chiavi, anche l'utilissimo «kit del turista» che include una mappa della città, info pratiche sui trasporti, convenzioni con alcuni locali e persino un cellulare con scheda italiana, provvidenziale per gli stranieri.
Arredati con gusto, questi 60 metri quadri sono forniti davvero di tutto, dal parquet all'aria condizionata, dal wi-fi gratuito ai vetri insonorizzati. Perfetta per una coppia, la casa può accogliere fino a cinque ospiti e le tariffe vanno da €60 a €80 a notte per due persone, ma sono previsti sconti per chi si ferma più a lungo.

Fantastico appartamento

Tracey P | 14 giugno 2013

Abbiamo avuto il piacere di soggiornare al 3H per otto giorni. L'appartamento è molto bello, pulito, e ha tutto quello di cui c'è bisogno per sentirsi a casa lontani da casa. Alessandro aveva mappe, orari degli autobus, informazioni di qualsiasi tipo. Il wi-fi funzionava benissimo, la posizione era molto comoda: c'era anche un parco a cinque minuti a piedi.

FASCIA PREZZO €60-€80
CATEGORIA CASA-VACANZE

17 recensioni
scelto fra 5.009 case-vacanze a Roma

1
Via Francesco Bolognesi 28
00152 Roma (Monteverde)
Tel: 328 7022171
www.happyholidayhome.it

Top 5 Alberghi
classifica ragionata basata su tripadvisor

1 | Hotel Lodi

Una villetta con giardino in cui troverete stanze adatte a ogni esigenza (dalla camerata alla singola). La soluzione perfetta per i giovani viaggiatori che non vogliono far piangere il portafoglio.

Più di un ostello
Circe-pac | 8 gennaio 2014

Ho trascorso tre settimane meravigliose presso l'Hotel Lodi. Ali e gli altri ragazzi del personale sono stati molto gentili e disponibili. La colazione è eccellente e, se ne volete una seconda, basta chiedere a loro.

Posto meraviglioso ed eccellente rapporto qualità-prezzo
Megsygirl | 18 gennaio 2014

Abbiamo trascorso una bellissima vacanza presso l'Hotel Lodi. Tutto il personale è veramente gentile e disponibile, mentre la colazione inclusa nel prezzo è il modo migliore per iniziare la giornata.

FASCIA PREZZO €55-€85 CATEGORIA ★★

2 Via Oristano 14
00182 Roma (Tuscolano)
Tel: 06 7014643 www.lodihotelrome.com

298 recensioni
n.56 di 1.265 hotel

2 | Hotel Golden

Vi sentirete subito a casa in questo elegante hotel a conduzione familiare. E la sera vi basterà scendere le scale per immergervi nelle vie della *Dolce Vita*. Non dimenticate di fare un salto sul sito per scoprire tutte le tariffe speciali.

Ottima esperienza italiana
Eoin H | 30 gennaio 2014

Un fantastico hotel gestito da una famiglia molto cordiale, che ha reso il nostro soggiorno davvero speciale! Ci hanno dato una mappa di Roma e ottimi consigli sui luoghi da vedere e i ristoranti in cui andare.

Piacevole, pulito e accogliente
TraveldanCapeTown | 27 gennaio 2014

Un hotel a due stelle di buona qualità in una parte molto costosa di Roma. Le camere sono pulite, la famiglia che gestisce l'hotel professionale, la connessione internet e la colazione di ottima qualità.

FASCIA PREZZO €80-€120 CATEGORIA ★★

3 Via Marche 84
00187 Roma (Vittorio Veneto)
Tel: 06 4821659
www.hotelgoldenrome.com

1.227 recensioni
n.11 di 1.265 hotel

3 | Hearth Hotel

Diciannove camere e una suite, sala colazione con terrazzo e lounge bar con enoteca... Molto più di un semplice hotel: relax garantito a due passi dal Vaticano.

Superlativo

Glape81 | 26 gennaio 2014

Alla ricerca di un hotel strategico, ma allo stesso tempo romantico, ci siamo imbattuti in questo albergo, suggestivo già dal nome. Dentro tutto in ordine, tutto pulito e finemente arredato. Il personale e i titolari ti fanno sentire a casa. Davvero un gioiello.

Un valido punto d'appoggio per visitare Roma

ExesMilano | 25 gennaio 2014

Cortesia e qualità sono le due parole che possono descrivere meglio il nostro soggiorno in questo hotel. Tutto facilmente raggiungibile e a portata di mano, camere carine, confortevoli e spaziose, non manca proprio nulla. Fidatevi.

FASCIA PREZZO €100-€180 CATEGORIA ★★★

4

Via Santamaura 2
00192 Roma (San Pietro)
Tel: 06 39038383 www.hearthhotel.com

112 recensioni
n.13 di 1.265 hotel

4 | Hotel de Monti

Sette camere al terzo piano di un palazzo del Cinquecento. La posizione strategica e la gentilezza del personale sono i punti di forza di questo nuovissimo hotel. Un consiglio? Date un'occhiata al sito e troverete molte offerte speciali!

Ottimo per un soggiorno breve, fantastica posizione

Tedbun | 14 gennaio 2014

In dicembre abbiamo trascorso due notti all'Hotel de Monti, in occasione del nostro primo soggiorno a Roma. Le camere sono semplici, ma la posizione è ottima per visitare tutte le attrazioni di maggiore interesse della città. Il personale è meraviglioso.

Sosta a Roma

Antonio f | 19 gennaio 2014

Di passaggio una notte a Roma, per motivi di lavoro, ho apprezzato la cortesia del personale, molto efficiente e attento a tutti i desideri dei clienti, buona la colazione e ottima la pulizia. Un hotel dove tornare alla prima occasione.

FASCIA PREZZO €55-€170 CATEGORIA ★★

5

Via Panisperna 95
00184 Roma (Monti)
Tel: 06 4814763 www.hoteldemonti.com

330 recensioni
n.24 di 1.265 hotel

5 | Palm Gallery Hotel

In un villino di inizio Novecento, il Palm Gallery Hotel è un albergo d'altri tempi, circondato da case in stile liberty e piazzette immerse nel verde. Splendido il giardino con palme centenarie dove fare uno spuntino!

Esperienza fantastica
Funkymonk23 | 8 gennaio 2014
Soggiornare al Palm Gallery è stato un vero piacere. Un hotel incantevole, in un'ottima posizione, con un personale eccezionale che ti fa sentire a casa. Lo consiglio vivamente a tutti.

Il soggiorno dei desideri
717Tania | 28 gennaio 2014
Una professionalità da grande hotel unita al calore di un albergo «bomboniera»: le camere si trovano in un villino di inizio Novecento in un quartiere incantevole. Insomma, sembra di stare in un'abitazione privata e invece hai tutti i comfort di un vero hotel.

FASCIA PREZZO €90-€180 CATEGORIA ★★★

6
Via delle Alpi 15/d
00198 Roma (Nomentano)
Tel: 06 64781859 www.palmgalleryhotel.com

527 recensioni
n.5 di 1.265 hotel

Top 5 B&B e altro

classifica ragionata basata su tripadvisor

1 | The Beehive

Esiste un incrocio tra un ostello di lusso e un hotel a basso costo? Sì, e c'è di più: è gestito in modo eco-sostenibile. Per non parlare poi dell'atmosfera internazionale, delle colazioni bio e del piccolo giardino interno...

Hotel piacevole e accogliente. Prezzi economici
Peter D | 1 gennaio 2014
Le camere sono grandi e pulite. I bagni condivisi, ma in numero sufficiente, tanto che non abbiamo mai dovuto aspettare. La posizione è molto tranquilla e silenziosa.

Adoro il Beehive
Fairysong | 14 gennaio 2014
Vado in Italia tutti gli anni e il The Beehive è sempre il mio punto di riferimento a Roma. È estremamente facile da raggiungere e molto vicino alla stazione di Termini. I gestori sono fantastici: sempre cordiali e disponibili.

FASCIA PREZZO €30-€80 CATEGORIA ★

7
Via Marghera 8
00185 Roma (Termini)
Tel: 06 44704553 www.the-beehive.com

644 recensioni
n.12 di 482 altre sistemazioni

2 | B&B La Duchessa

A pochi minuti dalla stazione di Trastevere, tra colazioni in terrazza e piacevoli chiacchierate con Daniela e Marco, l'unico rischio è quello di non voler più uscire da questo B&B. Le camere sono solo tre, perciò prenotate per tempo!

Visitando Roma
Giulia C | 17 gennaio 2014

Ho passato una piacevolissima settimana grazie a un servizio efficiente e alla speciale premura e gentilezza dei proprietari del B&B! Sempre disponibili per consigli su che posti visitare! Mi sono sentita come in famiglia e lo consiglio vivamente per chi vuole soggiornare in tranquillità nella capitale:)

I love this B&B
Luigi C. | 22 dicembre 2013

Eh sì, proprio così: I love this B&B. I titolari Marco e Daniela sono due persone umane da tutti i punti di vista e mi hanno accolto nel migliore dei modi. Arrivato in tarda serata ho potuto perfino riscaldarmi una pizza al forno in una cucina attrezzata e multifunzionale!

2014 TRAVELERS' CHOICE tripadvisor

FASCIA PREZZO €70-€130 **CATEGORIA** B&B

8 Via Duchessa di Galliera 14
00151 Roma (Monteverde)
Tel: 347 3696233 www.laduchessaaroma.it

183 recensioni
n.4 di 2.441 B&B e pensioni

3 | Rome Armony Suites

A un passo da San Pietro c'è un affittacamere che non vi farà rimpiangere un hotel 5 stelle: stanze ben arredate, spaziose e pulite in uno dei quartieri più eleganti della città. Il posto giusto per una romantica vancanza di coppia.

Accogliente e ben collegato!
Larp76 | 12 gennaio 2014

La vicinanza alla stazione della metro Lepanto, i comfort della struttura e la squisita cortesia del proprietario ne fanno un ottimo B&B per visitare Roma con i mezzi pubblici. Consigliatissimo!

Casa lontano da casa
Boremeer | 15 gennaio 2014

La camera era molto pulita, confortevole e in una posizione perfetta. Il rapporto qualità-prezzo ottimo. Ma il vero punto forte era Luca: sembrava un po' di essere ospiti a casa sua!

FASCIA PREZZO €90-€150 **CATEGORIA** AFFITTACAMERE

9 Via Orazio 3
00193 Roma (Prati)
Tel: 348 3305419 www.romearmonysuites.com

564 recensioni
n.1 di 2.441 B&B e pensioni

4 | QuodLibet

Gianluca e Agostino sono l'anima di questo luminoso e colorato B&B dalla posizione ottimale (tre minuti dalla metro e cinque dal Vaticano). La possibilità di utilizzare la cucina e l'abbondante colazione in camera sono plus di tutto rispetto.

Soluzione perfetta!

Maria Rita R | 28 gennaio 2014

Struttura eccellente sia per il servizio sia per il gusto con cui è stata realizzata, una soluzione ideale per chi evita gli standard delle strutture alberghiere, ma non rinuncia al comfort. La consiglio senza dubbio e ritornerò con piacere.

Ottima soluzione a Roma

Oliomaiorana | 23 gennaio 2014

La posizione è ottima (due minuti dalla stazione della metropolitana Ottaviano). Il B&B è nuovo, le stanze sono molto grandi, bagno compreso, ed estremamente curate. Colazione ottima in camera. Speriamo non aumentino i prezzi...

FASCIA PREZZO €60-€150 CATEGORIA AFFITTACAMERE

10 Via Barletta 29
00192 Roma (Prati)
Tel: 347 1222642 www.quodlibetroma.com

504 recensioni
n.2 di 2.441 B&B e pensioni

5 | Al Colonnato di San Pietro

Se state cercando una stanza silenziosa in pieno centro, ospitalità impeccabile, e consigli di ogni tipo sugli angoli più nascosti di Roma, siete nel posto giusto.

Soggiorno indimenticabile

Raffaele T. | 21 gennaio 2014

Abbiamo trascorso un soggiorno meraviglioso a Roma: la gentilezza di Rosa Maria e il sorriso di Meldy ci ha fatto sentire a casa. Roma è una città splendida e a chi desidera visitarla noi consigliamo questo fantastico B&B, soprattutto per posizione, pulizia, cortesia e colazione strepitosa!

Bellissima vacanza a Roma

Raffaella c | 7 gennaio 2014

Siamo stati cinque notti in questo B&B, e dobbiamo ringraziare la signora Rosa Maria per la squisita ospitalità. La camera era pulita e comoda, c'era tutto l'indispensabile, perfino bottiglie d'acqua minerale a disposizione e asciugamani di scorta. La posizione poi è impagabile.

FASCIA PREZZO €60-€115 CATEGORIA B&B

11 Viale delle Mura Aurelie 19
00165 Roma (San Pietro)
Tel: 338 4631035
www.bedandbreakfast-di-roma.com

338 recensioni
n.3 di 2.441 B&B e pensioni

Scelto dalla redazione

❤ | Zia Rosetta

© Zia Rosetta

Come si fa a passare per Roma e non mangiare una rosetta imbottita? Sacrilegio! Non stiamo parlando di un panino come un altro, ma del panino per eccellenza: semplice e al tempo stesso gustoso, amato sia dal muratore in pausa sia dal professionista in giacca e cravatta.
Se andate nella capitale fate quindi un salto tra i vicoletti del rione Monti: qui troverete il posto migliore di tutta Roma per assaggiare quello che è a tutti gli effetti uno dei simboli gastronomici della città, sua maestà la rosetta. Nel piccolo locale di via Urbana, per €4,5 avrete a disposizione circa un etto di deliziosa rosetta croccante fuori e morbida dentro, e almeno quindici diverse farciture. Si va dagli evergreen come mortadella o porchetta – o la variante dolce alla Nutella – fino a ripieni più ricercati, come ricotta con fiori di zucca e pomodori secchi, pesce spada affumicato e guacamole.
E per chi ha problemi di linea ci sono anche le mini rosette!

Ancora non siete stati?!

Carolitabrigante | 26 gennaio 2014

Buonissima la rosetta, la centrifuga e le insalate. Il proprietario si è anche attivato per trovare rosette per celiaci e ha potuto far provare anche a me che sono celiaca le prelibatezze delle rosette. Ingredienti di prima qualità e cura nel servirli e nell'assemblarli. Se passate dal rione Monti non potete non provare una mini rosetta!

FASCIA PREZZO €3-€7
CATEGORIA PANINOTECA
CHIUSO LUNEDÌ

25 recensioni
n.495 di 7.727 ristoranti

12
Via Urbana 54
00184 Roma (Monti)
Tel: 06 31052516
www.ziarosetta.com

Mangiare e bere

Roma

Top 10 Locali

classifica ragionata basata su tripadvisor

1 | Osteria del Cavaliere

I pochi posti a sedere rendono l'atmosfera di questa trattoria, specializzata in cucina locale e abruzzese, familiare e accogliente. A fine cena non perdetevi i dolci fatti in casa da Rosanna.

Davvero molto buono!
Annaba5 | 27 gennaio 2014

Sono stata in questo locale sabato sera con il mio ragazzo per cena e siamo rimasti molto soddisfatti! Certo il locale e piccolo ma la cortesia, la cura del cliente, e la bontà dei cibi sono impareggiabili.

Che scoperta
Superstite | 22 gennaio 2014

Finalmente un posto a Roma dove cibo e cordialità la fanno da padrona. Piccolo, ma senza dubbio accogliente, propone la classica cucina romana con qualcosa in più. Consiglio a tutti di farci un salto!

FASCIA PREZZO €15-€30 CATEGORIA TRATTORIA
CH USO DOMENICA

13 Via Alba 32
00182 Roma (Tuscolano)
Tel: 06 64850434 www.osteriadelcavaliere.com

555 recensioni
n.27 di 7.727 ristoranti

2 | Fa-bìo

Per uno spuntino sano e veloce nei dintorni dei Musei Vaticani fermatevi da Fa-bìo: sandwich, piatti pronti, zuppe, insalate, centrifugati e dolcetti a base di ingredienti biologici di stagione.

Stupendo
Mitikam21 | 17 gennaio 2014

Siamo andate in questo locale per alcune recensioni lette su internet. Che dire: locale piccolo ma ospitale, grazie al «savoir-faire» dei due ragazzi che lo gestiscono. Abbiamo mangiato tre insalate che erano divine!

Eccezionale!
Kikketta | 27 gennaio 2014

Ingredienti freschissimi, cibo eccellente, centrifugati buonissimi. Ci sono stata solo una volta ma ne sono rimasta entusiasta. Ha molte soluzioni vegane e c'è la possibilità di farsi fare il panino come si vuole, anche con formaggi vegani!

FASCIA PREZZO €4,5-€10 CATEGORIA FAST FOOD
CHIUSO DOMENICA

14 Via Germanico 43
00192 Roma (San Pietro)
Tel: 06 64525810 www.fa-bio.com

201 recensioni
n.52 di 7.727 ristoranti

3 | Tastevere kmzero

Una piccola bottega arredata in modo originale: all'ora dell'aperitivo lasciatevi andare ad assaggi di salumi e formaggi, innaffiati da una buona birra artigianale.

Da non perdere

Tarina2020 | 17 gennaio 2014

Piccolissimo e accogliente. Prodotti buonissimi. Persone carine. Un progetto originale che si distacca completamente dall'offerta spesso davvero massificata di Trastevere. Da provare e incoraggiare. Bravi!

Dovrebbero esserci più posti come questo

Andrea84Roma | 14 gennaio 2014

Abbiamo fatto un aperitivo delizioso, con un buon vino e due strepitosi piatti di salumi e formaggi, accompagnati da pane e salse deliziose. Il prezzo è piuttosto onesto, e il proprietario gentilissimo.

FASCIA PREZZO €5-€15 **CATEGORIA** BOTTEGA
CHIUSO LUNEDÌ

15
Vicolo de Cinque 30/a
00153 Roma (Trastevere)
Tel: 06 95584404
www.facebook.com/trastevere.kmzero

272 recensioni
n.21 di 7.727 ristoranti

4 | Osteria Barberini

Ottimi e abbondanti i piatti tradizionali, eccellenti quelli a base di tartufo: una tappa imperdibile per gli appassionati della buona cucina. È quasi indispensabile prenotare, ma ne vale sempre la pena.

Tartufo, che passione!

Blanka80 | 19 gennaio 2014

Piccolo locale in pieno centro... la prenotazione è d'obbligo! Personale cortese e qualificato, proprietario gentile e attento. Menu ricco e variegato: scegliere è davvero difficile.

Tutto ottimo

Fisiomau | 22 gennaio 2014

Direi che i piatti con il tartufo sono la ciliegina sulla torta di questo ristorante. Lilly (la cameriera) è stata veramente cordiale, veloce e ci ha consigliato benissimo. Il cibo è da 10. Locale 10, accogliente e pulito. Posizione 10, vicinissimo alla metro. Servizio 10. Prezzo 10.

FASCIA PREZZO €20-€40 **CATEGORIA** RISTORANTE
CHIUSO DOMENICA

16
Via della Purificazione 21
00187 Roma (Centro storico)
Tel: 06 4743325 www.osteriabarberini.com

1.098 recensioni
n.34 di 7.727 ristoranti

5 | La Fata Ignorante

Atmosfera intima e rilassata, cura nella presentazione dei piatti e attenzione agli ingredienti. Cercate di passarci a pranzo: non spenderete mai più di €10.

Una «fata» indimenticabile
Stefyimp | 28 gennaio 2014

L'atmosfera accogliente e ricercata, seppure semplice ed essenziale, il cibo che ti rapisce con gusto e fantasia, dell'ottimo vino e una sapiente conduzione creano un mix che difficilmente si dimentica.

Semplicemente impeccabile
Vinia978 | 29 gennaio 2014

Le alte aspettative non sono state deluse! Locale dall'aspetto curato, che riesce a dare un'atmosfera raccolta e calda. Personale altamente preparato e in grado di spiegare il menu e le singole pietanze con competenza e soprattutto simpatia.

FASCIA PREZZO €20-€30 **CATEGORIA** RISTORANTE
CHIUSO DOMENICA

17 Via Giuseppe Giulietti 5
00154 Roma (Testaccio)
Tel: 06 94366835 www.lafataignorante.it

901 recensioni
n.38 di 7.727 ristoranti

Zoom

Il Pigneto

Un quartiere che sembra un paese di una volta: qui troverete ancora i piccoli negozi di alimentari, il calzolaio, il verduraio, i villini anni Trenta, il mercato ogni mattina.
Negli ultimi anni però, questo triangolo pasoliniano che si estende tra la Prenestina, la Casilina e via dell'Acqua Bullicante, è diventato uno dei centri della movida romana. È il Pigneto, quartiere popolare e artistoide, un po' chic e un po' straccione, che dalle 6 di sera cambia faccia diventando il luogo ideale per un drink (o anche più di uno).
Passeggiate per l'isola pedonale da **piazza del Pigneto** fino allo storico **Bar Rosi** e troverete un susseguirsi di locali, bar, ristorantini per tutte le tasche (ma attenti, tenete ben strette le borse). Potreste imbattervi in un concerto improvvisato, nella presentazione di un libro, in un mercatino vintage. Oltre i binari della ferrovia altre piacevoli sorprese in un'atmosfera più tranquilla e informale: dovrete solo scegliere tra un bicchiere in uno degli storici Vini e Oli del quartiere e i piatti freddi di ottima qualità nella veranda di **Casa Mangiacotti**.

© Agnese Gualdrini

Roma | **Pigneto**

6 | Gelateria Frigidarium

Il Gelato artigianale con la «G» maiuscola: prezzi modici e qualità superba non lontano da piazza Navona. La copertura di cioccolato fuso (nero o bianco) o di panna montata saprà come conquistarvi.

Divino
Riccardo I | 29 gennaio 2014

Semplicemente divino! Non serve aggiungere altro, se non il fatto che usciti da lì si ha la fortuna di passeggiare in una delle zone più belle di Roma!

Un buon gelato
Lunaticando | 29 gennaio 2014

Sono tornata dopo un paio di anni in questa gelateria, che dire: ho trovato un buon gelato, molto ampia la scelta dei gusti (alcuni cambiano ciclicamente), la vera forza però è l'ottima copertura di cioccolato, bianco o fondente che sia!

FASCIA PREZZO €2-€4 **CATEGORIA** GELATERIA
DA MARZO A DICEMBRE: APERTO TUTTI I GIORNI. GENNAIO E FEBBRAIO: CHIUSO

18 Via del Governo Vecchio 112
00186 Roma (Centro storico)
Tel: 339 6283328 www.frigidarium-gelateria.com

935 recensioni
n.11 di 7.727 ristoranti

Special Price

Il vero giapponese in pausa pranzo

Hamasei è nato come filiale italiana del locale principale con sede a Tokyo e ha aperto i battenti nel cuore di Roma, vicino a piazza San Silvestro, nell'ormai lontano 1974.
Da allora ne ha fatta di strada e dal 2006 è l'unico ristorante giapponese d'Italia segnalato dalla Guida Michelin, e probabilmente il migliore in città.
Di norma i prezzi sono decisamente poco low cost (una cena vi costerà in media €40, anche di più se non riuscirete a resistere al richiamo degli ottimi vini), ma se volete gustarne l'eccellente cucina senza spendere un occhio della testa andateci in pausa pranzo.
Per soli €15 potrete scegliere tra quattro diversi Lunch Menu composti da antipasto, una ciotola di riso bianco, zuppa di miso, verdure in salamoia, un piatto a scelta tra pesce alla griglia o crudo, nighiri misti oppure specialità del giorno. Senza dimenticare la frutta.
Per tutti gli amanti del Sol Levante, **Hamasei** è assolutamente da non perdere.

Roma | **Hamasei**

© Marialessandra Carro / nuok.it

7 | Duecentogradi

Quando a Roma si parla di panini si parla di 200°, un nome che è sinonimo di varietà e qualità. Il lungo menu rischia di disorientarvi, ma non temete: è tutto così buono che potrete scegliere a occhi chiusi. La velocità del servizio invita al bis.

Qui troverete il vostro panino

Feanor87 | 27 gennaio 2014

Posto ideale per qualcosa di veloce, particolare e diverso! La definizione di panino è infatti decisamente riduttiva, se si pensa all'accezione tipica della parola, talmente sono tanti i tipi e particolari gli ingredienti.

Favoloso

Serena S | 28 gennaio 2014

Il panino piu buono che abbia mai mangiato. E Il prezzo vale la candela. Buonissimi! C'è sempre molta confusione ed è quasi impossibile avere un tavolo perché il posto è piccolo, ma per mangiare un panino va benissimo! Se potessi voterei 10!

FASCIA PREZZO €4,5-€7 **CATEGORIA** STREET FOOD

APERTO TUTTI I GIORNI

19 Piazza Risorgimento 3
00192 Roma (San Pietro)
Tel: 06 39754239 www.duecentogradi.it

850 recensioni
n.81 di 7.727 ristoranti

8 | Estrobar

Un ristorante che ospita vernissage d'arte, un estro(so) bar di design con proposte culinarie creative e sfiziose per gli amanti dello stile e della buona cucina.

Gusto e gentilezza

Paola g | 20 gennaio 2014

Una serata piacevolissima, accolti con calore e con garbo. Il cibo era squisito e ben presentato. Le porzioni del menu degustazione erano generose. Originali e gradevoli gli accostamenti. Il locale è piacevole, spazioso e ben climatizzato. Spero che continui così!

Semplicemente splendido

Vinciele2012 | 18 gennaio 2014

Un eccellente connubio di eleganza e gusto rendono l'atmosfera unica. Personale gentile e professionale, piatti ben presentati e, sopratutto, menu ricercati e cucinati in maniera divina. Prezzi alla portata di tutti: €25-€30 compresi acqua e vino. Che dire, semplicemente divino!

FASCIA PREZZO €25-€35 **CATEGORIA** RISTORANTE

CHIUSO DOMENICA

20 Via Pellegrino Matteucci 20
00154 Roma (Ostiense)
Tel: 06 57289141 www.estrobar.it

354 recensioni
n. 33 di 7.727 ristoranti

9 | Pasticceria Regoli

La garanzia della tradizione. Bignè, tiramisù, millefoglie... l'elenco potrebbe continuare all'infinito. E se avete un po' di tempo da passare a Termini in attesa del treno, bastano dieci minuti per raggiungere Regoli e il suo famoso maritozzo con la panna.

Da non perdere

Francesca668 | 21 gennaio 2014

Ne avevo sentito parlare, ma non credevo di trovare tale bontà! Definirlo eccezionale non è un'esagerazione, bensì un dato di fatto. Le paste sono tutte straordinarie ma, dovendo scegliere, il Diplomatico è da primo premio. Da provare assolutamente.

Provato anche il tiramisù: ottimo

Cinzia f | 22 gennaio 2014

È ufficiale: il tiramisù di Regoli è in assoluto uno dei più buoni di Roma... oltre alla pastarella alla panna, sublime, al maritozzo con panna, ottimo, e al bignè al cioccolato, strepitoso. €3 spesi benissimo!

FASCIA PREZZO €2-€25 **CATEGORIA** PASTICCERIA
CHIUSO MARTEDÌ

21 Via dello Statuto 60
00185 Roma (Termini)
Tel: 06 4872812 www.pasticceriaregoli.com

108 recensioni
n.91 di 7.727 ristoranti

10 | Cantina e Cucina

Che sia per un pranzo, una cena o un brunch, questo locale originale e curato è una certezza: servizio rapido e cortese, clima informale e sapori tradizionali.

Un ristorante assolutamente da non perdere

ElioDeRocchis | 29 gennaio 2014

Credo sia uno dei migliori ristoranti di Roma: per rapporto qualità-prezzo, per l'arredamento, per la grande scelta di vini e soprattutto per il personale. I camerieri Giuseppe e Antonio sono semplicemente fantastici!

Ottima cena

Frandrake | 27 gennaio 2014

Abbiamo cenato con grande piacere in questa osteria dal menu tipicamente laziale. Il servizio è gioviale e sorridente, i piatti abbondanti e buoni, la carta dei vini completa e dai prezzi onesti. Mi sono trovato molto bene, sicuramente ci tornerei.

FASCIA PREZZO €15-€25 **CATEGORIA** RISTORANTE
APERTO TUTTI I GIORNI

22 Via del Governo Vecchio 87
00186 Roma (Centro storico)
Tel: 06 6892574 www.cantinaecucina.it

1.348 recensioni
n.103 di 7.727 ristoranti

da Roma Low Cost

≈ Il mercato del contadino ≈

Tra i Fori Romani e il Circo Massimo, dove un tempo si teneva l'antico mercato ebraico del pesce, ogni sabato e domenica apre le sue porte il mercato coperto della Fondazione Campagna Amica: oltre a fare le scorte per tutta la settimana, potrete concedervi un bel pranzetto a chilometro 0 e godervi la vista su due dei più rinomati siti archeologici romani. Il posto ideale per unire l'utile al dilettevole.

La Fondazione Campagna Amica, nata per volontà di Coldiretti, si occupa di sostenere l'agricoltura italiana promuovendo anche una migliore qualità della vita per i cittadini: l'idea di base è saltare i vari passaggi della catena distributiva e proporre una vendita diretta dal produttore al consumatore. Il mercato del Circo Massimo è uno di quelli sostenuti dalla Fondazione ed è gestito direttamente dagli agricoltori: colorato e coperto, è diventato un appuntamento fisso del weekend per gli amanti dei prodotti stagionali e locali. Il sabato e la domenica, dal mattino a metà pomeriggio, potrete fare una spesa completa acquistando solo prodotti italiani, dalla carne ai salumi, dai formaggi alla verdura a chilometro 0. All'ingresso troverete un distributore di latte crudo alla spina (ricordatevi di portare le bottiglie da casa) e il pane casereccio di Genzano.

Sul retro del mercato c'è un ampio cortile attrezzato con tavoli e panche, dov'è possibile rilassarsi al sole dopo la spesa. Potrete anche decidere di pranzare lì, con i prodotti appena acquistati, oppure ordinare qualche piatto tipico laziale al punto ristoro. In alternativa, panino con la porchetta alla mano, potrete passeggiare lungo il perimetro dei Fori Romani e poi schiacciare un pisolino nel prato del Circo Massimo. Da qualche tempo il mercato organizza anche attività didattiche per bambini e corsi di orticoltura urbana.

INFO

Mercato di Campagna Amica del Circo Massimo
Via San Teodoro 74
00186 Roma (Centro storico)
Tel: 06 489931 www.mercatocircomassimo.it

APERTO SABATO 9-18, DOMENICA 9-16

Scelto dalla redazione

❤ | Palazzo delle Esposizioni

© Blackcat / Wikimedia commons

Roma è talmente ricca di siti turistici antichi che spesso i visitatori trascurano il suo lato moderno e cosmopolita. È sempre un'ottima idea, invece, informarsi sulle mostre temporanee in corso a **Palazzo delle Esposizioni**, un edificio neoclassico che offre più di 10.000 metri quadri di spazi espositivi.

Il Palazzo non è però soltanto un luogo dedicato alle mostre, sempre curate negli allestimenti. Il programma degli eventi, consultabile sul sito internet, comprende proiezioni, rassegne cinematografiche, presentazioni di libri e conferenze. Per quasi sei mesi all'anno, inoltre, ospita la mostra fotografica del National Geographic, davvero imperdibile.

La visita, consigliata anche a chi ha solo poche ore a disposizione prima di prendere il treno alla stazione Termini (distante solo quindici minuti a piedi), non può che terminare con una sosta al bookshop o con uno spuntino al ristorante-bar Open, sotto la serra realizzata dall'architetto Paolo Desideri.

Location perfetta

Giada30101985 | 30 dicembre 2013

Sono stata in questa struttura parecchie volte... che dire? È sempre un piacere tornarci! Le sale sono distribuite molto bene, l'illuminazione è perfetta, l'ambiente moderno ma affatto impersonale, la programmazione sempre varia e interessante... Da non perdere!

TARIFFA €4-€12,5
ORARI DA MARTEDÌ A GIOVEDÌ 10-20,
VENERDÌ E SABATO 10-22.30,
DOMENICA 10-20. CHIUSO LUNEDÌ

68 recensioni
n.177 di 677 attrazioni

23

Via Nazionale 194
00184 Roma (Monti)
Tel: 06 39967500
www.palazzoesposizioni.it

Visitare

Roma

Top 10 Attrazioni
classifica ragionata basata su tripadvisor

1 | Basilica di San Pietro

Il suggestivo colonnato e il baldacchino del Bernini, la grandiosa cupola, la *Pietà* di Michelangelo e l'architettura del Bramante: il fulcro della storia e della cultura italiana è a San Pietro. Al tramonto è meno affollata e ancora più affascinante.

Senza parole
Gimeda | 17 gennaio 2014

La bellezza e la ricchezza della basilica lasciano senza fiato, ricchissima di storia e di arte. Molto bella anche la visita alle tombe dei papi nel sotterraneo. Una meraviglia!

La chiesa più grande del mondo
Pierreboy | 22 gennaio 2014

È noto che sia la chiesa più grande del mondo; forse è anche la più bella, con capolavori da vedere e visitare: la Pietà, il cupolone da cui godere il panorama a 360° su Roma, la cripta con i papi, il baldacchino del Bernini.

TARIFFA GRATUITO
ORARI DA APRILE A SETTEMBRE: DA GIOVEDÌ A MARTEDÌ 7-19, MERCOLEDÌ 13-19. DA OTTOBRE A MARZO: DA GIOVEDÌ A MARTEDÌ 7-18.30, MERCOLEDÌ 13-18

TRAVELLERS' CHOICE 2013

24
Piazza San Pietro
00120 Città del Vaticano
Tel: 06 69883731 www.vatican.va

6.576 recensioni
n.2 di 22 attrazioni
a Città del Vaticano

2 | Abbazia di San Paolo fuori le mura

Sebbene sia fuori dai giri turistici tradizionali, è una tappa imperdibile: non solo i mosaici, ma anche il fascino del chiostro e il sorprendente silenzio dei giardini.

Chiesa assolutamente da vedere
Alessandro d | 19 gennaio 2014

Per un turista si trova leggermente fuori dal classico tour della città, ma va assolutamente vista: è enorme e, all'interno, è magnifica, con delle colonne in granito di dimensioni impressionanti.

Meraviglia
Paolicchio | 5 gennaio 2014

Seconda solo a San Pietro. È una meraviglia agli occhi del visitatore. Costruita sulla tomba dell'apostolo Paolo, è suggestivo vedere al suo interno tutti i ritratti dei papi, da Pietro a papa Francesco.

TARIFFA ACCESSO ALLA BASILICA: GRATUITO. CHIOSTRO: €2-€4
ORARI APERTO TUTTI I GIORNI 7-18.30

25
Via Ostiense 186
00146 Roma (Ostiense)
Tel: 06 45435574 www.abbaziasanpaolo.net

1.457 recensioni
n.1 di 677 attrazioni

3 | Le Domus Romane di Palazzo Valentini

Un riuscito mix tra archeologia e tecnologia che sorprenderà anche i più piccoli: la visita a un'antica domus romana diventa un vero e proprio tour multimediale.

Non perdete questa meraviglia
Concatina | 21 gennaio 2014

Non perdete questa meravigliosa esperienza, unica nel suo genere! Luci e suoni vi porteranno indietro nel tempo e vi faranno vivere un'esperienza bellissima! Adatto ai bambini. Sicuramente ci torneremo.

Sogno o son desto?
Alvaro e | 11 gennaio 2014

È quello che ti continui a chiedere, immerso in una bellissima casa patrizia di Roma grazie al sistema virtuale.
Andateci, andateci, andateci!

TARIFFA €8-€10
ORARI DA MERCOLEDÌ A LUNEDÌ 9.30-17.30. CHIUSO MARTEDÌ

TRAVELLERS' CHOICE 2013

26
Via IV Novembre 119/a
00187 Roma (Centro storico)
Tel: 06 32810 www.palazzovalentini.it

1.217 recensioni
n.2 di 677 attrazioni

4 | Colosseo

Il simbolo di Roma lascia senza fiato i viaggiatori di tutto il mondo da quasi duemila anni. Di notte, i giochi di luci lo rendono uno spettacolo imperdibile.

Il Colosseo è Roma
Eric P | 20 gennaio 2014

Credo che pochi monumenti al mondo possano competere con il Colosseo. Se guardandolo dal di fuori dà una grande emozione, entrando si rimane senza fiato.

Conserva il suo antico splendore
Carmi P | 24 gennaio 2014

Un pezzo unico di Roma, il suo simbolo... il Colosseo va ammirato in lungo e in largo: imponente e maestoso ti lascia con il fiato sospeso. Bellissimo.

TARIFFA BIGLIETTO UNICO COLOSSEO, PALATINO, FORO ROMANO €7,5-€12
ORARI APERTO TUTTI I GIORNI. DAL 16 FEBBRAIO AL 15 MARZO 8.30-17, DAL 16 MARZO AL 31 MARZO 8.30-17.30, DA APRILE AD AGOSTO 8.30-19.15, SETTEMBRE 8.30-19, OTTOBRE 8.30-18.30, DA NOVEMBRE AL 15 FEBBRAIO 8.30-16.30

TRAVELLERS' CHOICE 2013

27
Piazza del Colosseo
00184 Roma (Monti)
Tel: 06 39967700
www.archeoroma.beniculturali.it/siti-archeologici/colosseo

19.628 recensioni
n.9 di 677 attrazioni

5 | Pantheon

È quasi magico, passeggiando tra i vicoli del centro, ritrovarsi all'improvviso in questa vivace piazza. E, dopo un attimo di smarrimento, entrare in questo capolavoro dell'architettura classica. Non dimenticate di alzare lo sguardo al soffitto.

Magia

Mauri p | 7 gennaio 2014

Oltre al valore storico artistico, il Pantheon mi dà un senso di «magia» ogni volta che lo rivedo. Un posto meraviglioso, che di notte ha uno charme unico al mondo.

La Rotonda: il tempio di tutti gli dèi

Vinnietravel | 7 gennaio 2014

Uno dei monumenti più belli e affascinanti dell'antichità, usato come modello per numerose altre testimonianze a livello globale. Nato come tempio pagano, oggi è una basilica cristiana.

TARIFFA GRATUITO

ORARI DA LUNEDÌ A SABATO 8.30-19, DOMENICA 9-18, FESTIVI INFRASETTIMANALI 9-13

TRAVELLERS' CHOICE 2013

28 Piazza della Rotonda
00186 Roma (Centro storico)
Tel: 06 68300230 www.pantheonroma.com

12.532 recensioni
n.10 di 677 attrazioni

Zoom

Lo zoo romano di pietra

Ecco una proposta che divertirà grandi e piccoli: organizzate un safari a cielo aperto nel cuore di Roma. Piazze e statue poste nei luoghi più improbabili della capitale nascondono infatti insoliti animali e le loro storie.

Partite da **piazza della Minerva**, dove un obelisco egiziano è sorretto dall'elefantino disegnato da Bernini nel 1667. È noto come il «pulcin della Minerva» perché i romani dell'epoca scambiarono l'esotico animale per un *porcin*, un porcellino, soprannome che con il tempo si è addolcito in pulcin.

Imboccate a seguire **via Santo Stefano del Cacco** per trovarvi sul retro di **Palazzo Altieri**, dove due centenari scoiattoli mangiano nocciole. Fanno parte della decorazione di un sarcofago romano, un tempo utilizzato come abbeveratoio. Poco lontano, su **via della Gatta**, alzate gli occhi in cerca di un micetto di marmo che si sporge dal cornicione. La statua proviene da un tempio dedicato a Iside e leggenda vuole che il suo sguardo indichi il nascondiglio di un tesoro. Per concludere il tour proseguite fino alla **Torre della Scimmia**, in **via dei Portoghesi**. Qui nel Medioevo abitava una famiglia proprietaria di una scimmietta addomesticata, che un giorno salì sul tetto portando con sé il neonato rapito dalla culla. Il padre, disperato, recitò una preghiera prima di richiamare la scimmietta con un fischio e questa tornò docile a terra con il bambino. Per devozione sulla cima della torre fu collocata una statua della Madonna, accanto a una lampada che ancora oggi vedrete accesa.

© Maus-Trauden / Wikimedia commons

Roma | **Elefantino di Bernini**

6 | Galleria Borghese

Una collezione inimitabile nel cuore verde del parco di Villa Borghese: Bernini, Canova, Caravaggio, Raffaello, Tiziano. *Apollo e Dafne* vale da sola l'intera visita.

Museo straordinario

Dandy957 | 27 gennaio 2014

Questo museo è sicuramente uno dei più importanti non solo in Italia, ma anche nel mondo. Potremmo definirlo una «bomboniera» riempita di dipinti e sculture dei più importanti artisti italiani del Rinascimento.

Immancabile

Vale_Bezzy | 28 gennaio 2014

La sua posizione, circondata dai giardini, è meravigliosa. Le sale pure: piccole ma ricche di decorazioni e opere d'arte. È necessaria la prenotazione dei biglietti!

TARIFFA €5,5-€11

ORARI DA MARTEDÌ A DOMENICA 8.30-19.30. CHIUSO LUNEDÌ

TRAVELLERS' CHOICE 2013

29 Piazzale del Museo Borghese 5
00197 Roma (Centro storico)
Tel: 06 32810 www.galleriaborghese.it

3.952 recensioni
n.11 di 677 attrazioni

Special Price

A Roma Caravaggio è di tutti

Attaccabrighe, rancoroso, arrampicatore sociale, poco di buono. Ma anche uno dei maggiori artisti di ogni tempo. Michelangelo Merisi, detto il Caravaggio, in dodici o sedici anni di permanenza a Roma ha disseminato di capolavori la città e le sue chiese. Oggi non serve che armarsi di una buona cartina del centro storico e seguire questo itinerario (completamente gratuito).

Partite dalla **chiesa di San Luigi dei Francesi**, a due passi da piazza Navona. Nella **Cappella Contarelli** è esposto il frutto di uno degli incarichi più significativi della carriera di Caravaggio, il *Trittico di San Matteo*.

Dalla **piazzetta di San Luigi** fate una passeggiata fino alla **basilica di Sant'Agostino**, in **Campo Marzio**, dove potrete ammirare la splendida pala d'altare della *Madonna di Loreto*.

Terza e ultima tappa del vostro itinerario in centro: la **basilica di Santa Maria del Popolo**, dove sono conservati la *Crocifissione di San Pietro* e la *Conversione di San Paolo*. Entrambi i dipinti sono una seconda versione, perché le prime vennero rifiutate dai committenti che le ritennero troppo realistiche e pertanto offensive.

© Ottavio Leoni / Wikimedia commons

Ritratto di Caravaggio

7 | Fontana di Trevi

Se volete tornare a Roma ancora una volta non dovete far altro che gettare una moneta nella fontana di Trevi. Maestosa e imponente, è il simbolo della *Dolce vita* felliniana. Semplicemente imperdibile.

Che atmosfera...

Gimeda | 18 gennaio 2014

Certo è difficile dire qualcosa su uno dei monumenti più famosi del mondo, ma non si può non restare affascinati da questo scorcio meraviglioso, strapieno di gente, è vero, ma questo non toglie niente alla bellezza del luogo. Da non perdere, quasi inutile dirlo!

La più bella fontana del mondo

Morris L | 17 gennaio 2014

Toglie il fiato da qualsiasi angolo la si guardi e in qualsiasi ora del giorno la si visiti. È magnifica, stupefacente, immensa nella sua spettacolarità. Da qualsiasi lato della fontana si arrivi, si è colpiti dalla sua presenza scenica e si rimane semplicemente estasiati!

TARIFFA GRATUITO

30 Piazza di Trevi
00187 Roma (Centro storico)

11.103 recensioni
n.20 di 677 attrazioni

8 | Musei Vaticani

Non lasciatevi scoraggiare dalla coda all'ingresso e ritagliatevi almeno mezza giornata per ammirare le storiche collezioni papali. La prenotazione è consigliata.

Una volta sola non basta!

Aleelori_12 | 22 gennaio 2014

I Musei Vaticani sono unici al mondo, da vedere assolutamente almeno una volta nella vita (ma non basta: bisognerebbe tornarci più volte!). Le stanze di Raffaello sono le mie preferite: mi aspettavo i dipinti lontani, piccoli... invece sono proprio vicinissimi, bellissimi!

Too much!

Emanuele V | 18 gennaio 2014

Ho trovato tutto molto pulito e curato, l'insieme di opere d'arte è semplicemente sovrumano. Per vedere e assimilare tutto ci vorrebbero almeno tre giorni a tempo pieno. Bisogna assolutamente ritornarci più spesso...

TARIFFA €4-€16
ORARI DA LUNEDÌ A SABATO 9-18. CHIUSO DOMENICA

TRAVELLERS' CHOICE 2013

31 Viale Vaticano
00120 Città del Vaticano (Roma)
Tel: 06 69884676 www.museivaticani.va

4.161 recensioni
n.12 di 22 attrazioni
a Città del Vaticano

9 | Villa Doria Pamphilj

Un'oasi verde di 184 ettari che vi farà dimenticare il caos della capitale. I romani vengono qui per fare jogging, andare in bicicletta, fare un pic-nic o leggere un libro.

Il paradiso all'improvviso
Sara876 | 9 gennaio 2014

Il cuore verde più bello e più grande di Roma. Se si vuole fare una passeggiata in tranquillità ammirando la bellezza della natura, questo è il posto giusto. Bisogna avere però tanto tempo visto che è immenso.

Verde e spazio
Michele D | 17 dicembre 2013

Uno dei parchi cittadini più grandi di Roma offre ampi prati e lunghi percorsi pedonali e ciclabili nel verde, oltre ad aree attrazzate per i bambini e per l'attività sportiva.

TARIFFA GRATUITO
ORARI DA OTTOBRE A FEBBRAIO 7-18, DA APRILE AD AGOSTO 7-21, MARZO E SETTEMBRE 7-20

TRAVELLERS' CHOICE 2013

32
Via di San Pancrazio
00152 Roma (Gianicolese)
Tel: 06 477881 www.villapamphili.it

105 recensioni
n.28 di 677 attrazioni

10 | Auditorium – Parco della Musica

Progettato da Renzo Piano e inaugurato nel 2002, questo spazio polifunzionale ospita eventi musicali e culturali di ottimo livello. Eccellente la libreria, specializzata in musica ma con una fornitissima sezione dedicata ai bambini.

Acustica commovente
Atlas_of_Food | 20 gennaio 2014

Renzo Piano propone la sua personale risposta all'eterno dilemma architettonico tra «forma» e «funzione», ideando un'opera dalle caratteristiche eccezionali.

Ottimo
GiovanniRoma_Italia | 6 gennaio 2014

L'auditorium è bellissimo, l'acustica è perfetta, anche nelle poltrone non centralissime da noi occupate. Il personale è di una gentilezza encomiabile.

TARIFFA VISITE GUIDATE: €5-€9
ORARI CONSULTARE IL SITO

33
Viale Pietro De Coubertin 30
00196 Roma (Trieste)
Tel: 06 80241281 www.auditorium.com

143 recensioni
n.100 di 677 attrazioni

Alle terme a costo zero

Il Lazio è ricchissimo di sorgenti naturali e già gli antichi romani conoscevano (e sfruttavano) bene le proprietà di queste acque. Oggi quasi tutte le fonti ospitano stabilimenti termali famosi, ma accanto alle location ufficiali troverete anche tanti ruscelli e vasche naturali ancora accessibili gratuitamente (o a poco prezzo). Ecco qualche prezioso consiglio.

A un paio di chilometri dal centro di Viterbo ci si può rilassare alle **Piscine Carletti**, dove l'acqua è così calda (le pozze sono alimentate da sorgenti a 58°) che si può fare il bagno anche d'inverno.

Non lontano, alle **Terme del Bagnaccio**, troverete cinque vasche in aperta campagna, alcune con acqua bollente (65°-66°) e altre con temperatura più bassa (23°-29°). I vapori sono ottimi per le inalazioni e i residui formano un eccellente fango terapeutico.

Alle falde del monte Cimino, invece, le **Pozze di San Sisto**, anticamente chiamate Terme di Paliano, sono sorgenti termali sulfuree nate dall'attività vulcanica della zona. La temperatura dell'acqua varia da vasca a vasca, per cui ce n'è per tutti i gusti. L'ingresso costa soltanto pochi euro, e vi sembreranno davvero una bazzecola se confrontati con i comfort a disposizione: ristoranti, servizi igienici, spogliatoi e docce. Sono aperte tutto l'anno (salvo qualche breve periodo dedicato alla manutenzione) e dispongono di ampie piazzole di sosta per le auto.

Sempre nel viterbese troverete anche le due vasche libere del **Bullicame** (attenzione a non confondervi con il parco omonimo): è la sorgente più famosa della zona e affiora a 55° in un laghetto sorto dentro un profondo cratere.

Più vicine a Roma sono invece le **Terme di Ficoncella**, che non sono gratuite ma quasi: un ingresso di due ore costa solo €1,5 (più €1,5 per il parcheggio se arrivate in macchina). L'acqua qui è limpidissima ed è la stessa che serviva nell'antichità le vicine Terme Taurine.

Insomma, tutto quello che serve per depurarsi dai fumi dello smog cittadino.

Terme del Bullicame

Consigli di viaggio

Agenda

Gennaio

Il 1° gennaio l'appuntamento è con il **tuffo nel Tevere** da Ponte Cavour, alle ore 12, dopo lo sparo del cannone del Gianicolo. Gli oltre 18 metri di altezza, la poca profondità del fondale e le basse temperature non hanno mai scoraggiato i temerari tuffatori. Poi, smaltiti i postumi del Capodanno, mettetevi in coda per la **Biennale d'Arte Internazionale di Roma** (l'evento si svolge negli anni pari). Sede delle esposizioni sono le Sale del Bramante annesse alla Chiesa di Santa Maria del Popolo.

Tuffo nel Tevere, Ponte Cavour, 00186 Roma (Centro storico)

Biennale d'Arte Internazionale di Roma, Sale del Bramante, piazza del Popolo 1, 00187 Roma (Centro storico)

Febbraio

Per il quinto anno consecutivo, il **Carnevale Romano** dà il via ai festeggiamenti con la Grande Sfilata inaugurale. Artisti equestri e attori della Commedia dell'Arte, figuranti in costume, gruppi storici e rappresentanze dei corpi militari sfileranno a piedi, a cavallo o sui carri nel lungo corteo che da piazza del Popolo percorrerà via del Corso per toccare i due principali luoghi che hanno fatto da cornice ai grandi festeggiamenti del Carnevale Rinascimentale.

Carnevale Romano, location varie

Marzo

Sulla celebre scala di Trinità dei Monti si tiene **Eurochocolate**, una grande manifestazione legata alla cioccolata. Migliaia sono le uova di Pasqua vendute nei tantissimi stand che espongono i lavori dei maestri cioccolatieri. Ogni anno più di cinquecento stand per gli amanti del cioccolato!

Eurochocolate, Terrazzo del Pincio, viale del Belvedere, 00187 Roma (Centro storico)

Aprile

Il **Rome Independent Film Festival**, una rassegna internazionale con decine di artisti provenienti da tutto il mondo, è dal 2002 un punto di riferimento per l'esigente pubblico della città. Le proiezioni sono sempre eterogenee: cortometraggi, lungometraggi, documentari e corti d'animazione. Altro appuntamento da non perdere è il **Natale di Roma**, celebrato il 21 aprile, data in cui, secondo la leggenda, Romolo fondò la città nel 753 a.C.

Rome Independent Film Festival, Nuovo Cinema Aquila, via L'Aquila 66, 00176 Roma (Pigneto); Kino, via Perugia 34, 00176 Roma (Termini)

Natale di Roma, location varie

Maggio

Il Primo maggio a Roma è sinonimo di «concertone». Lo storico **concerto** gratuito organizzato in occasione della festa dei lavoratori vede esibirsi sul palco i migliori gruppi e cantanti italiani. Dal primo pomeriggio fino a sera sono migliaia i giovani e meno giovani a riunirsi in Porta San Giovanni.

Concerto del Primo maggio, piazza di Porta San Giovanni, 00185 Roma (Termini)

Giugno

In occasione della **Festa della Repubblica** si tiene la tradizionale parata militare che, da via dei Fori Imperiali, raggiunge piazza Venezia, passando per l'Altare della Patria. Altro appuntamento di giugno da non perdere è la **Cerimonia David di Donatello**, l'«Oscar» del cinema italiano. Il premio consiste appunto in una statuetta raffigurante il David di Donatello.

Festa della Repubblica, location varie

Cerimonia David di Donatello, location da definire

Luglio

Luglio è il mese delle feste popolari. La più folkloristica è quella **de 'Noantri**, che si tiene in occasione delle festività per la Madonna del Carmelo (16 luglio) nella zona di Trastevere. Nove giorni di baldoria con bancarelle di qualsiasi genere, dall'alimentare all'antiquariato, musica, teatro e giochi.

Festa de 'Noantri, location varie (Trastevere)

Settembre-novembre

Settembre si apre con il **Romaeuropa Festival**, una grande manifestazione culturale che prevede esposizioni d'arte, concerti e balletti, il tutto all'insegna dei linguaggi del contemporaneo: una programmazione lunghissima, che dura fino a novembre.

Romaeuropa Festival, location varie

Novembre

L'evento del mese è il **Festival internazionale del film**: anche se non ancora prestigioso come quello di Venezia, il Festival di Roma anno dopo anno vede la presenza di registi e attori di sempre maggior importanza. E non poteva essere altrimenti: Roma è da sempre la capitale del cinema italiano.

Festival internazionale del film, Auditorium Parco della Musica di Roma, viale Pietro De Coubertin 30, 00196 Roma (Trieste)

Dicembre

Il periodo natalizio è da sempre il paradiso dei **mercatini** e Roma non fa eccezione. Sede per eccellenza è la splendida piazza Navona. Anche **Capodanno** si festeggia all'aria aperta: tra concerti e fuochi d'artificio la capitale vi offrirà il suo volto migliore (la tradizione vuole che si trascorra la Mezzanotte in piazza del Popolo).

Mercatini di Natale, piazza Navona, 00186 Roma (Centro storico)

Capodanno, piazza del Popolo, 00187 Roma (Centro storico) e location varie

Arrivare e partire

Aerei

Gli aeroporti di Roma sono due, entrambi serviti da compagnie low cost.

- **Aeroporto Leonardo da Vinci (Fiumicino)**

Dall'aeroporto **Leonardo da Vinci** partono i voli di linea, ma anche quelli delle compagnie low cost easyJet, Aer Lingus e Wind Jet. Le tratte nazionali sono coperte da Alitalia e Meridiana. Per raggiungere l'aeroporto da Roma bisogna immettersi nel Grande Raccordo Anulare e poi prendere l'A91 Roma-Fiumicino. Per chi arriva in treno, invece, le opzioni sono due. Il servizio non stop Leonardo express che in 31 minuti collega la stazione di Termini a Fiumicino (partenze ogni 30 minuti; costo del biglietto €14) e il treno regionale FL1 che fa tappa nelle principali stazioni della metropolitana (biglietto €8). Altra possibilità è l'autobus, che si ferma davanti al Terminal 2 e 3 (biglietto €4-€6).

Roma Fiumicino, tel: 06 65951, www.adr.it

- **Aeroporto Giovan Battista Pastine (Ciampino)**

L'aeroporto **Giovan Battista Pastine**, più piccolo di quello di Fiumicino, offre la possibilità di voli low cost con Ryanair o Wizz Air. Situato a soli 15 chilometri da Roma, è comodamente raggiungibile dal Grande Raccordo Anulare (uscita 23). La stazione ferroviaria più vicina è Ciampino città (tempo di percorrenza 5 minuti; biglietto €1). L'autobus che parte dalla stazione ferroviaria di Roma Termini può essere una buona alternativa al treno. È possibile prendere anche la metropolitana leggera (da Termini potrete raggiungere Ciampino in 15 minuti).

Roma Ciampino, tel: 06 65951, www.adr.it

Treni

La stazione principale è Roma Termini, situata nel centro della città. Ben servita dai mezzi pubblici, è l'interscambio tra la linea A e la linea B della metropolitana e il suo piazzale esterno è il capolinea di molti autobus. Per prendere i treni ad alta velocità Frecciarossa per Firenze, Bologna, Milano, Venezia, Napoli e Salerno, dovete partire da qui. La seconda stazione capitolina è Roma Tiburtina, dove fermano tutti i treni a lunga percorrenza che non sostano a Termini. È inoltre servita dalla compagnia Italo, che effettua collegamenti con le più importanti città italiane, con partenza anche da Ostiense. Se avete del tempo da ingannare e siete lì, fate un salto al nuovo e immenso complesso Eataly: ne vale la pena. Vi sono poi molte altre stazioni a traffico prevalentemente regionale, come Roma Trastevere, Roma Tuscolana, Roma Ostiense e Roma San Pietro.

Auto

Confluisce nel Grande Raccordo Anulare l'autostrada A1 se arrivate da nord, la A1 o la A2 da sud, la A12 da ovest e la A24 da est. Il Gra ha circa 30 uscite ed è sempre piuttosto trafficato.

Muoversi

Metropolitana

Le linee metropolitane sono due e si intersecano a Termini: la A attraversa la città da nord-est a sud-est, mentre la B va da nord-est a sud-ovest. Esiste poi la linea B1, che è la diramazione della metro B da piazza Bologna al Gra. Un biglietto costa €1,50 ed è valido per 100 minuti. Vi sono anche soluzioni a tempo: €6 giornaliero, €13,50 per 3 giorni, €24 per 7 giorni (il numero di viaggi è illimitato). Una comoda alternativa è il Roma Pass che, al costo di €30, permette di usufruire di tutto il trasporto pubblico per 3 giorni, oltre a dare diritto a riduzioni sui biglietti delle principali attrazioni della città.
Gli orari di apertura sono 5.30-23.30. Il sabato la chiusura è posticipata all'1.30.

Atac, tel: 06 57003, www.atac.it

Mezzi di superficie

Esistono autobus, filobus e tram che ben collegano sia le zone del centro sia i quartieri periferici. Non fidatevi troppo degli orari indicati sui tabelloni alle fermate: il traffico cittadino li rende spesso inaffidabili.
Il biglietto è lo stesso della metropolitana. La maggior parte delle corse inizia alle 5.00 e termina a mezzanotte, ma ci sono anche molte linee notturne.

Atac, tel: 06 57003, www.atac.it

Taxi

Trovare un taxi libero nelle vie di Roma non è impresa da poco. Meglio recarsi nelle apposite piazzole o telefonare. Questi i numeri principali:

- **Radiotaxi Soc. Coop.**, tel 06 3570
- **Roma - La Capitale**, tel: 06 4994
- **Pronto Taxi,** tel: 06 6645

Napoli

Napoli è una delle città più antiche d'Europa e il suo centro conserva le tracce di una storia lunga oltre venti secoli. Scoprirne le bellezze sarà semplice se vi lascerete trasportare dal ritmo brulicante delle sue vie. Entrate nelle chiese e stupitevi dei chiostri verdi, superate le facciate fatiscenti e ammirate splendidi palazzi barocchi, respirate l'aria salmastra sul lungomare, curiosate nei vicoli dei Quartieri Spagnoli, esploratene i sotterranei, seguite i profumi nei chiassosi mercati, assaggiate i piatti per cui è conosciuta in tutto il mondo.

Mangiare a Napoli è un piacere che riesce ancora a essere low cost. Spesso i sapori più autentici e i piatti migliori sono serviti proprio nelle trattorie del centro. Ancora più economiche sono le pizzerie, le friggitorie (sorta di fast food ante litteram), i caffè e le pasticcerie che si trovano ovunque in città. Non riuscirete a resistere.

Scopri Napoli by tripadvisor

Inquadra il QR Code con il tuo smartphone per scoprire i contenuti multimediali

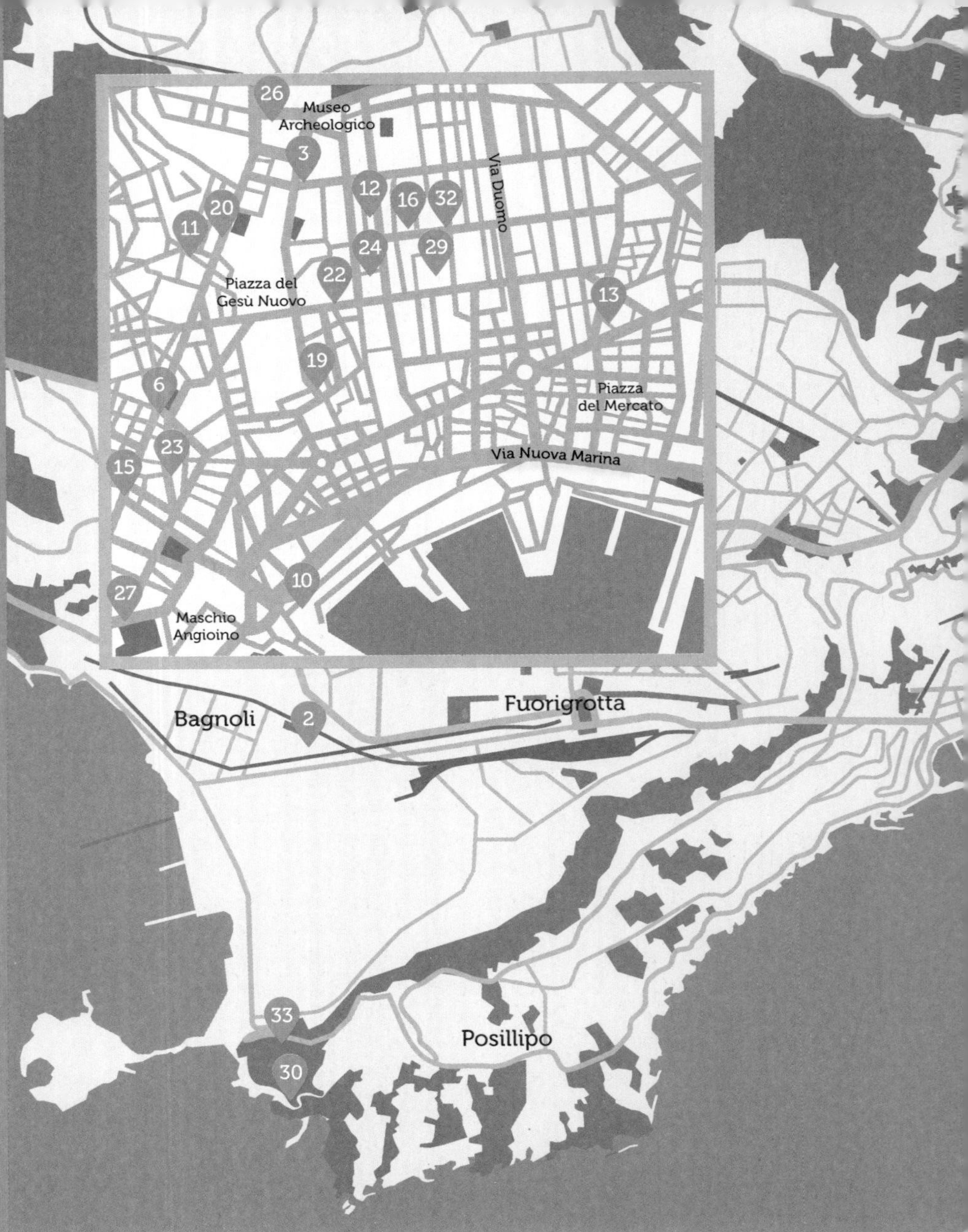

DORMIRE

1. Cappella Vecchia 11
2. Hotel Nuvò
3. Belle Arti Resort
4. Grand Hotel Europa
5. Culture Hotel Villa Capodimonte
6. Hotel Toledo
7. B&B Del Corso
8. B&B Casamone
9. Orsini 46
10. Hostel of the Sun
11. B&B Piazza Dante

MANGIARE E BERE

12. La Locanda del Grifo
13. L'antica pizzeria da Michele
14. Antico Forno delle sfogliatelle calde fratelli Attanasio
15. Trattoria da Nennella
16. Sorbillo

17. Friggitoria Vomero
18. Gay-Odin
19. Ecomesarà
20. Caffè Mexico
21. Starita
22. Giovanni Scaturchio

VISITARE

23. Il metrò dell'Arte
24. Cappella Sansevero
25. Castel dell'Ovo
26. Museo Archeologico
27. Teatro San Carlo
28. Catacombe di San Gennaro
29. Via San Gregorio Armeno
30. Parco Virgiliano
31. Certosa di San Martino
32. Napoli sotterranea
33. Parco archeologico del Pausilypon

Scelto dalla redazione

Cappella Vecchia 11

© Simone Florena

Cappella Vecchia 11 è uno dei primi B&B aperti in città, e senza dubbio rimane tra i migliori.
È una sistemazione comoda, nel quartiere esclusivo di Chiaia, tra i negozi più eleganti e i locali più chic, a pochi passi dal lungomare di via Partenope e da piazza del Plebiscito. Ma, nonostante questo, i prezzi sono tutt'altro che inaccessibili.
Le sei camere, semplici ma colorate, hanno alle pareti quadri di artisti locali che raffigurano scorci nascosti e particolari inconsueti di Napoli. In ogni stanza potrete trovare bagno privato, tv, aria condizionata e riscaldamento autonomo, oltre al minibar e al wi-fi.
Ma è la colazione il momento che preferirete: abbondante e gustosa, viene servita in una grande sala destinata anche a «spazio lettura».
La giovane coppia che lo gestisce, poi, sa riservare agli ospiti una calda accoglienza partenopea: simpatia prorompente e mille informazioni sulla città.

Nel cuore di Napoli

Elena A | 7 ottobre 2013

Ottima posizione! A un passo da tutto! La zona è tranquilla di giorno, bei negozi e il lungomare è a due passi. La sera tra bar e vinerie si respira l'aria allegra di Napoli. La camera è piccola, ma molto pulita e soprattutto con un bagno degno di questo nome. Sono stata molto bene!

FASCIA PREZZO €50-€100
CATEGORIA B&B

168 recensioni
n.63 di 323 B&B e pensioni

1

Vicolo Santa Maria
a Cappella Vecchia 11
80121 Napoli (Chiaia)
Tel: 081 2405117
www.cappellavecchia11.it

Top 5 Alberghi
classifica ragionata basata su tripadvisor

1 | Hotel Nuvò

Comfort e professionalità sono i punti di forza dell'Hotel Nuvò. La vicinanza alla Fiera d'Oltremare lo rende la scelta ideale anche per i soggiorni di lavoro.

Favoloso
EnzolinoP | 15 gennaio 2014

Sono rimasto colpito dalla facilità con cui si possono raggiungere i vari punti di interesse della città. Da evidenziare la pulizia delle camere, la colazione varia e abbondante e gli ambienti comuni ariosi e piacevoli.

Un'ottima scelta
Ewqgia | 7 gennaio 2014

L'ambiente è assolutamente gradevole e il personale competente e cortese. Permette di raggiungere rapidamente il centro città grazie alla comodissima ferrovia Cumana. Sicuramente non mancheremo di tornarci.

FASCIA PREZZO €50-€100 CATEGORIA ★★★★

2
Via Nuova Agnano 5
80125 Napoli (Bagnoli)
Tel: 081 19566566 www.hotelnuvo.it

251 recensioni
n.15 di 197 hotel

2 | Belle Arti Resort

Ottimi prezzi per un 5 stelle nel cuore della città greco-romana, a due passi dal Museo archeologico e dai locali di piazza Bellini. Atmosfera elegante e tranquilla.

Posizione ottima!
RomaBizio | 16 gennaio 2014

Si trova in pieno centro storico. Stanze spaziose, bellissime e pulite, personale gentilissimo e disponibile; c'è la possibilità di depositare i bagagli nel vicino hotel Neapolis (sempre di loro gestione). Di sicuro lo consiglierei.

A un passo da tutte le bellezze di Napoli
Kokkodrilli | 14 gennaio 2014

A un passo dalle principali attrattive di Napoli e al tempo stesso immerso nel silenzio, trovandosi all'interno di un antico palazzo. Le camere sono ampie e calde. Il personale un po' «scarrupato», ma gentile e simpatico.

FASCIA PREZZO €70-€120 CATEGORIA ★★★★★

3
Via Santa Maria di Costantinopoli 27
80138 Napoli (Centro storico)
Tel: 081 5571062 www.belleartiresort.com

111 recensioni
n.39 di 197 hotel

3 | Grand Hotel Europa

Forse la zona attorno alla stazione non è il quartiere più tranquillo della città, ma al Grand Hotel Europa potrete trovare stanze per ogni esigenza. A prezzi assolutamente low. Da evitare le camere che affacciano sul corso: troppo rumorose.

Accogliente e comodo

Alberto R | 16 gennaio 2014

Staff accogliente, cortese e premuroso. Le camere sono ampie, gli ambienti comuni curati e i vari salotti al piano terra offrono comodità e ospitalità. La posizione è strategica, la linea metropolitana è vicinissima. Torneremo per ulteriori soggiorni a Napoli.

Fantastico hotel

Francesca m | 14 gennaio 2014

Fantastico! Bella e pulita la camera, la cucina ottima, lo staff disponibile e cortese, il corridoio per arrivare alla camera sembra un vicolo della vecchia Napoli. Le sale del bar, del ristorante e la hall eleganti e vivaci. Da tornarci sicuramente.

FASCIA PREZZO €40-€79 CATEGORIA ★★★

4 Corso Meridionale 14
80143 Napoli (Ferrovia)
Tel: 081 267511 www.grandhoteleuropa.com

552 recensioni
n.53 di 197 hotel

4 | Culture Hotel Villa Capodimonte

Il meraviglioso giardino, con piante mediterranee ed esotiche fa del Culture Hotel il luogo perfetto per una vacanza rilassante e distensiva. Un servizio navetta permette di raggiungere facilmente il centro.

Ospitalità e gentilezza

Roberto M. | 9 gennaio 2014

Bell'albergo in posizione panoramica. Le stanze sono comodissime e spaziose. Bel giardino con scorci panoramici invidiabili. Il personale è gentilissimo e mette a proprio agio gli ospiti.

Mille grazie!

Caterina325 | 8 gennaio 2014

Il personale è molto cordiale e professionale. Ottima la posizione dell'albergo e il cibo, sia a colazione sia a cena, è sempre fresco. Camere pulite e moderne. Sono ammessi i piccoli animali.

FASCIA PREZZO €70-€90 CATEGORIA ★★★★

5 Salita Moiariello 66
80131 Napoli (Capodimonte)
Tel: 081 459000
www.villacapodimonte.culturehotel.it

209 recensioni
n.56 di 197 hotel

5 | Hotel Toledo

Il fiore all'occhiello è il giardino pensile con il suo panorama: il dedalo di viuzze dei Quartieri Spagnoli e la collina di San Martino. Ricca colazione servita in terrazza.

Perfetto
Inaiha | 13 gennaio 2014

Ottima posizione. La camera è pulita, spaziosa, silenziosa e con aria condizionata. La terrazza della colazione è incantevole e il cibo ottimo. Il soggiorno in hotel è stato un piacere, una scelta davvero soddisfacente. Consiglio vivamente, ci si sente a casa.

Lo consigliamo
Franco q | 9 gennaio 2014

Nel pieno centro di Napoli, l hotel offre camere pulite a un ottimo prezzo. La posizione è eccezionale, le camere sono ampie e molto belle. La prossima vacanza a Napoli torneremo sicuramente.

FASCIA PREZZO €45-€85 CATEGORIA ★★★

6 Via Montecalvario 15
80134 Napoli (Quartieri Spagnoli)
Tel: 081 406800 www.hoteltoledo.com

168 recensioni
n.19 di 197 hotel

Top 5 B&B e altro
classifica ragionata basata su tripadvisor

1 | B&B Del Corso

Tre stanze in un palazzo storico alle porte del centro e a pochi minuti dalla stazione, la posizione ideale per chi non ha molto tempo per restare in città. Prezzi imbattibili.

Non delude mai!
SaboreandoLaVida | 21 gennaio 2014

Ogni volta che torno a Napoli soggiorno in questo B&B perché non mi delude mai! La stanza è pulitissima e la colazione sempre varia, abbondante e ottima!
Super consigliato!

Alta qualità a un prezzo basso
Mike_Galakhov | 18 gennaio 2014

Qui tutto è ottimo: posizione, comfort, servizio. La camera è grande e confortevole. Bagno enorme. Wi-fi gratuito illimitato. A soli cinque minuti dalla Stazione Centrale e dalla metropolitana Garibaldi. Torneremo!

FASCIA PREZZO €50-€99 CATEGORIA B&B

7 Corso Garibaldi 340/c
80139 Napoli (Ferrovia)
Tel: 081 204087 www.bnbnapoli.it

95 recensioni
n.4 di 323 B&B e pensioni

2 | B&B Casamone

Due terrazze, una su Chiaia e il Vomero, l'altra sul golfo, sono il vanto del B&B Casamone. Nel quartiere incontrerete i negozi più chic e i ristoranti più esclusivi.

Tutto perfetto

MassimoeElisaMantova | 13 gennaio 2014

Spazioso, pulito e nella zona migliore di Napoli, in pieno centro. Ideale per visitare il centro a piedi e raggiungere la stazione con la metro. Giorgio e Celina sono davvero gentili e disponibili. Buona la colazione con brioche fresche. Consigliatissimo.

Veramente eccezionale

Cinzia M | 13 dicembre 2013

Ci ha fatto subito sentire come a casa nostra. Stanze belle e con una bellissima vista sui tetti di Napoli. Una cucina a disposizione e una grande sala con un'amaca in un angolo. Posizione molto comoda e anche molto silenziosa. Lo raccomando vivamente a tutti.

FASCIA PREZZO €50-€85 CATEGORIA B&B

8 Via Gaetano Filangieri 11
80121 Napoli (Chiaia)
Tel: 081 19569126 www.casamone.com

126 recensioni
n.7 di 323 B&B e pensioni

3 | Orsini 46

Servizio a cinque stelle per questo raffinato ed elegante B&B a pochi metri dal lungomare di via Caracciolo. Adatto anche per soggiorni d'affari.

Da ritornare

Letizia r | 16 gennaio 2014

Le camere sono complete di ogni comfort. Posizione perfetta, vicinissimo al lungomare e a due passi da piazza del Plebiscito. Disponibilità e cortesia del personale e del proprietario. Un punto di riferimento da tenere bene a mente.

Coccola

Alessamene | 5 gennaio 2014

Accogliente appartamento, situato nel centro di Napoli e vicino al lungomare. Molto curato nell'arredamento e nei dettagli. La camera, spaziosa e dagli alti soffitti, ti accoglie con calore ed è veramente una «coccola». La chicca delle chicche: la colazione ricca e buona servita in camera.

FASCIA PREZZO €75-€105 CATEGORIA B&B

9 Via Generale Giordano Orsini 46
80132 Napoli (San Ferdinando)
Tel: 081 7643790 www.orsini46.it

158 recensioni
n.2 di 323 B&B e pensioni

4 | Hostel of the Sun

Hostel of the Sun, tra la zona universitaria e il porto, saprà offrirvi tutto quello di cui avete bisogno: wi-fi, biblioteca internazionale e ampia cucina comune.

Ottimo rapporto qualità-prezzo

Elettrale | 19 gennaio 2014

La posizione è strategica per visitare Napoli, ma anche per raggiungere il porto e la stazione centrale. Lo staff è amichevole, disponibile e professionale. Le stanze sono pulite e spaziose. Consiglio vivamente questo ostello perché ha dei prezzi modici.

Il miglior ostello in cui sia mai stata

Sara L | 12 gennaio 2014

Il personale è molto gentile e disponibile. La colazione è buona, wi-fi gratuito, bagni puliti, dvd da prendere in prestito, Nintendo Wii e un bar. Sicuramente ci torneremo la prossima volta.

FASCIA PREZZO €16-€30 **CATEGORIA** OSTELLO

10

Via Melisurgo 15
80133 Napoli (Centro storico)
Tel: 081 4206393 www.hostelnapoli.com

231 recension
n.1 di 34 altre sistemazioni

5 | B&B Piazza Dante

Per una vacanza indimenticabile nel cuore del centro storico non c'è niente di meglio che farsi coccolare da Marco e Simona. Cortesia e disponibilità garantite.

Riscegli B&B

Sabrina I | 6 gennaio 2014

Abbiamo riscelto questo bellissimo posto poiché, oltre alla strategica location, si respira aria di casa grazie alla disponibilità, al calore e alla simpatia dei proprietari. Ristrutturato è ancora più bello!

Quando si lavora con passione... si vede!

Simonetta19 | 16 dicembre 2013

La mia breve vacanza è stata resa ancora più magica grazie a questo bijoux di B&B e al calore di chi lo gestisce. Colazioni da nababbi, camera bellissima, accogliente, nulla lasciato al caso. La posizione è veramente ideale per andare ovunque.

FASCIA PREZZO €40-€75 **CATEGORIA** B&B

11

Vico Mastellone 16
80135 Napoli (Centro storico)
Tel: 340 8321455 www.bbdante.it

115 recensioni
n.6 di 323 B&B e pensioni

Scelto dalla redazione

La Locanda del Grifo

© Mariano Nicodemo

Se avete voglia di un tuffo nei sapori di Napoli e cercate un rifugio tranquillo, dopo una passeggiata tra le bellezze dei decumani, andate al **Grifo**.
Gli ingredienti di prima qualità e di origine campana sono alla base di un convincente menu di antipasti e primi piatti classici. Qui troverete, inoltre, un'alternativa alle più note pizzerie della zona, grazie a moltissime pizze originali dagli accostamenti inconsueti, come quella al nero di seppia...
Si può mangiare negli interni rustici e sobri, oppure all'aperto, nella spettacolare e austera piazzetta della Pietrasanta, tra un campanile medievale e l'elegante cappella Pontano. Un angolo incantevole di Napoli, che fino a qualche anno fa rischiava il degrado più umiliante, e che invece è rinato anche grazie ad attività come questa.
Se non trovate posto nel dehors fate cadere la vostra scelta sul tavolo davanti alla piccola finestra sul campanile: vi sembrerà di toccarlo.

Ottima pizza

Gemmavita2000 | 16 gennaio 2014

Ho scoperto questo posto passeggiando. Mi siedo poco convinta, ma mi ricredo immediatamente. Personale molto cortese e buona scelta di birre artigianali mi dispongono bene. L'arrivo delle pizze dà il tocco finale: la pasta cresciuta bene, gli ingredienti buoni.

FASCIA PREZZO €8-€25
CATEGORIA TRATTORIA E PIZZERIA
APERTO TUTTI I GIORNI

186 recensioni
n.240 di 1.408 ristoranti

12

Via Francesco del Giudice 14
80138 Napoli (Centro storico)
Tel: 081 5571492
www.lalocandadelgrifo.com

Top 10 Locali

classifica ragionata basata su tripadvisor

1 | L'antica pizzeria da Michele

Luogo di culto per gli amanti della vera pizza. Da Michele tutto è secondo tradizione, a partire dal menu: qui potrete scegliere solo tra Margherita e Marinara.

La vera pizza napoletana

MicheleC_Napoli | 23 gennaio 2014

Inutile chiedere cose strane, qui ci sono solo Marinara e Margherita, birra, Coca-Cola o acqua minerale, tavolo in marmo e... una delle pizze migliori di Napoli. Servizio veloce e pizza indimenticabile!

La migliore pizza di Napoli, d'Italia e del mondo

Enzopika | 23 gennaio 2014

A ogni boccone si gode di un'armonia di sapori semplici e gustosi. La pizza è sottile e allo stesso tempo pastosa, consistente ed elastica, squisita e deliziosa.

FASCIA PREZZO €5-€10 **CATEGORIA** PIZZERIA
CHIUSO DOMENICA

13 Via Cesare Sersale 1/3
80139 Napoli (Centro storico)
Tel: 081 5539204 www.damichele.net

2.507 recensioni
n.37 di 1.408 ristoranti

2 | Antico Forno delle sfogliatelle calde fratelli Attanasio

La sfogliatella è il dolce partenopeo per eccellenza. E l'Antico Forno, nascosto in una stradina a due passi dalla stazione, è tappa obbligatoria per chi arriva a Napoli.

Divine sfogliatelle!

Aiarda | 23 gennaio 2014

Le sfogliate appena sfornate sono una vera prelibatezza! Ogni volta che passiamo per la stazione prendiamo una sfogliata e un vassoietto da portare a casa.

La prima sosta giunti a Napoli

Antonchik | 22 gennaio 2014

Appena arrivate a Napoli, vicino alla stazione, fermatevi da Attanasio, un vero monumento della città. Le migliori sfogliatelle al mondo le trovate solo qui!

FASCIA PREZZO €1,2-€5 **CATEGORIA** PASTICCERIA
CHIUSO LUNEDÌ

14 Vico Ferrovia 1/2/3/4
80142 Napoli (Ferrovia)
Tel: 081 285675 www.sfogliatellecalde.com

902 recensioni
n.2 di 1.408 ristoranti

3 | Trattoria da Nennella

I piatti più gustosi della tradizione in una trattoria dove non mancano mai confusione e allegria. Imperdibili pasta e patate con la provola, oltre a salsicce e friarielli.

La foto di Napoli
Cristina B | 23 gennaio 2014

Perfetta rappresentazione del cuore di Napoli. Abbiamo mangiato bene e speso pochissimo. Lo consiglio soprattutto a chi ama assaporare la vita napoletana verace.

Tutto uno spettacolo napoletano
Maxcanz | 22 gennaio 2014

Pieno di giovani turisti, si mangia bene e si spende pochissimo: assolutamente consigliato! E poi sembra di essere a teatro, si ride tantissimo!

FASCIA PREZZO €10-€12 **CATEGORIA** TRATTORIA
CHIUSO DOMENICA

15 Vico Lungo Teatro Nuovo 104
80134 Napoli (Quartieri Spagnoli)
Tel: 081 414338
digilander.libero.it/trattorianennella/nennella.htm

1.079 recensioni
n.60 di 1.408 ristoranti

4 | Sorbillo

Pizzaioli da quasi ottant'anni: cosa volete di più? Nelle ore di punta Sorbillo è affollatissimo, ma l'attesa è ricompensata da una pizza preparata a regola d'arte.

Pizza buona e creativa
BongoCap | 20 gennaio 2014

Una pizzeria che fonde tradizione e innovazione. La pasta è ottima e si possono gustare delle variazioni interessanti. L'unico difetto sono le file di attesa che a volte scoraggiano.

Stavolta Paganini si ripete
Spartenopei | 7 gennaio 2014

Pizza gustosissima e leggera come dovrebbe essere la vera pizza napoletana, al punto che ne vorresti un'altra subito dopo. Abbiamo anche assaggiato un antipasto da urlo e per finire una buonissima mousse di Scaturchio e limoncello.

FASCIA PREZZO €4-€15 **CATEGORIA** PIZZERIA
CHIUSO DOMENICA

16 Via dei Tribunali 32
80138 Napoli (Centro storico)
Tel: 081 446643 www.sorbillo.it

2.122 recensioni
n.55 di 1.408 ristoranti

5 | Friggitoria Vomero

Un'istituzione per i napoletani. A ogni ora potrete lasciarvi tentare dalle superlative fritturine: «paste cresciute», crocché, arancini. Tutto rigorosamente take away.

Il fritto più buono a pochissimo
Leobigtelesca | 23 gennaio 2014

Fantastico. Il fritto più buono a un prezzo popolare. In questo locale viene preparato tutto davanti al cliente.

Una scoperta fantastica
Mika k | 21 gennaio 2014

Camminando per via Cimarosa verso la funicolare che porta a via Toledo siamo stati avvolti da un profumo magico di fritto. Non abbiamo resistito e siamo andati a provare un cartoccio di pizzelle. Mai assaggiato qualcosa di tanto godurioso!

FASCIA PREZZO €2-€10 CATEGORIA STREET FOOD
CHIUSO DOMENICA

17
Via Domenico Cimarosa 44
80127 Napoli (Vomero)
Tel: 081 5783130
www.facebook.com/friggitoria.vomero

234 recensioni
n.58 di 1.408 ristoranti

Zoom

Narghilè, libri e calici di vino

Impreziosita dai resti delle antiche mura greche, **piazza Bellini**, incastonata tra le università, il Conservatorio di San Pietro e Maiella, via Port'Alba (gremita di librerie e bancarelle dell'usato) e via San Sebastiano (con la sua altissima concentrazione di negozi di strumenti musicali), è ormai da anni il luogo di ritrovo per eccellenza di giovani studenti, intellettuali e personaggi dall'aria bohémien.
I tanti locali che la affollano ospitano reading di poesie e romanzi, improvvisazioni teatrali e musicali, mostre fotografiche e pittoriche.
Potrete bere un buon caffè o un calice di vino da **Intra Moenia**, uno spazio che è allo stesso tempo bar, libreria e casa editrice, sfogliando libri di cultura partenopea. Oppure sorseggiare un tè e fumare il narghilè seduti all'etnico **Caffè Arabo**, o, ancora, gustare piatti tradizionali rivisitati con inventiva alla **Stanza del Gusto**.
Piazza Bellini è, insomma, l'ideale per un po' di relax in un'atmosfera intima e multiculturale.

© Roberto Maisto / nuok.it

Napoli | **Piazza Bellini**

6 | Gay-Odin

Marchio conosciuto nel mondo per il cioccolato di altissima qualità, ma anche per le caramelle, i bon bon e i gustosissimi gelati: se amate i dolci, troverete qui il vostro paradiso. Assolutamente consigliata la visita alla fabbrica.

Cioccolato e arte si fondono

Pomodorino1983 | 22 gennaio 2014

Oltre a essere buonissimo, hanno sempre un'idea per rendere il cioccolato speciale. A Napoli credo non abbia uguali, complimenti!

Cioccolata!

Anna O | 19 gennaio 2014

La cioccolata calda più buona che abbiamo mai mangiato! Già quando siamo entrati siamo rimasti estasiati dal profumo... Poi, assaggiando, siamo stati rapiti dall'aroma.

FASCIA PREZZO €5-€50 **CATEGORIA** CIOCCOLATERIA E GELATERIA
DA LUNEDÌ A VENERDÌ 8.30-17. CHIUSO SABATO E DOMENICA

18
Vico Vetriera 12
80132 Napoli (Chiaia)
Tel: 081 417843 www.gay-odin.it

391 recensioni
n.13 di 1.408 ristoranti

Special Price

L'arte di mangiare a passeggio

Mangiare low cost a Napoli è semplice. Moltissime sono le trattorie dove gustare piatti tipici a prezzi eccezionali. Ma è lo street food la più «verace» tra le diverse offerte gastronomiche, quella che più si adatta alla natura della città.
La **pizza** è considerata lo street food per antonomasia: si piega a portafoglio e si mangia camminando tra il flusso ininterrotto dei passanti.
Ma non dimenticatevi dei **fritti**, verdure e pesci cotti nell'olio bollente e serviti nel tipico «cuoppo» che li conserva caldi: paste cresciute, mozzarelle in carrozza, scagliozzi, sciurilli, crocchè e arancini sono solo alcune delle prelibatezze che incontrerete tra le vie di Napoli.
Se invece avete voglia di qualcosa di meno impegnativo, non dovete far altro che seguire il fischio degli ambulanti per assaggiare **pistacchi**, **lupini** e **mandorle**.
E poi, arriva l'ora del dolce: fate una pausa in una delle tantissime pasticcerie e scegliete una **sfogliatella**, un **babà**, una **delizia al limone**.
Unica controindicazione: tutto è talmente buono che non riuscirete più a smettere di sgranocchiare.

© orchidgalore / Wikimedia commons

Sfogliatelle napoletane

7 | Ecomesarà

Cucina della tradizione partenopea (ma non solo) a pochi passi dallo splendido monastero di Santa Chiara. Atmosfera elegante e gusto minimal.

Una bella sorpresa!

Kavezz | 1 gennaio 2014

L'accoglienza è stata molto cortese e subito ci è stato illustrato il menu, non vasto ma sufficiente a soddisfare sia la voglia di carne, sia di pesce. Le materie prime sono di qualità, con un'attenzione particolare per i prodotti del territorio.

Ecomesarà? Perfetto

Mirko9028 | 26 dicembre 2013

Siamo stati accolti da un ragazzo molto gentile che ci ha seguito per tutto il pranzo. Abbiamo optato per due sauté «Ecomesarà»: un'ottima scelta. Per dolce, abbiamo preso un tiramisù e un profiterole, entrambi eccezionali. Grande scoperta in via Santa Chiara... consigliato!

FASCIA PREZZO €20-€30 CATEGORIA RISTORANTE
CHIUSO LUNEDÌ

19 Via Santa Chiara 49
80134 Napoli (Centro storico)
Tel: 349 4212132

276 recensioni
n.31 di 1.408 ristoranti

8 | Caffè Mexico

Quando si entra al Mexico il profumo di miscele è inebriante: in questo piccolo locale potrete gustare il vero caffè napoletano. Squisito anche il frappè.

Un caffè Doc

Vaccaredda | 26 gennaio 2014

Ottimo caffè, uno dei più buoni e antichi. Una tappa fondamentale per chi viene a visitare la città.

La migliore esperienza del caffè napoletano

MissPicky99 | 4 gennaio 2014

È semplicemente il meglio. Il più forte caffè in città con chicchi di Arabica freschi pressati alla vecchia maniera €0,95 più tardi, i viaggiatori stanchi non lo sono più.

FASCIA PREZZO €1-€15 CATEGORIA CAFFÈ
APERTO TUTTI I GIORNI

20 Piazza Dante 86
80135 Napoli (Centro storico)
Tel: 081 5499330

148 recensioni
n.82 di 1.408 ristoranti

9 | Starita

Oltre un secolo di storia per questa famosissima pizzeria a metà strada tra la parte bassa della città e il Vomero. Curiosità: è stata il set per «L'oro di Napoli» di De Sica.

Don Antonio santo subito
Niko7621 | 23 gennaio 2014

Non so da dove cominciare! Bisogna ringraziarli per averci donato tante bontà tenendo veramente viva la tradizione. Chiamarla pizzeria è riduttivo! La consiglio a tutti i turisti, così potrete dire di aver mangiato sua maestà 'a pizz.

Ottima pizza
Teresa O | 23 gennaio 2014

Pizza ottima per la sofficità della pasta e la sua leggerezza, anche i fritti buonissimi e mai unti, servizio gentile e veloce.

FASCIA PREZZO €5-€18 **CATEGORIA** PIZZERIA
CHIUSO DOMENICA A PRANZO

21
Via Materdei 27/28
80136 Napoli (Stella)
Tel: 081 5573682 www.pizzeriastarita.it

1.356 recensioni
n.22 di 1.408 ristoranti

10 | Giovanni Scaturchio

Un'antica pasticceria che ha conservato la qualità di un tempo. È qui che napoletani e turisti si incontrano per gustare i migliori babà d'Italia.

Sfogliatelle super!
Pitruzzu87 | 13 gennaio 2014

Di passaggio a Napoli, ho deciso di fare un salto a prendere una bella sfogliatella: veramente ottima! Buonissimo anche il caffè. Tappa obbligatoria per chi transita per Napoli!

Una sfogliatella e un caffè
Lievekuka | 9 gennaio 2014

Mentre camminavo per Spaccanapoli, in piazza San Domenico Maggiore, mi sono seduto ai tavolini di Scaturchio... Un caffè, una sfogliatella e mi sono riconciliato con il mondo.

FASCIA PREZZO €2-€6 **CATEGORIA** BAR E PASTICCERIA
APERTO TUTTI I GIORNI

22
Piazza San Domenico Maggiore 19
80134 Napoli (Centro storico)
Tel: 081 5517031 www.scaturchio.it

364 recensioni
n.119 di 1.408 ristoranti

Musei a prezzi d'occasione

Ci sono così tanti musei e parchi archeologici a Napoli che, a volerli visitare tutti, dovreste restarci almeno un mese.

E avere un portafoglio ben capiente, visto che si tratta di luoghi spesso a pagamento. Una soluzione però c'è e si chiama **Campania artecard**, un biglietto comulativo valido per l'ingresso ai **40 siti culturali** più importanti della città (gratuitamente oppure a prezzi scontati) e comprensivo di mini-abbonamento a tutti i mezzi pubblici.

Non dovete far altro che scegliere la Campania artecard più adatta alla vostra vacanza tra le varie alternative proposte:

- 3 giorni – Napoli e Campi Flegrei (€8-€13)
  Due siti gratuiti, 50% di sconto su tutti gli altri, mezzi pubblici Napoli e Campi Flegrei.
- 3 giorni – Tutti i siti (€18-€25)
  Due siti gratuiti, 50% di sconto su tutti gli altri, mezzi pubblici regionali.
- 7 giorni – Tutti i siti (€21-€28)
  Tutti i siti gratuiti, mezzi pubblici esclusi.
- 365 giorni – Tutti i siti (€33-€43)
  Due siti gratuiti, 50% di sconto su tutti gli altri, mezzi pubblici esclusi.

Per acquistare la carta non dovete far altro che richiederla in uno dei musei convenzionati, oppure fare un salto sul sito www.campaniartecard.it.

Se avete la possibilità di programmare il vostro viaggio quando più preferite, scegliete il mese di maggio, e non solo per il clima mite e la bellezza del mare in primavera. Maggio è infatti **«il mese dei monumenti»**, trenta giorni in cui Napoli diventa palcoscenico di manifestazioni culturali, visite a collezioni private, ingressi gratuiti in moltissimi siti, passeggiate tematiche, ma anche spettacoli teatrali, eventi musicali, rassegne cinematografiche.

Un grande evento low cost che porta alla luce il prezioso patrimonio artistico partenopeo, con i suoi tesori, spesso inaccessibili al pubblico. Oltre cento tra chiostri, sagrati e cortili da conoscere, ottanta eventi cui partecipare, venticinque grandi mostre e più di seicento visite guidate: questi sono solo alcuni dei numeri dell'edizione del 2013.

Napoli | Museo Archeologico

Scelto dalla redazione

Il metrò dell'Arte

© Viabonito / Wikimedia commons

«Le più affascinanti d'Europa», così sono state definite le **Stazioni dell'Arte di Napoli**: uno speciale luogo di incontro con l'arte contemporanea, un vero e proprio museo sotterraneo sotto gli occhi di tutti. È infatti sufficiente prendere la metropolitana e lo spettacolo è servito. La maggior parte delle stazioni si trova sulla linea 1 e vale la pena visitare tutte quelle lungo la tratta Vanvitelli-Università.
Portano la firma di architetti e artisti di fama internazionale (Jannis Kounellis, Mario Merz, Mimmo Paladino e molti altri) e sono realizzate con l'uso di tecniche e materiali innovativi.
La più incantevole è sicuramente Toledo: una serie di lucernari lascia filtrare la luce nel sottosuolo, dove passeggerete davanti ai mosaici di William Kentridge, mentre i colori delle pareti sfumano dal giallo del tufo alle tonalità blu del mare. Quando arriverete alla monumentale hall sotterranea dominata dal Crater de luz, poi, non avrete più voglia di prendere il treno, per restare un altro po' ad ammirare quella bellezza.

Un museo underground

Giuseppe M | 20 gennaio 2014

Con l'apertura della stazione Garibaldi i turisti possono raggiungere il centro storico della città in pochi minuti, godendo allo stesso tempo di qualcosa di unico al mondo: osservare opere d'arte di grandi artisti contemporanei a costo zero con il semplice acquisto del biglietto. Meglio di così!

TARIFFA €1,5
ORARI TUTTI I GIORNI 6-23

65 recensioni
n.37 di 189 attrazioni

23
Linea 1 della Metropolitana
Napoli
www.metro.na.it

Top 10 Attrazioni
classifica ragionata basata su tripadvisor

1 | Cappella Sansevero

Un suggestivo complesso dove si intrecciano magia nera, alchimia e simbolismo. Nella cavea sotterranea le macchine anatomiche lasciano senza fiato, mentre il *Cristo velato* resta una delle sculture più note al mondo.

Unica al mondo
Enrico-Nap | 22 gennaio 2014

Il *Cristo velato* è qualcosa di fronte a cui si può solo restare a bocca aperta. Tutta la cappella è una scoperta, come chi l'ha costruita: il mitico Principe di Sansevero!

Vale il viaggio a Napoli
Elena704 | 21 gennaio 2014

Il *Cristo velato*, ma anche le altre opere presenti nella cappella, sono eccezionali. Le «macchine anatomiche» sono incredibili.

TARIFFA €5-€7
ORARI DA MERCOLEDÌ A SABATO E LUNEDÌ 10-17.40
DOMENICA E FESTIVI 10-13.10. CHIUSO MARTEDÌ

TRAVELLERS' CHOICE 2013

24
Via Francesco de Sanctis 19/21
80134 Napoli (Centro storico)
Tel: 081 5518470 www.museosansevero.it

1.998 recensioni
n.1 di 189 attrazioni

2 | Castel dell'Ovo

Un castello sul mare da cui si gode uno splendido panorama sul golfo. Scegliete uno dei locali del Borgo Marinaro, sempre incantevole e cuore della vita notturna.

Bello!
MaridaDam | 19 gennaio 2014

Quando entri in questi luoghi sembra di rivivere la Storia, è come se avessi sempre vissuto lì. Una bellissima vista sul mare e sulla città. Bello!

Un castello incantato in pieno centro
Piccoloprincipe962 | 10 gennaio 2014

Ambientazione tipica di una fortezza: stradine tortuose e angoli fortificati. La terrazza è una splendida balconata fra il mare e la città.

TARIFFA GRATUITO
ORARI DA LUNEDÌ A SABATO 9.30-19 30, DOMENICA E FESTIVI 9.40-14

25
Via Eldorado 3
80132 Napoli (San Ferdinando)
Tel: 081 7954593

605 recensioni
n.19 di 189 attrazioni

3 | Museo Archeologico

Ricchissimo il patrimonio di opere d'arte e reperti archeologici. Vale la pena visitare anche la vicina stazione della metropolitana con i calchi di grandi capolavori, le fotografie di Jodice e i materiali rinvenuti durante gli scavi per la Linea 1.

Ottima esperienza a Napoli

Mariermarie | 19 gennaio 2014

Ve lo consiglio vivamente. Il museo è strutturato molto bene e ha anche una «stanza segreta» di manufatti di Pompei molto divertenti. L'edificio ha una splendida vista, con stanze bellissime. Consigliato!

Museo fantastico

Sara H | 18 gennaio 2014

Il museo è meraviglioso, non volevamo più andarcene. Era bellissimo e ogni opera d'arte era incredibile. Vale senz'altro il prezzo di ingresso!

TARIFFA €4,5-€9

ORARI DA MERCOLEDÌ A LUNEDÌ 9-19.30. CHIUSO MARTEDÌ

TRAVELLERS' CHOICE 2013

26

Piazza Museo 19
80135 Napoli (Centro storico)
Tel: 081 4422149
cir.campania.beniculturali.it/museoarcheologiconazionale

1.170 recensioni
n.18 di 189 attrazioni

4 | Teatro San Carlo

Tra i simboli della città, questo teatro ne celebra gli antichi fasti. I più grandi musicisti e direttori d'orchestra ne hanno scritto la storia. Possibilità di tour guidati.

Meraviglia delle meraviglie

Unicornonero | 23 gennaio 2014

Teatro meraviglioso che racchiude l'atmosfera di un'antica e splendida capitale del mondo! Intatto nella sua eleganza borbonica. Suggestivi i giardini reali.

Si respira la Storia

Rainfab | 21 gennaio 2014

Un'emozione incredibile. Conservato in maniera impeccabile. Ogni angolo riporta migliaia di esperienze e si può sentire il bagaglio di Storia e di cultura della città di Napoli. Vale la pena.

TARIFFA VISITE: €3-€6. SPETTACOLI: €20-€800

ORARI VISITE: DA LUNEDÌ A SABATO 10.30-16.30, DOMENICA 10.30-12.30
SPETTACOLI: CONSULTARE IL SITO

27

Via San Carlo 98
80132 Napoli (San Ferdinando)
Tel: 081 7972331 www.teatrosancarlo.it

570 recensioni
n.6 di 189 attrazioni

5 | Catacombe di San Gennaro

Il rione Sanità nasconde una città sotterranea dedicata al culto dei morti. Un'indimenticabile passeggiata nel sottosuolo tra sacro, profano ed esoterismo.

Visita notturna
Rosario s | 22 gennaio 2014

C'ero già stato di giorno e mi aveva sorpreso, ma di notte è un incanto. Girare tra le volte, ammirare disegni e pitture lascia esterrefatti.

Stupefacente
BBcasa12 | 21 gennaio 2014

C'è un'atmosfera particolare, soprattutto se la visita è serale. Le grandi volte sono eccezionali, qui tutto è gigantesco. Si prova una grande emozione. Le guide sono preparate e molto professionali. Consigliato!

TARIFFA €5-€8

ORARI DA LUNEDÌ A SABATO 10-17, DOMENICA E FESTIVI 10-13. VISITE GUIDATE OGNI ORA

28
Via Tondo di Capodimonte 13
80136 Napoli (Stella)
Tel: 081 7443714 www.catacombedinapoli.it

441 recensioni
n.3 di 189 attrazioni

Zoom

Tra le bancarelle di Napoli

Per avere un assaggio della vera cultura partenopea dovrete fermarvi a curiosare nei mercati rionali. Sono luoghi vivi, chiassosi, divertenti, per tutti i gusti e tutte le tasche.

Il mercato di **Porta Nolana** – tra la stazione e via Marina – è aperto tutti i giorni. Frutta, verdura, fritti saporiti, sigarette di contrabbando, banchi del pesce, ma soprattutto... le urla dei venditori e gli scambi di battute con i passanti. Tra il 23 e il 24 dicembre resta aperto fino a tarda notte e costituisce un vero must della tradizione natalizia.

La **Pignasecca** è invece il più antico e noto mercato all'aperto della città. Troverete dalla mozzarella al baccalà ai pomodorini del «piennolo» ma non finisce qui: cd, dvd pirata e vestiti di manifattura cinese.

E per chi non ne ha ancora abbastanza c'è quello di **Antignano**, al Vomero, famoso per vestiti, biancheria, borse e accessori per la casa, o quello di **Poggioreale**, noto per le scarpe, il luogo perfetto per fare ottimi «affari». Insomma, dovrete solo armarvi di pazienza e farvi largo tra la folla per trovare l'occasione adatta a voi.

© Corrado Ciotola

Napoli | **Pignasecca**

6 | Via San Gregorio Armeno

Una piccola strada famosa in tutto il mondo, dove è Natale ogni giorno dell'anno. Prendete un po' di tempo per visitare la chiesa e il chiostro (aperto solo di mattina).

La storia del presepe napoletano

Sabato 83 | 21 gennaio 2014

Visitate queste strade per conoscere la storia dell'arte del presepe napoletano. Affascinante, soprattutto nel periodo natalizio.

Natale tutto l'anno

22francesca1987 | 5 febbraio 2014

Un'esperienza unica, anche in periodo non natalizio: vedere gli artigiani al lavoro è veramente fantastico, gli oggetti che vendono sono splendidi: dai tamburelli dipinti, ai cornetti portafortuna, fino alle fantastiche statuine del presepe!

TARIFFA GRATUITO

29 Via San Gregorio Armeno
80138 Napoli (Centro storico)

1.125 recensioni
n.11 di 189 attrazioni

Zoom

Spaccanapoli

L'Unesco ha definito Spaccanapoli il più grande museo a cielo aperto d'Europa: chiese, campanili, obelischi, piazze e palazzi storici si susseguono in un'armoniosa combinazione di arte e tradizione. In altre parole, una passeggiata imperdibile.
Incontrerete la **chiesa del Gesù Nuovo** con il suo maestoso obelisco dell'Immacolata, **Palazzo Pendola** (dove è stato girato *Matrimonio all'italiana* di De Sica), la **basilica di Santa Chiara** con le splendide maioliche del suo chiostro, **Palazzo Filomarino**, dove visse Benedetto Croce, **Palazzo Carafa della Spina**, **piazza San Domenico Maggiore**...
A un certo punto, vi imbatterete anche nella celebre statua del «**Corpo di Napoli**» e, di fronte, l'altarino di Maradona con tanto di ciocca di capelli e lacrime custodite in una boccetta.
Ancora oggi cuore pulsante della città, Spaccanapoli deve essere percorsa dall'inizio alla fine, sollevando lo sguardo e perdendosi tra i secoli di storia che si affacciano su questa antichissima strada che risale addirittura all'epoca greca.
E quando sarete stanchi di guardarvi intorno, fermatevi in una delle tantissime botteghe artigianali, oppure concedetevi un buon caffè.
Ecco, bevenuti a Napoli.

© TripAdvisor

Napoli | **Spaccanapoli**

7 | Parco Virgiliano

In una città dove si fatica a trovare un po' di verde, Parco Virgiliano è un'oasi di tranquillità. La vista, poi, è spettacolare: la Gaiola, la baia di Trentaremi, Nisida e l'archeologia urbana dell'ex Italsider, i Campi Flegrei.

Tenuto molto bene
Maryfin81 | 9 gennaio 2014

Questo parco è molto bello e, soprattutto, ben tenuto. È adatto per le passeggiate, specialmente per famiglie con bambini.

Panoramicissimo
Dag067 | 9 gennaio 2014

Soprattutto per chi vive in quelle zone rappresenta un'oasi di ossigeno perfetto la sera per passeggiate romantiche e la mattina per i bambini.

TARIFFA GRATUITO

ORARI DA MAGGIO A GIUGNO: TUTTI I GIORNI 7-24
DA LUGLIO A SETTEMBRE: TUTTI I GIORNI 7-1. DA OTTOBRE AD APRILE:
DA LUNEDÌ A VENERDÌ 7-21, SABATO E DOMENICA 7-22

TRAVELLERS' CHOICE 2013

30 Viale Virgilio
80123 Napoli (Posillipo)

330 recensioni
n.20 di 189 attrazioni

8 | Certosa di San Martino

«Da San Martino vedi tutta quanta la città...» dice la canzone, ed è vero. Il museo è ricco e affascinante, ma il panorama che potrete ammirare da qui è il modo migliore per conoscere Napoli tutta intera.

Che spettacolo!
Lorenzomartina22 | 23 gennaio 2014

Panorama da togliere il fiato, semplicemente spettacolare, tra i più belli al mondo. Vedere Napoli da largo San Martino è veramente un incanto!

Meraviglia
Lorenzo C | 14 gennaio 2014

Panorama davvero suggestivo sulla città e sul golfo, struttura meravigliosa: dai presepi, alla sezione navale, alle carrozze reali. Da vedere.

TARIFFA MUSEO €3-€6

ORARI MUSEO 8.30-19.30. CHIUSO MERCOLEDÌ

31 Largo San Martino 5
80129 Napoli (Vomero)
Tel: 081 5781769
www.polomusealenapoli.beniculturali.it

321 recensioni
n.14 di 189 attrazioni

9 | Napoli sotterranea

Sotto il centro antico c'è un'altra città, da scoprire con un tour di due ore tra strettissimi cunicoli, imponenti cisterne e antri scavati nel tufo. Il ritrovo è in piazza San Gaetano 68, escursioni ogni ora a partire dalle 10 del mattino.

Da non perdere... Una bella scoperta!

Ichecchi | 19 gennaio 2014

Siamo partiti un po' scettici, ma l'escursione si è rivelata interessante e piacevole. Molto suggestivo il passaggio negli strettissimi cunicoli a lume di candela.

Esperienza unica e indimenticabile

Marzia C | 21 gennaio 2014

Il percorso facoltativo con la candela attraverso una buia strettoia è stata un'esperienza pazzesca! Napoli è meravigliosa, e sottoterra racchiude un patrimonio incredibile!

TARIFFA €8-€10

ORARI TUTTI I GIORNI 10-18

32

Piazza San Gaetano 68
80132 Napoli (Centro storico)
Tel: 081 296944 www.napolisotterranea.org

564 recensioni
n.16 di 97 attività

10 | Parco archeologico del Pausilypon

Un'esperienza da non perdere: un'area archeologica a picco sul mare, tra i resti dei teatri e della villa di Pollione. Dopo la visita al parco, potrete salire su un battello dal fondo trasparente e ammirare anche quello sommerso della Gaiola.

Molto bello

Gi_pi86 | 23 gennaio 2014

Un posto stupendo di Napoli. La grotta e la vista sul mare sono suggestivi, le rovine del teatro e le storie che ci sono dietro davvero interessanti. Il biglietto d'ingresso è economico.

Suggestivo

DamaArien | 20 gennaio 2014

È un luogo splendido, ci sono dei reperti archeologici di non poca importanza. È ovviamente consigliata la visita con una guida che può spiegare tutto ciò che racchiude.

TARIFFA €5

ORARI SOLO SU PRENOTAZIONE. CONSULTARE IL SITO

33

Grotta di Seiano, Discesa Coroglio 36
80123 Napoli (Posillipo)
Tel: 081 2403235 e 081 2301030
www.areamarinaprotettagaiola.it
www.gaiola.org

170 recensioni
n.2 di 189 attrazioni

Tra storia e strapiombi

Napoli è una città affascinante e ricca di storia, ma per apprezzarla al meglio e capirla fino in fondo è necessario lasciarsi liberi un paio di giorni per esplorarne i dintorni: fuori dal caos e dai rumori urbani potrete immergervi in paesaggi mozzafiato e siti archeologici di valore inestimabile.

Sì, perché il territorio napoletano testimonia un passato antichissimo e glorioso. Come non emozionarsi di fronte alle rovine di **Pompei** e di **Ercolano**? Passeggiare tra ville e monumenti di duemila anni fa è un'esperienza unica al mondo: perfettamente conservati sotto strati di ceneri e lapilli, questi due centri sono un vero e proprio spaccato della civiltà romana del I secolo.

Case, botteghe, terme, mercati, teatri, e ancora pitture parietali, mosaici, anfore, statue: tutto è rimasto esattamente com'era in quel tragico giorno del 79 d.C., quello in cui il Vesuvio ha eruttato. E se avrete la fortuna di visitare i due parchi archeologici senza troppi turisti intorno, vi sembrerà davvero di immergervi in quell'epoca remota. Il modo più comodo per raggiungere Pompei ed Ercolano è la linea ferroviaria della **circumvesuviana** che collega Napoli a Sorrento, Stabia e Boscoreale; le stazioni di arrivo sono a pochi passi dai siti.

Greci e romani, d'altro canto, sapevano quello che facevano quando scelsero il territorio partenopeo per le loro città: pochi luoghi offrono agli occhi tante bellezze naturali.

E se anche voi avete voglia di aria fresca e panorami suggestivi, comprate un paio di scarpe comode e raggiungete il **«sentiero degli dèi»**, tra Positano e Praiano. Una mulattiera a strapiombo sul mare lunga 12 chilometri (ma non è necessario essere runner professionisti: la strada è facilmente praticabile ed è possibile percorrerne anche tratti più brevi). Scegliete come punto di partenza Bomerano oppure Nocelle.

Vi sembrerà di galleggiare tra acqua e cielo e potrete ammirare dall'alto l'intera **costiera amalfitana**, **Capri** e i suoi **Faraglioni** e l'arcipelago de **Li Galli**. Il tutto immerso in una luce straordinaria.

Durata dell'escursione: da 3 a 6 ore.

Pompei

© General Cucombre / Wikimedia commons

Consigli di viaggio

Agenda

Gennaio

Il 17 gennaio a Napoli vuol dire **festa di sant'Antonio**. Nelle strade di molti quartieri vengono allestiti piccoli (o meno piccoli) falò: la tradizione vuole che vengano gettati tra le fiamme tutti quegli oggetti che in casa non servono più. La festa più importante è quella del quartiere intorno a via Foria, che infatti viene chiamata «O buvero 'e Sant'Antuono».

Festa di Sant'Antonio, chiesa di Sant'Antonio Abate, via Foria 302, 80139 Napoli (Ferrovia) e location varie

Marzo-aprile

I festeggiamenti della **Settimana santa** a Napoli conservano un sapore antico. Il giovedì è destinato allo «struscio», la visita dei fedeli ai sepolcri (minimo tre e comunque sempre in numero dispari). Il venerdì si svolgono processioni e rappresentazioni della Passione di Cristo. Nella provincia gli eventi, che proseguono fino al lunedì *in albis*, sono accompagnati dalla celebre «tammorriata», una danza le cui origini si perdono nella notte dei tempi.

Settimana santa, location varie

Maggio

Maggio è il **mese dei monumenti** (vedi approfondimento pag. 277). In tutta la città si moltiplicano mostre, concerti, spettacoli e visite guidate. È l'occasione per visitare meraviglie del patrimonio artistico e architettonico di solito chiuse al pubblico. Per chi, invece, vuole coniugare le bellezze della vista a quelle del gusto, l'appuntamento da non perdere è quello con **Wine & The City**: una cinque giorni che unisce la cultura del bere bene con musica, arte, moda e design.

Maggio dei monumenti, location varie

Wine & The City, location varie

Giugno, settembre

Il **Napoli Teatro Festival** è una kermesse internazionale di spettacoli, mostre e performance che esce dai confini del centro per andare a coinvolgere l'intera area metropolitana. I teatri cittadini sono ovviamente il cuore pulsante della manifestazione, ma non l'unico: anche le strade, i sotterranei e, in generale, tutti i luoghi simbolo partenopei sono teatro di numerosi spettacoli e iniziative. Il Napoli Teatro Festival raddoppia in settembre: un'edizione ridotta di una sola settimana (mentre quella di giugno copre quasi l'intero mese).

Napoli Teatro Festival, location varie

Luglio

L'estate napoletana ospita da anni uno dei più grandi festival musicali del Sud Italia: il **Neapolis Festival**. Sul suo palco si sono alternati i migliori nomi del rock (e non solo) internazionale: nomi del calibro di Massive Attack, Pattie Smith, Vasco Rossi, Muse, Jovanotti. Dalla prima edizione del 1997, il festival ha cambiato più volte nome e sede. Per gli amanti della tradizione, l'appuntamento è invece in piazza Mercato dove si festeggia la **Madonna del Carmine** con fuochi d'artificio e manifestazioni varie.

Neapolis Festival, location da definire

Festa della Madonna del Carmine, piazza Mercato, 80142 Napoli (Mercato)

Luglio-settembre

Accordi@disaccordi è una rassegna cinematografica che accompagna tutta l'estate napoletana: proiezioni di corti e lungometraggi a tema e incontri con registi e attori. Il tutto rigorosamente all'aperto.

Accordi@disaccordi, Parco del Poggio, viale del Poggio di Capodimonte, 80131 Napoli (Colli Aminei)

Settembre

San Gennaro, il patrono della città, si festeggia il 19 settembre, e non c'è momento migliore per assistere al miracolo del sangue. Una folla di fedeli e curiosi si riunisce nel Duomo per la tradizionale «liquefazione», poi esce in strada ad ammirare la sfilata delle statue d'argento dei compatroni di Napoli e la teca con la reliquia. Lo stesso evento si ripete l'ultimo sabato di maggio.

Festa di san Gennaro, Duomo, via Duomo, 147, 80138 Napoli (Centro storico)

Dicembre

Non si può parlare di Napoli senza pensare ai suoi **presepi**. E se siete in città in dicembre non potete non passeggiare lungo via San Gregorio Armeno: è qui il regno di laboratori artigianali, bancarelle e statuette di ogni forma e dimensione. Dopo le abbuffate natalizie, invece, il ritrovo è in piazza del Plebiscito per festeggiare l'anno nuovo con un grande **concerto**, e sul lungomare per ammirare i magnifici **spettacoli pirotecnici**.

Strada dei presepi, via San Gregorio Armeno, 80138 Napoli (Centro storico)

Concerto di Capodanno, piazza del Plebiscito, 80132 Napoli (San Ferdinando)

Spettacoli pirotecnici, lungomare, via Mergellina, 80122 Napoli (San Ferdinando)

Arrivare e partire

Aerei

L'aeroporto internazionale di **Capodichino** è situato a pochi chilometri dal centro città, a ridosso di una zona densamente abitata. Vi effettuano servizio numerose compagnie di linea (Alitalia, Meridiana) e low cost (easyJet). Dal 2004 è anche scalo per voli intercontinentali. Alcune linee di autobus collegano direttamente con il centro: le due principali sono la 3S dell'Anm che porta a piazza Garibaldi (Stazione Centrale) e parte ogni trenta minuti dal fronte arrivi (attiva dalle 5.20 alle 23.20, costo biglietto €1,30) e la linea Alibus, con destinazione piazza Garibaldi e piazza Municipio (partenze ogni venti minuti, attiva dalle 6.30 alle 24, costo biglietto €3). I biglietti si possono acquistare nelle edicole e nelle tabaccherie dell'aeroporto. In alternativa potrete prendere comodamente un taxi. Attenzione, salite solo su quelli con il simbolo del Comune, posteggiati nel parcheggio di fronte agli arrivi. Esistono tariffe predeterminate per le principali destinazioni della città che variano da €16 a €23. L'aeroporto è facilmente raggiungibile in auto dalla tangenziale (uscita Capodichino) ed è collegato all'autostrada (A1, A3, A16 e A30).

Napoli Capodichino, tel: 848 888 777, www.gesac.it

Treni

Sono tre le stazioni ferroviarie della città: la **stazione Centrale** (piazza Garibaldi) è la più importante, nonché il principale scalo ferroviario del Sud Italia ed è servita anche dalla compagnia Italo. È consigliata per chi deve raggiungere il centro città o il Molo Beverello. **Napoli Mergellina** è la stazione più vicina al Molo di Mergellina da cui partono gli aliscafi per le isole del golfo. **Campi Flegrei** è invece più lontana dal centro, l'ideale per chi ha come destinazione i quartieri di Fuorigrotta e Bagnoli. Le Frecce collegano Napoli direttamente con Roma, Firenze, Bologna, Milano, Venezia e Reggio Calabria. Le stazioni sono integrate con la linea della metropolitana e sono il punto di partenza e arrivo degli autobus urbani.

Auto

Napoli è punto di raccordo di una fitta rete autostradale (in città confluiscono l'A1 Milano-Napoli, l'A3 Napoli-Salerno/Salerno-Reggio Calabria, l'A16 Napoli-Canosa e l'A30 Caserta-Salerno). Il sistema di tangenziali consente il collegamento diretto con le diverse zone della città.

Nave

Napoli ha uno dei porti più importanti del Mediterraneo, che ospita un numero sempre crescente di navi da crociera. È facilissimo da raggiungere grazie alla sua posizione centrale (a pochi passi da piazza Mercato). Quotidiani sono i collegamenti con la Sardegna e la Sicilia. Allo stesso modo da qui è semplice raggiungere le Eolie, le Egadi, le Pontine e le isole del Golfo. Le compagnie che gestiscono i collegamenti sono Snav, Tirrenia e Siremar.

Porto di Napoli, tel: 081 2283291, www.porto.napoli.it

Muoversi

Metropolitana

Le linee metropolitane di Napoli sono principalmente due. La linea 1 (orari: 6-23) copre un percorso che da Università passa per piazza Dante, Vanvitelli fino a Piscinola; sono in fase di progettazione anche le fermate Municipio, Duomo e piazza Garibaldi. La linea 2 è gestita da Trenitalia e collega Gianturco a Pozzuoli. A questi due assi portanti si aggiunge una linea di metropolitana leggera (linea 6) di sole 4 fermate (da Mostra a Mergellina), i lavori di ampliamento sono però già attivati. Il biglietto orario costa €1,30 ed è valido per 90 minuti, il giornaliero € 3,70.

Linea 1, linea 6, tel: 800 568866, www.metro.na.it

Linea 2, consultare il sito www.trenitalia.com

Mezzi di superficie

La rete di trasporti di superficie napoletana prevede accanto ad autobus, tram e filobus (gestite da Anm), le tre funicolari che collegano il centro al Vomero e una quarta che congiunge il lungomare con via Manzoni (Metro Napoli). Il biglietto è lo stesso valido per la metropolitana (il servizio funziona dalle 6.30/7 alle 22). I treni della Circumvesuviana (per Sorrento, Pompei, Ercolano), e della Cumana e Circumflegrea che dal centro arrivano a Torregaveta e Pozzuoli hanno invece costi differenti a seconda della destinazione (tutte queste linee sono invece gestite da Eav).

Anm, tel: 081 7681111, www.anm.it

Funicolari, tel: 800 568866, www.metro.na.it

Treni, tel: 800 211388, www.eavcampania.it

Taxi

I taxi ufficiali di Napoli sono bianchi e contrassegnati dal logo del Comune. La tariffa ordinaria prevede un importo di partenza di €3,50 per i giorni feriali, €6 per i festivi. In vettura potrete scegliere tra tariffa a tassametro o tariffa predeterminata sulla base di alcuni percorsi prestabiliti dell'area urbana ed extraurbana. Le postazioni dei taxi si trovano nelle principali piazze. In alternativa potrete telefonare a:

- **Radio Taxi Napoli**, www.radiotaxinapoli.it, tel: 081 5564444
- **Consortaxi**, www.consortaxi.it, tel: 081 8888
- **Radio Taxi La Partenope**, www.radiotaxilapartenope.it, tel: 081 0101

Lecce

Lecce, culla del Barocco, è una delle città d'arte più belle d'Italia: le chiese e i monumenti in pietra calcarea risplendono sotto il sole caldo del Salento, e catturano lo sguardo imprimendo nella mente sfumature inimitabili e luci multicolori.

A Lecce si può davvero trascorrere una vacanza all'insegna del low cost: la visita delle chiese è quasi sempre gratuita, e anche i musei, quando non sono a ingresso libero, hanno tariffe basse. Trovare da dormire è facile: i numerosi B&B disseminati per le vie del centro rispondono a ogni esigenza e coprono tutte le fasce di prezzo. Ma la città non è soltanto buona cucina e splendide chiese: di notte si trasforma infatti in una discoteca a cielo aperto. Dentro e fuori dai locali del centro si canta e si balla fino all'alba, mentre le serate estive non possono che concludersi con un tuffo nel limpidissimo mare pugliese.

Scopri Lecce by tripadvisor
Inquadra il QR Code con il tuo smartphone per scoprire i contenuti multimediali

Lecce

Santa Rosa
Porta Napoli
Viale Università
Viale Michele de Pietro
Centro storico
Viale Otranto
Ferrovia
Leuca
4
5
21
12
7
24
11
30
17
13
15
9
18
29
14
27
26
25
32
20
22
10
33
1
16
31
8
28
19
2
23

DORMIRE

1. Centro Storico Prestige
2. Hotel delle Palme
3. Leone di Messapia
4. Zenit Hotel Salento
5. 8piuhotel
6. Eos Hotel
7. Bed & Breakfast Michelangelo
8. Roof Barocco Suite
9. Casa dei Mercanti
10. Dimora San Giuseppe
11. B&B Paisiello

MANGIARE E BERE

12. Osteria da Angiulino
13. L'Angolino di Via Matteotti
14. Mille e una Crêpes
15. Natale
16. Sushisalento
17. Osteria della Divina Provvidenza
18. La Vecchia Osteria da Toto
19. Road 65
20. Pizza&Co
21. Barbecue
22. Off Side

VISITARE

23. Parco regionale di Porto Selvaggio
24. Basilica di Santa Croce
25. Duomo
26. Anfiteatro romano
27. Colonna di Sant'Oronzo
28. Museo Archeologico Faggiano
29. Chiesa di Sant'Irene
30. Museo della Cartapesta
31. Chiesa di San Matteo
32. Castello Carlo V
33. Teatro romano

Scelto dalla redazione

♥ | Centro Storico Prestige

© Centro Storico Prestige

Se capitate in questo B&B di charme non potrete non farvi contagiare dalla simpatia e dalla cordialità di Renata, la proprietaria, che accoglie i suoi ospiti come se fossero vecchi amici.
Ma al **Prestige** sarete conquistati un po' da tutto: la posizione spettacolare del palazzo signorile; la bella terrazza panoramica con vista sul centro barocco della città (attrezzata con ombrelloni, tavoli e lettini); le tre camere, ampie, eleganti e superaccessoriate, con tanto di balconi fioriti, da cui vi sembrerà di poter toccare la maestosa basilica di San Giovanni Battista allungando la mano; la colazione (con cornetti freschi, pane tostato, marmellata, miele, spremute e crostate), che nella bella stagione viene servita all'aperto e, quando fa un po' più freddo, nella sala lettura davanti al camino.
Renata, inoltre, è una vera conoscitrice delle bellezze di Lecce, e vi darà volentieri preziosi consigli su cosa vedere e cosa fare durante il vostro soggiorno.

Mi ha salvato!

JoAnn M | 4 dicembre 2013

Arrivando a Lecce a tarda notte, non sono riuscito a trovare il mio B&B, così l'autista ha chiamato il Prestige e mi hanno fatto restare per due notti. Essendo fuori stagione, c'era posto: meraviglioso! La mia camera aveva un balcone che si affaccia sulla strada principale del quartiere storico, e mi è piaciuto tantissimo osservare le persone camminare sotto. Ci tornerei senz'altro.

FASCIA PREZZO €60-€90
CATEGORIA B&B

106 recensioni
n.60 di 201 B&B e pensioni

1

Via Santa Maria del Paradiso 4
73100 Lecce (Centro storico)
Tel: 0832 243353
www.bbprestige-lecce.it

Top 5 Alberghi
classifica ragionata basata su tripadvisor

1 | Hotel delle Palme

In questo albergo non lontano dal centro gli arredi vintage si conciliano ai comfort moderni. Un quattro stelle a prezzi accessibili, soprattutto se si prenota online.

Niente male...
Sariella | 16 gennaio 2014

Albergo abbastanza vicino al centro e, nel complesso, molto confortevole. Le camere sono dotate di tutti i comfort (frigobar, tv Lcd ecc.), compreso un bel calduccio, peraltro molto apprezzato. Colazione ricca e personale gentilissimo.

Buona qualità a un ottimo prezzo
Aleonardo_74 | 31 dicembre 2013

Rapporto qualità-prezzo eccellente; comodo il parcheggio interno. A qualche minuto di passeggiata dal centro. Personale molto cortese. Agevole per chi va con la famiglia. Il prezzo contenuto e la possibilità di offerte online è molto invitante.

FASCIA PREZZO €45-€75 CATEGORIA ★★★★

2 Via di Leuca 90
73100 Lecce (Leuca)
Tel: 0832 347171 www.hoteldellepalmelecce.it

87 recensioni
n.11 di 23 hotel

2 | Leone di Messapia

Struttura nuova ed elegante, immersa nella natura a pochi minuti dal cuore di Lecce. Camere di tutti i tipi a tariffe più che interessanti: tenete d'occhio il sito!

Ottimo hotel
Giuseppe C | 16 gennaio 2014

Hotel gestito da personale competente e con l'ottima conduzione dei gentilissimi proprietari, molto vicini agli ospiti. Stanze pulitissime, ampie e accoglienti. Ringrazio di cuore i proprietari sia per l'ottimo ristorante sia per gli ottimi menu.

Eccellente soggiorno
Mattia M | 9 gennaio 2014

Struttura moderna e ben rifinita, camere spaziose, insonorizzate e pulite, tutto curato nei minimi particolari, letto che regala un sonno fantastico. Colazione abbondante e varia, pronta a soddisfare anche i più esigenti. Hotel imperdibile.

FASCIA PREZZO €50-€130 CATEGORIA ★★★★

3 Provinciale Lecce Cavallino 32
73100 Lecce (Castro Mediano)
Tel: 0832 613102 www.leonedimessapia.it

409 recensioni
n.2 di 23 hotel

3 | Zenit Hotel Salento

Cura del cliente è la parola d'ordine di questo confortevole albergo. Verrete coccolati dal giovane e dinamico staff, che vi riserverà un'accoglienza su misura.

Ottima scelta

Fabrizio243 | 12 gennaio 2014

Abbiamo scelto questo hotel leggendo le recensioni e devo dire che sono davvero corrispondenti alla realtà. L'hotel permette un rapido accesso al centro storico. Personale cordiale, stanze spaziose e pulite, superiore alla valutazione tre stelle; il ristorante è di ottima qualità. Lo consigliamo!

Cordialità e pulizia...

Vidcuss | 10 gennaio 2014

... sono i punti forti di questo hotel situato a circa 2 km (venti minuti circa a piedi) dal centro storico. La nostra camera (tripla) era ampia e confortevole, ma soprattutto pulitissima. Buona la qualità della colazione ma una nota di merito va ai ragazzi della reception, gentili e molto professionali.

FASCIA PREZZO €40-€99 CATEGORIA ★★★

4 Via Adriatica angolo Via Ferrando
73100 Lecce (Santa Rosa)
Tel: 0832 493421 www.zenithotel.it

246 recensioni
n.6 di 23 hotel

4 | 8piuhotel

Una notte qui è un'esperienza multisensoriale: dalla doccia cromatica al «menu cuscini», tutto è pensato per il benessere degli ospiti. Un albergo di design dove la tecnologia regna sovrana.

Fine settimana nel Barocco

Amelia c | 23 gennaio 2014

Sono stata in questo hotel a inizio gennaio e, grazie alle recensioni, non ho avuto dubbi nella prenotazione. Le risposte che posso dare ai viaggiatori sono tutte positive su questa struttura: pulizia, servizi, colazione, posizione, gentilezza del personale e rapporto qualità-prezzo eccellenti.

Dove tutto funziona

ElisabettaAvellino | 22 gennaio 2014

Abbiamo trascorso una notte in questa magnifica struttura, moderna e ben arredata. È impossibile trovarvi un difetto, tutto è pratico e funzionale, camere pulitissime, letto molto comodo. Prima colazione varia e abbondante.

FASCIA PREZZO €69-€120 CATEGORIA ★★★★

5 Viale del Risorgimento
73100 Lecce (Porta Napoli)
Tel: 0832 306686 www.8piuhotel.com

293 recensioni
n.1 di 23 hotel

5 | Eos Hotel

Estetica e funzionalità sono le caratteristiche di questa struttura che riesce a sposare tradizione e modernità. Un tre stelle che ne meriterebbe almeno una in più!

Gran bell'hotel
Fabio D | 17 dicembre 2013

Situato a dieci minuti di passeggiata dal centro storico. Un albergo con camere dal design moderno, dotato anche di parcheggio. È un tre stelle sulla carta, di fatto però si avvicina alle quattro. Consigliatissimo!

Il mio hotel preferito!
Fabiopsycho | 31 dicembre 2013

Il personale è giovane, sorridente e professionale. Il clima che si respira è rilassato e familiare. Le camere sono una meraviglia! Ogni camera è diversa, ispirata da un elemento tipico del Salento: la pietra bianca leccese, i verdi uliveti salentini, il mare cristallino... Ogni volta è una sorpresa!

FASCIA PREZZO €54-€88 CATEGORIA ★★★

6 Viale Vittorio Alfieri 11
73100 Lecce (Leuca)
Tel: 0832 452447 www.hoteleos.it

256 recensioni
n.12 di 23 hotel

Top 5 B&B e altro

classifica ragionata basata su tripadvisor

1 | Bed & Breakfast Michelangelo

In un edificio del Seicento in pieno centro storico, un B&B con camere e appartamenti. Fate due chiacchiere con i padroni di casa, vi consiglieranno come sfruttare al meglio il soggiorno in città!

Eccellente è dire poco!
Francesca G | 3 gennaio 2014

Accogliente B&B nel cuore del centro storico di Lecce, dove un tempo sorgeva il quartiere ebraico. Michelangelo, il gestore, è una persona di una tale gentilezza e disponibilità da lasciare di stucco.

Ritornati e ugualmente soddisfatti
Maurouboldo | 20 gennaio 2014

La struttura, arredata con stile e vicinissima alla basilica di Santa Croce, permette di vivere un'esperienza da «cittadino» di Lecce. Inoltre il titolare garantisce un esclusivo servizio di informazioni per poter visitare la città e i dintorni.

FASCIA PREZZO €60-€90 CATEGORIA B&B

7 Via della Sinagoga 12
73100 Lecce (Centro storico)
Tel: 328 9482091 www.bbmichelangelo.com

93 recensioni
n.6 di 201 B&B e pensioni

2 | Roof Barocco Suite

Se volete concedervi un piccolo lusso a un costo non esagerato, questo B&B soddisferà ogni aspettativa: le due eleganti suite, ospitate in un palazzo d'epoca, hanno una terrazza privata che affaccia sulla bella piazza barocca.

Favoloso

Teamtullo | 6 gennaio 2014

Il mio primo viaggio in Puglia è stato un vero piacere. La mia suite loft aveva tre terrazze, una colazione deliziosa ogni mattina, meravigliosa biancheria su un letto molto confortevole. E una vista spettacolare...

Soggiorno a Capodanno

Mike P | 6 gennaio 2014

Questo è un posto delizioso per due ragioni. Innanzitutto, la sistemazione è spaziosa, arredata con fantasia e perfettamente pulita. In secondo luogo, i proprietari sono molto ospitali.

2014 Travelers' Choice tripadvisor

FASCIA PREZZO €70-€120 **CATEGORIA** B&B

8 Piazzetta Arte della Stampa 13
73100 Lecce (Centro storico)
Tel: 331 7585656 www.roofbaroccosuite.it

220 recensioni
n.1 di 201 B&B e pensioni

3 | Casa dei Mercanti

Un «Boutique Art Residence» con appartamenti attrezzati di tutto punto per una vacanza in completa autonomia. La posizione, poi, è ideale per girare la città.

Centralissimo!

Chia_mau_vi | 18 gennaio 2014

Ottima sistemazione per chi desidera visitare Lecce: nel cuore del centro storico (in piazza Sant'Oronzo), è una struttura molto curata, con appartamenti spaziosi e puliti dotati di ogni comfort. Il personale è disponibile e attento a soddisfare l'ospite per qualsiasi necessità.

Bella sistemazione

Viaggiatore2006 | 6 dicembre 2013

Dalle recensioni avevamo letto giudizi buoni, ma abbiamo constatato una qualità ben superiore alle nostre attese. Quello che ci ha fatto molto piacere è stata l'accoglienza e la disponibilità per qualsiasi nostra necessità dimostrata dalla proprietaria.

FASCIA PREZZO €60-€100 **CATEGORIA** RESIDENCE E AFFITTACAMERE

9 Piazza Sant'Oronzo 44
73100 Lecce (Centro storico)
Tel: 0832 279819 www.casadeimercanti.it

54 recensioni
n.1 di 23 altre sistemazioni

4 | Dimora San Giuseppe

Pensato per chi vuole regalarsi comodità, eleganza e dolce far niente: camere insonorizzate, ricche colazioni e giornali ogni mattina. Il tutto in pieno centro!

Difficile trovare un difetto
Tommasom767 | 23 gennaio 2014

La struttura è incantevole, buone le camere arredate con cura. Ambienti molto caldi. Le stanze sono enormi, bene pure lo staff così come la pulizia; la colazione è varia e abbondante con frutta. Consigliatissimo!

C'era una volta...
Giorgio r | 19 gennaio 2014

È così che iniziano le favole, giusto? Location splendida. Camere insonorizzate perfettamente, belle, grandi e curate. La signora Anna è gentile e professionale. Ah, dimenticavo: ottima la colazione.

FASCIA PREZZO €75-€140 **CATEGORIA** B&B

10
Via Ludovico Maremonti 10
73100 Lecce (Centro storico)
Tel: 0832 1693428 www.dimorasangiuseppe.com

52 recensioni
n.3 di 201 B&B e pensioni

5 | B&B Paisiello

Un appartamento ricavato nella casa del titolare, che si distingue per gentilezza e simpatia. Un trattamento da grand hotel a prezzi più che onesti.

Lecce = B&B Paisiello
Alby37 | 17 gennaio 2014

È raro trovare cortesia, disponibilita, comfort come qui. Ottima posizione nella città poiché all'interno delle mura del centro storico, ottimo gusto nell'arredamento, dotato di tutti i comfort per un soggiorno, ottimo rapporto qualità-prezzo.

Una scelta perfetta
Asso1977 | 3 gennaio 2014

Siamo stati ospiti di questo fantastico B&B e del suo proprietario Giuseppe, persona disponibilissima. L'appartamento è pulito e curato nei particolari, si ha tutto a disposizione, compresa la tv satellitare e il pass auto. È in pieno centro, a due passi dai migliori monumenti della città.

FASCIA PREZZO €50-€80 **CATEGORIA** B&B

11
Corte Degli Aielli 1
73100 Lecce (Centro storico)
Tel: 347 6534383 www.bebpaisiello.it

112 recensioni
n.4 di 201 B&B e pensioni

Scelto dalla redazione

Osteria da Angiulino

© Florixc / Wikimedia commons

È una delle osterie più antiche di Lecce, un tempo mescita di vino che serviva solo qualche piatto povero e polpette di cavallo. Una tradizione familiare che oggi è portata avanti orgogliosamente da Daniele, che ha saputo creare all'**Osteria da Angiulino** un ambiente semplice e spártano, mantenendo viva la tradizione e i sapori genuini della sua terra.
Qui si mangia proprio ciò che si trova sulle tavole delle famiglie leccesi: ciceri e tria (pasta e ceci), fave e cicorie, sagne 'ncannulate (lasagne di farina bianca e di orzo tagliate a strisce e arrotolate attorno a un ferretto), tajeddhra (riso, patate e cozze). E ancora grigliate miste, bistecche e costate, il tutto preparato con ingredienti freschi e prodotti tipici del Salento. E, a fare da accompagnamento, un buon vino locale, primo fra tutti il Negroamaro sfuso della casa.
Se cercate semplicità, autenticità, gusto e simpatia spendendo davvero poco non rimarrete delusi.

Si mangia molto bene in un ambiente familiare

Pezi81 | 15 gennaio 2014

Sono stato a cenare con degli amici e abbiamo preso come antipasto delle ottime polpette fritte, ciceri e tria e pezzetti di cavallo al sugo. Abbiamo mangiato davvero bene e bevuto un ottimo vino della casa. Il conto assolutamente giusto! Consiglio di provare questa osteria per scoprire o riscoprire i sapori della nostra tradizione.

FASCIA PREZZO €15-€20
CATEGORIA TRATTORIA
CHIUSO DOMENICA

179 recensioni
n.107 di 328 ristoranti

12
Via Principi di Savoia 24
73100 Lecce (Centro storico)
Tel: 0832 245146
www.trattoriadangiulino.com

Top 10 Locali
classifica ragionata basata su tripadvisor

1 | L'Angolino di Via Matteotti

Un piccolo locale dove con pochi euro si può gustare la puccia salentina, pane morbido da farcire con una miriade di ingredienti. Ricordate di passare per un cornetto caldo il sabato e la domenica dopo mezzanotte!

Ottima puccia
Lorenzo C | 24 gennaio 2014

Buonissima la puccia da mangiare fuori o dentro il piccolo locale. Personale gentilissimo, grande varietà dell'offerta e bontà di una puccia facilmente digeribile. Prezzi giusti per la qualità offerta.

Puccia salentina
Sergio f | 20 gennaio 2014

A due passi da piazza Sant'Oronzo, l'Angolino offre ristoro con la tipica puccia leccese, cioè pane con dentro ciò che vuoi. Ideale nella serate estive per godersi la vita delle stradine del centro.

FASCIA PREZZO €5-€10 **CATEGORIA** FAST FOOD
CHIUSO LUNEDÌ NEI MESI INVERNALI

13
Via Matteotti 1
73100 Lecce (Centro storico)
Tel: 346 8361999

551 recensioni
n.1 di 328 ristoranti

2 | Mille e una Crêpes

I giovani fratelli Luca e Marco preparano fino a notte fonda crêpes da favola, dall'impasto speziato e dalle farciture inconsuete. Seguite il profumo!

Qualità, cortesia e pulizia
Jakk111 | 7 gennaio 2014

La crêpe più buona, croccante e leggera che abbia mai mangiato... per non parlare della cortesia dei due proprietari (gemelli), della pulizia e dell'igiene del locale!

Profumata e leggera
78CM | 20 gennaio 2014

Il profumo inebriante di cannella e spezie pervade la stradina in cui si trova questa creperia piccola ma curata nei minimi particolari. Le crêpes sono buonissime, speziate, profumate, croccanti, leggere.

FASCIA PREZZO €3-€5 **CATEGORIA** CREPERIA
CHIUSO LUNEDÌ

14
Via dei Mocenigo 7
73100 Lecce (Centro storico)
www.facebook.com/MilleEUnaCrepes

113 recensioni
n.3 di 328 ristoranti

3 | Natale

A Lecce è la pasticceria per eccellenza, un luogo dove incontrarsi e gustare un dolce, un gelato artigianale, ma anche un aperitivo. Da non perdere i pasticciotti, la cotognata leccese e la torta salentina.

Il gelato migliore

MaryLecce2013 | 22 gennaio 2014

Premetto che non adoro il gelato, ma quello che fanno in questa pasticceria nel centro di Lecce è meraviglioso... lo consiglio!

Buona ed esteticamente d'impatto

TeoTed | 22 gennaio 2014

Ottimo posto, centrale, ma soprattutto ricco di particolarità dolciarie molto allettanti! Consigliato a tutti quelli che cercano qualcosa di «dolcemente sfizioso», certamente un po' caro... Unica pecca: non ha molto spazio all'interno.

FASCIA PREZZO €6-€12 **CATEGORIA** PASTICCERIA E GELATERIA
APERTO TUTTI I GIORNI

15 Via Trinchese 7
73100 Lecce (Centro storico)
Tel: 0832 256060 www.natalepasticceria.it

482 recensioni
n.8 di 328 ristoranti

4 | Sushisalento

In un ambiente luminoso, rilassante e ricercato, potrete assaporare ottimi sushi, sashimi e tempura, alla portata di tutte le tasche. Approfittate del servizio take away!

Ottimo!

Giorgio C | 24 gennaio 2014

Bella atmosfera calma e rilassante, cibo squisito e variegato nei gusti e nei colori. Gli uramaki con gelato e banana sono uno spettacolo!

Ottimo ristorante giapponese nel cuore di Lecce

Laura G | 24 gennaio 2014

Piatti curati e un'atmosfera davvero accogliente. Il personale è risultato essere molto gentile e professionale. Perfetto per un'iniziazione al cibo giapponese!

FASCIA PREZZO €10-€30 **CATEGORIA** SUSHI
APERTO TUTTI I GIORNI

16 Via Luigi De Simone 12
73100 Lecce (Centro storico)
Tel: 0832 243752
www.sushisalento.com

392 recensioni
n.16 di 328 ristoranti

5 | Osteria della Divina Provvidenza

Nel cuore del centro storico, un ristorante che propone a prezzi onesti i piatti tipici del Salento, rivisitati con fantasia e originalità.

Ma che bontà!

Champex-lac | 11 gennaio 2014

Posto fantastico, cibo di alta qualità e servizio eccellente, insomma... il top della gamma! Se avete una bambino piccolo è il posto che fa per voi: la mia bimba di 10 mesi è stata trattata come una principessa.

Gradevole e accogliente

Silvia_e_Leo | 20 gennaio 2014

Il locale, antico e ben restaurato, ha un'architettura suggestiva: belle volte in pietra, caldo, accogliente, allestito con gusto e ironia. Il menu standard è continuamente integrato dai piatti del giorno, che cambiano secondo la disponibilità degli ingredienti.

FASCIA PREZZO €20-€30 **CATEGORIA** RISTORANTE

APERTO TUTTI I GIORNI. CHIUSO MERCOLEDÌ NEI MESI INVERNALI

17
Via Francesco Rubichi 4/c
73100 Lecce (Centro storico)
Tel: 0832 1792078

472 recensioni
n.60 di 328 ristoranti

Zoom

I luoghi della movida

La «capitale del Salento», che d'estate si trasforma in un vero e proprio parco giochi, è anche città universitaria, piena tutto l'anno di giovani che hanno voglia di divertirsi. E proprio gli studenti sono stati i primi artefici della movida leccese, che ha via via contagiato tutti, turisti compresi. Soprattutto con la bella stagione (ma in realtà 365 giorni l'anno), le serate si animano tra bar, pub e discoteche. Non dimenticate però che le lunghe notti cittadine si passano principalmente all'aria aperta, lungo le vie e nelle piazze del centro storico.

Porta San Biagio è il quartier generale del popolo che non dorme mai e, non lontano, il **Cheerspub** (viale dell'Università 41) è tra i posti preferiti dai ragazzi: in tipico stile british, l'atmosfera è conviviale e si mangia per pochi euro.

Altro must per chi vuole fare nottata è il **Barroccio** (sotto l'obelisco di Porta Napoli), un chioschetto frequentato abitualmente da una clientela variopinta: qui si può mangiare, bere, assistere a concerti live di gruppi di ogni tipo e, volendo, ballare la pizzica sul marciapiede.

© Tango7174 / Wikimedia commons

Lecce | **Piazza del Duomo di notte**

6 | La Vecchia Osteria da Toto

Tra i muri di pietra leccese, in un ambiente semplice e familiare, ecco il posto giusto per scoprire i veri sapori del Salento. Basta affidarsi al mitico «Totu»!

Una sorpresa

Miki1944 | 12 gennaio 2014

Ristorante in apparenza molto spartano, piccolo, che non dà proprio nell'occhio ma si è rivelato un vera sorpresa. La cena è stata una chicca, dagli aperitivi, tantissimi, alla frutta: tutto davvero squisito e per palati da intenditori.

Posto fantastico

Mirko P | 7 gennaio 2014

Posto stupendo, economico e si mangia benissimo. Tutto tipico, dall'antipasto alla pasta, alla grigliata di carne. Gestito da persone molto cordiali. Il locale è curato nei minimi dettagli e passa poco tempo dall'ordinazione al pasto. Complimenti.

FASCIA PREZZO €15-€25 **CATEGORIA** OSTERIA
CHIUSO LUNEDÌ

18
Via Dasumno 4/a
73100 Lecce (Centro storico)
Tel: 0832 308057
www.lavecchiaosteriadatoto.jimdo.com

191 recensioni
n.56 di 328 ristoranti

Special Price

Musei a costo zero

La cultura a Lecce non è cara, e anche se siete agli sgoccioli non dovete rinunciare a un pieno di storia, perché qui è gratis! Ci sono infatti due interessanti musei a ingresso libero che meritano senz'altro una visita.

- Il **Museo Provinciale Sigismondo Castromediano** (viale Gallipoli 28, aperto dalle 9 alle 13 e dalle 14.30 alle 19.30; chiuso domenica pomeriggio) espone una ricca raccolta di documentazione messapica, vasi apuli e attici, terrecotte, iscrizioni, statue romane, oltre a una pinacoteca con dipinti del Quattrocento e del Settecento.
- Il **Musa**, Museo storico-archeologico dell'Università del Salento (presso il Complesso Studium 2000, via di Valesio; aperto lunedì e venerdì dalle 9 alle 13.30, martedì e giovedì dalle 15 alle 17.30), è invece un museo interattivo improntato alla divulgazione degli studi condotti dagli archeologi salentini, con tanto di strumentazioni e attrezzature di laboratorio in esposizione. Fate un salto sul sito (www.musa.unisalento.it) per non perdervi le numerose mostre temporanee!

© Giovanni Dall'Orto / Wikimedia commons

Lecce | **Museo Provinciale Sigismondo Castromediano**

7 | Road 66

Pub in stile «Old America» divenuto ormai un punto di riferimento della Lecce by night. Cucina tex-mex e birra a fiumi, oltre a una lista infinita di cocktail.

Uno dei pub eccellenti di Lecce
Fabio C | 13 gennaio 2014

Ottima la cucina a base di carne, ottima birra e ottimo ambiente. Uno dei pub assolutamente da visitare a Lecce.

Gustare l'America a Lecce
Chiara P | 12 gennaio 2014

Locale caratteristico, ben arredato. Cibo ottimo e buon servizio. Sono questi gli ingredienti di un locale che va alla grande. E infatti fa il pienone di sabato! Prenotate! E andateci!

FASCIA PREZZO €10-€20 **CATEGORIA** PUB E STEAK HOUSE
APERTO TUTTI I GIORNI

19 Via Dei Perroni 8
73100 Lecce (Centro storico)
Tel: 0832 246568 www.road66.lecce.it

148 recensioni
n.11 di 328 ristoranti

8 | Pizza&Co

Cosa ci fanno due napoletani a Lecce? La pizza, ovviamente. Per tutti i gusti, da quelle classiche alle più stravaganti, tutte al taglio, buonissime e a prezzi onesti.

Bravi e simpatici
Giorgio V | 22 gennaio 2014

Ormai uno dei punti di riferimento per la pizza da asporto a Lecce, Maurizio e Paolo hanno saputo coniugare qualità del prodotto e professionalità nel servizio Il tutto arricchito dalla loro naturale simpatia.

Una scoperta tra i vicoli
Robertofotografo | 15 gennaio 2014

Un giorno, girando tra i vicoli, entro in questa piccola pizzeria al taglio per chiedere un'informazione. Simpatici e cordiali, Maurizio e Paolo mi aiutano, ma intanto il profumo mi incuriosisce e... la pizza, alla fine, devo dire che è proprio buona!

FASCIA PREZZO €3-€6 **CATEGORIA** PIZZERIA AL TAGLIO
CHIUSO LUNEDÌ

20 Via Libertini 39/a
73100 Lecce (Centro storico)
Tel: 346 4704184
www.pizzandcolecce.blogspot.it

308 recensioni
n.2 di 328 ristoranti

9 | Barbecue

Pochi fronzoli e tanta sostanza: buona carne alla brace (che si sceglie al banco) da accompagnare con i vini del Salento. Un locale onesto e sincero.

Sfizioso
Marco V | 19 gennaio 2014

Ristorante di carne sfizioso. Scegli al banco la carne da mangiare: tutto molto buono, anche i contorni e i dolci. Ottime le patate al forno. Siamo stati diverse volte e, nonostante il ristorante fosse pieno, il servizio è stato abbastanza rapido. Il prezzo è ottimo.

Cena tra amici
Mattia T | 13 gennaio 2014

Sono stato al Barbecue per una cena tra amici. Tutto ottimo a partire dal vino, passando dagli antipasti per finire alla carne, veramente buona! Cucinata al punto giusto. Servizio veloce e prezzi onestissimi! Ci ritornerò. Consigliato!

FASCIA PREZZO €10-€30 **CATEGORIA** RISTORANTE DI CARNE
APERTO TUTTI I GIORNI

21
Via Taranto 24
73100 Lecce (Porta Napoli)
Tel: 328 4317943 www.barbecuelecce.it

150 recensioni
n.22 di 328 ristoranti

10 | Off Side

Punto di riferimento per i giovani leccesi, all'Off Side potete andare a pranzo o a cena, l'importante è che non manchiate la sera, quando insieme a un'ampia scelta di birre artigianali e vini potrete godervi i live set di gruppi pop, rock e jazz.

Bel posto, bravi i gestori!
Bruscomac | 16 gennaio 2014

Ci sono stato durante le festività natalizie. Ottima cucina e ottime le birre, se passate fermatevi anche solo ad assaggiare le patatine fritte fatte da loro e una buona birra, ne vale la pena! Continuate così!

Tappa obbligata!
Annarita T | 5 gennaio 2014

Tappa obbligata se si passa da Lecce, ottimo locale! Hamburger da leccarsi i baffi... e che dire della mitica moka finale?! Servizio eccellente. Vincenzo number one!

FASCIA PREZZO €15-€25 **CATEGORIA** PUB E RISTORANTE
CHIUSO LUNEDÌ A CENA

22
Via Maremonti 41
73100 Lecce (Centro storico)
Tel: 0832 1810125 www.off-sidelecce.it

63 recensioni
n.63 di 328 ristoranti

Il Salento

Un viaggio a Lecce non può prescindere da una gita nel Salento, splendida penisola fatta di spiagge, acque cristalline, masserie da sogno e città d'arte. Partendo dal capoluogo, ci si dirige verso sud: la prima tappa è **Otranto**, la città più orientale d'Italia, con il suo antico centro proteso sul mar Adriatico, che va esplorato a piedi, su e giù per le stradine punteggiate di botteghe artigiane e ristorantini tipici. Proseguendo ancora più a sud, si raggiungono **Santa Cesarea Terme**, con vasche sulfuree e piscine naturali tra gli scogli a picco sul mare, e **Santa Maria di Leuca**, la punta del «tacco», dove i due mari della Puglia si dividono e sorge uno dei più importanti fari d'Italia (è alto 48 metri!).

A questo punto si può risalire percorrendo l'interno della penisola, ricoperto dagli ulivi (e fare tappa a **Maglie**, dove capaci artigiani mantengono viva la lavorazione del merletto e del ferro battuto), oppure tornare indietro dalla costa ionica e fermarsi a **Gallipoli**. Il fiore all'occhiello di questa splendida località, una sorta di isola nel mare collegata alla terraferma da un ponte del Seicento, è sicuramente il borgo medievale, fatto di vicoli stretti che si insinuano tra le case, le chiese, i bastioni e i palazzi. Quello che vi rimarrà impresso nella memoria sarà sicuramente il bianco delle case interrotto dai balconi fioriti, che regalano al borgo un fascino unico. A questo punto, risalendo verso Lecce, si può fare tappa a **Nardò** e, se rimane un po' di tempo, andare a fare un bagno nell'incontaminata spiaggia di **Porto Selvaggio**, nel territorio dell'omonimo parco regionale.

Il mezzo più comodo per riuscire a fare il giro in giornata è senz'altro l'auto (o ancora meglio la moto): da Lecce prendete la tengenziale Ovest in direzione Maglie-Otranto; all'uscita di Maglie imboccate la strada statale 16. Per andare a Santa Cesarea e Santa Maria di Leuca, percorrete la strada litoranea da Otranto oppure prendete la strada statale 275 da Maglie. Per Gallipoli, imboccate poi la strada statale 274 e quindi rientrate a Lecce con la strada statale 101.

Se però non disponete di una macchina o di una moto, c'è un treno delle Ferrovie del Sud-Est che parte da Lecce e copre la linea Maglie-Otranto (per informazioni e orari: www.fseonline.it). Non dimenticate che ci sono anche diversi pullman che collegano Lecce alle altre località del Salento (per informazioni: www.provincia.le.it/web/provincialecce/trasporti).

© Deblu68 / Wikimedia commons

Salento

Scelto dalla redazione

Parco regionale di Porto Selvaggio

© Lupiae / Wikimedia commons

Se avete voglia di prendervi una pausa dalla frenesia cittadina, in soli quaranta minuti di auto potete raggiungere il **Parco regionale di Porto Selvaggio** (nel territorio di Nardò), un vero e proprio paradiso che si estende su 7 chilometri di costa e copre un'area di 1.122 ettari (dei quali circa 300 costituiti da pineta). Qui sono stati rinvenuti reperti testimoni di una storia antichissima, che risalgono agli insediamenti messapici, romani e medievali.
Perdendovi fra i sentieri del parco, i vostri occhi si riempiranno di immagini di inimitabile bellezza: rocce affioranti che sprofondano nel mare turchese, grotte e torri costiere. Quando arrivate a Torre dell'Alto, prendete il sentiero che si affaccia sulla spiaggetta di Porto Selvaggio, famosa per le sue acque trasparenti alimentate anche da sorgenti di acqua dolce.
Per raggiungere il parco da Lecce seguite la statale 101. Arrivati a Nardò, prendete la strada per Santa Caterina e seguite le indicazioni per la strada litoranea Nardò-Sant'Isidoro-Porto Cesareo.

Una giornata di sole... selvaggio!

K-Flair | 20 gennaio 2014

Arrivo subito al dunque: il posto è magnifico. Le acque e le baie sono semplicemente seducenti, così come il panorama e l'ambiente rigoglioso di natura mediterranea. Il nome «Porto Selvaggio» rende bene l'atmosfera del luogo: non vi sono infatti fabbricati di nessun genere per un lungo tratto di costa. Tuttavia, anche a coloro che si ritengono fedeli amanti della comodità in spiaggia, rivolgo il mio consiglio di spendere qui una giornata di sole.

TARIFFA GRATUITO

232 recensioni
n.5 di 29 attrazioni

23 — 73040 Nardò (Lecce)
Tel: 075 5725778

Top 10 Attrazioni

classifica ragionata basata su tripadvisor

1 | Basilica di Santa Croce

Considerata il simbolo del Barocco salentino, la basilica colpisce per la fantasia ornamentale della facciata. Divertitevi a scovare i volti nascosti negli intarsi del rosone, le cosiddette «faccette» di Santa Croce.

Una chiesa fantastica
Antonello P | 13 gennaio 2014
Splendida attrazione di Lecce, ai livelli delle piu belle chiese di Roma, senza nulla da invidiare! Ne rimango ogni giorno più affascinato!

Capolavoro
Mirco c | 10 gennaio 2014
Non si può affermare di conoscere il Barocco leccese se non si è stati in visita alla basilica di Santa Croce: la facciata esterna è un capolavoro. Merita, però, una visita anche l'interno!

TARIFFA GRATUITO
ORARI TUTTI I GIORNI 9-12, 17-20
VARIAZIONI DI ORARIO IN OCCASIONE DI CELEBRAZIONI LITURGICHE

24
Via Umberto I 3
73100 Lecce (Centro storico)
Tel: 0832 241957 www.basilicasantacroce.eu

395 recensioni
n.1 di 29 attrazioni

2 | Duomo

La secentesca cattedrale cittadina, dedicata a Maria Assunta, domina la splendida piazza centrale della città. Andateci verso sera: la suggestione che si crea quando inizia a fare buio vi lascerà senza fiato.

La città del Barocco
Vignematte | 17 gennaio 2014
All'interno ti lascia senza fiato, per la bellezza dei suoi altari laterali e lo scintillio dell'oro zecchino.

Sorpresa!
Gabri b | 31 gennaio 2014
Lungo una meravigliosa strada nel centro di Lecce, all'improvviso ti si apre una vista eccellente: una piazza sorprendente su cui si affaccia il bellissimo Duomo e gli altri palazzi in stile Barocco...

TARIFFA GRATUITO
ORARI TUTTI I GIORNI 9-13, 16-19
VARIAZIONI DI ORARIO IN OCCASIONE DI CELEBRAZIONI LITURGICHE

25
Piazza Duomo
73100 Lecce (Centro storico)
Tel: 0832 308557

428 recensioni
n.3 di 29 attrazioni

3 | Anfiteatro romano

Quella che si può vedere è solo una parte dell'arena di epoca augustea che riusciva a contenere fino a ventimila spettatori. Ma ne vale ugualmente la pena.

Un presepe suggestivo
Vignematte | 17 gennaio 2014

Nel periodo natalizio l'anfiteatro diventa un piccolo borgo della natività dove viene creato il presepe con l'utilizzo di statue di cartapesta a dimensioni umane. Vengono ricostruiti piccoli frutteti, nuraghi e la capanna in pietra leccese.

Molto bello...
CristianThai | 13 dicembre 2013

Di fianco alla piazza principale, dietro al patrono Sant'Oronzo, si trova il bellissimo anfiteatro romano. Tenuto molto bene, è stato scoperto più di cento anni fa. Purtroppo è stata portata alla luce solo la metà di quello che in origine è stato costruito dai romani.

TARIFFA GRATUITO

26 Piazza Sant'Oronzo
73100 Lecce (Centro storico)

157 recensioni
n.10 di 29 attrazioni

4 | Colonna di Sant'Oronzo

Situata nella piazza omonima, la colonna è alta ventinove metri. Sulla sua sommità troneggia la statua bronzea del santo patrono che salvò Lecce dalla peste nel 1656.

Il simbolo di Lecce!
Pamela D | 17 novembre 2013

La colonna di Sant'Oronzo è stata costruita nella metà del Seicento dai leccesi per ringraziare il santo per averli liberati da un'epidemia di peste. Termina con un ricco capitello corinzio sul quale è posta la statua del protettore nell'atto di benedire la città.

Colonna di Sant'Oronzo
Sportivoni | 28 ottobre 2013

Colpisce lo sguardo arrivando nella piazza; bella e da ammirare. Ma altrettanto degna di ammirazione è la piazza nel suo complesso: da visitare in ogni angolo!

TARIFFA GRATUITO

27 Piazza Sant'Oronzo
73100 Lecce (Centro storico)

78 recensioni
n.15 di 29 attrazioni

5 | Museo Archeologico Faggiano

Un edificio storico-archeologico di proprietà della famiglia Faggiano, che grazie ad alcuni lavori di ristrutturazione ha riportato casualmente alla luce reperti che raccontano duemila anni di storia salentina.

Viaggio nel passato
SimoneM991 | 12 gennaio 2014

È stato molto interessante il racconto che ci ha fatto il signor Marco del ritrovamento di quegli ambienti provenienti dal passato, sotto casa sua, e di quello che la burocrazia gli ha fatto passare. Lo consiglio a chiunque passi da Lecce: è un altro aspetto di questa bellissima e antica città

La dimensione del mistero
Ever T | 3 gennaio 2014

Ho trovato il luogo estremamente suggestivo. Sviluppato su più livelli (sotterraneo, piano terra, primo piano e terrazza), sembra di entrare in un mondo onirico e silenzioso. Il fascino della Lecce antica è concentrato tutto lì: una serie di rovine che testimoniano le vite che si sono alternate nei secoli.

TARIFFA €2-€3
ORARI TUTTI I GIORNI 9.30-13, 16-20

28
Via Ascanio Grandi 56
73100 Lecce (Centro storico)
Tel: 0832 300528 www.museofaggiano.it

61 recensioni
n.2 di 29 attrazioni

6 | Chiesa di Sant'Irene

Intitolata a sant'Irene da Lecce, la chiesa è uno degli esempi più belli dell'architettura locale. La facciata, slanciata e sontuosa, vi farà davvero sognare.

Forse anche più bella del Duomo
Isoladilipari | 28 novembre 2013

Il Barocco (non ne sono un appassionato) non disturba, ma riempe gli occhi Da fermarsi e trascorrere un po' di tempo a caccia di particolari dell'architettura «ardita» (barocca).

O dei Teatini
MM492013 | 28 dicembre 2013

A metà strada tra piazza Sant'Oronzo e il Duomo, questa chiesa, edificata fra il 1591 e il 1639, è stata costruita sul modello della basilica di Sant'Andrea della Valle di Roma, dove lavorò lo stesso Grimaldi, teatino, che la progettò.

TARIFFA GRATUITO
ORARI TUTTI I GIORNI 9-12.30, 16-20
VARIAZIONI DI ORARIO IN OCCASIONE DI CELEBRAZIONI LITURGICHE

29
Via Vittorio Emanuele II 11
73100 Lecce (Centro storico)
Tel: 0832 650505

47 recensioni
n.7 di 29 attrazioni

7 | Museo della Cartapesta

L'arte della cartapesta, di cui Lecce è da secoli maestra, è la protagonista delle sale del Castello Carlo V. I modelli contemporanei sono accostati a pezzi tradizionali, video, immagini e ricostruzioni di botteghe.

Xmas
Bogart2013 | 13 ottobre 2013

La perfezione delle creazioni e l'amore con cui gli artisti parlano delle loro opere fanno venire voglia di comprare tutto.

Fateci un salto!
Pamela D | 16 novembre 2013

Il Museo è un'ulteriore attrattiva culturale di Lecce. Aiuta a conoscere, tutelare e promuovere quell'arte che ha reso il Salento noto in tutto il mondo. La collezione è composta da circa ottanta opere dei maggiori artisti cartapestai leccesi.

TARIFFA GRATUITO
ORARI DA LUNEDÌ A VENERDÌ 9-13, 16.30-20; SABATO E DOMENICA 9.30-13, 16.30-20

30 Viale XXV Luglio
73100 Lecce (Centro storico)
Tel: 0832 244845

33 recensioni
n.18 di 29 attrazioni

8 | Chiesa di San Matteo

La sua architettura si rifà al Barocco romano ed è la chiesa dei contrasti: lasciatevi incantare dalla facciata curvilinea, che alterna superfici concave e convesse.

La chiesa tonda
Alf g | 9 ottobre 2013

La cosa che ho apprezzato di più è il tondo della facciata, unico a Lecce. Bello anche l'interno, come del resto in tutte le chiese di questa città.

Una delle predilette
Bracbull | 2 gennaio 2014

Cercatela e non perdetevela, è una delle più belle, la sua facciata in parte concava e in parte convessa la rende unica. Chiusa come una gemma in mezzo alle stradine, vi obbligherà a posizioni di yoga estreme per riuscire a fotografarla nella sua interezza.

TARIFFA GRATUITO
ORARI TUTTI I GIORNI 9-14, 15-21
VARIAZIONI D'ORARIO IN OCCASIONE DI CELEBRAZIONI LITURGICHE

31 Via dei Perroni 29
73100 Lecce (Centro storico)
Tel: 0832 245035

32 recensioni
n.8 di 29 attrazioni

9 | Castello Carlo V

Tipica struttura difensiva cinquecentesca, svela al suo interno ambienti riccamente decorati. Dopo essere stato a lungo utilizzato come distretto militare, il castello è oggi sede di numerose mostre d'arte e altre iniziative culturali.

Finalmente
Francescaziaa | 21 gennaio 2014
Finalmente hanno reso accessibili i sotterranei di un castello che spesso viene sottovalutato da noi leccesi. Provate: è magico e rivivrete un'atmosfera d'altri tempi.

Ora più bello
Nuccio80 | 30 gennaio 2014
In passato sono stato a Lecce ed era sempre chiuso... Ora è stato aperto al pubblico finalmente! Molto bello e suggestivo l'interno...

TARIFFA GRATUITO
ORARI TUTTI I GIORNI 9-13, 16.30-20

32 Viale XXV Luglio
73100 Lecce (Centro storico)
Tel: 0832 246517

55 recensioni
n.21 di 29 attrazioni

10 | Teatro romano

Un angolo dell'antica Roma nel cuore della città, circondato da palazzi e abitazioni. Il teatro, che riprende in piccolo la struttura dell'Anfiteatro romano, poteva contenere fino a cinquemila spettatori. Una tappa imperdibile per conoscere Lecce.

Un angolo...
Chia_mau_vi | 18 gennaio 2014
... dell'antica Roma nel cuore del centro storico. Tappa obbligata se si ama perdersi piacevolmente per le vie del centro.

Un posto magico
Gattosallu | 4 gennaio 2014
Il teatro è incastonato nei vicoli della città vecchia e questo lo rende un luogo di fascino, peccato che gli scavi siano un po' trascurati. Andateci comunque.

TARIFFA GRATUITO

33 Via Arte della Cartapesta
73100 Lecce (Centro storico)

65 recensioni
n.16 di 29 attrazioni

Consigli di viaggio

Agenda

Marzo-aprile

Nella settimana di Pasqua, Lecce si veste a festa, con addobbi nelle vie principali e nelle vetrine dei negozi. Oltre a processioni e manifestazioni religiose, in città vengono organizzati mercatini e stand in piazza che vendono i prodotti tipici salentini. La Pasquetta tradizionale dei leccesi si chiama **Lu Riu** e si passa all'aria aperta: l'amministrazione comunale organizza percorsi naturalistici, enogastronomici e di spettacolo nell'oasi del Parco naturale regionale di Rauccio aperti a tutti dalla mattina alla sera.

Lu Riu, Parco di Rauccio, via Bacino Idume, 73100 Lecce (Litorale)

Aprile-maggio

Tra aprile e maggio Lecce diventa il palcoscenico del **Festival del cinema europeo**, organizzato dall'associazione culturale Art Promotion: una settimana di film, incontri e mostre. Il festival diffonde ogni anno un centinaio di opere tra lungometraggi, corti e documentari provenienti da molti Paesi europei. In occasione dell'evento, la città accoglie numerosi ospiti internazionali: registi, attori, produttori e distributori presentano i loro film e incontrano il pubblico.

Festival del cinema europeo, proiezioni: Cinema multisala Massimo, viale Lo Re 3, 73100 Lecce (Ferrovia); mostre ed eventi collaterali: Castello Carlo V, viale XXV Luglio (Centro storico), ed Ex Monastero dei Teatini, via Vittorio Emanuele 18, 73100 Lecce (Centro storico)

Maggio

Nell'ultimo fine settimana di maggio si possono ammirare gli splendidi palazzi del centro scoprendo i loro tesori segreti: i cortili. **Lecce Cortili Aperti**, organizzato dall'Associazione dimore storiche italiane, è un evento che ogni anno permette ai visitatori di passeggiare tra monumenti antichi e corti eccezionalmente aperte al pubblico. In molti cortili inoltre si svolgono concerti, mostre e manifestazioni.

Lecce Cortili Aperti, location varie

Giugno-luglio

Il **Miami International Piano Festival** di Lecce si svolge dal 2003 con cadenza biennale, in genere nell'ultima settimana di giugno e nella prima di luglio, in teatri e luoghi storici della città. Pianisti e appassionati danno vita a un fitto programma di concerti, offrendo al pubblico l'opportunità di scoprire le nuove leve.

Ogni due anni (sempre in quelli pari), fra metà giugno a metà luglio, il Castello Carlo V ospita la **Biennale del Salento**, rassegna internazionale d'arte contemporanea, che mette in luce i potenziali artistici del territorio.

Miami International Piano Festival, location varie

Biennale del Salento, Castello Carlo V, viale XXV Luglio, 73100 Lecce (Centro storico)

Agosto

Nelle due settimane centrali di agosto la protagonista è la **Notte della Taranta**. Il festival di musica popolare, che si svolge in vari comuni della provincia di Lecce, prevede quindici concerti ospitati da altrettante piazze del Salento più il concertone finale di Melpignano. Ogni anno l'evento vede la partecipazione di circa 300.000 spettatori, pronti a farsi «tarantolare» e «pizzicare» dai ritmi dei più noti musicisti salentini e non. Il concerto di Lecce si svolge solitamente in piazza Sant'Oronzo.

A fine mese, invece, dal 24 al 26 la **Festa dei Santi Patroni** di Lecce (Oronzo, Giusto e Fortunato) è uno spettacolo che paralizza l'intero centro cittadino, con una serie di manifestazioni religiose e laiche, tra concerti, rappresentazioni teatrali e spettacoli di ogni genere. La tre giorni di festeggiamenti si chiude il 26 con il grande spettacolo notturno di fuochi pirotecnici.

La Notte della Taranta, location varie

Festa dei Santi Patroni, location varie

Dicembre

Ogni anno dal 13 dicembre (giorno di santa Lucia) l'appuntamento è con la tradizionale **Fiera dei Presepi e dei Pupi**. All'antico mercato popolare troverete merci di ogni genere: dalla statuine in creta lavorata a mano ai pupi in cartapesta, ce n'è per tutti i gusti e per tutte le tasche (alcuni pupi sono vere e proprie opere d'arte). Le strade del centro storico di Lecce si riempiono di bancarelle dove è possibile fare acquisti fino a tarda sera, e nell'ex convento dei Teatini viene allestita una mostra di presepi artistici in cartapesta o in terracotta realizzati dai pupari.

Fiera dei Presepi e dei Pupi, location varie

Arrivare e partire

Aerei

L'aeroporto più vicino è quello di Brindisi-Casale, che dista circa 40 km da Lecce e collega il Salento ai più importanti scali italiani ed europei, prevalentemente con voli di compagnie low cost come Ryanair, easyJet e airberlin. Da Lecce si raggiunge l'aeroporto in auto in 30 minuti percorrendo la SS 613. Altrimenti c'è il servizio di autobus navetta dell'autolinea regionale Sita: gli autobus partono dall'Airport City Terminal di Lecce (viale Porta d'Europa) e raggiungono l'aeroporto in 40-45 minuti. I biglietti (€6) si possono acquistare online sul sito www.pugliairbus.aeroportidipuglia.it, presso alcune agenzie di viaggio oppure direttamente a bordo.

Aeroporto di Brindisi-Casale (Aeroporto del Salento), tel: 080 5800200, www.aeroportidipuglia.it

Treni

La stazione ferroviaria di Lecce si trova a circa 1 km dal centro della città. È servita dai treni regionali di Trenitalia e Ferrovie del Sud Est (per informazioni visitate il sito www.fseonline.it), oltre che dai collegamenti a lunga percorrenza di Trenitalia (Frecciabianca).

Stazione Centrale, viale Oronzo Quarta, 73100 Lecce (Ferrovia); tel: 0832 303403

Auto

Arrivando in auto dal versante adriatico, da Milano e da Bologna, seguite l'autostrada A14 (E55) fino a Bari nord, poi prendete la superstrada per Brindisi-Lecce che arriva in città. Se arrivate invece dal versante tirrenico, prendete la A1 da Firenze a Napoli, poi la A16 fino a Bari nord, e infine la superstrada Brindisi-Lecce. Se si proviene da sud (Calabria o Sicilia), bisogna percorrere la SS 682 fino a Taranto, quindi proseguire in direzione est sulla superstrada Brindisi-Lecce sino ad arrivare all'ingresso della città.

Pullman

Dal City Terminal situato all'ingresso nord della città, arrivano e partono pullman che collegano tra di loro le località della Puglia, e linee che collegano Lecce a varie città d'Italia. Preziosi d'estate sono i mezzi di SalentoInBus, attivi dal 25 luglio al 5 settembre.

SalentoinBus, tel: 345 0101095, www.salentu.com/salento-in-treno-e-bus

Muoversi

Mezzi di superficie

Il centro storico di Lecce è chiuso al traffico e si può attraversare tranquillamente a piedi o in bicicletta (esiste anche il servizio di noleggio Bici in Città, per informazioni tel: 800 457300). Gli autobus sono comunque comodi per raggiungere il centro dalla stazione ferroviaria o per andare nelle zone più periferiche, anche fuori dal territorio cittadino. Il servizio di trasporti urbani (una ventina di linee di autobus e una nuova linea filoviaria elettrica) è gestito da Sgm, società che controlla anche il servizio parcheggi della città. Il biglietto di corsa semplice costa €1 (€1,50, se acquistato a bordo), quello con validità 90 minuti €1,50, quello giornaliero (con validità 24 ore dall'obliterazione) €2,50 e il carnet multicorse (6 corse semplici) €5.

Sgm, tel: 0832 230431, www.sgmlecce.it.

Taxi

A Lecce sono attive tre compagnie di taxi che offrono un servizio 24 ore su 24 per la città e per le località del Salento. La corsa è prenotabile via telefono oppure online sui rispettivi siti web. Pensandoci in anticipo, si possono usufruire di sconti fino al 30%:

- **Cooperativa Taxi Lecce**, tel: 328 6714428, www.cooperativataxilecce.it
- **Lecce Taxi**, tel: 320 7730231, www.leccetaxi.it
- **Salento Radio Taxi Lecce**, tel: 0832 2240, www.salentoradiotaxilecce.it

Palermo

Palermo è la città dei paradossi, crocevia di lingue e popoli, labirinto di culture diverse eppure indissolubilmente unite, capoluogo e simbolo di una delle regioni più estese e complesse d'Italia, scrigno di tesori preziosi quanto segreti.

Camminando per le vie di Palermo è impossibile non avvertire la grandezza della sua storia: dai fenici ai greci, dagli arabi ai normanni, dagli svevi ai francesi, dagli spagnoli fino agli inglesi, ogni popolo ha lasciato in dono una preziosa eredità che aspetta solo di essere scoperta. Esplorate questa città di stravagante bellezza, partendo dai quartieri storici della Vucciria, della Kalsa e dell'Albergheria, per scoprire uno dopo l'altro monumenti degni di una capitale. Tra chiese barocche, chiassosi mercati e tradizioni millenarie, Palermo saprà conquistarvi con la sua anima multietnica e la sua atmosfera senza tempo.

Scopri Palermo by tripadvisor
Inquadra il QR Code con il tuo smartphone per scoprire i contenuti multimediali

21
29
33
Montepellegrino
Arenella
Vergine Maria
20
28
7
Libertà
22
19
Malaspina
13
Zona Nuova
Kalsa
Tribunali
Castellammare
Zisa
Monte di Pietà
Albergheria
24
Oreto
Stazione

DORMIRE

1. Al giardino dell'Alloro
2. Ambasciatori Hotel
3. Hotel Posta
4. Hotel Joli
5. Hotel Columbia Palermo
6. Hotel Concordia
7. Attic 12
8. Butera 28
9. Palazzo Pantaleo
10. B&B La via delle biciclette
11. Your Hostel

MANGIARE E BERE

12. Ristorantino da Spanò
13. Pasticceria Oscar
14. Frida pizzeria
15. Trattoria ai Cascinari
16. Basquiat Cafè
17. Ristorante Sapori Perduti
18. Pani ca Meusa Porta Carbone
19. Ledop
20. Pasticceria Cappello
21. Badalamenti Cucina e Bottega
22. Il baro

VISITARE

23. Chiesa di Santa Maria dello Spasimo
24. Duomo di Monreale
25. Stanze al Genio
26. Teatro Massimo
27. Cattedrale di Palermo
28. Palazzo dei Normanni
29. Mondello
30. Chiesa di Santa Maria dell'Ammiraglio
31. Piazza Pretoria
32. Chiesa di San Cataldo
33. Monte Pellegrino

Scelto dalla redazione

Al giardino dell'Alloro

© Al giardino dell'Alloro

A pochi passi dai monumenti arabo-normanni del variopinto quartiere della Kalsa, sorge un bed & breakfast che può definirsi a ragione «b&b arts»: ogni sala è infatti impreziosita da tele, sculture e fotografie di artisti locali.

Le cinque stanze sono piccoli gioielli studiati per le esigenze più disparate: «I Vespri», sui toni del rosso, è l'ideale per una famiglia di quattro componenti grazie al suo letto matrimoniale e ai due singoli; «La Magione», dotata di un ingresso indipendente, è ottima per una persona alla ricerca della privacy; «Alloro» e «La Hausa» rappresentano la scelta giusta per un romantico week-end di coppia; nella suite «La Stanza del Genio» un gruppo di amici troverà invece tutto lo spazio di cui ha bisogno (oltre a un balcone e a un terrazzino).

Il vero tesoro è però il luminoso cortile interno: un tranquillissimo angolo verde dove bere il caffè al mattino oppure chiacchierare la sera, con gli occhi pieni delle bellezze della città.

Un soggiorno al top

Gaetano V. | 17 gennaio 2014

Grazioso B&B articolato attorno a un cortile quieto e pieno di luce che invoglia a soffermarsi a leggere o semplicemente a chiudere gli occhi e lasciarsi andare a ripassare nella mente le bellezze che la città di Palermo ti offre da visitare nelle immediate adiacenze. È come se il cortile fosse il centro di partenza per tanti percorsi tutti affascinanti e ricchi e, nello stesso tempo, il punto di arrivo, dove viene voglia di fermarsi.

FASCIA PREZZO €45-€90
CATEGORIA B&B

102 recensioni
n.89 di 269 B&B e pensioni

1

Vicolo San Carlo 8
90133 Palermo (Kalsa)
Tel: 091 6176904
www.giardinodellalloro.it

Top 5 Alberghi
classifica ragionata basata su tripadvisor

1 | Ambasciatori Hotel

Nel cuore di Palermo, un palazzo liberty in cui fare colazione in terrazza con prodotti tipici a chilometro 0. E la gestione familiare vi farà sentire come a casa vostra!

Bilancio positivo
Cipiaceviaggiare_10 | 28 gennaio 2014
Appena tornati da un soggiorno di tre notti presso questo hotel confermiamo i giudizi espressi dagli altri viaggiatori: centrale, confortevole, vista panoramica, professionalità e cortesia dello staff; stanze molto spaziose, la nostra aveva un balcone su via Roma!

Hotel pulito e ben tenuto
Folfra | 28 gennaio 2014
Ho soggiornato una sola notte in questo hotel, ma devo dire che sono soddisfatto. La camera era pulita e spaziosa. Sicuramente un tre stelle di ottimo livello. Ve lo consiglio anche per la posizione strategica in prossimità della stazione centrale!

FASCIA PREZZO €55-€100 CATEGORIA ★★★

2
Via Roma 111
90133 Palermo (Centro storico)
Tel: 091 6166881
www.ambasciatorihotelpalermo.com

761 recensioni
n. 4 di 96 hotel

2 | Hotel Posta

A due passi dalla Vucciria e da via Roma, l'Hotel Posta è uno storico albergo gestito dalla stessa famiglia da quasi un secolo. Le foto d'epoca alle pareti conservano la memoria di questa storia e dei suoi illustri ospiti.

Impeccabile!
Flagiu 1976 | 19 dicembre 2014
Ottimo hotel nel centro storico, bella atmosfera familiare e accoglienza impeccabile! Colazione abbondante e personale gentilissimo. Non si potrebbe desiderare di meglio.

Caterina
Katia9272 | 4 dicembre 2013
Personale accogliente e disponibile, posizione ottima, attenzione per le intolleranze alimentari (celiachia), cura e pulizia degli ambienti, arredamento moderno. La nostra vacanza è stata davvero piacevole non solo per la splendida città ma anche per l'albergo che ci ha fatto sentire a casa.

FASCIA PREZZO €50-€72 CATEGORIA ★★★

3
Via Antonio Gagini 77
90133 Palermo (Zona Nuova)
Tel: 091 587338 www.hotelpostapalermo.it

249 recensioni
n.10 di 96 hotel

3 | Hotel Joli

Nel cuore della Palermo liberty dei grandi teatri e delle vie maestose, un tre stelle di lusso ottimo per viaggi di lavoro come per momenti di impagabile relax.

La mia casa a Palermo

Afoco | 15 gennaio 2014

Dopo numerose visite in diversi hotel di Palermo, mi son trovato per caso ad alloggiare al Joli poco più di un anno fa... Da lì, tra le camere pulitissime e ordinate e la professionalità del personale, ne ho fatto la mia seconda casa ogni volta che vado a Palermo per lavoro. Soddisfatto!

Très Joli

Alessandro T | 14 gennaio 2014

Cordialità, gentilezza e calore sono le caratteristiche che distinguono questo gioiello di hotel incastonato nella splendida cornice del centro chic di Palermo. Ottimo il rapporto qualità-prezzo, stanza confortevole con tutti gli agi. Il personale è veramente squisito ma alla signora Mariella diamo una stella in più. Veramente «Très Joli»!

FASCIA PREZZO €30-€100 CATEGORIA ★★★

4 Via Michele Amari 11
90139 Palermo (Zona Nuova)
Tel: 091 6111765 www.hoteljoli.com

335 recensioni
n.16 di 96 hotel

4 | Hotel Columbia Palermo

Questo piccolo due stelle vi resterà nel cuore grazie alla squisita ospitalità dello staff e alla posizione perfetta. Per non parlare dei cornetti alla crema: un'esperienza unica da ripetere colazione dopo colazione.

Veramente da riprovare

Tano58 | 28 gennaio 2014

Ho prenotato dopo aver letto varie recensioni e devo dire che il 95% corrisponde alla verità. Ambiente tranquillo, pulito, confortevole, posizione strategica, colazione deliziosa e abbondante, disponibilità e cortesia da parte di tutto il personale, non ho altro da dire tranne: se torno a Palermo ci andrò certamente. Continuate così!

Un piacevole soggiorno

Giuseppa S. | 23 gennaio 2014

Ho prenotato tramite Ryanair questa sistemazione. Sono rimasta molto soddisfatta per l'accoglienza di tutto il personale gentile e socievole. Sistemazione confortevole e pulita, colazione ottima. L'albergo è situato in zona strategica per visitare la città. Un grazie di cuore a tutto lo staff, spero di essere ancora vostra ospite in futuro.

FASCIA PREZZO €37-€100 CATEGORIA ★★

5 Via del Celso 31
90134 Palermo (Monte di Pietà)
Tel: 091 6113777 www.hotelcolumbiapalermo.com

220 recensioni
n.13 di 96 hotel

5 | Hotel Concordia

Tariffe da albergo a una stella per un hotel che ne meriterebbe almeno un paio in più. Centrale e pulito, è un perfetto punto di partenza per chi vuole visitare la città.

Confortevole, comodo e accogliente

Silvia C. | 17 dicembre 2013

Grazioso albergo nel cuore di Palermo, a pochi minuti a piedi dalla stazione (da cui è facilissimo raggiungere l'aeroporto) e da tutte le maggiori attrazioni della città. Curato e confortevole, camere spaziose e buona colazione all'italiana!

Hotel da consigliare

Roberto B. | 2 dicembre 2013

Ho soggiornato all'Hotel Concordia solo due notti, ma è un albergo da consigliare. In ottima posizione su via Roma, camere curate e pulite (con lenzuola profumate) e una colazione a buffet del tutto rispettabile. Buonissimo rapporto qualità-prezzo. Un albergo decisamente da consigliare.

FASCIA PREZZO €35-€65 CATEGORIA ★

6 Via Roma 72
90133 Palermo (Albergheria)
Tel: 091 6169062 www.hotelconcordiapalermo.it

55 recensioni
n.37 di 96 hotel

Top 5 B&B e altro

classifica ragionata basata su tripadvisor

1 | Attic 12

Un'unica camera matrimoniale di lusso e una terrazza con una magica vista sulla città e il suo mare: non lasciatevi scappare questo B&B esclusivo che offre servizi da grand hotel al prezzo di un tre stelle.

Ben oltre l'immaginario

GregoryS1705 | 24 gennaio 2014

Quando vedi che la tua stanza ti dà la possibilità di vedere l'intera città di Palermo, con le lucine che sembrano stelle di notte e il magnifico paesaggio mattutino, nulla ha più importanza! Ho vissuto dei giorni piacevolissimi da Attic 12!

Stupendo

Antoni95 | 21 gennaio 2014

È davvero così come lo descrivono: un posto accogliente, pulito e c'è tutto quello che serve... I proprietari sono delle persone favolose e gentili ed è fantastico scambiare quattro chiacchiere con serenità!

2014 Travelers' Choice tripadvisor

FASCIA PREZZO €60-€95 CATEGORIA B&B

7 Via Giuseppe Alessi 51
90143 Palermo (Libertà)
Tel: 333 3100546 www.attic12.it

243 recensioni
n.1 di 269 B&B e pensioni

2 | Butera 28

Sentirsi a casa nel cuore della Kalsa? Niente di più semplice grazie agli appartamenti di Butera 28, splendidi come la cornice in cui sorgono: un palazzo settecentesco affacciato sul lungomare. Vi rimarrà nel cuore.

Butera 28

Alexey M | 10 dicembre 2013

Fantastico! È il luogo migliore (a mio parere) in cui soggiornare a Palermo. Un'esperienza davvero magica, e uno dei motivi per cui tornare in Sicilia!

Un giorno con la duchessa

Marian C. | 30 dicembre 2013

Il duca e la duchessa di Palma hanno trasformato un'ala del loro palazzo in appartamenti per i viaggiatori. Il nostro era enorme, con un grande salotto con camino, una grande sala da pranzo e un'ampia camera da letto, con uno spazioso armadio e una bella scrivania.

FASCIA PREZZO €60-€180 **CATEGORIA** APPARTAMENTI

8
Via Butera 28
90133 Palermo (Kalsa)
Tel: 333 3165432 www.butera28.it

128 recensioni
n.1 di 48 altre sistemazioni

3 | Palazzo Pantaleo

In questo palazzo dell'Ottocento da poco restaurato troverete il giusto mix fra tradizione e innovazione. Il parcheggio privato è una comodità da non sottovalutare.

Le ottime recensioni sono meritate

www69 | 30 dicembre 2013

Questo B&B merita tutte le ottime recensioni! Posizione fantastica, centrale e vicino alla fermata dell'autobus per l'aeroporto. Colazione gustosa, servizio e ospitalità superiori. Suite spaziose!

Tranquillo ma centrale

Rob091 | 16 gennaio 2014

Il proprietario Giuseppe ha fatto un ottimo lavoro di restauro delle camere, la nostra stanza era spaziosa e aveva i soffitti alti, un balcone e aria condizionata che funzionava bene (necessaria per Palermo!). Il letto era molto confortevole, la colazione era buona e Giuseppe è stato molto disponibile.

FASCIA PREZZO €80-€100 **CATEGORIA** B&B

9
Via Ruggero Settimo 74
90141 Palermo (Zona Nuova)
Tel: 091 325471 www.palazzopantaleo.it

232 recensioni
n.5 di 269 B&B e pensioni

4 | B&B La via delle biciclette

Manlio e Manuela, i gestori di questo B&B nascosto in una via pittoresca e silenziosa, a due passi dalla stazione, sono innamorati di Palermo: seguite i loro consigli per scoprire tutti i segreti di una città da *Mille e una notte*.

Ottima accoglienza e preziosi consigli

Anna M. | 2 gennaio 2014

Struttura comoda da raggiungere, in pieno centro, vicina alla stazione, in posizione ideale sia per visitare i principali monumenti della città, sia per godere di ottimo riposo notturno e relax. I gestori Manlio e Manuela sono due splendide persone!

Un'ottima esperienza

Elp1972 | 15 dicembre 2013

Confermo i tanti giudizi positivi espressi da quanti mi hanno preceduto. Posizione centrale, via tranquilla e suggestiva, camere ampie e ben tenute. Una nota particolare va ai padroni di casa, per l'attenzione che riservano agli ospiti e la capacità di creare un'atmosfera di sincera familiarità. Siamo stati molto bene, grazie.

FASCIA PREZZO €35-€50 CATEGORIA B&B

10 Via Divisi 74
90133 Palermo (Albergheria)
Tel: 334 3830969 www.laviadellebiciclette.com

176 recensioni
n.4 di 269 B&B e pensioni

5 | Your Hostel

A due passi dalla Vucciria, un ostello a conduzione familiare pronto a offrirvi tutto quello che vi aspettate: comfort, atmosfera serena e tariffe per tutte le tasche.

Comodo e accogliente

Drunkwords | 31 gennaio 2014

Allegro, colorato e accogliente. Era la prima volta che soggiornavo in questo ostello, e mi sono trovata davvero bene! Ampia sala comune, connessione wi-fi gratuita, cucina attrezzatissima e una meravigliosa terrazza!

Buona posizione

Be_Karen | 10 dicembre 2013

Certamente ci sono molti ostelli a Palermo, ma questo è in una posizione davvero buona! Accanto alla stazione ferroviaria e ai mezzi pubblici, a circa quindici minuti dalle attrazioni del centro.

FASCIA PREZZO €17-€44 CATEGORIA OSTELLO

11 Via Antonio Gagini 61
90133 Palermo (Kalsa)
Tel: 091 320436 www.yourhostel.it

41 recensioni
n.7 di 48 altre sistemazioni

Scelto dalla redazione

Ristorantino da Spanò

© Ristorantino da Spanò

È dal 2004 che Sergio e Angela Spanò gestiscono questo «ristorantino», un mondo di storia, sapori e tradizioni che aspetta solo di essere... assaggiato.
Alle spalle del variopinto mercato del Capo, uno dei più famosi e suggestivi della città, si nasconde un vero e proprio paradiso del pesce.
La soluzione migliore per non perdersi nulla è quella di optare per uno dei gustosi ed economici menu, affidandosi totalmente ai padroni di casa. Dalla croccante frittura di cappuccetti alla bruschetta di ricci, dagli spaghetti allo scoglio, ormai un'istituzione, al pesto di pistacchio di Bronte, fino al pesce fresco del giorno: al **Ristorantino da Spanò** scoprirete cosa vuol dire assaporare davvero il gusto del mare.
Non siate pavidi però, non dovete rinunciare per nulla al mondo al dolce: la cassatella appena fritta ripiena di ricotta e cioccolato è qui che vi aspetta, portandosi dietro tutti i sapori di quest'isola incantata.

Disponibilità e cortesia

Maurizio L. | 25 gennaio 2014

Alla delicata bontà dei piatti si aggiunge la gentilezza del proprietario, che si offre di servire ai tavoli, aggiungendo quel tocco di piacere che per chi vive lontano da casa può fare veramente la differenza. Ci ritornerò senza alcun dubbio, devo gustare meglio il dessert finale alla ricotta calda!

FASCIA PREZZO €20-€30
CATEGORIA RISTORANTE
APERTO TUTTI I GIORNI

500 recensioni
n.18 di 980 ristoranti

12
Via Gesù e Maria 2
90133 Palermo (Monte di Pietà)
Tel: 348 5628789
www.ristorantinospano.com

Top 10 Locali

classifica ragionata basata su tripadvisor

1 | Pasticceria Oscar

Una domenica in famiglia a Palermo non è la stessa senza la guantiera di paste di Oscar o la mitica torta Devil. E le sue arancine ripiene sono inimitabili.

Ottimo

Vogluccaparrucchieri | 21 gennaio 2014

Elegante pasticceria molto luminosa, prodotti eccezionali, ma sopratutto famosa per la buonissima torta David. Buonaaa!

Sua maestà la cassata

Mlleadela | 26 gennaio 2014

Finalmente una cassata degna di tale nome. Se non amate la ricotta di pecora fresca astenetevi, in questa si sente la pecorella che bela! È magnifica l'opulenza del ripieno, delle gocce di cioccolato, il profumo dei frutti e la finezza della glassa... Provatela!

FASCIA PREZZO €10-€20 **CATEGORIA** PASTICCERIA E ROSTICCERIA
CHIUSO MARTEDÌ

13 Via Mariano Migliaccio 39
90145 Palermo (Malaspina)
Tel: 091 6822381 www.oscarpasticceria.it

270 recensioni
n.2 di 980 ristoranti

2 | Frida pizzeria

Ingredienti di alta qualità e un pizzico di golosa inventiva per questa pizzeria nel cuore di Palermo: non potrete resistere ai «vulcanotti» o alle «cornici ripiene».

Pizza fantastica

Fra0087 | 25 gennaio 2014

Se sei a Palermo e cerchi una pizza davvero buona non puoi sbagliare andando in questo locale. Le pizze sono grandi, sottili e veramente ben condite sia per quantità che per qualità. La pizza Frida risulta di una bontà unica!

La migliore pizza di Palermo

Anna C. | 25 gennaio 2014

Abbiamo preso un Vulcanott (una pizza dal bordo spesso) e una pizza quadrata con il bordo ripieno. Che dire: eccezionali. Oltre a essere fatte con lievito naturale, gli ingredienti sono genuini e freschi. Locale molto carino, ci tornerò con piacere!

FASCIA PREZZO €8-€15 **CATEGORIA** PIZZERIA
CHIUSO MARTEDÌ

14 Piazza Sant'Onofrio 37/38
90134 Palermo (Monte di Pietà)
Tel: 091 5505440 www.fridapizzeria.it

481 recensioni
n.30 di 980 ristoranti

3 | Trattoria ai Cascinari

Polpettine di melanzane, pasta con il pesce spada, torta sette veli: solo alcuni esempi di quello che troverete alla Trattoria ai Cascinari. Riservato ai buongustai.

Vera cucina siciliana!
Anto_Giulio | 25 gennaio 2014

Il top sono le polpette di melenzane al sugo... Eccezionali! Antipasto ricco di bontà siciliane... Buonissime le panelle ai ceci!

Piatti tipici palermitani
Antonietta V. | 25 gennaio 2014

Nel cuore più popolare della città, questa trattoria offre la possibilità di gustare piatti tipici; gli antipasti sono vari e ricchi, dalle sarde a beccafico alle polpette di sarde e non solo. Meglio lasciar fare a loro e farsi portare tutti questi assaggi. Buona la scelta e la qualità di tutto!

FASCIA PREZZO €20-€30 **CATEGORIA** TRATTORIA
DA MERCOLEDÌ A SABATO APERTO A PRANZO E CENA, DOMENICA A CENA. CHIUSO LUNEDÌ E MARTEDÌ

15
Via D'Ossuna 43/45
90138 Palermo (Monte di Pietà)
Tel: 091 6519804

966 recensioni
n.5 di 980 ristoranti

4 | Basquiat Cafè

Per pranzo o per un tè, per l'aperitivo o per un drink: ogni momento è perfetto per un po' di sano relax in questo locale caratteristico dai muri coperti di fotografie.

Il mio preferito nel cuore di Palermo!
TuniTrip | 12 gennaio 2014

Non so cosa abbia il Basquiat, ma è il mio pub preferito sia per un dolcetto, sia per una birra con amici. L'atmosfera è molto gradevole, gli ambienti raffinati e accoglienti. Ottima selezione di tè, infusi e cioccolate, e ottima lista di piadine, le mie preferite!

Ci torno sempre volentieri
Sole637 | 9 gennaio 2014

Ogni volta che sono a Palermo per lavoro vado sempre a pranzo in questo locale: pulito, atmosfera giusta, quantità abbondanti, qualità sopra la norma, prezzi più che onesti, personale cordiale e simpatico, centrale. Insomma cosa chiedere di più?

FASCIA PREZZO €2-€10 **CATEGORIA** PUB E CAFFÈ
CHIUSO SABATO A CENA E DOMENICA A PRANZO

16
Via Sant'Oliva 20/22
90141 Palermo (Zona Nuova)
Tel: 091 6090090
www.basquiatcafe.altervista.com

167 recensioni
n.38 di 980 ristoranti

5 | Ristorante Sapori Perduti

Luci soffuse, musica di sottofondo e pesce freschissimo. L'ottima accoglienza e il buon vino faranno il resto: non potrete che decidere di tornare.

Serata piacevole e ottimo cibo
Elyemy | 28 dicembre 2013

Ambiente gradevole, sobrio e di buon gusto... Abbiamo ordinato quattro piatti diversi e sono arrivati insieme e velocemente. Crudo di pesce per me, per mio marito carpaccio di spada con i finocchi... Pesce ottimo e fresco! Conto ragionevole, ci torneremo!

Perfettamente azzeccato
Vocalia67 | 15 settembre 2013

Tutto ottimo, piatti ben cucinati, ben presentati, con ingredienti stupendi. Locale molto bello, pulito, elegante. Servizio inappuntabile. Ottima carta dei vini. Esperienza ripetuta per la terza volta confermando gli ottimi risultati. Ottimo anche il rapporto qualità-prezzo.

FASCIA PREZZO €25-€50 CATEGORIA RISTORANTE
CHIUSO LUNEDÌ

17 Via Principe di Belmonte 32
90139 Palermo (Centro storico)
Tel: 091 327387

77 recensioni
n.16 di 980 ristoranti

Zoom

Palermo by night

Città d'arte e di mare, di conflitti e di grandi mangiate. Tutto vero, ma non dimenticate che Palermo sa essere anche incredibilmente divertente. Se avete la fortuna di conoscere qualcuno del luogo, fatevi trascinare per il centro storico quando cala il sole o provate a seguire questo breve itinerario.
Si comincia con un appuntamento **Ai Chiavettieri** (in via Chiavettieri, appunto), un wine bar che fa ottima musica jazz, per spostarsi poi alla **Vucciria** (potrete comodamente raggiungerla a piedi): di giorno un mercato, la sera una discoteca a cielo aperto. Troverete giovani e meno giovani che ballano, suonano e bevono, perché un pretesto per divertirsi lo si trova sempre.
Tra un carrettino di stigghiole e qualche accordo di chitarra, la migliore conclusione della vostra serata è andare al **Ballarò**: provate la «bomba», un cocktail di cui nessuno conosce la composizione, ma di cui tutti apprezzano l'effetto.
A notte fonda, sazi e contenti, andrete a dormire aspettando solo la prossima notte palermitana.

© l0da_ralta / Wikimedia commons

Palermo | **La Vucciria di notte**

6 | Pani cà Meusa Porta Carbone

«U pani cà meusa», il tipico panino con la milza, è l'istituzione della città, e questo è il posto giusto dove provare le sue molte varianti. Solo per i palati più coraggiosi.

Il panino più buono della mia vita

609Matty | 14 gennaio 2014

Un panino davvero delizioso, locale alla buona ma caratteristico... Durante la vacanza ho provato il panino con la milza in altri locali, ma nessuno ha battuto quello di questa panineria... Prezzi veramente ottimi! Io lo consiglio!

L'autentico ruspante panino con la milza di Palermo

Skardanelli | 13 gennaio 2014

Un'istituzione a Palermo dove gustare l'autentico panino con la milza, una specialità che non è possibile non assaggiare per chi passa in questa città. Atmosfera amichevole e sapori autentici: indimenticabile!

FASCIA PREZZO €2-€10 **CATEGORIA** STREET FOOD
CHIUSO DOMENICA

18
Via Cala 62
90133 Palermo (Albergheria)
Tel: 091 323433
www.facebook.com/PaniCaMeusaPortaCarbone

100 recensioni
n.34 di 980 ristoranti

Special Price

Street food: la storia in un piatto

Se l'Italia è la patria del mangiar bene, la Sicilia e le sue tradizioni gastronomiche ne sono il fiore all'occhiello.
Oltre alle succulente portate servite da ristoranti e trattorie, non dovete lasciarvi scappare l'universo della cucina povera dello street food, che a Palermo invade le strade del centro di profumi irresistibili e sapori senza tempo.
Ingredienti spesso snobbati dalla cucina tradizionale continuano a vivere in piatti prelibati dai sapori forti come il **panino con la milza** (da gustare con o senza ricotta salata), oppure le **stigghiole**, servite dallo «stigghiolaru» che vagabonda per la città con il suo carretto: budella di agnello, ma anche di capretto o pollo, lavate in acqua e sale, condite con prezzemolo, arrotolate in uno spiedino o attorno a un porro e cucinate sulla brace. E poi **arancine**, **panelle**, **sfincioni**... Ogni nome racchiude un mistero, un pezzo di storia italiana, un capolavoro low cost... e un prezioso souvenir per chi vuole portarsi nel cuore i sapori decisi di questa terra.

© Dedda71 / Wikimedia commons

Palermo | **Pane e panelle**

7 | Ledop

In Italia l'arte del panino è sapienza antica, e quando si unisce alla bontà della gastronomia siciliana il risultato non può che essere fantastico: per l'aperitivo, il pranzo o la cena, Ledop vi conquisterà con la freschezza dei suoi ingredienti.

Fantastico

Meruzzzza | 24 gennaio 2014

Locale molto accogliente, riservato, curato... i proprietari sono gentili, attenti al cliente e ai dettagli... Tanti tipi di formaggi e salumi di prima scelta, a prezzi per nulla salati, anzi! Il menu è ricco di antipasti rustici e tanti panini riempiti non con i soliti ingredienti ..

E fu subito amore

Logan_Bulsara | 27 gennaio 2014

È un posto unico, consigliato per l'eccellenza degli ingredienti usati che contribuiscono a creare delle bontà sottoforma di panino. Come suggerisce il nome, in questo locale è possibile infatti trovare prodotti Dop e Igp freschissimi. Il posto è piccolino, ma l'atmosfera è molto curata ed elegante!

FASCIA PREZZO €6-€20 **CATEGORIA** RISTORANTE
CHIUSO LUNEDÌ

19 Via Cesareo Giovanni Alfredo 32
90144 Palermo (Libertà)
Tel: 091 2735175

67 recensioni
n.5 di 980 ristoranti

8 | Pasticceria Cappello

In questa storica pasticceria – da molti definita come il tempio del dolce a Palermo – potrete gustare tutte le specialità regionali, dalle cassate al gelo di mellone, e cioccolato in mille modi diversi!

La cassata è femmina

Mlleadela | 26 gennaio 2014

La cassata è femmina perché quella di Cappello è generosa, profumata, tonda, ricca, morbida, tutta vestita di trasparenze, barocca ed elegante.

Lasciate ogni speranza...

Vincenzo012 | 23 gennaio 2014

Lasciate ogni speranza voi che entrate... Non si può fare a meno di prendere qualche dolcetto, c'è l'imbarazzo della scelta ed è quasi impossibile trovare qualcosa di non buono...

FASCIA PREZZO €15-€35 **CATEGORIA** PASTICCERIA E CAFFÈ
CHIUSO MERCOLEDÌ

20 Via Colonna Rotta 68 e via Nicolò Garzilli 10
90134 Palermo (Zona Nuova e Zisa)
Tel: 091 489601 e 091 6113769
www.pasticceriacappello.it

198 recensioni
n.20 di 980 ristoranti

9 | Badalamenti Cucina e Bottega

Un'antica bottega, dove è possibile acquistare prodotti tipici e fare merenda. Per il pranzo e per la cena non dovrete far altro che entrare nel ristorante di fianco, uno dei migliori della città.

Consigliatissimo
JuFG | 24 gennaio 2014

La seconda volta che mangio qua, la seconda volta che mangio ottimamente. Spaghetti alla chitarra con nero di seppia e ricci veramente, ma veramente ottimi; mi sembrava abbondante, eppure avrei chiesto il bis. Prezzo più che adeguato alla qualità.

Superlativo
Cristiana06 | 26 gennaio 2014

Su consiglio del maître, abbiamo scelto il misto crudité di pesce: una meravigliosa esperienza sensoriale! Pesce freschissimo esaltato da ingredienti accostati alla perfezione. Come secondo tonno su caponata bianca: sublime. Materie prime eccellenti, conto in linea con la qualità.

FASCIA PREZZO €15-€50 **CATEGORIA** RISTORANTE E BISTROT
CHIUSO DOMENICA A CENA

21
Viale Galatea 55
90151 Palermo (Mondello)
Tel: 091 450213
www.facebook.com/cucinaebottega

335 recensioni
n.4 di 980 ristoranti

10 | Il baro

Il nome non vi inganni: un rapporto qualità-prezzo di tutto rispetto per questo ristorantino-pizzeria dall'ambiente accogliente e dal personale amichevole e professionale. Ottima la selezione di birre: provate la Chouffe bionda.

La pizza più buona di Palermo
Ignazio P. | 24 gennaio 2014

Come da titolo la pizza più buona di Palermo, personale educato e servizievole. Prezzi nella media. Antipasti abbondanti e ottimi. Insomma lo consiglio veramente!

Da provare almeno una volta!
Pastalover_flo | 24 gennaio 2014

Sono cliente da tantissimi anni e Il baro non ha mai deluso il mio palato! Piatti squisiti, qualità e cortesia! Tutto ottimo, dagli antipasti al dessert. In particolare consiglio i primi, tra cui bisogna necessariamente assaggiare le Linguine Bronte!

FASCIA PREZZO €10-€30 **CATEGORIA** RISTORANTE E PIZZERIA
CHIUSO LUNEDÌ

22
Via Mario Rutelli 20
90134 Palermo (Libertà)
Tel: 091 303110 www.ilbaro.net

577 recensioni
n.17 di 980 ristoranti

La Palermo araba dei mercati

L'anima araba di Palermo è come una corrente sotterranea che scorre silenziosa per tutta la città, riaffiorando di tanto in tanto e lasciando meravigliose tracce a chi le sa cercare.
Ma se si vuole fare davvero un salto nel tempo e nello spazio e ritrovarsi immersi nel mondo colorato dei suq, non bisogna far altro che tuffarsi in uno dei mercati storici della città. Ogni quartiere del centro ne ha uno, ma i tre più noti e dalla tradizione più antica sono quelli della Vucciria, del Capo e di Ballarò:

- La **Vucciria** si estende tra via Roma e corso Vittorio Emanuele, e il suo nome di origine francese significa «macelleria». Ma i tempi in cui era destinata solo alla carne sono ormai lontani e adesso ci si può trovare di tutto. Imperdibile il cartoccio di polpo bollito spruzzato di limone, uno dei migliori della città.
- Il **Capo** si estende nel dedalo di vie dell'omonimo quartiere e dell'Albergheria, ed è forse il più folkloristico: le sue ricchissime bancarelle di tranci di carne e di pesce, affettati da mani rapide ed esperte, sono vere e proprie opere d'arte, così come quelle stracolme di vasi di olive, formaggi profumati e spezie.
- Il più noto rimane però il mercato di **Ballarò**, fondato da mercanti arabi provenienti da un insediamento nei pressi della vicina Monreale, Balhara. Da qui il nome, che rimanda anche al termine *balalah*, «confusione». Ed è proprio questa la parola che vi risuonerà nella mente mentre vi districherete fra i banchi straripanti, godendovi i duelli in rima improvvisati dai mercanti in lotta per affermare la superiorità della propria merce e compiacere i turisti.

I mercati sono aperti dal lunedì al sabato dalle 7 alle 20, il mercoledì solo fino alle 13, ma è la mattina il momento giusto per andarci, quello in cui sono più vivaci e affollati.
Persi in questa miriade di colori e sapori, troverete tutto quello di cui avete bisogno, prodotti dal gusto genuino che riflettono le tradizioni millenarie delle terre siciliane.
Ma non solo: gironzolare tra le strette vie dei mercati è uno dei modi migliori per cogliere il volto antico di Palermo. Un'esperienza che riuscirà a farvi sentire in un Paese esotico pur continuando a parlare italiano. Un'emozione che soltanto la Sicilia sa regalare.

© Dedda71 / Wikimedia commons

Palermo | **Mercato del Capo**

Scelto dalla redazione

Chiesa di Santa Maria dello Spasimo

© Matthias Süßen / Wikimedia commons

Una chiesa antica di cui sono rimaste in piedi soltanto le pareti esterne, un luogo unico e suggestivo, proprio come l'albero solitario che cresce al suo interno.
La chiesa di **Santa Maria dello Spasimo** è un complesso monumentale nel cuore del quartiere arabo della Kalsa. Costruita all'inizio del Cinquecento, fu poi abbandonata verso la fine del secolo. Qui inizia la sua storia lunga e travagliata: prima teatro, poi rifugio per indigenti, nell'Ottocento diventa un ospedale per i malati di sifilide, fino a essere utilizzato addirittura come deposito per la neve.
Nel 1995 la chiesa «scoperchiata» riapre finalmente al pubblico come suggestivo teatro all'aperto e, a partire dal 1997, ospita gli uffici della fondazione The Brass Group, una delle maggiori realtà musicali nazionali, specializzata in Jazz.
Consultate il programma concertistico (www.thebrassgroup.it) per visitare questo luogo senza tempo nel migliore dei modi: cullati dalla musica sotto un tetto di stelle.

Originale
Bibini R. | 31 dicembre 2013
La fortuna ha voluto che l'abbiamo trovata aperta, il sabato mattina. Una volta entrati sarete immersi in un'atmosfera magica data da un bel chiostro antico e da mura altissime e affascinanti. Manca la copertura della chiesa originale e questo le dà un fascino gotico e originale. Curioso l'albero cresciuto all'interno e i vari cunicoli da esplorare. L'ingresso è gratuito.

TARIFFA GRATUITO

65 recensioni
n.27 di 133 attrazioni

23
Via dello Spasimo 13
90133 Palermo (Kalsa)
Tel: 091 6117887

Top 10 Attrazioni

classifica ragionata basata su tripadvisor

1 | Duomo di Monreale

Uno dei tesori più preziosi della Sicilia: questa meravigliosa cattedrale del tredicesimo secolo in stile arabo-normanno lascia senza fiato chiunque l'ammiri. All'interno, il magnifico mosaico del Cristo Pantocratore.

Indimenticabile

Levoyage_enpanier | 27 gennaio 2014

Ci sono stata anni fa, ma me la ricordo come se fosse ieri. Sia per gli esterni, sia per il suo interno. Al contrario di molte cattedrali, questa lascia tutti con la bocca aperta e il naso all'insù. L'oro è ovunque!

Mosaici splendidi!

Umberto B. | 24 gennaio 2014

È una delle chiese più belle e affascinanti d'Italia. Difficilmente si trovano opere d'arte così belle in una sola struttura.

TARIFFA CATTEDRALE: €1,5; CHIOSTRO: €6

ORARI DA LUNEDÌ A SABATO 8.30-12.45, 14.30-17; DOMENICA E FESTIVI 8-10, 14.30-17.30 VISITE SOSPESE DURANTE LE FUNZIONI RELIGIOSE

24 Piazza Guglielmo II
90046 Monreale (Palermo)
Tel: 091 6404413

550 recensioni
n.1 di 133 attrazioni

2 | Stanze al Genio

All'interno di un'elegante abitazione privata, una delle collezioni più grandi d'Europa di maioliche antiche napoletane e siciliane. In oltre 2300 esemplari.

Mostra fantastica

Vinesha F. | 27 gennaio 2014

Mi è piaciuto molto questo posto incredibile: Claudio è una persona davvero entusiasta e il suo inglese è favoloso! Grazie.

Una tale bellezza...

Franci155 | 25 gennaio 2014

Sono rimasta affascinata ad ammirare le pareti dell'appartamento ricoperte da centinaia di mattonelle di ogni fattura, disegno ed epoca. Meravigliose, se avessi potuto me le sarei portate via!

TARIFFA €5-€7

ORARI VISITABILE SOLO SU PRENOTAZIONE

25 Via Giuseppe Garibaldi 11
90133 Palermo (Tribunali Castellammare)
Tel: 340 0971561 / 335 6885379
www.stanzealgenio.it

130 recensioni
n.2 di 133 attrazioni

3 | Teatro Massimo

Struttura maestosa, ottima acustica e atmosfera unica: il principale teatro di Palermo è anche uno dei massimi esempi di stile liberty della città.

Il Massimo

Alessandra L. | 15 gennaio 2014

Visite guidate obbligatorie ma indispensabili più prove all'interno della sala grande da brividi! Spettacolare! Guida preparata e cortese che ci ha concesso qualche scatto dal palco centrale!

Bellissimo

Santo C. | 15 gennaio 2014

Visita guidata piacevole, personale giovane, preparato e sorridente; e in più la grande fortuna di aver assistito alle prove del «Feuersnot» che ci ha permesso di entrare fino in fondo nell'atmosfera teatrale!

TARIFFA SPETTACOLI: €25-€125. TOUR GUIDATO: €5-€8

ORARI SPETTACOLI: CONSULTARE IL SITO. VISITA GUIDATA: DA MARTEDÌ A DOMENICA 9.30-17. CHIUSO LUNEDÌ

26
Piazza Giuseppe Verdi
90138 Palermo (Zona Nuova)
Tel: 091 6053521 www.teatromassimo.it

474 recensioni
n.9 di 133 attrazioni

4 | Cattedrale di Palermo

Una basilica cristiana, poi una moschea saracena, più tardi ancora un luogo di culto normanno. Le mille anime di Palermo sono tutte rappresentate nella sua cattedrale.

Un'altra eccezionalità italiana

Afattinnanzi. | 11 gennaio 2014

Da non perdere assolutamente... Non ci sono parole bisogna solo visitarla. Ve la consiglio e... fatevi le foto sotto il carro all'esterno... Tutto bellissimo!

Mix di stili

Pierreboy | 22 gennaio 2014

Capolavoro d'architettura, condensato armonico di stili ed epoche: le culture arabe, normanne, angioine, con i propri modelli architettonici hanno dato il meglio di se stesse. Il risultato è straordinario, giusto compendio di questa terra che ha preso il meglio di tutte le genti che la hanno attraversata.

TARIFFA CHIESA: GRATUITO. TESORO, CRIPTA E TOMBE REALI: €0,5-€3

ORARI TESORO, CRIPTA E TOMBE REALI: DA LUNEDÌ A SABATO 9.30-13.30, 14.30-17.30

27
Corso Vittorio Emanuele
90040 Palermo (Monte di Pietà)
Tel: 091 334373 www.cattedrale.palermo.it

639 recensioni
n.17 di 133 attrazioni

5 | Palazzo dei Normanni

Una fortificazione araba del IX secolo poi trasformata e ampliata dai normanni, che ne fecero il centro del loro potere. Una reggia sontuosa con splendidi mosaici. Da non perdere la Cappella Palatina.

Cappella Palatina

Cipiaceviaggiare_10 | 28 gennaio 2014

Il Palazzo merita una visita, ma il gioiello che racchiude al suo interno vale da solo un viaggio a Palermo. La Cappella Palatina abbagliante con l'oro dei suoi meravigliosi mosaici ti rimane negli occhi e nel cuore. Emozionante.

Stupendo

GFP03 | 13 gennaio 2014

È il Palazzo Reale di Palermo, sede dei sovrani siciliani. Fu il luogo dove vissero Ruggero II, il grande Federico II, ecc. Adiacente alla Cappella Palatina, chiesa della famiglia reale. Ricco di storia e di cultura, è da visitare.

TARIFFA €5-€8,5

ORARI DA LUNEDÌ A SABATO 8.15-17.40. DOMENICA E FESTIVI 8.15-13

28
Piazza Indipendenza
90129 Palermo (Albergheria)
Tel: 091 6262833
www.federicosecondo.org

896 recensioni
n.5 di 133 attrazioni

Zoom

Le catacombe dei Cappuccini

L'atmosfera da brivido e la perfetta conservazione dei resti umani rendono il cimitero sotterraneo del **Convento dei Cappuccini** (via Cappuccini, tel: 091 212117), conosciuto come «le catacombe», un posto unico al mondo.
In questo suggestivo luogo sono conservate le spoglie mortali di frati, personaggi famosi, ricchi palermitani e gente comune: circa ottomila corpi mummificati deposti dal XVII alla fine del XIX secolo nelle gallerie costruite sotto il Convento e l'attigua chiesa dedicata alla Madonna della Pace. Le condizioni micro-climatiche e i metodi utilizzati dai frati per imbalsamare i corpi hanno permesso alle salme di mantenersi pressoché intatte e riconoscibili fino a oggi. Ma la visita alle catacombe non è riservata a chi subisce il fascino del macabro: qui è infatti possibile scoprire il vero volto della storia, che si rivela come un mosaico di minuscoli uomini, singole individualità disseminate nel tempo che sembrano rifiutarsi di essere dimenticate.

© Giuseppe Incorpora / Wikimedia commons

Palermo | **Cripta dei Cappuccini**

6 | Mondello

Mondello è la spiaggia della città, a soli 6 chilometri dal centro. Qui i palermitani fanno il bagno fino a novembre inoltrato, godendosi il mare cristallino, e qui passano le loro serate tra mille locali.

Meglio dei Caraibi

Supertriglia | 24 gennaio 2014

Io mare più bello non l'ho mai visto. Sempre cristallino. Sembra che sorrida. Ed è proprio fuori stagione che quel mare mi sembra più bello di qualsiasi immagine da cartolina. La spiaggia è lunga e bianca e la costa è abbracciata dai monti. Lì il mare lo respiri!

Un piccolo golfo e un grande mare

Giulia P. | 23 gennaio 2014

L'incredibile di Mondello è che, anche d'inverno, è una spiaggia bellissima, con una condizione climatica tutta sua, che la rende quasi fuori dal mondo. A volte piove in città o tira vento ma a Mondello c'è il sole e il mare, calmo, mantiene il suo colore verde chiaro, che sfuma nel blu più assoluto.

TARIFFA GRATUITO

29
Viale Regina Elena
90151 Palermo (Mondello)
www.mondellolido.it

554 recensioni
n.30 di 133 attrazioni

Special Price

Il verde di Palermo

Palermo è una città metropolitana e caotica, fatta di viuzze affollate e strade trafficate. Tuttavia è possibile anche trovare un po' di pace (e di ombra) sotto gli alberi. Ecco tre posti imperdibili dove cercare la quiete, gratuitamente oppure a poco prezzo.

- **Orto botanico** (via Abramo Lincoln 2, tariffa: .€1-€5): edifici neoclassici e fontane punteggiano questo paradiso tropicale di ibischi, palme e fichi. Un tripudio di silenzio, colori e profumi nel cuore di Palermo.
- **Parco della favorita** (piazza Leoni, ingresso gratuito): a circa 3 km dal centro, è il polmone verde della città. Ferdinando di Borbone, esiliato da Napoli, visse qui in un fantastico palazzo simile a una pagoda cinese: un affascinante mix fra stile neoclassico e architettura orientale.
- **Villa Giulia** (via Abramo Lincoln, ingresso gratuito): un angolo di verde dove i palermitani portano da sempre i loro figli a giocare. Fra i giardini ben curati spiccano alcune belle sculture marmoree e, al centro della villa, si trova l'orologio del Dodecaedro.

© tato grasso / Wikimedia commons

Palermo | **Orto botanico**

7 | Chiesa di Santa Maria dell'Ammiraglio

Una delle più antiche testimonianze bizantine, in questa chiesa-monumento (detta «Martorana») si celebra ancora oggi la liturgia secondo il rito ortodosso.

Un capolavoro

Dcmesonia | 27 gennaio 2014

Con un modesto ticket (€2, compresa audio guida) si ammira un'opera d'arte che appena entrati lascia a bocca aperta. Da non perdere se siete a Palermo.

Una visita alla chiesa della Martorana

Pinino3 | 21 gennaio 2014

È incantevole! Un vero e proprio «frutto misto» d'arte. La complessità di stile caratterizza questo gioiello unico al mondo, testimonianza di un patrimonio bizantino rimasto in città.

TARIFFA €1-€2

ORARI DA LUNEDÌ A SABATO 9.30-13, 15.30-17.30. DOMENICA E FESTIVI 9-10.30

30 Piazza Bellini 3
90134 Palermo (Albergheria)
Tel: 345 8288231

138 recensioni
n.4 di 133 attrazioni

8 | Piazza Pretoria

Era chiamata «piazza della Vergogna» per la nudità delle statue della sua monumentale fontana. Circondata da antichi palazzi, è una delle meraviglie di Palermo.

Una delle piazze più belle d'Italia

GabrieleSantoro | 1 dicembre 2013

Detta «piazza della Vergogna» è l'ombelico della città di Palermo. Arte gratuita a cielo aperto. Arte a portata di mano. Un must. La fontana la incorona tra le piazze più belle di tutta Italia. Non è molto grande ma me ne sono innamorato. Passateci.

Da vedere!

Mireya D. | 20 gennaio 2014

Dopo una lunga camminata per Palermo e seguendo la mappa turistica l'abbiamo trovata ed è molto bella!

TARIFFA GRATUITO

31 Piazza Pretoria
90133 Palermo (Albergheria)

50 recensioni
n.36 di 133 attrazioni

9 | Chiesa di San Cataldo

Proprio accanto alla chiesa dell'Ammiraglio, non potrete non notare le tre bizzarre cupole rosse di questo gioellino dell'architettura normanna.

Una testimonianza dei templari

Marcello R. | 16 gennaio 2014

Una piccolissima chiesetta posta in mezzo ad altre grandi chiese molto suggestiva, dove si può vedere un chiaro riferimento all'ordine dei templari.

Piccolo gioiello nel centro storico

Ettore40 | 30 dicembre 2013

Fa parte delle chiese ben conservate del periodo normanno con splendidi mosaici e stile fortemente influenzato dagli arabi presenti nell'architettura anche sotto la dominazione normanna.

TARIFFA €1,5-€2,5

ORARI APERTO TUTTI I GIORNI 9.30-12.30, 15-18

32 Piazza Bellini 3
90133 Palermo (Albergheria)
Tel: 091 6161692

136 recensioni
n.13 di 133 attrazioni

10 | Monte Pellegrino

«Il più bel promontorio d'Europa» lo definì Goethe, e così appare tutt'oggi. Veglia sulla città e ospita il santuario della protettrice santa Rosalia: una splendida passeggiata per grandi e piccini.

Visita alla santuzza

Giulia P. | 3 gennaio 2014

Nella grotta la Santuzza, cioè santa Rosalia, patrona della città, trascorse la sua vita da eremita. Stupendo il belvedere, dove sembra siano state trovate le sue ossa, perché si affaccia su un mare incantato, dove si sente di far parte dell'infinito...

Una montagna che si erge a dominio della città

Francesco S. | 28 dicembre 2013

È veramente suggestiva e opulenta la montagna vista dalla Fiera del Mediterraneo che visito spesso quando vado a Palermo. Domina la città e l'occhio ha sempre questa visione in qualunque parte ti trovi.

TARIFFA GRATUITO

33 Monte Pellegrino
Palermo

141 recensioni
n.10 di 133 attrazioni

La riserva dello Zingaro

Una vacanza a Palermo non può non prevedere una buona dose di mare, a prescindere dalla stagione in cui si visiti la città, e il litorale nord della Sicilia offre tutto quello di cui c'è bisogno: acque limpidissime e panorami mozzafiato.

La **Riserva naturale orientata dello Zingaro** è l'ideale per chi non si accontenta di prendere il sole sdraiato sulla sabbia, ma preferisce cimentarsi in vere e proprie escursioni, l'occasione perfetta per indossare allo stesso tempo scarpe da trekking e costume da bagno!

La riserva si estende nella parte occidentale del **Golfo di Castellammare**, nella penisola di San Vito lo Capo che si affaccia sul Tirreno, tra Castellammare del Golfo e Trapani. Si può scegliere se entrare dall'ingresso principale, a **Scopello,** o da quello di **San Vito Lo Capo**. Il sentiero ben tracciato collega le due entrate ed è percorribile in poco più di quattro ore. Il consiglio è però quello di passare almeno una giornata in questo paradiso naturale, intervallando il trekking con un tuffo nel mare cristallino. I sette chilometri di costa sono rifugio di numerose specie rare di uccelli (ad esempio l'aquila Bonelli) e infinite varietà di piante che contribuiscono a fare di questo luogo una vera e propria bolla fuori dal tempo e dallo spazio, intrisa dei profumi portati dal vento.

L'ingresso alla riserva costa €3 (€2 per i minori di 14 anni), e il pranzo al sacco è sicuramente la soluzione migliore: se partite da Scopello potete approfittarne per fare scorta del delizioso Pane Cunzatu, uno dei migliori dell'isola.

Gli amanti delle immersioni non possono dimenticare di prenotarne una con il Cetaria Diving Center di Scopello, che da aprile a ottobre vi condurrà alla scoperta dei fondali dello Zingaro, dalle grotte sommerse ai due relitti.

Per chi invece vuole trascorrere anche la notte nei pressi di questo paradiso incantato c'è il **B&B Baglio La Luna,** che si affaccia sul golfo ai margini del parco.

Per non farvi mancare nulla, se prima o dopo l'escursione avete un po' di tempo da dedicare a nuove scoperte, approfittate dei due splendidi borghi dai quali si raggiunge la riserva. Da una parte il fascino impareggiabile di Scopello, costruito attorno a un baglio settecentesco e impreziosito dalla sua incantevole tonnara. Dall'altra la famosa località balneare di San Vito Lo Capo, con la sua splendida spiaggia di sabbia e la duecentesca chiesa di San Vito. Golosa nota siciliana: non lasciate questo paesino senza aver gustato il leggendario Caldo Freddo, molto più di un semplice gelato.

© Chrihalb / Wikimedia commons

Riserva dello Zingaro

Consigli di viaggio

Agenda

Gennaio

Il 6 gennaio è secondo il rito greco la ricorrenza del battesimo di Gesù da parte di Giovanni Battista. L'**Epifania a Piana degli Albanesi** ha inizio con una processione aperta dal vescovo, in cui le donne indossano antichi costumi della Grecia Ortodossa. Al corteo prendono parte anche ragazzi muniti di bastoni sui quali sono infilate delle arance. Simboli della cerimonia sono tre candele accese e alcune foglie di ruta, che il vescovo tiene in mano mentre immerge la croce in una fontana, dove vengono calate anche le arance, poi distribuite agli abitanti del paese. Mentre il vescovo esegue l'immersione della croce, dalla chiesa viene fatta volare una colomba.

Epifania a Piana degli Albanesi, 90037 Piana degli Albanesi (Palermo)

Marzo-aprile

Durante la Settimana Santa, uomini e donne devoti si accalcano nelle strade di Palermo e sfilano per la città. Oltre alla **Processione** dei Cocchieri, della Confraternita di Maria SS.Addolorata, della Soledad e dei Cassari, molto emozionante è la **Sacra Rappresentazione della Passione di Gesù Cristo** nella chiesa di Santa Caterina di Partanna-Mondello, a pochi chilometri da Palermo.

Processioni di Quaresima, location varie

Sacra Rappresentazione della Passione di Gesù Cristo, chiesa di Santa Caterina, via Lorenzo Iandolino, 90151 Palermo (Mondello)

Maggio

Nato nel 1974 e approdato a Palermo nel 1975, il **World Festival on the Beach** anima ogni anno l'inizio dell'estate alla Conca di Palermo. La terza settimana di maggio, surfisti da tutta la Sicilia si sfidano a colpi di onde, mentre paracadutisti e amanti del volo libero si esibiscono in folli acrobazie sulle acque del Tirreno. Degno finale delle sfide agonistiche sono i concerti di musica classica, jazz e pop sulla spiaggia di Mondello. Al calar della sera, turisti e isolani si scatenano in balli sfrenati intorno a scoppiettanti falò.

World Festival on the Beach, spiaggia di Mondello, viale Regina Elena, 90149 Palermo (Mondello)

Giugno

Solmusic è un grande villaggio di cultura e spettacolo che negli ultimi giorni di giugno monopolizza il Giardino Inglese di Palermo. Una maratona non stop di musica, danza, cinema e teatro, con artisti nazionali e internazionali, giocolieri e grandi performer. Il progetto prevede anche spazi di impegno sociale e civile: la proiezione di documentari e le attività convegnistiche, supportate dalle istituzioni locali, fanno di Solmusic un'oasi di «militanza» artistica unica nel suo genere!

Solmusic, Giardino Inglese, viale della Libertà 63, 90100 Palermo (Zona Nuova)

Luglio

La notte fra il 14 e il 15 luglio i palermitani celebrano la **Festa di Santa Rosalia** in onore della liberazione della città dalla peste nel 1624. Secondo la tradizione, dopo il ritrovamento delle reliquie della «Santuzza» sul Monte Pellegrino, il morbo scomparve lasciando solo il ricordo del suo tragico passaggio. Oggi, migliaia di fedeli accompagnano il carro della Santuzza fino al Monte sacro. Durante il rito, si consumano le specialità tipiche della cucina palermitana: pasta con le sarde, babbaluci, sfincione e pannocchie bollite.

Festa di Santa Rosalia, location varie

Agosto

Protagonista dell'agosto palermitano è il **Festival Estate** al Teatro di Verdura. Il teatro e il suo meraviglioso parco, fino a poco tempo fa chiusi al pubblico, ospitano concerti, balletti e spettacoli di cabaret. Quasi una decina gli eventi in programma, dalla musica jazz dell'Orchestra Siciliana all'esibizione della Corale della polizia municipale di Palermo, dalle sfilate di moda alle performance degli artisti di strada.

Festival Estate, Teatro di Verdura, viale del Fante 70/b, 90146 Palermo (Favorita)

Novembre

Chi l'ha detto che i burattini piacciono solo ai bambini? Gli spettacoli diretti da Rosario Perricone al **Festival di Morgana** attirano persone di tutte le età, e al Museo internazionale delle marionette il pubblico è sempre numerosissimo. Perdersi burattini emiliani e pupi siciliani che si lanciano in pungenti satire politiche, rievocano antichi ricordi o passeggiano su un bancone da bar, sarebbe proprio un peccato!

Festival di Morgana, Museo internazionale delle marionette, piazza Antonio Pasqualino 5, 90133 Palermo (Kalsa)

Arrivare e partire

Aerei

L'aeroporto **Falcone Borsellino** si trova 30 km a nord di Palermo, a Punta Raisi, e offre la possibilità di voli internazionali low cost con Ryanair, Vueling e Volotea, oltre a numerose compagnie di linea. È collegato con le principali città italiane tramite i voli Alitalia, AirOne, Meridiana, Blu-express e MistralAir.
È raggiungibile dal centro della città con gli autobus della linea Prestia e Comandè, che effettuano in città numerose fermate, fra cui quella alla stazione centrale e quella davanti al Teatro Politeama Garibaldi. Il biglietto di sola andata costa €6,30, quello di andata e ritorno €11. C'è una corsa ogni mezz'ora (dalle 4 fino alle 22.30 partendo da Palermo, dalle 5 alle 24 partendo dall'aeroporto).
Il Falcone Borsellino è raggiungibile anche in treno dalla stazione centrale con il Trinacria Express. Il costo del biglietto è di €5,80 e la tabella degli orari è reperibile sul sito dell'aeroporto o su quello di Trenitalia.
Il servizio di taxi dall'aeroporto è attivo dalle 6 alle 24 e si trova all'uscita dell'area arrivi. Le tariffe variano a seconda della zona di Palermo da cui si parte o in cui si vuole arrivare ma sono in genere comprese fra €28 e €45 (sul sito dell'aeroporto è possibile reperire il tariffario).
Per chi arriva in macchina da Palermo bisogna seguire l'autostrada A29 direzione Trapani e uscire a Puntaraisi – Aeroporto Falcone Borsellino.

Aeroporto di Palermo Falcone Borsellino, tel: 800 541880, www.gesap.it

Treni

La principale stazione della città è Palermo Centrale, situata in pieno centro, in piazza Giulio Cesare. Da qui partono con buona frequenza i treni regionali che collegano Palermo con le principali città dell'isola (Messina, Trapani, Catania, Agrigento). Gli Intercity di Trenitalia consentono invece di raggiungere le principali città italiane.
Esiste anche un servizio ferroviario metropolitano, chiamato comunemente «metropolitana di Palermo», parzialmente sotterraneo, che consente di raggiungere Punta Raisi partendo da Palermo Centrale (linea A), con interscambio a Notarbartolo con la linea B (capolinea Giachery).

Auto

Palermo è il nodo in cui si congiungono i tre rami principali delle autostrade siciliane: la A29 Palermo-Trapani, la A19 Palermo-Catania e la A20 Palermo-Messina, che corre lungo la costa tirrenica fino a Messina e da cui si può attraversare lo stretto che collega l'isola alla terraferma con un servizio di traghetti attivo tutta la giornata.

Porto

La storia di Palermo è strettamente legata a quella del porto, grazie al quale la città fu per secoli al centro degli scambi commerciali con fenici, cartaginesi, romani e arabi. Oggi sono centinaia i turisti che, soprattutto nel periodo estivo, prendono il traghetto per Palermo da Napoli, Livorno, Cagliari, Civitavecchia, Genova e Tunisi. Non mancano i collegamenti «interni» tramite aliscafi di piccole e medie dimensioni per Ustica e le isole Eolie.

Porto di Palermo, tel: 091 6277111, www.portpalermo.it

Muoversi

Mezzi di superficie

Il servizio di autobus, gestito dall'azienda Amat, dispone di ben 100 linee, di cui 90 ordinarie, 3 speciali e 7 stagionali, attive 24 ore su 24. Il singolo biglietto costa €1,30 (la validità è di 90 minuti), il giornaliero €3,50. Esistono sei nodi di interscambio situati nei punti strategici di Palermo, che permettono di raggiungere abbastanza comodamente l'intera città (attenzione però al traffico, che non pemette di quantificare con precisione il tempo di percorrenza). A breve verrà inoltre ultimata una rete di tram con tre linee (Roccella-Palermo Centrale; Piazza Armerina/S. Paolo-Notarbartolo; Notarbartolo-Cep).

Amat, tel: 091 350111, www.amat.pa.it

Taxi

Per chi sceglie di arrivare a Palermo senza un mezzo di trasporto proprio, c'è sempre la soluzione del taxi, che in città non mancano. Ecco i principali numeri da contattare per prenotarne uno:

- **Autoradiotaxi**, tel: 091 513311
- **Radio-Taxi Trinacria**, tel: 091 225455
- **Sicilia Uno Taxi**, tel: 339 4085713
- **Travel Taxi Palermo**, tel: 338 6278385
- **Taxi Palermo**, tel: 334 3474209

Cagliari

Terra fatata, isola di sogno, secondo alcuni addirittura Atlantide, la Sardegna sembra in grado di far innamorare chiunque. Ma il fascino magnetico del capoluogo sardo ci dimostra che la sua magia non si perde neppure in una grande città. Racchiusa tra l'azzurro del mare e le rocce di calcare bianco, Cagliari è uno dei tesori più preziosi che quest'angolo incantato d'Italia nasconde.

In bilico tra le asperità dell'entroterra e i profumi del Mediterraneo, la città porta impresso il segno della sua lunga storia: dai fenici ai cartaginesi, dai romani agli spagnoli fino ad arrivare ai piemontesi. E tanta storia si respira ancora nelle viuzze lastricate dell'antico quartiere di Castello, o fra le botteghe del centro storico. Meta di turismo mondiale, la città riesce ancora a offrire aree verdi di natura incontaminata, parchi rubati alla frenesia cittadina in cui perdersi nei colori senza tempo della Sardegna.

Scopri Cagliari by tripadvisor
Inquadra il QR Code con il tuo smartphone per scoprire i contenuti multimediali

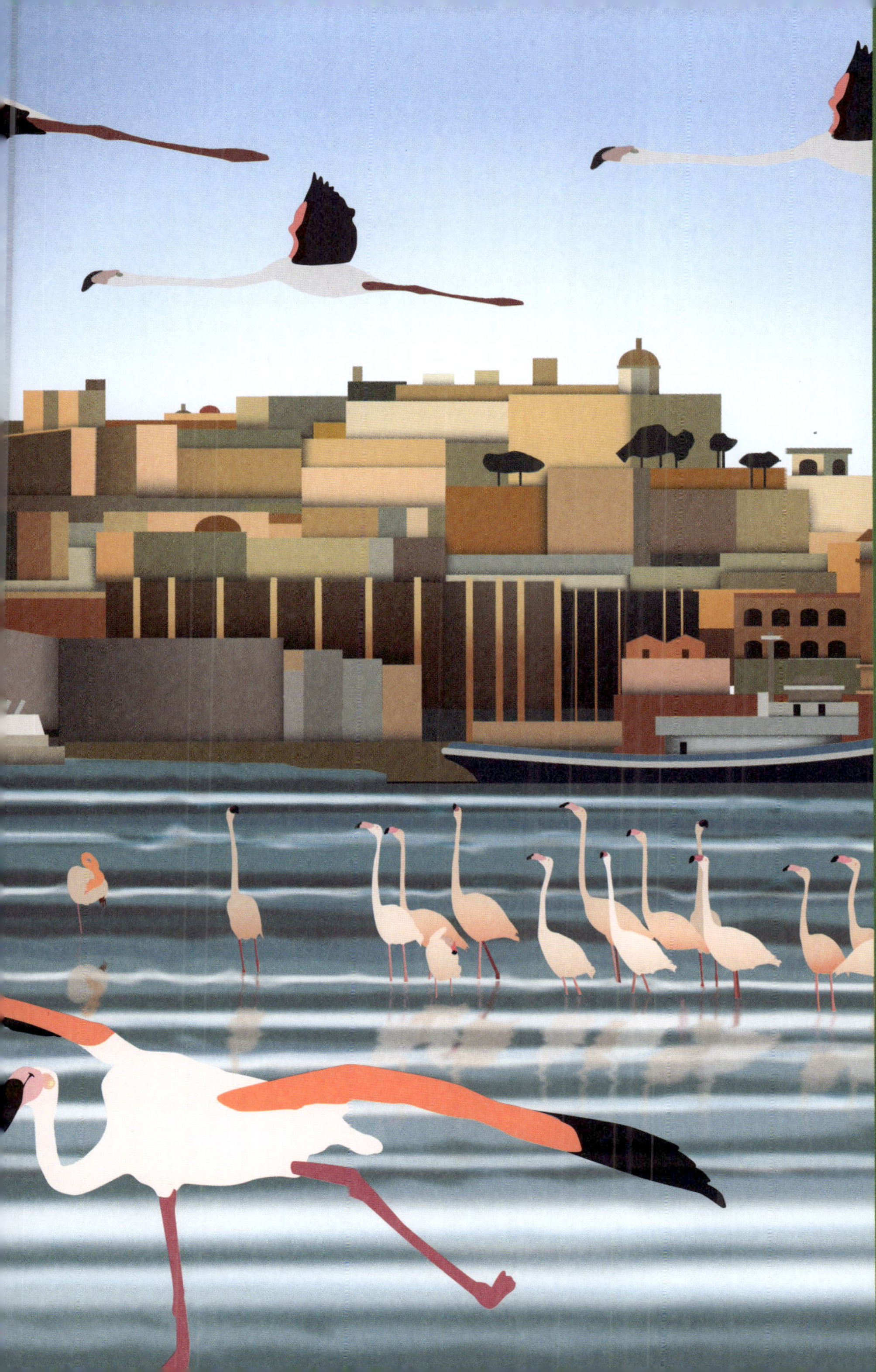

DORMIRE

1. Rosso e Nero
2. Due Colonne
3. Arcobaleno
4. Hotel Italia
5. Ulivi e Palme
6. Hotel Regina Margherita
7. Hostel Marina
8. Il Cagliarese B&B
9. OpenBB
10. B&B Il profumo del mare
11. Il Girasole Bed and Breakfast

MANGIARE E BERE

12. Il Fanà
13. MecPuddu's
14. Pizzeria Federico Nansen
15. Inu Sardinian Wine Bar
16. Tandoori
17. Il Birrificio di Cagliari

18. Capitolo 2
19. Bobocono
20. Il Viale
21. AnticaCagliari
22. Birroteca Il Merlo Parlante

VISITARE

23. Parco Naturale Molentargius-Saline
24. Bastione di Saint Remy
25. Santuario e Basilica N. S. di Bonaria
26. Torre di San Pancrazio
27. Museo Archeologico Nazionale
28. Cattedrale
29. Monte Urpinu
30. Poetto
31. Marina Piccola
32. Chiesa di San Michele
33. Orto Botanico

Scelto dalla redazione

Rosso e Nero

© B&B Rosso e Nero

Il nome non inganna: la luminosissima suite e il loft soppalcato di questo B&B giocano in tutto e per tutto sulle tonalità del rosso e del nero. E ogni dettaglio qui dentro rivela un'attenzione e una cura che non possono lasciarvi insoddisfatti.

Ma il fiore all'occhiello di **Rosso e Nero** è sicuramente l'accoglienza di Stefano che, oltre ad aver saputo creare un ambiente rilassante e suggestivo, vi darà tutti i consigli di cui avete bisogno per innamorarvi perdutamente di Cagliari. Seguite i suoi suggerimenti per passare una splendida serata tra i molti localini della zona, una delle più vivaci del centro città. E, una volta tornati in camera, addormentatevi pensando a quello che vi aspetterà al risveglio: in sala colazione troverete un tripudio di frutta e dolci sardi artigianali, tutti provenienti dalla fattoria di famiglia.

Se non siete ancora del tutto convinti, sappiate un'ultima cosa: il mare è a soli cinque miuti a piedi.

Perfetto B&B nel centro di Cagliari

Mire1188 | 3 novembre 2013

Un vecchio appartamento nel cuore di Cagliari splendidamente ristrutturato e arredato, con camere molto spaziose.
Stefano, il padrone di casa, sa prendersi cura dei suoi ospiti. La colazione è deliziosa con un sacco di frutta fresca, pane e dolci!

FASCIA PREZZO €43-€73
CATEGORIA B&B

128 recensioni
n.2 di 169 B&B

1
Via Savoia 6
90124 Cagliari (Marina)
Tel: 070 656673
www.rossoenerobeb.it

Top 5 Alberghi

classifica ragionata basata su tripadvisor

1 | Due Colonne

Un palazzo storico in centro, un contesto signorile, camere ampie e funzionali. L'albergo perfetto per un soggiorno di lavoro, a due passi dalla stazione ferroviaria.

Semplicemente perfetto

Walter1970 | 25 gennaio 2014

Hotel carino e confortevole nel centro di Cagliari, alle spalle del palazzo Municipale e quindi anche al porto. Le camere sono delle vere e proprie suite, c'è la cassaforte, l'aria condizionata, la tv con Sky e un immenso bagno, oltre che un salottino con divano.

Ottima soluzione

Oraclemaster | 20 novembre 2013

L'hotel è in un'ottima posizione per visitare la città e in zona sono presenti molti ristoranti. Stranamente la reception è al primo piano, vicino alla saletta dove viene servita la colazione. Le camere sono spaziose e pulite e il rapporto qualità-prezzo è molto buono.

FASCIA PREZZO €89-€148 CATEGORIA ★★★

2
Via Sardegna 4
09124 Cagliari (Marina)
Tel: 070 658710 www.hotel2colonne.it

93 recensioni
n.6 di 32 hotel

2 | Arcobaleno

Comodità e convenienza garantite: per chi cerca un rifugio nel centro storico della città, questa è la soluzione perfetta. Colazione servita nel vicinissimo bar Roma.

Carino

Fourier83 | 18 gennaio 2014

Io e la mia ragazza abbiamo pernottato per tre notti in questo affittacamere. Gestore gentile, disponibile e attento. Buona colazione al bar convenzionato, molto belle le camere in mattoncini e pietra!

Posizione al TOP

Anke233 | 10 gennaio 2014

Dopo essere stati all'Arcobaleno siamo rimasti così soddisfatti che ci siamo tornati un'altra volta! Le camere sono molto ben arredate e pulite e la posizione è al TOP, proprio nella zona pedonale e a due passi dal porto.

FASCIA PREZZO €45-€70 CATEGORIA AFFITTACAMERE

3
Via Sardegna 38
09134 Cagliari (Marina)
Tel: 070 6848325
www.affittacamerearcobalenocagliari.com

45 recensioni
n.7 di 32 hotel

3 | Hotel Italia

Chi ama leggere ha trovato il suo albergo: in questo hotel che vanta oltre un secolo di storia potrete scegliere un libro tra più di cento titoli, portarlo in camera e gustarlo nel corso del vostro soggiorno.

Ottimo hotel

GianpaoloSpello | 15 gennaio 2014

Mai scelta fu più azzeccata! A cinque minuti dalla stazione e dal capolinea dei bus provenienti dall'aeroporto, in posizione centrale con una miriade di locali vicini, personale gentile e disponibile, colazione abbondante e cappuccini ottimi... Se torno a Cagliari sarà la mia prima scelta!

Weekend a Cagliari

Tresod | 21 dicembre 2013

Sono stato in questo hotel a fine agosto 2013. Posizione eccellente, vicino sia al porto turistico sia alla città vecchia. A dieci minuti a piedi dalla stazione ferroviaria. Ottimo trattamento, camere pulite e gustosa colazione. Personale gentilissimo. Senz'altro da consigliare per una sosta a Cagliari.

FASCIA PREZZO €58-€80 CATEGORIA ★★★

4 Via Sardegna 31
09124 Cagliari (Marina)
Tel: 070 660410 www.hotelitaliacagliari.com

147 recensioni
n.10 di 32 hotel

4 | Ulivi e Palme

Adatto a viaggi di lavoro, vacanze o tranquilli weekend in famiglia, Ulivi e Palme vi permette di scegliere tra l'opzione hotel e quella residence. La soluzione perfetta per qualsiasi esigenza.

Un ottimo rapporto qualità-prezzo

Artenrico | 15 dicembre 2013

Un ambiente pulito e confortevole, ci sono stato un paio di volte durante le vacanze e di sicuro ritornerò. Personale all'altezza del compito. E anche la cordialità non manca.

Hotel molto buono e una splendida vista

Fabio_Kenji | 13 settembre 2013

L'hotel è molto buono: la camera è grande e pulita, la colazione ottima e al quarto piano c'è un ristorante panoramico. È un po' lontano dal centro di Cagliari, che si raggiunge in trenta minuti a piedi.

FASCIA PREZZO €45-€80 CATEGORIA ★★★

5 Via Bembo 25
09131 Cagliari (Sant'Alenixedda)
Tel: 070 485861 www.uliviepalme.it

48 recensioni
n.12 di 32 hotel

5 | Hotel Regina Margherita

Nel cuore della città, un gioiellino dove farsi coccolare: questo edificio storico, dove il design si sposa con la tradizione, offre una delle migliori viste sul golfo.

Posizione ottima e buon soggiorno

348matic | 14 gennaio 2014

La posizione centrale con il posteggio privato è certamente fondamentale per chi vuole godersi Cagliari. Belle stanze accoglienti con favolosa visuale sul golfo!

Ben organizzato per ospitare eventi

Millygek | 26 gennaio 2014

Un vecchio hotel nel centro storico di Cagliari completamente ristrutturato, alla reception Susanna, molto professionale e pronta a ogni esigenza del cliente. Mi sento di consigliare questa struttura, l'ubicazione è strategica!

FASCIA PREZZO €90-€180 CATEGORIA ★★★★

6 Viale Regina Margherita 44
09124 Cagliari (Marina)
Tel: 070 670342 www.hotelreginamargherita.com

261 recensioni
n.3 di 32 hotel

Top 5 B&B e altro

classifica ragionata basata su tripadvisor

1 | Hostel Marina

Un'antica abbazia del XVI secolo, diventata poi il primo ospedale di Cagliari e ora ristrutturata in ostello: la storia della città a portata di tutte le tasche!

Il mare

Giovanna | 16 dicembre 2013

Ostello situato in posizione ottima nel cuore del centro storico della vita cittadina. Personale dalla cortesia e disponibilità eccellenti. Camere molto essenziali ma pulite e dotate del necessario.

Cortesia e pulizia

Bibio 3 | 1 novembre 2013

L'hotel è in una posizione ideale per chi ama passeggiare per i negozietti del centro, scoprire i quartieri antichi e godersi la vita notturna. Molto vicino a tutto, compreso il porto, nonché alla stazione dei treni e degli autobus che conducono alla spiaggia.

FASCIA PREZZO €22-€40 CATEGORIA OSTELLO

7 Scalette San Sepolcro 2
09124 Cagliari (Marina)
Tel: 070 670818 www.hostelmarinacagliari.com

59 recensioni
n.10 di 20 altre sistemazioni

2 | Il Cagliarese B&B

La posizione è fantastica, proprio a ridosso del mare. L'accoglienza squisita grazie a Mauro, il proprietario, le camere perfette e la colazione pantagruelica. Cosa desiderare di più?

Confermo

Camillo64 | 24 gennaio 2014

Non posso aggiungere altro, confermo quanto scritto da tutti! Lo consiglio vivamente con le congratulazioni a chi gestisce questo B&B. Ottima preparazione e servizio impeccabile. La disponibilità e la competenza di Mauro sono fuori dall'ordinario...

Leggete qui

Giuda123 | 6 gennaio 2014

Titolare: professionale, educato, premuroso, disponibile. Personale: giovane, cortese. Camera: spaziosa, luminosa, pulita, confortevole. Colazione: ricca, ricercata, sfiziosa. Struttura: B&B ben arredato, connubio tra marinaresco e moderno, bella atmosfera. Posizione: centrale. Prezzo: onesto.

FASCIA PREZZO €50-€70 CATEGORIA B&B

8 Via Vittorio Porcile 19
09124 Cagliari (Marina)
Tel: 339 6544083 www.ilcagliarese.it

276 recensioni
n.1 di 169 B&B e pensioni

3 | OpenBB

Affacciarsi alle finestre di questo B&B è come affacciarsi sul cuore di Cagliari, tra mare, storia e magia: panorama mozzafiato, camere allegre e tariffe low cost!

Vacanza lavoro

Pier Giuseppe G | 10 gennaio 2014

Ottima posizione per visitare la città, stanze molto pulite, bagno abbastanza grande, colazione abbondante e proprietaria gentilissima. Consiglio questo B&B per soggiorni brevi, disponibile anche computer per i clienti con internet gratuito.

Bellissimo e confortevole!

ToreGold | 19 dicembre 2014

Anche se per una sola notte l'esperienza è stata molto bella... Ambiente confortevole e accogliente... Tutto molto efficiente e soprattutto la pulizia delle stanze è di grande livello. Non ultimo, il caloroso saluto dei coniugi proprietari del B&B... A presto!

FASCIA PREZZO €28-€50 CATEGORIA B&B

9 Via Sonnino 147
09127 Cagliari (Villanova)
Tel: 3921542463 www.openbb.it

114 recensioni
n.6 di 169 B&B e pensioni

4 | B&B Il profumo del mare

Sulla costa frastagliata del Poetto, proprio sul Lido, troverete questo piccolo B&B situato in un attico al secondo piano: camere accoglienti, panorama straordinario dalle finestre e dalla terrazza comune.

Posizione e ospitalità sarda
Paolo c | 4 gennaio 2014

Il B&B si trova proprio davanti al mare e più precisamente davanti allo stabilimento «Il Lido». È pulito e arredato con gusto e originalità. Il proprietario, il signor Antonio, è stato gentilissimo, ma anche molto discreto e mi ha indicato ottimi ristoranti per la sera!

Uno splendido ricordo
Sebastien | 1 gennaio 2014

Tutto era di livello e ben organizzato. Bella zona, colazione deliziosa da assaporare guardando il mare. Consiglio davvero questo B&B, anche per il proprietario Antonio, accogliente, attento e pronto a dare utilissimi consigli.

FASCIA PREZZO €50-€76 CATEGORIA B&B

10 Viale Poetto 196
09126 Cagliari (Poetto)
Tel: 338 1448275 profumodelmare.weebly.com

93 recensioni
n.10 di 169 B&B e pension

5 | Il Girasole Bed and Breakfast

Un piccolissimo albergo nel quartiere Marina, solo tre stanze arredate con gusto e semplicità. Sarete a due passi da tutto, dalle trattorie al lungomare, dall'Anfiteatro romano alle Torri di San Pancrazio.

Che gentilezza
Domenico A. | 7 novembre 2013

Il B&B si trova in un'ottima posizione per la visita della città medievale, a metà strada fra il castello e il mare, vicino a negozietti e ristoranti tipici. Il proprietario ci ha consigliato dove cenare con ottimo gusto e il titolare del ristorante voleva anche regalarci un liquore! Bella la camera, molto spaziosa e ben arredata.

Ottima posizione
Raphael J. | 13 ottobre 2013

Io e mia moglie abbiamo trascorso una notte in questo B&B. Il nostro volo era in ritardo e siamo arrivati alle due del mattino. Il proprietario (Lucas) era ancora sveglio ad aspettarci! La colazione era buona, il B&B è proprio nel centro di Cagliari. Consiglio vivamente questo posto per un breve soggiorno!

FASCIA PREZZO €35-€65 CATEGORIA B&B

11 Vico Barcellona 6
09124 Cagliari (Marina)
Tel: 070 651917 www.ilgirasole.sardegna.it

163 recensioni
n.15 di 169 B&B e pensioni

Scelto dalla redazione

Il Fanà

© Ristorante il Fanà Cagliari / Wikimedia commons

Immergetevi nel centro storico di Cagliari e lasciatevi sedurre dai sapori e dalle suggestioni del **Fanà**.
Un sottofondo musicale e una stanza unica con il soffitto a volta, architravi e tufo vi daranno il benvenuto. Una ricca cantina e antipasti apriranno le danze: tranci di tonno tabarchino, insalata di polpo marinato con gamberi e seppie, cernia e pesce a scabecciu, acciughe e gamberi in crosta di pane.
E questo è solo l'inizio! Quando la cameriera vi proporrà i primi capirete in un lampo di essere capitati nel posto giusto: sulla carta troverete fregola artigianale con arselle e frutti di mare, spaghetti con i ricci e con l'astice, caramelle fatte in casa con ripieno di cernia oppure orata.
Se poi non sarete ancora sazi, sceglierete tra uno dei semplicissimi secondi di pesce, ma ricordate di lasciare un po' di posto per il mix di dessert al cucchiaio! Vi porterete a casa un sorriso... e il vostro portafoglio sorriderà con voi!

Una garanzia
Federico c | 1 gennaio 2014

Buon ristorante dove mangiare senza rimanere delusi! Servizio ottimo e personale impeccabile. Antipasti deliziosi (cosa strana, in nessuno ho trovato del surimi, alimento ormai presente in quasi tutti i ristoranti della zona). Consiglio vivamente di provare il pesce spada con peperoni. Il rapporto qualità-prezzo mi sembra ottimo. Da provare.

FASCIA PREZZO €25-€40
CATEGORIA RISTORANTE
CHIUSO LUNEDÌ A PRANZO, DOMENICA A CENA

135 recensioni
n.55 di 511 ristoranti

12

Corso Vittorio Emanuele II 161
09123 Cagliari (Stampace)
Tel: 070 680326

Top 10 Locali

classifica ragionata basata su tripadvisor

1 | MecPuddu's

Un «fast food tradizionale» con piatti tipici e ingredienti di prima scelta: chi ha detto che culurgiones, pane frattau e seadas non possano essere portate veloci?

Cucina genuina, secondo la tradizione sarda

Alfiouda | 17 gennaio 2014

Il locale è carino e informale, i cibi sono genuini e provenienti da aziende locali, tutto è cucinato al momento secondo la migliore tradizione sarda. Il rapporto qualità-prezzo è assolutamente adeguato!

Ottimo!!!

Alessia L. | 29 gennaio 2014

Dopo aver sentito più volte parlar bene di questo locale, ho deciso di provare... Devo proprio dire che è stato all'altezza delle mie, ormai alte, aspettative. Ho mangiato culurgiones ogliastrini conditi con il ragù di cinghiale e un'enorme bistecca di bue rosso... Tutto squisito!

FASCIA PREZZO €6-€25 **CATEGORIA** FAST FOOD
APERTO TUTTI I GIORNI

13
Via Sassari 136
09124 Cagliari (Stampace)
Tel: 320 2783444 www.mecpuddus.it

95 recensioni
n.110 di 511 ristoranti

2 | Pizzeria Federico Nansen

Un piccolo locale nei pressi delle vie dello shopping e dei portici di via Roma, perfetto per uno spuntino veloce: pizza alta e ben condita, cortesia di casa.

Ottima pizza al taglio

Geometrapaolo | 14 gennaio 2014

Lodevole iniziativa di servire più tranci ben farciti. Prezzo contenuto. Favolosa la pizza alla Nutella.

Sublime

Mari D | 11 gennaio 2014

Mi sono appena trasferita a Milano e già rimpiango la pizza di Nansen... Che bontà... Spero di tornare presto per poterla assaporare di nuovo!

FASCIA PREZZO €5-€10 **CATEGORIA** PIZZERIA
CHIUSO LUNEDÌ

14
Corso Vittorio Emanuele II 269
09123 Cagliari (Stampace)
Tel: 070 6670335
www.pizzerianansen.altervista.org

138 recensioni
n.13 di 511 ristoranti

3 | Inu Sardinian Wine Bar

Se cercate un locale per un pranzo o un aperitivo sfizioso, state cercando Inu: un'ampia selezione di vini e birre, taglieri di affettati e formaggi e, dulcis in fundo, dessert della tradizione.

Una piacevole novità a Cagliari

Annibora | 21 gennaio 2014

Io sono sarda ma vivo ormai al nord, e devo dire che è stata una piacevolissima sorpresa trovare un locale del genere, capace di unire pietanze fresche e genuine e una vasta scelta di vini sardi!

Aperitivo eccellente

Anna_Alghero | 16 gennaio 2014

Ambiente molto curato (una rarità) e musica piacevole. Buona scelta di vini al calice con opportune differenziazioni di prezzo. Ottimo il tagliere: ho preso il pitticcu a €6 (un mix di formaggi e affettati), che non è poi così piccolo: era perfetto per due!

FASCIA PREZZO €10-€25 **CATEGORIA** BISTROT
APERTO TUTTE LE SERE

15
Via Sassari 50
09100 Cagliari (Marina)
Tel: 070 6760414 www.inusardinianwinebar.it

69 recensioni
n.5 di 511 ristoranti

4 | Tandoori

La signora Urania vi aspetta in un angolo di India a due passi dall'università: per chi vuole scoprire una delle cucine più ricche e profumate del mondo!

Piacevole scoperta

Al1985ex | 25 gennaio 2014

Siamo stati incredibilmente soddisfatti. Servizio a domicilio puntuale, cibo squisito e prezzo ottimo. Merita sicuramente il podio tra i ristoranti cagliaritani!

Ottimo indiano

85Eddie85 | 22 gennaio 2014

Curry d'agnello eccezionale. Sono stata al Tandoori già due volte e credo che ritornerò per assaggiare tutti i piatti! Ottimo anche il servizio, tutti molto gentili al punto da farmi visitare la cucina, ero curiosa di vedere la realizzazione del pane nel tipico forno!

FASCIA PREZZO €5-€15 **CATEGORIA** RISTORANTE INDIANO
CHIUSO DOMENICA

16
Via G.M. Angioy 25
34132 Cagliari (Marina)
Tel: 070 3110221 www.tandooricagliari.it

126 recensioni
n.4 di 511 ristoranti

5 | Il Birrificio di Cagliari

Un pub con produzione di birra, il primo dell'isola. Ottima la cucina e imperdibile il birramisù a fine pasto. Non dimenticate di assaggiare la crema di whisky di produzione propria.

Bella scoperta
Mea812 | 25 gennaio 2014
Ne avevo sempre sentito parlare, ma non c'ero mai stata. Decido di andarci con una coppia di amici. Che dire, cibi molto buoni, buona selezione di birre e personale gentile. Lo consiglio vivamente, soprattutto agli amanti della carne e della birra.

Ottimo
Valerio S. | 23 gennaio 2014
Ce ne avevano parlato tanto che alla fine siamo riusciti ad andarci un sabato sera, dopo aver prenotato. Io non dovevo guidare, quindi... Ho preso un'enorme bistecca con una montagna di patate fritte e... birra! Tutto ottimo!

FASCIA PREZZO €10-€20 CATEGORIA PUB
APERTO TUTTE LE SERE

17
Via Isaac Newton 24
09131 Cagliari (Riu Saliu)
Tel: 070 4560569 www.ilbirrificiodicagliari.com

228 recensioni
n.35 di 511 ristoranti

Zoom

I caddozzoni

Se siete in visita a Cagliari, anche solo per un weekend, c'è un'esperienza alla quale non potete assolutamente rinunciare: il panino dei caddozzoni.
Quando cala la sera, avviatevi verso il Poetto, il lungomare della città, e passeggiate fino a piazzale del Cavalluccio Marino. Questi baracchini aperti tutto l'anno saranno lì ad aspettarvi a braccia aperte.
«Gli sporchi» – questo il significato letterale – rappresentano l'emblema del cibo di strada, deciso e saporito, per stomaci forti. Panini enormi con würstel, salsiccia, cavallo, mozzarella, cipolle, peperoni e verdure. E ovviamente due elementi indispensabili per accompagnarli: montagne di patatine fritte e fiumi di birra Ichnusa.
Si garantisce sul gusto e sulla soddisfazione; si garantisce sul divertimento e sulla buona compagnia. Ma, se siete in cerca di qualcosa di leggero, è consigliabile fare un passo indietro (stando bene attenti a non sbilanciarsi!).

© Daniela / Wikimedia commons
Cagliari | **Poetto**

6 | Capitolo 2

Proprio nel cuore di Cagliari, uno degli esempi più riusciti di cucina fusion sperimentale: piatti giapponesi, thailandesi e italiani con materie prime freschissime.

Ottimo sushi

Stejack2003 | 9 gennaio 2014

Ristorante assolutamente consigliato, ottimo sushi, ma anche ottimi primi, veramente di qualità!

Eleganza e gusto

Ignazio48 | 18 gennaio 2014

Locale di antica costruzione con volte a botte e mattoni a vista, ben arredato e illuminato, atmosfera elegante e rilassante. Abbiamo mangiato ottimi sushi e sashimi molto freschi, e anche della tempura, il tutto accompagnato da un buon vermentino!

FASCIA PREZZO €30-€50 **CATEGORIA** RISTORANTE FUSION
CHIUSO DOMENICA E LUNEDÌ A PRANZO

18 Corso Vittorio Emanuele II 199
09123 Cagliari (Stampace)
Tel: 070 4510719 www.capitolodue.com

121 recensioni
n.59 di 511 ristoranti

Special Price

Menu del giorno alla Tana del Gusto

Volete mangiare pesce prelibato in una trattoria carina serviti da camerieri cordiali e simpatici? Vi aspettate anche che i piatti siano ben presentati e, già che ci siete, vorreste aggiungere pure un goccio di vino? E magari vorreste spendere al massimo dieci euro!
Be', se altrove un'idea del genere può far quasi sorridere, nel centro di Cagliari non stupisce più di tanto.
La vostra meta è via Pergolesi 1/b e state andando a pranzo alla **Tana del Gusto**: i menu del giorno, pubblicati quotidianamente sulla pagina Facebook, prevedono un primo e un secondo di carne o di pesce, contorno o frutta e acqua o un quartino di vino della casa. Il tutto a dieci euro. Qualità del servizio e assoluta freschezza delle materie prime, che arrivano dritte dritte ogni mattina dal mercato, inclusi!
Un caloroso consiglio: prenotate, per evitare spiacevoli sorprese, allo 070 7543153 o allo 3935488735.

© Tana del Gusto

Cagliari | **Il logo della Tana del Gusto**

7 | Bobocono

Dosi abbondanti, gusti ricercati e sfiziosi (straordinari il cioccoarancio e il nero fondente) e panna montata servita con la paletta. Un must a Cagliari da non perdere per nessuna ragione al mondo.

Ottimo
Renato P | 22 gennaio 2014

Un super gelato, buono in tutte le stagioni. Consiglio in particolare di provare i semifreddi e le granite.

Eccezionale
Grazie G | 24 dicembre 2013

Da provare assolutamente i gusti alla crema, tra i migliori che abbia mai assaggiato in giro per l'Italia. Ottimo rapporto qualità-prezzo e simpatici i gestori.

FASCIA PREZZO €3-€10 **CATEGORIA** GELATERIA
APERTO TUTTI I GIORNI IN ESTATE. CHIUSO IN INVERNO

19 Via Oristano 23
09127 Cagliari (Villanova)
Tel: 070 3110125 www.bobocono.it

103 recensioni
n.1 di 511 ristoranti

8 | Il Viale

Chiudete gli occhi e concentratevi sul sapore: antipasti di mare, spaghetti alle arselle, trofie alla carlofortina, spigola alla vernaccia... Tante buone ragioni per fare un salto in questo paradiso del gusto!

Piacevolmente sorpreso
Bobodellebombole | 25 gennaio 2014

Ho voluto fare la pausa pranzo in questo ristorante e sono rimasto sorpreso dal rapporto qualità-prezzo. Per soli €12 ho mangiato delle ottime bavette con cozze e carciofi e per secondo un meraviglioso tris di mare!

Consigliato senza riserve
Carlo47 | 17 gennaio 2014

Il locale è molto accogliente, all'ora di pranzo serve menu a prezzi contenuti, mentre la sera è possibile cenare scegliendo alla carta o tra vari menu a prezzo fisso. Qualità garantita, servizio accurato e gentilezza del personale.

FASCIA PREZZO €10-€30 **CATEGORIA** RISTORANTE
CHIUSO LUNEDÌ

20 Viale Trieste 120
09123, Cagliari (Stampace)
Tel: 349 3375337

45 recensioni
n. 34 di 511 ristoranti

9 | AnticaCagliari

Mattoni a vista e un ambiente ricercato e silenzioso vi daranno il benvenuto in questo raffinato ristorante. Ad attendervi, un mix tra cucina tipica mediterranea e le creazioni moderne di Alberto Melis: da restare a bocca aperta.

Delizioso
Susan55555 | 20 gennaio 2014

Piatti ottimi: tutto fresco, gustoso, leggero e ben cucinato in un ambiente accogliente e carino. Ci siamo tornati con amici non sardi e abbiamo fatto un figurone spendendo una cifra ragionevole. È diventato uno dei miei ristoranti preferiti!

Ottimo
1964aola | 20 gennaio 2014

Locale molto carino nel cuore della Marina, personale molto professionale, gentile e, cosa assai rara, sorridente. Cibo davvero ottimo e abbondante. Meglio prenotare, soprattutto in estate, perché il locale è sempre pieno.

FASCIA PREZZO €20-€40 **CATEGORIA** RISTORANTE
APERTO TUTTI I GIORNI

21
Via Sardegna 49
09100 Cagliari (Marina)
Tel: 070 7340198 www.anticacagliari.it

390 recensioni
n.30 di 511 ristoranti

10 | Birroteca Il Merlo Parlante

Birreria e paninoteca dal 1984, tutto all'ennesima potenza: quasi duecento etichette di birra, oltre cinquanta panini gustosi. Per chi cerca qualità e quantità!

La migliore birra e i migliori panini di Cagliari
Andira_Tzedda | 7 gennaio 2014

Locale storico, gestito benissimo, una varietà spropositata di birre tra cui scegliere. Panini ottimi.
P.s.: non adatto ai fighetti.

Ottima, la consiglio
FedericoSecondoNome | 29 dicembre 2013

Ho gustato un ottimo panino e un'ancor più ottima birra, esattamente come avevo sempre immaginato. Il locale è curatissimo e, dal punto di vista estetico, ricorda un piccolo pub inglese con buona musica, volta a botte e all'ingresso simpatiche foto delle pance piene dei clienti.

FASCIA PREZZO €5-€15 **CATEGORIA** PUB E PANINOTECA
APERTO TUTTI I GIORNI

22
Via Portoscalas 69
09123 Cagliari (Stampace)
Tel: 333 9774573

38 recensioni
n.9 di 511 ristoranti

La costa sud e Villasimius

Cagliari è un ottimo punto di partenza per esplorare la Sardegna meridionale, le sue splendide spiagge e la sua natura incontaminata.
Tra macchia mediterranea e calette nascoste, c'è solo l'imbarazzo della scelta: l'isola di **Carloforte**, quella di **San Pietro**, le spiagge di **Tuerredda**, **Su Giudeu**, **Capo Spartivento**, **Cala Cipolla**... Ogni nome racchiude un mondo intero da scoprire, e voi non dovrete far altro che noleggiare un'automobile e iniziare a guidare.
Se preferite però seguire un itinerario più preciso, una meta da non perdere è **Villasimius**, l'estrema punta orientale della Sardegna.
La cosa più bella di quest'isola è però la possibilità di fermarsi quando più si preferisce per godersi un po' di sole e rinfrescarsi nelle acque blu. Proprio per questo, una volta imboccata la statale 554, è tempo della prima sosta dopo soltanto pochi minuti di viaggio: siete arrivati infatti a **Cala Regina**, meta degli amanti delle immersioni. Avrete soltanto il tempo di asciugarvi e poi sarà di nuovo il momento di rimettersi in viaggio: ad appena un chilometro troverete la spiaggia di **Mari Pintau** (Mare Dipinto): un nome che è già di per sé una garanzia. Da qui imboccate la tranquilla provinciale 17 che, attraversando **Porto Sa Ruxi**, vi condurrà direttamente a **Villasimius**. Una volta entrati in territorio comunale non dovrete far altro che dirigervi verso sud per raggiungere **Capo Carbonara**, la punta estrema della piccola penisola. E, se non ne avete ancora abbastanza, prendete la litoranea e raggiungete **Punta Molentis**: la sua irresistibile sabbia bianca e finissima è l'ideale per concludere la giornata nel relax più assoluto. Chi invece preferisce le emozioni forti, deve sapere che qui può trovare anche un grande masso dal quale mezza Sardegna adora tuffarsi.
Prima di rientrare in città, concedetevi un'ultima sosta: **Porto Giunco**, la spiaggia dei due mari. E qui, camminando sulla lingua di sabbia che divide il Mediterraneo dallo stagno di **Notteri**, persi tra quei riflessi e giochi di luce, capirete cosa significhi davvero sentirsi liberi.

© Raffaelino / Wikimedia commons

Cagliari | **Capo Carbonara**

Scelto dalla redazione

Parco Naturale Molentargius-Saline

© Raffaelino / Wikimedia commons

A Cagliari la natura esplode in città, e la colora di verde e di rosa. Raggiungibile con i mezzi pubblici (direzione Poetto), il **Parco Naturale Molentargius-Saline** si estende per 1.600 ettari ed è una zona umida di valore internazionale. È formato da bacini di acqua dolce e salata, separati da zone aride.

I «molenti» in sardo sono gli asini, il prezioso mezzo di trasporto usato in passato per caricare il sale raccolto dalle saline al porto. È da qui che questo paradiso in città, rimasto intatto fino a oggi, prende il nome. La sua principale ricchezza è la varietà di specie vegetali e animali, come gli aironi e gli affascinanti fenicotteri rosa: «sa genti arrubia», il popolo rosso.

Insomma, se cercate un'isola in mezzo alla frenesia cittadina, questo è il posto che fa per voi. L'accesso al parco è libero tutti i giorni dall'alba al tramonto: non vi resta che inforcare una delle biciclette a noleggio e farvi avvolgere dalla natura splendente della Sardegna.

Magnifica pedalata tra i fenicotteri rosa

Ema70 | 26 dicembre 2013

Un parco potenzialmente splendido, dotato di lunghi e ampi sentieri per bici e corsa campestre, passeggiate e piacevoli gite sul battello. Dedicate almeno una visita durante le calde giornate primaverili o estive, i colori del tramonto e la presenza dei fenicotteri rosa renderanno la gita un'esperienza indimenticabile in città.

TARIFFA GRATUITO
ORARI APERTO TUTTI I GIORNI

26 recensioni
n.13 di 57 attrazioni

23

Viale La Palma
90126 Cagliari (La Palma)
Tel: 070 379191
www.parcomolentargius.it

Top 10 Attrazioni

classifica ragionata basata su tripadvisor®

1 | Bastione di Saint Remy

Un bastione, una passeggiata coperta e una terrazza da cui si ammira uno dei più bei panorami della città. Imperdibili mostre e mercatini affollati da isolani e turisti!

Molto bello

Giuxxit | 19 gennaio 2014

Rimane uno dei luoghi più suggestivi di Cagliari: la mattina si assiste al risveglio della città gustando un'ottima colazione nei bar vicini, la sera si gode un magico panorama di luci. Assolutamente da vedere!

Bellissima vista

Marco_dfm | 7 gennaio 2014

Dalla terrazza si può ammirare il panorama di Cagliari e consiglio, anche se faticosa, la scalinata che porta alla piazza sottostante. Di notte è molto suggestivo grazie ai vari locali presenti.

TARIFFA GRATUITO

ORARI TUTTI I GIORNI 9.30-20

24 Piazza Costituzione e
Porta dei Leoni
09124 Cagliari (Castello)

206 recensioni
n.2 di 57 attrazioni

2 | Santuario e Basilica N.S. di Bonaria

Non fatevi ingannare dalla facciata, semplice e spartana. All'interno, la Basilica e il Santuario sono un vero capolavoro di luce e colore. Un gioiello barocco di cui i cagliaritani vanno fieri.

La cattedrale

MarcoPescara_10 | 28 dicembre 2014

Bonaria significa Cagliari. Tutti i cagliaritani si sono sempre identificati con questa costruzione maestosa e dal bianco accecante che è impossibile non notare. Una visita è d'obbligo.

Bella architettura e vista mozzafiato

AndreMarco | 28 gennaio 2014

È una delle chiese più suggestive di Cagliari, la sua maestosità è impressionante, la gradinata si affaccia su un panorama che mozza il fiato anche a chi lo vede ogni giorno.

TARIFFA GRATUITO

ORARI TUTTI I GIORNI 6.30-12, 16-19

25 Piazza Bonaria 2
09125 Cagliari (Bonaria)
Tel: 070 301747 www.bonaria.eu

68 recensioni
n.3 di 57 attrazioni

3 | Torre di San Pancrazio

Uno dei simboli di Cagliari, la Torre di San Pancrazio è la più alta della città. Se non vi spaventano i gradini, salite fino in cima e godetevi la vista.

Per ricordare e non dimenticare

Zemarco1207 | 3 dicembre 2013

Antica torre di epoca «pisana», è situata in prossimità di Porta Cristina, che un tempo serviva per l'accesso alla zona del Castello di Cagliari. Dalla Torre di San Pancrazio godrete di una vista stupenda del golfo detto anche «degli Angeli».

Interessantissima!

Thalassob | 2 febbraio 2014

La torre è estremamente ben conservata e la sua storia è interessante oltre ogni aspettativa, ed è perfettamente illustrata nel tour guidato!

TARIFFA €2-€3

ORARI DA MARTEDÌ A DOMENICA 9-17. CHIUSO LUNEDÌ

26
Piazza Indipendenza
09124 Cagliari (Castello)
Tel: 320 0522083

58 recensioni
n.8 di 57 attrazioni

4 | Museo Archeologico Nazionale

Ceramiche, bronzetti e lingotti raccontano la storia della Sardegna dall'età prenuragica all'epoca bizantina. Un viaggio nel tempo per gli amanti della cultura e delle tradizioni.

Da non perdere

Annamaria2309 | 26 novembre 2013

Per chi viene a Cagliari è una visita imperdibile. Il museo è allestito bene, è molto interessante, contiene reperti che ricostruiscono la nostra storia, sulla quale c'è ancora tanto da studiare.

Interessante

Viktorija | 28 gennaio 2014

Abbiamo visitato il museo in gennaio, era molto tranquillo, eravamo gli unici visitatori! Una guida che parlava bene l'inglese ci ha fatto fare un tour privato del museo. Mi sono piaciute un sacco le ceramiche e i gioielli!

TARIFFA MUSEO: €3. PINACOTECA: €5

ORARI DA MARTEDÌ A DOMENICA 9-20. CHIUSO LUNEDÌ

27
Cittadella dei Musei, Piazza Arsenale
09124 Cagliari (Castello)
Tel: 070 655911

80 recensioni
n.9 di 57 attrazioni

5 | Cattedrale

La Cattedrale lascia letteralmente senza parole. I marmi pregiati, le cupole decorate, le statue e le cappelle sono un imperdibile mix di arte romanica e barocca.

Fantastica...

Robertopluto | 8 novembre 2013

È una delle meraviglie della città. All'interno, con lo stile barocco, ecco affacciarsi la cattedrale in tutto il suo splendore. È un luogo di culto che conserva piccole meraviglie, tra cui la Madonna Nera... Consigliatissimo!

Nel cuore della città

Chemvlad | 28 gennaio 2014

La cattedrale di Cagliari è un luogo simbolico. Colpiscono l'abbondanza di sculture e di stucchi e la cripta con i resti dei santi e di personaggi di spicco della Sardegna. Non perdetevi il piccolo museo in sacrestia!

TARIFFA GRATUITO

ORARI DA LUNEDÌ A VENERDÌ 7.30-12,16-20; SABATO E DOMENICA 8-13,16.30-20.30

28 Piazza Palazzo 4
09124 Cagliari (Castello)
Tel: 070 663837 www.duomodicagliari.it

63 recensioni
n.7 di 57 attrazioni

6 | Monte Urpinu

Nel cuore della città, il parco del Monte Urpinu è il luogo ideale per una passeggiata all'aria aperta. I pini e gli ulivi vi riempiranno i polmoni con l'inebriante profumo della Sardegna!

Vista panoramica eccellente!

Enrico477 | 20 gennaio 2014

Si osserva Cagliari dall'alto scorgendo la piena bellezza di questa città! Grazie al Monte Urpinu ci si sente parte integrante di un posto che dà la possibilità di ritrovarsi!

Un bel parco

Farfallamonarca | 19 gennaio 2014

Un bel parco dove fare belle passeggiate, portare i bambini ai giochi, vedere piante e animali, fare sport e godere della natura stando in città. Si affaccia sulle saline e il Golfo degli Angeli: una vista mozzafiato!

TARIFFA GRATUITO

ORARI DA GENNAIO A MARZO 7-19.30, APRILE E OTTOBRE 7-21, MAGGIO E SETTEMBRE 6.30-21.30, GIUGNO 6.30-22, DA LUGLIO AD AGOSTO 6.30-23, OTTOBRE 7-21, DA NOVEMBRE A DICEMBRE 7-19

29 Via Pietro Leo
09121 Cagliari (Urpinu)

108 recensioni
n.4 di 57 attrazioni

7 | Poetto

Fare il bagno in un mare cristallino e vedere i fenicotteri che si alzano in volo dalle vicine saline è un'esperienza che non ha prezzo. Punto d'incontro per la gioventù cagliaritana, la spiaggia di Poetto è un paradiso in città!

Al mare vicini al centro storico

KafkaItaly | 9 gennaio 2014

Ottima posizione per vivere il mare stando in città. Dieci minuti effettivi di autobus o taxi (€10) e si è davanti al porto. Facendo jogging dal centro vai e torni tranquillamente dalla spiaggia. Ci sono chioschi per mangiare e spiagge attrezzate.

Spiaggia cittadina, ma con tutti i comfort

Artenrico | 15 dicembre 2013

Mare, docce, ristobar, posteggio auto e fermata dell'autobus a venti metri dalla spiaggia. Che si vuole di più, se si aggiunge che il tutto è completato dal mare limpido e pulito?

TARIFFA GRATUITO

30 Lungomare Poetto
09124 Cagliari (Poetto)

370 recensioni
n.19 di 57 attrazioni

8 | Marina Piccola

Sede di società sportive, meta degli amanti del surf e della vela, Marina Piccola è un porticciolo turistico con localini curati, che la sera si riempie di bancarelle e baracchini di gustoso street food.

Un piccolo porto

Gingerina789 | 25 dicembre 2013

Peccato sia un po' abbandonato a se stesso... Merita una bella passeggiata per ammirare tutta la sua bellezza... Un'ottima alternativa alla bellissima ma caotica Cagliari.

Passeggiata

GiovanniMonserr... S | 31 gennaio 2014

L'estate è il periodo ideale per farsi una passeggiata dopo cena. Trovi tanta gente, sia ragazzi che famiglie. Si organizzano manifestazioni e, nel weekend, musica con balli di gruppo. Sicuramente vi piacerà!

TARIFFA GRATUITO

31 Via Marina Piccola
09126 Cagliari (Poetto)

67 recensioni
n.12 di 57 attrazioni

9 | Chiesa di San Michele

Accanto all'ex convento, oggi Ospedale Militare, sorge una monumentale chiesa barocca dalle decorazioni policrome, un gioiello seminascosto ricco di storia.

Una bella chiesa

Annamaria2309 | 13 dicembre 2013

La chiesa barocca di San Michele è interessante sia nella facciata sia all'interno, dove è presente anche un organo, se non ricordo male, restaurato non molti anni fa. Chi fa una visita alla città non dovrebbe perdersi questa chiesa.

Complesso monumentale in città

Nicoletta S | 3 novembre 2013

Al centro del quartiere Stampace, la chiesa di San Michele fa parte di un complesso monumentale nascosto in via Ospedale. È espressione dell'arte barocca in città. Alzando lo sguardo, noterete decorazioni fantastiche e uniche...

TARIFFA GRATUITO

ORARI VISITE SOLO SU PRENOTAZIONE

32

Via Ospedale 2
09100 Cagliari (Stampace)
Tel: 070 658626

24 recensioni
n.5 di 57 attrazioni

10 | Orto botanico

Piante millenarie, cactus e palme crescono rigogliosi in questo angolo di paradiso. Cosa c'è di meglio di qualche ora di relax nel cuore verde del capoluogo sardo?

Per appassionati

Mercurisi | 2 ottobre 2013

Non tutti potrebbero apprezzare la bellezza che offre questa suggestiva parte di Cagliari. Ma la ricchezza della vegetazione e le piante di ogni varietà sapranno conquistare l'attenzione anche dei più piccoli.

La natura in città

Renzo M. | 6 gennaio 2014

Grazie alla guida ho visto cose che non conoscevo, come le cisterne per l'acqua e la canalizzazione per innaffiare. L'ottima spiegazione per ogni tipo di pianta è il preludio per affermare la bellezza della natura, racchiusa dalle mura dentro la città.

TARIFFA €2-€6

ORARI DA NOVEMBRE A MARZO: DA LUNEDÌ A VENERDÌ 8.30-13.30. CHIUSO SABATO E DOMENICA
DA APRILE A OTTOBRE: DA LUNEDÌ A SABATO 8.30-18. CHIUSO DOMENICA

33

Viale Sant'Ignazio da Laconi 11
09123 Cagliari (Stampace)
Tel: 070 6753522
www.ortobotanicoitalia.it/sardegna/cagliari/

92 recensioni
n.20 di 57 attrazioni

Consigli di viaggio

Agenda

Marzo-aprile

La Settimana Santa è celebrata a Cagliari con la suggestiva cerimonia della **Sa Pasca Manna** (la Santa Pasqua). Di origine spagnola, fin dal XVI secolo è una tradizione che rappresenta un evento di intenso significato religioso e si articola in una serie di riti, processioni e canti solenni tra le vie addobbate a festa, attirando i fedeli e i turisti di passaggio. Si svolge nella parte antica di Cagliari, coinvolgendo i quattro quartieri storici (Castello, Stampace, Marina e Villanova) con le loro rispettive chiese.

Sa Pasca Manna, location varie

Aprile-maggio

Ogni anno, per una decina di giorni, Cagliari accoglie la **Fiera Campionaria Internazionale**, che vede migliaia di visitatori e venditori accorrere da varie parti del mondo. L'evento propone un'ampia gamma di merci, dall'artigianato alla gastronomia, dall'arredamento ai macchinari fino alle nuove tecnologie per l'agricoltura.

Fiera Campionaria Internazionale, Fiera internazionale della Sardegna, via Armando Diaz 221, 09126 Cagliari (Bonaria)

Maggio

Il Primo maggio è il giorno della tradizionale **Festa di Sant'Efisio**, in onore del santo che più volte salvò la città di Cagliari dalla peste. La processione è aperta da quaranta carri addobbati trainati da buoi. Seguono i gruppi folkloristici, circa 5.500 persone con il costume tradizionale sardo, poi i cavalieri e il rappresentante del sindaco. Il momento culminante è l'arrivo del cocchio con la statua del santo in via Roma, dove viene salutato dalle sirene delle navi attraccate nel porto di Cagliari e cammina su un tappeto di petali di rose.

Festa di Sant'Efisio, location varie

Luglio-agosto

L'**Estate Cagliaritana** occupa i mesi di luglio e agosto con musica, teatro, danza, cabaret, musical e spettacoli che si tengono nei principali luoghi dove si organizzano i grandi eventi: lo spazio all'aperto della Fiera Campionaria, la spiaggia del Poetto e l'Arena di Sant'Elia.

Estate Cagliaritana, location varie

Settembre

La fine dell'estate viene salutata con il **Festival della Vela**, la spettacolare kermesse dedicata a tutti gli appassionati del mare. La **Regata** non competitiva viene programmata di solito l'ultima domenica di settembre nella tarda mattinata nelle acque del Poetto, e vede ogni anno una grande affluenza sia di pubblico sia di velisti.

Festival della Vela, Yacht Club Cagliari, via Marina Piccola 9, 09126 Cagliari (Poetto)

Regata, spiaggia del Poetto

Ottobre

Nella seconda settimana del mese si svolge l'**European Jazz Expò**, festival dedicato al jazz a cui partecipano ogni anno artisti di rilievo. I luoghi dei concerti sono tra il Parco della Musica e il Parco di Monte Claro, con cinque arene all'aperto, oltre a tre teatri al chiuso: il Teatro Lirico, il Teatro Lirico Ridotto e l'Auditorium del Conservatorio.

European Jazz Expò, location varie

Dicembre

Dicembre è un mese ricco di appuntamenti: i tradizionali **mercatini di Natale** nelle piazze, la **Fiera di Natale** nei padiglioni della Fiera Campionaria e il **Natale in Vespa**: nella domenica che precede il Natale, un gruppo di Babbi Natale su Vespe addobbate a festa, scortati dalla Polizia municipale, rallegra i cittadini impegnati negli acquisti natalizi e distribuisce dolci ai bambini. Il culmine dei festeggiamenti è la notte di San Silvestro, celebrata in diverse piazze della città.

Mercatini di Natale, location varie.

Fiera di Natale, Fiera internazionale della Sardegna, via Armando Diaz 221, 09126 Cagliari (Bonaria)

Natale in Vespa, location varie

Arrivare e partire

Aerei

Cagliari è collegata alle principali città italiane ed europee grazie all'Aeroporto Internazionale di Cagliari-Elmas, che è scalo base di Ryanair e in cui operano altre compagnie low cost, come easyJet, Vueling e airberlin, permettendo di volare a poco prezzo da e verso numerose destinazioni.
Per raggiungere l'aeroporto in auto da Cagliari, da cui dista circa 7 km, bisogna percorrere la SS 130, collegata alla città con la SS 554; da diverse zone della città è possibile immettersi sulla SS 554 dall'Asse mediano. In treno, invece, ci si mettono circa 6 minuti: si parte dalla stazione ferroviaria di Cagliari e si arriva alla stazione Elmas Aeroporto con un biglietto che costa €1,25 (acquistabile alla biglietteria automatica delle Ferrovie dello Stato, oppure

presso tutte le biglietterie e i punti vendita autorizzati, oltre che sul sito internet di Trenitalia). La frequenza dei collegamenti è di un treno ogni 20 minuti dalle 5 del mattino alle 21 circa. Il servizio di bus-navetta è gestito dall'Arst: gli autobus partono dall'autostazione di piazza Matteotti e raggiungono l'aeroporto in circa 10 minuti; le corse, effettuate ogni 30 minuti, hanno un costo di €4. I biglietti per gli autobus Arst possono essere acquistati presso i distributori automatici, le rivendite autorizzate e a bordo degli autobus (con sovrapprezzo).

Aeroporto di Cagliari-Elmas, tel: 070 211211, www.sogaer.it

Treni

La città è collegata via treno a Sassari-Porto Torres e Olbia. La stazione, situata nel centro cittadino, è il principale scalo ferroviario sardo, dotato di collegamenti suburbani, locali e regionali (Oristano, Macomer, Olbia, Golfo Aranci, Sassari e Porto Torres), con una nuova fermata all'aeroporto di Elmas.

Stazione ferroviaria, piazza Matteotti, 09100 Cagliari (Marina)

Auto

Se si arriva in Sardegna da uno dei porti del nord dell'isola, il capoluogo è raggiungibile tramite la SS131 (che collega Sassari con Cagliari) seguendo le indicazioni per Cagliari-Oristano. Il viaggio dura circa un'ora e mezzo. Altrimenti, per un percorso più suggestivo ma più lungo, c'è la strada Orientale Sarda, tutta curve e paesaggi mozzafiato.

Porto

Il porto di Cagliari è un importante punto di approdo di navi di linea (da Roma-Civitavecchia, Napoli, Palermo, Trapani) e navi da crociera in navigazione nel Mediterraneo. I principali operatori di linea per il trasporto passeggeri sono Tirrenia e Di Maio Lines. Non ci sono collegamenti per passeggeri da Genova o Livorno, quindi partendo da queste città lo sbarco avviene a Olbia o a Porto Torres, nel nord della Sardegna.

Porto di Cagliari, tel: 070 668352, www.porto.cagliari.it

Muoversi

Mezzi di superficie

Cagliari e il suo hinterland sono serviti dagli autobus dell'azienda Ctm. Numerose le linee che permettono di raggiungere qualsiasi punto della città. Per esempio, la linea 1 porta da una parte all'altra di Cagliari, passando per il centro e la Marina. La linea 10, invece, fa capolinea di fronte al palazzo della Regione e conduce nelle vie del centro, anche in quelle chiuse al traffico veicolare e nelle principali vie dello shopping. Il biglietto ordinario costa €1,20 e ha validità di 90 minuti sull'intera rete, escluse la linea 9 e il Metrocagliari; il biglietto da 12 corse costa €12 e il biglietto integrato giornaliero €3 (validità di 1 giorno fino alle ore 24 del giorno di obliterazione e sull'intera rete, comprese la linea 9 e il Metrocagliari).

La città è servita anche da Metrocagliari, una moderna linea metrotranviaria ricavata dalla ricostruzione del tratto urbano di una ferrovia a scartamento ridotto. Collega piazza Repubblica (Cagliari) al comune di Monserrato e comprende otto fermate, oltre ai due capolinea, per una lunghezza complessiva di 6,3 km. La linea è in funzione dalle 6 alle 23 con corse ogni 10 o 20 minuti a seconda della fascia oraria. Il biglietto di corsa semplice, valido esclusivamente su Metrocagliari per la durata di 90 minuti, costa €1,20, il biglietto multiplo di 12 corse €12.

Ctm Cagliari, www.ctmcagliari.it

Metrocagliari, tel 800 865042, www.arst.sardegna.it

Taxi

I taxi sono gestiti dalle diverse cooperative, operative 24 ore su 24 e con numerosi posteggi in città. Tre sono le principali:

- **Radiotaxi Cagliari**, tel: 070 7055
- **Radiotaxi 4 Moritel**, tel: 070 400101
- **Radio Taxi Rossoblù Cagliari**, tel: 070 6655

Redazione e staff

Coordinamento

Michele Turazzi

Caporedattore

Teresa Bava

Redazione

Gianluca Bavagnoli, Laura Cantarelli, Aurelia Di Meo, Paola Mazzucchelli, Elena Mentasti, Giovanna Morselli, Rachele Moscatelli, Marcella Nicodemo, Valeria Parise, Silvia Sartorio, Lucia Stipari

Progetto grafico

Patrik Dolo, Cristina Giubaldo

Illustrazioni

Patrik Dolo

Impaginazione

Andrea Q

Manager - Partnerships

Fernando Oliveira

Senior Media Relations Manager

Valentina Quattro

Ringraziamenti

Questo lungo viaggio su e giù per tutto lo Stivale non sarebbe stato possibile senza i numerosi collaboratori e amici che ci hanno aiutato e consigliato.

In particolare:
Gabriella Amicone, Guido Bava, Alberto Cardaci, Giacomo Dolcetto, Bruna Gherner, Agnese Gualdrini, Francesco Martelloni, Michela Milani, Chiara Natali, Renato Poddie, Federico Rapisarda, Michela Scibilia, Michele Soma e la squadra di nuok (Alice, Leo, Marialessandra, Francesca e Valeria).
Grazie per la generosa consulenza offerta.

Indice delle strutture e delle attrazioni

Torino

Hotel

B&B e altro

Mangiare e bere

Visitare

Milano

Hotel

B&B e altro

Mangiare e bere

Visitare

Genova

Venezia

Trieste

Bologna

Firenze

Perugia

Roma

Napoli

Lecce

Palermo

Cagliari

GUIDE LOW COST BUR

Belle, originali, economiche, smart! Con le guide BUR il risparmio si sposa alla qualità e la crisi non fa più paura. Per godersi tutto il bello dell'italian way of life, senza far soffrire il conto in banca.

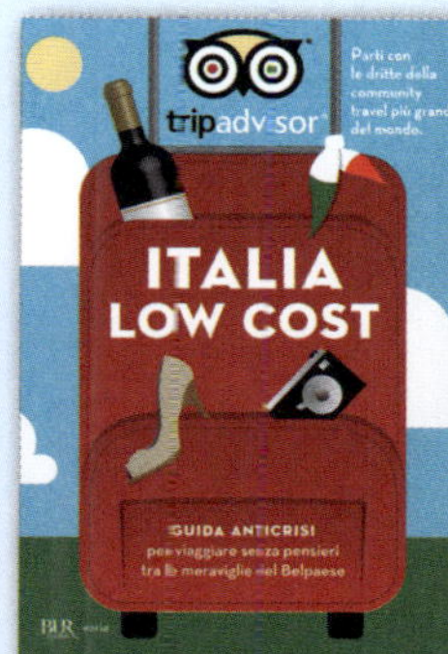

RICETTE LOW COST

BUR Varia
pp. 312
12,90€
ISBN 978-88-17-06916-8

MILANO LOW COST

BUR Varia
pp. 306
9,90€
ISBN 978-88-17-05460-7

TORINO (E DINTORNI) LOW COST

BUR Varia
pp. 360
9,90€
ISBN 978-88-17-06662-4

VENEZIA (E LAGUNA) LOW COST

BUR Varia
pp. 291
9,90€
ISBN 978-88-17-06663-1

ROMA LOW COST

BUR Varia
pp. 352
9,90€
ISBN 978-88-17-06664-8

FIRENZE LOW COST

BUR Varia
IN USCITA AD APRILE 2014
ISBN 978-88-17-07448-3

GRANDI VINI A PREZZI LOW COST

BUR Varia
pp. 264
12,90€
ISBN 978-88-17-07392-9

ITALIA LOW COST

BUR Varia
pp. 372
12,90€
ISBN 978-88-17-07145-1

Finito di stampare nel marzo 2014 presso
Rotolito Lombarda S.p.A. – Seggiano di Pioltello (Mi)

Printed in Italy